河南省哲学社会科学规划后期资助项目成果
（2018HQ031）
2024年度河南省高校哲学社会科学创新人才支持
计划资助（2024－CXRC－17）

豫东地区史前夏商的社会变迁

赵俊杰　著

中国社会科学出版社

图书在版编目（CIP）数据

豫东地区史前夏商的社会变迁／赵俊杰著．—北京：中国社会科学出版社，2023.6

ISBN 978－7－5227－1871－2

Ⅰ．①豫…　Ⅱ．①赵…　Ⅲ．①石器时代考古—研究—河南②夏文化（考古）—研究—河南③商周考古—研究—河南
Ⅳ．①K872.610.4

中国国家版本馆 CIP 数据核字（2023）第 077297 号

出 版 人　赵剑英
责任编辑　安　芳
责任校对　张爱华
责任印制　李寡寡

出　　版　中国社会科学出版社
社　　址　北京鼓楼西大街甲 158 号
邮　　编　100720
网　　址　http://www.csspw.cn
发 行 部　010－84083685
门 市 部　010－84029450
经　　销　新华书店及其他书店

印　　刷　北京君升印刷有限公司
装　　订　廊坊市广阳区广增装订厂
版　　次　2023 年 6 月第 1 版
印　　次　2023 年 6 月第 1 次印刷

开　　本　710×1000　1/16
印　　张　21.25
字　　数　312 千字
定　　价　108.00 元

序

赵俊杰本科毕业于郑州大学考古专业，跟随我攻读硕士、博士学位。毕业后，到安阳师范学院历史与文博学院工作，主要研究方向为史前夏商周考古、豫东考古，擅长田野考古发掘和室内整理工作，已发表多篇有见地的学术论文。近期，俊杰在教学之余对其博士论文又进行了修订，补充了一些资料，定名为《豫东地区史前夏商的社会变迁》，交由中国社会科学出版社出版。在著作付梓之际，俊杰请我为该书作序，我当然很高兴，这不仅是因为我指导的学生中又有著作出版，更重要的是多年来我一直关注豫东考古工作，亲自主持参与了多个遗址的考古发掘与研究工作，喜见豫东考古研究又有新成果问世。

“豫东地区”是指今河南省黄河以南的开封市、商丘市所辖的区域以及周口市所辖区域的东北部。所谓“豫东考古”，是指为了一定的学术目的，对豫东地区的史前及夏商周时期的文化遗存进行调查、发掘和研究的专门考古工作。广义的豫东考古，还应涉及豫北新乡地区东部、鲁西南菏泽地区以及皖北、苏北部分地区的先秦时期文化遗存。豫东地区在中国古代史研究方面占有相当重要的位置。这里是中国古代民族华夏集团与东夷集团的交汇地带，更是夏族、商族、东夷族群文化交流、碰撞与对峙的主要场所。在研究夷夏商关系、商族起源、先秦文化交流和民族迁徙史等方面，豫东地区居于无可替代的重要地位。从事豫东考古与先秦史研究工作，对于探讨中国古代文明发展进程、早期国家的起源与形成、华夏民族的融合进程，都有着十分重要的学术价值和意义。

自20世纪30年代至今，豫东考古与先秦史研究工作已经历了80余年的历史。经过中国社会科学院考古研究所、北京大学、郑州大学、首都师范大学以及商丘、开封、周口等地文博考古部门等诸多单位和学者的不懈努力，豫东考古与先秦史研究成就斐然，在古代文化发展序列和文化面貌的确认、夷夏商三族文化遗存辨析、商族起源探讨等方面，取得了重大进展。但毋庸讳言，豫东考古与先秦史研究仍有诸多问题尚未解决，一些课题有待进一步深入研究。当前及今后亟待解决的学术问题主要集中在四个方面。

一是进一步搞清楚豫东地区的古代文化发展序列。这个地区已发现的裴李岗时代文化、西周时代文化、战国时代文化遗存并不丰富，无法全面把握其文化面貌与演变特性。目前，这一地区裴李岗时代文化遗址的发掘工作基本属于空白，只见有零星的调查资料。仰韶时代遗址的发掘主要局限于豫东西部，豫东东部有待做更多的工作。西周遗址只在周口地区的鹿邑有所发掘，但商丘地区、开封地区的西周考古工作仍然比较薄弱。

二是重点探讨先商文化、岳石文化乃至二里头文化在豫东地区较为精确的分布范围、存在年代及相互之间的关系。目前所知属于先商文化的下七垣文化主要分布于豫东开封地区的东部（杞县）和商丘地区的西部（民权、睢县），柘城一带可能也有下七垣文化遗存，而豫东商丘大部分区域，尤其是文献所说的“南亳”一带是否属于下七垣文化的分布区域需要进一步澄清。

三是要深入探讨豫东地区古代文化与豫北地区、鲁西南地区、皖北、苏北地区的相互关系。要用文化因素分析、比较分析的方法，研究豫东地区的文化源流、文化交流与融合进程，并深入探讨各族群与民族文化的交流与融合历史。

四是深入研究豫东地区古城、古国、古都，探讨古代的社会变迁进程。除了淮阳平粮台城址，在广大的豫东地区，目前甚少发现新石器时代至夏商时代城址。文献记载夏王帝宁曾都“老丘”，老丘应在今开封境内，或言在开封县陈留城之北，或称在今开封市东北，有必要进行深入的勘察发掘工作加以确认。另外，在夏商王朝时期，今豫东地区分布有一些方国，如杞氏、斟戈氏、有虞氏、纶、有莘、葛、盂方等，在夏商政治生活中扮演着重要角色；两周时期豫东地区分封有宋、陈、杞、戴等诸侯，还建造有启封、栗等城邑，这些皆需要开展一定的考古工作。豫东及相邻地带属黄河冲积平原，地势较低，地面泥沙淤积严重，古代遗存埋藏特点独特。这个区域的古代遗址多被掩埋在地下数米深处。一部分遗址位于岗地、堌堆之上，但后期居民活动对遗址破坏严重。研究该地区的文化遗存发展变化，系统分析地理环境的变迁、人地关系，全面分析该地区史前夏商周时期的社会变化和发展轨迹，当为豫东考古研究中迫切需要解决的问题。

《豫东地区史前夏商的社会变迁》一书，以豫东地区的考古材料为基础，并与相邻地区以及其他相关考古学文化之中心分布区的考古材料进行对比，研究史前夏商时期该地区居民的社会变迁，并结合文献记载分析背后社会发展动因。全书共分六部分。第一部分是绪论，阐述研究范围和研究内容，梳理考古发掘和研究的历史与现状，介绍研究目的、意义和研究方法。第二、第三部分分别对豫东地区史前时期、夏商时期的考古学文化进行研究，内容主要涉及考古学文化分布、分期与年代、性质等，重点分析文化序列、考古学文化关系和文化演变。第四、第五部分研究社会生产和生活问题，分析农业、饲养、渔猎与采集、饮食、陶器与铜器制作、建筑、埋葬习俗与祭祀等方面的文化面貌及其变迁。第六部分为结语，总结全文的主要观点，分析社会进程发展的原因。

书中作为认为，史前夏商时期，豫东地区的地形、地貌和气候环境与现今有所不同。史前时期地形整体为平原地貌，平原之上分布着诸多河沟、湖泊和沼泽，其间又有无数高高耸立的土丘，气候环境由仰韶时期的温暖湿润向龙山时期的干凉转变。夏商时期地形、地貌变化不大，气候整体向较为干凉转变，但期间有所波动。

史前夏商时期豫东地区先后分布着多种考古学文化，文化关系分为五个时期，即裴李岗文化阶段的初始期、仰韶文化阶段的形成期、大汶口文化和造律台文化阶段的发展期、二里头文化阶段的对峙期、二里岗文化和殷墟文化阶段的稳定期。裴李岗文化阶段，豫东地区开始有少量人类居住，是中原地区与海岱地区文化交流的通道。仰韶文化阶段，该地区大部分区域均有人类活动，成为中原大河村文化、山东大汶口文化和江淮地区石山子文化争夺的重要区域，其中大河村文化对石山子文化产生了重要影响。大汶口文化和造律台文化阶段，中原地区序列文化遗存和海岱地区序列文化遗存在此区域交错分布，人类活动频繁，文化遗存丰富，在发展的过程中曾受到对方文化的强烈影响。二里头文化阶段，二里头文化与岳石文化、下七垣文化在这一区域的西部相持。中原夏人和东夷人均在此地设有重要据点，并长期对峙。下七垣文化南下达到该区域，与岳石文化友好共存，并最终西进灭夏。二里岗文化阶段，岳石文化继续在此区域延续，二里岗文化四期时二里岗文化开始进入该区域的西部，并在柘城孟庄建立重要军事据点，该遗址的性质可能与仲丁迁隞有关。商代后期，殷墟文化广泛分布于豫东地区，岳石文化被殷墟文化完全取代，该地区已经完全纳入商人的控制范围。当地居民与都城殷墟有着密切的联系，有些人群甚至迁往都城地区居住。

在社会生活方面，裴李岗文化时期，社会各个方面如粮食加工、陶器制作、农业生产等处于初始发展阶段，农作物以粟为主。仰韶时代的大河村文化时期，农业进一步发展，种植粟、黍等作物。猪和狗已经家养，家猪饲养已经比较成熟，渔猎采集仍然较为发达。制陶、制骨等手工业相对中原腹地要落后，但埋葬习俗与中原地区高度一致。大汶口文化时期，部分遗址呈现出水旱混作的种植方式。野生动植物仍是人们生活的重要食物来源，家猪是主要的肉食动物，见有扬子鳄等稀有动物。这个时期形成蒙城尉迟寺中心聚落，建筑技术等方面较为先进，重视聚落规划。有独特的埋葬习俗，重视儿童埋葬和自然崇拜。至造律台文化时期，已经开始种植小麦，种植技术逐步提高。渔猎和采集业较为发达，渔猎技术不断进步。饲养猪、狗等家畜，其中家猪形态特征与野猪进一步拉大。野生动物以鹿为主，少量牛、扬子鳄、鱼等。炊器多以鼎为主，空三足器开始出现。人们修建了少量城池，在铸造技术、排水设施方面处于领先地位。精神生活丰富，奠基现象普遍，存在生殖和自然崇拜，占卜活动频繁。到了夏商时期，农业进一步发达，小麦种植的比重不断上升。饲养的动物除猪和狗，还包括牛、羊和鸡等。饮食器具发生一定的变化，受热性更好的空三足器鬲、甗较为流行。

该书的独到或创新之处表现在三方面：一是在廓清豫东地区考古学文化发展序列的基础上，对该区域文化遗存的分布区域、延续年代、地方特征进行综合研究，在文化分期、文化关系、聚落性质、建筑技术等方面提出一些新见解；二是梳理该区域墓葬材料，从纵向发展和横向比较等角度分析该区域人的埋葬习俗的变化，并与居址发现的文化遗存对比，分析发现居址与墓葬的巨大差异；三是对该地区的手工业遗存进行研究，对同时段不同文化遗存居民的社会生活、不同时段文化遗存居民的社会生产生活进行系统梳理，从衣食住行等角度分析社会生活的发展变化。

当然，书中也有不足之处。受材料所限，作者对有些问题的论述还略显薄弱，如豫东及相邻地区华夏与东夷两大民族集团关系的演变、社会复杂化进程等问题的分析不够深入。在聚落考古上，也有一些有待系统研究的地方，豫东地区的聚落分布、埋葬习俗、建筑方式、人地关系等方面需要全面综合探讨。

总体而言，《豫东地区史前夏商的社会变迁》是一部有自己独立见解的学术专著，填补了系统研究豫东地区史前夏商时期社会变迁的空白。该书的出版，对于了解、认识豫东地区史前夏商时期的文化面貌，探讨商族的起源与夷、夏、商三族关系，复原史前夏商时期的社会变迁历史，都具有重要的学术价值与意义。因此，我乐于向学界和读者推荐之。

是为序。

张国硕

2023 年 6 月于郑大盛和苑

目　　录

第一章
绪　论

豫东地区属平原地貌，气候适宜，古代文化遗存丰富，在中国古代文明起源与形成过程中具有十分重要的地位。1936 年至今，有关的考古发现接连不断，为研究考古学文化奠定了坚实基础。多年来，学界对考古学文化进行了一些有益的探讨，但仍有诸多课题有待进一步深入研究。下面，就研究范围、研究内容、研究目的和研究方法进行说明。

第一节　研究范围与研究内容

豫东地区史前夏商时期考古学文化的研究是一个非常庞大而复杂的课题，跨度长、涉及地域广、涉及的问题繁多。因此，有必要对研究范围和研究内容进行界定。

一　研究范围

（一）地域范围

地域范围是广义的“豫东地区”，以河南东部为主，鲁西南、苏西北和皖西北等局部也包含在内，即河南、山东、江苏、安徽四省的相邻地区，也称为“豫鲁苏皖相邻地区”。具体包括河南省商丘地区和开封地区的全境、周口地区东北部，山东省西南部的曹县、定陶、成武、单县等地，以及安徽省的涡阳、蒙城、濉溪、萧县、砀山等县和江苏省的丰县和沛县等地的部分地区（图1－1）风格。

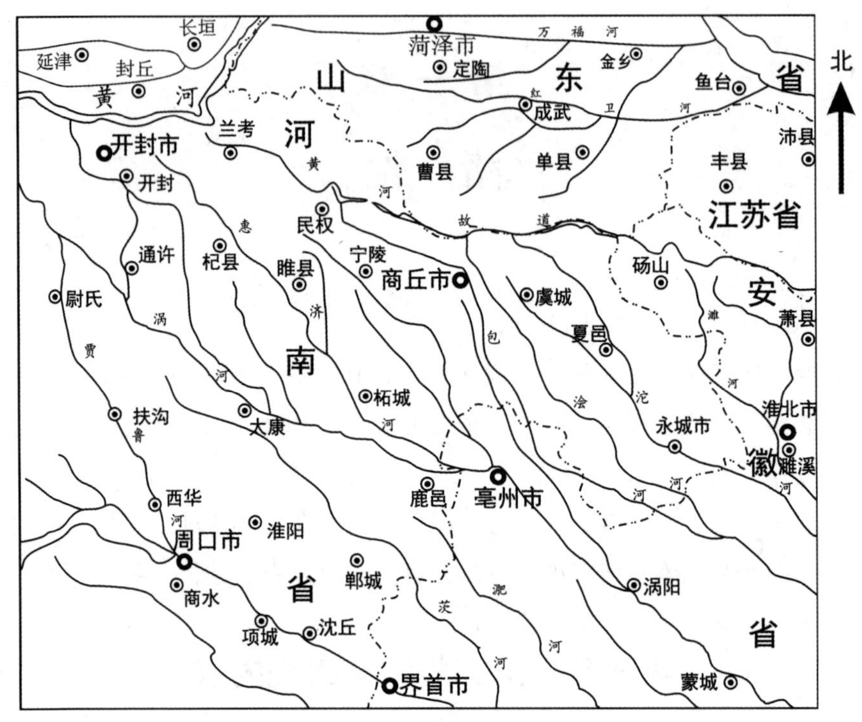

图1－1　豫东地区示意图

豫东地区地处黄淮平原北部，西临豫中平原，东望泰沂山区，跨黄河、淮河两大水系，是典型的河流冲积平原。现今该地区地形平坦，仅东部有少数海拔较低的山脉。河流较多，主要有贾鲁河、茨河、淝河、涡河、惠济河、包河、沱河、黄河故道、浍河、大沙河、王引河、濉河、红卫河等。河流大多呈西北东南流向，大致平行相间分布，多属季节性雨源型。长期的河流冲积和黄河泛滥形成了地势低平的平原地貌，地层表面被淤沙覆盖，淤沙普遍较厚，最厚处可达十余米，薄者有五至六米。由于黄河多次泛滥、决口和改道，加之长期的雨水、风力作用及人们生产活动的影响，使区域内形成了许多沙丘、滩地、湖洼地、槽形地和蝶形洼地，相互交错分布，构成较复杂的平原地貌。此区域属暖温带—亚热带、湿润—半湿润季风气候，四季分明，气候温和，日照充足。春、秋季干旱，夏季炎热，冬季寒冷。年平均气温一般在13℃—16℃之间。气温年较差、日较差均较大，年平均降水量为500—800毫米。

豫东地区有着相同的地貌条件，自古以来就是一个独立的文化区域。该区域内多分布着数百处高低不一、大小不等的土岗，当地群众多称之为“堌堆”“丘”“岗”“山”“亭”“寺”，古代文化遗址多分布于这些土岗之上，呈现出“堌堆文化”或“岗地文化”的特色。

豫东地区是中原地区文化和海岱地区文化交汇区，自新石器早期以来一直发挥着桥梁和中介的作用。在北辛文化和裴李岗文化时期二者就已经有一定程度的交流。① 大汶口文化和龙山文化时期，海岱地区文化对中原地区的影响加大。随着王朝的建立，中原地区文化也逐渐影响了东方文化，直至西周时期东方文化的中原化。②

需要说明的是，史前夏商时期跨越时间长，涉及考古学文化多，它们的分布范围随着时间的推移有着一定变化。所以本书所指的豫东地区并非一个固定不变的区域，它的区域范围在不同时期有所不同，但不同时期其中心区域基本不变，边缘部分略有收缩或扩展。

（二）时间范围

时间范围大致是从史前至夏商时期。历史学家习惯把有文字记载之前的人类历史时期称为“史前时期”。考古学界一般将整个旧石器时代和新石器时代的考古学文化总称为“史前时期文化”。

目前，豫东地区尚未见到旧石器时代遗存，旧石器时代不是本书研究的时间范围。我国新石器时代早期遗存仅见于河南新密李家沟③、河

---

① 张忠培、乔梁：《后冈一期文化研究》，《考古学报》1992年第3期。

② 靳松安：《河洛与海岱地区考古学文化的交流与融合》，科学出版社2006年版；张文英：《试论东夷文化在中原地区的传播》，硕士学位论文，郑州大学，2009年。

③ 郑州市文物考古研究院、北京大学考古文博学院：《新密李家沟遗址发掘的主要收获》，《中原文物》2011年第1期。

北徐水南庄头①、阳原于家沟②、虎头梁③、江西万年仙人洞④、吊桶环⑤、湖南道县玉蟾岩⑥、三角岩洞穴⑦、北京怀柔转年⑧、头沟东胡林⑨、广西邕宁顶蛳山⑩、柳州市大龙潭鲤鱼嘴⑪、广东英德牛栏洞⑫等遗址，因资料较少其文化体系尚未完整确立。豫东地区尚未该时期遗存的报道，故本书的时间范围不包括新石器时代早期这一时段。新石器时代中期，在该区域的边缘地带发现了一些线索。考古工作者在周口市的项城、商水、扶沟、西华⑬、许昌的鄢陵和开封的尉氏等县境内，发现一些新石器时代中期文化遗存⑭。故本书研究时段的起始是新石器时代中期，而终止时间是商文化的结束。商王朝的结束可能在殷墟文化四期早段和晚段之间，具体时间难以确定，为行文方便本书的研究时间仍包

---

① 保定地区文物管理所等：《河北徐水县南庄头遗址试掘简报》，《考古》1992 年第 11 期。

② 泥河湾联合考古队：《泥河湾盆地考古发掘获重大成果》，《中国文物报》1999 年 11 月 15 日。

③ 盖培、卫奇：《虎头梁旧石器时代晚期遗址的发现》，《古脊椎动物与古人类》1977 年第 4 期。

④ 江西省文物管理委员会：《江西万年大源仙人洞洞穴遗址试掘》，《考古学报》1963 年第 1 期。

⑤ 刘诗中：《江西仙人洞和吊桶环发掘获重要进展》，《中国文物报》1996 年 1 月 28 日。

⑥ 蒋迎春：《九五年、“八五”期间十大考古新发现分别揭晓》，《中国文物报》1996 年 2 月 18 日；袁家荣：《玉蟾岩获水稻起源重要新物证》，《中国文物报》1996 年 3 月 3 日；张文绪：《玉蟾岩考古日记》，《湖南科技学院学报》2005 年第 9 期；张文绪：《玉蟾岩考古日记（续）》，《湖南科技学院学报》2006 年第 9 期。

⑦ 袁家荣：《道县蛤蟆洞、三角岩洞穴遗址》，《中国考古学年鉴（1994）》，文物出版社 1997 年版。

⑧ 郁金城：《北京市新石器时代考古发现与研究》，《跋涉集》，北京图书馆出版社 1998 年版；北京大学考古系碳十四实验室：《碳十四年代测定报告（一）》，《文物》1996 年第 6 期。

⑨ 北京大学考古文博学院、北京大学考古学研究中心、北京市文物研究所：《北京市门头沟区东胡林史前遗址》，《考古》2006 年第 7 期。

⑩ 傅宪国等：《顶蛳山贝丘遗址发掘获丰硕成果》，《中国文物报》1997 年 12 月 14 日。

⑪ 何乃汉、黄云忠、刘文：《柳州市大龙潭鲤鱼嘴新石器时代贝丘遗址》，《考古》1983 年第 9 期。

⑫ 金志伟、张镇洪等：《英德云岭牛栏洞遗址试掘简报》，《江汉考古》1998 年第 1 期。

⑬ 秦永军、李全力：《河南周口迄今发现的裴李岗、仰韶文化初探》，《中国文物报》2005 年 5 月 7 日。

⑭ 李友谋：《裴李岗文化》，文物出版社 2003 年版，第 11 页。

括殷墟文化四期晚段。

二 研究内容

研究内容包括考古学文化的面貌、发展脉络及其相互关系，及这些考古学文化所反映的人类生业方式以及其背后的自然环境与人文社会背景。

（一）考古学文化的面貌

考古学文化是指考古发现中可供人们观察到的属于同一时代、分布于共同地区，并且具有共同的特征的一群遗存。① 同一时代和共同地区都是相对概念，它们都是由“具有共同特征的一群遗存”决定的。考古学文化面貌包括考古学文化序列与分布、各文化的分期与年代范围、文化的分区与地方类型特征、文化的性质与族属以及文化发展脉络和文化之间的关系等问题。

史前夏商时期该地区及其周围分布着诸多考古学文化遗存，如裴李岗文化、后李文化、北辛文化、仰韶时代文化、大汶口文化、庙底沟二期文化、龙山时代文化、二里头文化、岳石文化、二里岗文化、殷墟文化等，需要对这些考古学文化的面貌进行简单阐述。

裴李岗文化发现于20世纪70年代，因河南省新郑裴李岗遗址的发掘而得名。主要分布于豫中地区，典型遗址有裴李岗②、唐户③、沙窝里④、贾湖⑤、莪沟北岗⑥、石固⑦、水泉⑧、中山寨⑨等。有着独特的器

① 夏鼐：《关于考古学文化的定名问题》，《考古》1959年第4期。

② 开封地区文管会、密县文化馆：《河南新郑裴李岗新石器时代遗址》，《考古》1978年第2期。

③ 中国社会科学院考古研究所河南一队：《河南新郑唐户新石器时代遗址试掘简报》，《考古》1984年第3期。

④ 中国社会科学院考古研究所河南一队：《河南新郑沙窝李新石器时代遗址》，《考古》1983年第12期。

⑤ 河南省文物考古研究所：《舞阳贾湖》，科学出版社1999年版。

⑥ 河南博物馆、密县文化馆：《河南密县莪沟北岗新石器时代遗址》，《考古学集刊》第1集，科学出版社1981年版。

⑦ 河南省文物研究所：《长葛石固遗址发掘报告》，《华夏考古》1987年第1期。

⑧ 郏县文化馆：《河南郏县水泉发现的新石器时代遗址》，《考古》1976年第6期。

⑨ 中国社会科学院考古研究所河南一队：《河南临汝中山寨》，《考古学报》1991年第1期。

物群，主要表现在陶器和石器两方面。陶器以泥质红陶为主，夹砂红褐陶略少，还有较少的泥质灰陶和极少的黑陶。陶器均为手制，陶胎厚薄不均，陶色深浅不一。泥质陶多无纹饰，少数为磨光。纹饰多饰于夹砂陶，常见有附加乳钉纹、篦点纹、压印纹、划纹、指甲纹等。典型器物有球形双耳壶、三足双耳壶、圜底钵、三足钵、深腹罐、深腹圜底鼎、圈足碗、假圈足壶、陶勺、石磨盘和石磨棒等。

后李文化因首次发掘的山东淄博市临淄区后李官庄（简称后李）遗址而得名。分布范围大体东起淄河，西到济南长清，主要是泰沂山系北侧的山前地带。正式发掘的主要遗址有临淄后李①、章丘小荆山②、西河③和长清月庄④等。经碳十四测定，其年代为距今8300—7400年。遗迹主要有房址、壕沟、灰坑和墓葬等。房址均为半地穴式，居住面有的经过烧烤，多发现灶址和一些陶、石器等生活用具。墓葬流行长方形土坑竖穴，排列比较整齐，个别还有墓室，均未见葬具。葬式多单人仰身直肢葬。多无随葬品，少数放置蚌壳，个别见有陶支脚。陶器以红褐陶为主，红、灰褐、黑褐、青灰褐陶次之。制作工艺为泥条盘筑，器表多素面，器形以圜底器为主，仅发现少量平底器和圈足器。器类主要有釜、罐、壶、盂、盆、钵、碗、形器、杯、盘、器盖和支脚等。⑤

---

① 济青公路文物工作队：《山东临淄后李遗址第一、二次发掘简报》，《考古》1992年第11期；济青公路文物工作队：《山东临淄后李遗址第三、四次发掘简报》，《考古》1994年第2期。

② 章丘县博物馆：《山东章丘县小荆山遗址调查简报》，《考古》1994年第6期；山东省文物考古研究所、章丘市博物馆：《山东章丘小荆山遗址调查、发掘报告》，《华夏考古》1996年第2期；山东省文物考古研究所、章丘市博物馆：《山东章丘市小荆山后李文化环壕聚落勘探报告》，《华夏考古》2003年第3期；王守功、宁荫堂：《小荆山遗址第二次发掘的收获》，《中国文物报》1994年3月27日。

③ 山东省文物考古研究所：《山东章丘市西河新石器时代遗址1997年的发掘》，《考古》2000年第10期。

④ 山东大学东方考古研究中心：《山东济南长清区月庄遗址2003年发掘报告》，《东方考古》第2集，科学出版社2005年版，第365—456页。

⑤ 王永波、王守功、李振光：《海岱地区史前考古的新课题——试论后李文化》，《考古》1994年第3期；中国社会科学院考古研究所：《中国考古学·新石器时代卷》，中国社会科学出版社2010年版，第150、151页。

北辛文化因山东滕县北辛遗址发掘而得名。其主要分布区域为山东省的大部分地区和江苏北部的部分地区，其中心区是鲁中南地区的汶水和泗水流域。经过发掘的典型遗址有滕州北辛①、邳县大墩子②、汶上东贾柏③、泰安大汶口④、临淄后李⑤、烟台白石村⑥、兖州王因⑦和西桑园⑧等。北辛文化房址均为半地穴式建筑，墓葬流行长方形土坑竖穴墓，无葬具，生产工具主要是石器，骨、角、牙、蚌器十分发达，制作工艺以磨制为主。一般认为北辛文化的年代在距今7300—6100年。陶器方面，陶色不纯，以黄褐色为主，器形以圜底折腹鼎、敞口或直口釜、双耳或深腹圜底罐、卷沿平底盆、红顶钵、实心圆形支座等为主。

仰韶文化因首次在渑池县仰韶村被发现而得名，现统称为仰韶时代文化。主要分布于黄河中游地区的河南、山西、陕西等地。典型遗址有陕西的西安半坡⑨、扶风案板⑩、临潼姜寨⑪、华县元君庙⑫、华阴

---

① 中国社会科学院考古研究所山东队、藤县博物馆：《山东藤县北辛遗址发掘报告》，《考古学报》1984年第2期。

② 南京博物院：《江苏邳县四户镇大墩子遗址探掘报告》，《考古学报》1964年第2期。

③ 中国社会科学院考古研究所山东工作队：《山东坟上县东贾柏新石器时代遗址发掘简报》，《考古》1993年第6期。

④ 山东省文物考古研究所：《大汶口续集——大坟口遗址第二、三次发掘报告》，科学出版社1997年版。

⑤ 济青公路文物工作队：《山东临淄后李遗址第一、二次发掘简报》，《考古》1992年第11期；济青公路文物工作队：《山东临淄后李遗址第三、四次发掘简报》，《考古》1994年第2期。

⑥ 烟台市博物馆：《山东烟台市白石村遗址调查简报》，《考古》1981年第2期；烟台市文物管理委员会：《山东烟台白石村新石器时代遗址发掘简报》，《考古》1992年第7期；烟台市博物馆：《烟台白石村遗址发掘报告》，《胶东考古》，文物出版社2000年版。

⑦ 中国社会科学院考古研究所：《山东王因——新石器时代遗址发掘报告》，科学出版社2000年版。

⑧ 胡秉华：《兖州县西桑园北辛文化遗址》，《中国考古学年鉴（1989）》，文物出版社1990年版。

⑨ 中国科学院考古研究所等：《西安半坡——原始氏族公社聚落遗址》，文物出版社1963年版。

⑩ 西北大学文博学院考古专业：《扶风案板遗址发掘报告》，科学出版社2000年版。

⑪ 西安半坡博物馆、陕西省考古研究所、临潼县博物馆：《姜寨——新石器时代遗址发掘报告》，文物出版社1988年版。

⑫ 北京大学历史系考古教研室：《元君庙仰韶墓地》，文物出版社1983年版。

横阵[①]、渭南史家[②]、铜川李家沟[③]、山西芮城西王村[④]、河南陕县庙底沟和三里桥[⑤]、渑池仰韶村[⑥]、郑州大河村[⑦]、淅川下王岗[⑧]、安阳后冈[⑨]、濮阳西水坡[⑩]等遗址。陶器主要以泥质红陶和夹砂红陶为主，多手制。主要器形有钵、鼎、罐、小口尖底瓶、细颈壶、深腹瓮等。泥质陶上多饰彩绘。夹砂陶普遍饰拍印的粗或细绳纹。石器多经过磨制。墓葬有竖穴土坑成人一次葬，瓮棺葬现象较多。

由于仰韶时代文化内涵丰富，各地遗存差异较为明显。截至目前，研究者将仰韶时代文化划分出了数十个地方类型或考古学文化，且有关地方类型的名称、分布地域、相互关系等问题都存在不少争议。研究者对仰韶时代文化的概念并没有统一的认识，有学者将它作为一个时代的代称，这是广义的仰韶；也有学者将它作为典型仰韶文化的名称，这是狭义的仰韶。学者们的倾向都是一致的，就是仰韶时代文化有进一步细分的必要。《中国考古学·新石器时代卷》提出了“半坡文化”“庙底沟文化”和“西王村文化”的命名，将三者称为典型仰韶文化，其他地区与之关系密切的遗存分别命名为“大河村文化”“后冈一期文化”“大司

---

① 中国社会科学院陕西工作队：《陕西华阴横阵遗址发掘报告》，《考古学集刊》第4集，中国社会科学出版社1984年版。

② 巩启明：《陕西渭南史家新石器时代遗址》，《考古》1978年第1期。

③ 西安半坡博物馆：《铜川李家沟新石器时代遗址发掘报告》，《考古与文物》1984年1期。

④ 中国科学院考古研究所山西工作队：《山西芮城东庄村和西王村遗址的发掘》，《考古学报》1973年第1期。

⑤ 中国科学院考古研究所：《庙底沟与三里桥》，科学出版社1959年版。

⑥ 河南省文物研究所等：《渑池仰韶遗址1980—1981年发掘报告》，《史前研究》1985年第3期。

⑦ 郑州市文物考古研究所：《郑州大河村》，科学出版社2001年版。

⑧ 河南省文物研究所、长江流域规划办公室考古队河南分队：《淅川下王岗》，文物出版社1989年版。

⑨ 中国科学院考古研究所安阳发掘队：《1971年安阳后冈发掘简报》，《考古》1972年第3期。

⑩ 孙德宣、丁清贤、赵连生、张相梅：《濮阳西水坡遗址发掘简报》，《华夏考古》1988年第1期；河南省文物考古研究所、濮阳市文物保护管理所：《濮阳西水坡》，中州古籍出版社2012年版。

空文化”“下王岗文化”① 等。栾丰实先生指出这种处理方式具有一定合理性，但也存在诸多问题。如将典型仰韶文化的早、中、晚期分别独立为半坡文化、庙底沟文化和西王村文化，而周边地区从早至晚称为一个文化，延续时间与上述三支文化之和相当。② 本书将仰韶文化作为一个时代的标志，整个仰韶时期称为仰韶时代，这些文化统称为仰韶时代文化，将晋陕豫相邻地区仰韶时代文化作为一支考古学文化看待，称为典型仰韶文化，把分布于其他区域与典型仰韶文化关系密切的文化均称为一种独立的考古学文化，分别为大河村文化、后冈一期文化、大司空文化和下王岗文化。

大汶口文化是以山东泰安县大汶口镇与宁阳县堡头村交界的一处典型遗址而命名的，发现于20世纪50年代，主要分布于山东省境内。主要遗址有山东泰安大汶口③、邹县（现邹城）野店④、兖州王因⑤、枣庄建新⑥、胶县（现胶州）三里河⑦、诸城呈子⑧、茌平尚庄⑨、莒县陵阳河⑩、

① 中国社会科学院考古研究所：《中国考古学·新石器时代卷》，中国社会科学出版社2010年版，第214页。

② 栾丰实：《中国新石器时代考古的集成之作——〈中国考古学·新石器时代卷〉评析》，《考古》2011年第7期。

③ 山东省文物管理处、济南市博物馆：《大汶口——新石器时代墓葬发掘报告》，文物出版社1974年版；山东省文物考古研究所：《大汶口续集——大汶口遗址第二、三次发掘报告》，科学出版社1997年版。

④ 山东省博物馆、山东省文物考古研究所：《邹县野店》，文物出版社1985年版。

⑤ 中国社会科学院考古研究所：《山东王因——新石器时代遗址发掘报告》，科学出版社2001年版。

⑥ 山东省文物考古研究所、枣庄市文化局：《枣庄建新——新石器时代遗址发掘报告》，科学出版社1996年版。

⑦ 中国社会科学院考古研究所：《胶县三里河》，文物出版社1988年版。

⑧ 昌潍地区文物管理组、诸城县博物馆：《山东诸城呈子遗址发掘报告》，《考古学报》1980年第3期。

⑨ 山东省文物考古研究所：《茌平尚庄新石器时代遗址》，《考古学报》1985年第4期。

⑩ 山东省文物考古研究所、山东省博物馆、莒县文管所：《山东莒县陵阳河大汶口文化墓葬发掘简报》，《史前研究》1987年第3期。

江苏省邳县（现邳州）大墩子①、刘林②、新沂花厅③等遗址。可划分为早、中、晚三个大期。陶器以夹砂红陶和泥质红陶为主，也有一定数量的黑陶、白陶和灰陶。常见纹饰有乳钉纹、附加堆纹、绳纹，还有少量彩陶。常见器形有鼎、背壶、觚形杯、钵、鬶等。④ 晚期较为强势，对中原地区的同期文化影响较大，并扩大了其分布范围。

龙山文化因山东历城县龙山镇城子崖遗址的发掘而命名，现一般称为龙山时代。早期泛指山东、河南、山西、陕西等多个地区的新石器时代末期文化遗存，后来分出了多种考古学文化，龙山多作为一个时代概念。河南地区的龙山文化最初曾与山东地区的龙山文化被笼统地称为龙山文化。河南龙山文化又被分成多个地方类型⑤，后又将地方类型改成一种考古学文化。豫东地区龙山时代文化是研究的重点。

二里头文化是指以河南偃师二里头遗址为代表的一类文化遗存，介于龙山文化和二里岗文化之间的一种青铜时代文化。首先发现于登封玉村遗址⑥，后来在郑州洛达庙遗址、洛阳东干沟遗址均有发现，并分别被命名为“洛达庙类型文化”⑦ 和“东干沟文化”⑧，从 1959 年开始，中国科学院考古研究所在偃师二里头遗址进行发掘，由于遗址范围大，

---

① 南京博物院：《江苏邳县四户镇大墩子遗址探掘报告》，《考古学报》1964 年第 2 期；南京博物院：《江苏邳县大墩子遗址第二次发掘》，《考古学集刊》第 1 集，中国社会科学出版社 1981 年版。

② 江苏省文物工作队：《江苏邳县刘林新石器时代遗址第一次发掘》，《考古学报》1962 年第 1 期；南京博物院：《江苏邳县刘林新石器时代遗址第二次发掘》，《考古学报》1965 年第 2 期。

③ 南京博物院：《花厅——新石器时代墓地发掘报告》，文物出版社 2003 年版。

④ 中国社会科学研究院考古研究所：《中国考古学 · 新石器时代卷》，中国社会科学出版社 2010 年版，第 278 页。

⑤ 中国社会科学院考古研究所：《新中国的考古发现与研究》，文物出版社 1984 年版。

⑥ 韩维周、丁伯全、张永杰、孙宝德：《河南登封县玉村古文化遗址概况》，《文物参考资料》1954 年第 6 期。

⑦ 河南省文化局文物工作队第一队：《郑州洛达庙商代遗址试掘简报》，《文物参考资料》1957 年第 10 期。

⑧ 中国社会科学院考古研究所洛阳发掘队：《1958 年洛阳东干沟遗址发掘简报》，《考古》1959 年第 10 期。

具有典型性和代表性，夏鼐先生将其命名为“二里头类型文化”，后称为“二里头文化”[①]。二里头文化分为前后发展的四期[②]，其中心分布区域为豫西、晋南地区，一期时分布范围较小。二期以后，范围扩大。二里头文化基本上承袭豫西地区龙山文化晚期的陶器风格。陶器仍以折沿平底、三实足和圈足器为主，但圜底器在该地区已开始少量出现。器表纹饰有绳纹、篮纹、弦纹、划纹、方格纹和附加堆纹等。器形以鼎、罐为主，还有盆、豆、器盖、尊等。

岳石文化最早发现于20世纪30年代，考古工作者在山东历城县（现属章丘市）龙山镇城子崖遗址发现了典型的岳石文化。到了1960年，考古工作者在山东省平度市东岳石遗址发现了单纯的岳石文化遗存。1981年，严文明先生首次提出了“岳石文化”的命名，指出它是继龙山文化之后的另一种考古学文化。[③] 分为前后发展的四期[④]，其年代晚于山东龙山文化，早于二里岗上层文化，在山东省境内大部分县、市都发现有岳石文化遗址。经过正式发掘的遗址有牟平照格庄[⑤]、昌乐邹家庄[⑥]、长岛北庄[⑦]、菏泽安邱堌堆[⑧]、章丘城子崖[⑨]、平度东岳石[⑩]、泗水尹家城[⑪]等，各地岳石文化遗存的特征并不完全相同。山东地区岳石文化的

① 夏鼐：《碳－14测定年代和中国史前考古学》，《考古》1977年第4期。

② 中国社会科学院考古研究所：《偃师二里头——1959—1978年考古发掘报告》，中国大百科全书出版社1999年版。

③ 严文明：《龙山文化与龙山时代》，《文物》1981年第6期。

④ 栾丰实：《岳石文化的分期和类型》，《海岱地区考古研究》，山东大学出版社1997年版；靳松安：《河洛与海岱地区考古学文化的交流与融合》，科学出版社2006年版，第120页；方辉：《岳石文化的分期与年代》，《考古》1998年第4期。

⑤ 中国社会科学院考古研究所山东队等：《山东牟平照格庄遗址》，《考古学报》1986年第4期。

⑥ 北京大学考古实习队等：《山东昌乐县邹家庄遗址发掘简报》，《考古》1987年第5期。

⑦ 北京大学考古实习队等：《山东长岛北庄遗址发掘简报》，《考古》1987年第5期。

⑧ 北京大学考古系商周组等：《菏泽安邱堌堆遗址发掘简报》，《文物》1987年第11期。

⑨ 傅斯年等：《城子崖——山东历城县龙山镇之黑陶文化遗址》，“中研院”历史语言研究所1934年版。

⑩ 中国科学院考古研究所山东发掘队：《山东平度东岳石村新石器时代遗址与战国墓》，《考古》1962年第10期。

⑪ 山东大学历史系考古专业教研室：《泗水尹家城》，文物出版社1990年版。

陶器以夹砂褐陶、泥质黑灰陶为主，轮制陶不多，陶胎厚重。陶器主要为素面和磨光，纹饰中常见凸棱，附加堆纹、弦纹，并有一些彩绘。器类中，粗砂褐陶素面甗和夹砂罐是当时的主要炊器。此外，还有子母口鼓腹罐、内壁带凸棱或凹槽的浅盘豆、蘑菇形纽器盖、尊形器、卷沿鼓腹盆、鼎等。石器以半月形双孔石刀、三面或四面带刃的扁平石铲、带亚腰或竖向浅凹槽石斧等最具代表性。

下七垣文化是由李伯谦先生最先提出的，是指以河北磁县下七垣遗址为代表的一类考古学文化遗存。邹衡先生称为先商文化，指出分布范围主要在河北滹沱河以南、黄河以北的太行山东麓一带。最初的分布范围较小，后来向南扩张，形成了几个地方类型。在发展过程中，吸收二里头文化、岳石文化和夏家店下层文化等诸多因素。遗物种类丰富，有陶器、石器、骨器、蚌器、青铜器等。陶器以泥质陶为主，夹砂陶次之，其中泥质灰陶占全部陶器群的半数以上，夹砂灰陶次之。器类以鬲、橄榄形罐、甗、大口尊、蛋形瓮、盆为主。器表纹饰以绳纹为主，素面和磨光也有一定比例。

二里岗文化是以河南郑州二里岗遗址为代表的一类考古学文化遗存。二里岗文化发现于 1950 年，这一命名是由东红和张建中两位先生在 1954 年提出的。[①] 中心分布区是郑州地区，晚期骤然扩大。遗物有陶器、铜器、石器、骨器、蚌器、玉器、角器、原始青瓷器及刻字骨、卜骨等。大多数陶器为灰陶，外表拍印绳纹，还有少量硬陶和釉陶。代表器类为鬲、甗，另外还有盆、甑、大口尊、豆、罐等。安金槐先生把二里岗文化划分为四期。

殷墟文化指以安阳殷墟遗址而命名的考古学文化。殷墟遗址发现了宫殿宗庙建筑、墓葬、灰坑、祭祀坑、车马坑、窖穴、作坊遗址等，出土了包括陶器、青铜器、玉器和甲骨文在内的大批遗物。后来随着洹北

① 郑州市文物工作组：《郑州市人民公园第二十五号商代墓葬清理简报》，《文物参考资料》1954 年第 12 期。

商城的发现，补充了殷墟文化的早期遗存。分为四期，觚爵的变化最为显著。

本书研究地域跨度较大、时间跨度较长、所需材料涉及面较广，同一名称在不同时期或不同文章中的称谓不同，为行文方便文中保持原文的称谓。为避免混淆在此简单说明，在文中进一步具体说明。1998 年以前各地市被称为地区，如商丘地区、周口地区，本书沿用这一名称，具体是指商丘市或周口市辖境内的整个范围。现今“商丘”之名在早年的一些文章中写为“商邱”，本书中一般写为“商丘”，而具体某一名称如“商邱地区文物管理委员会”时与原称谓保持一致写为“商邱”。亳县于 1986 年改称亳州市。宿县与 1979 年改为宿州市。遗址名称有时也不一致，如郸城段砦[①]遗址有的文中写为“段寨”[②]，亳州付庄[③]遗址有的文中写为“富庄”[④]，商丘黑孤堆[⑤]遗址在许多文章中写为“黑堌堆”。萧县花家寺遗址被称为“肖县花家寺”[⑥] 或“萧县花甲寺”[⑦]。芦城子[⑧]遗址在有的文章中被写为“芦城孜”。涉及内容较多，不再一一举例。

（二）居民的生业方式

生业方式又称生业模式，指古代人类生产、生活以及和周围环境的关系。赵丛苍先生称之为“生业考古”，具体指对人类的食物类型、食物资源、生产方式以及与之密切相关的自然环境的研究。生业考古的研

---

① 郸城县文化馆：《河南郸城段砦出土大汶口文化遗物》，《考古》1981 年第 2 期。

② 曹桂岑：《郸城段寨遗址试掘》，《中原文物》1981 年第 3 期。

③ 杨立新：《安徽淮河流域的原始文化》，《纪念城子崖遗址发掘 60 周年国际学术讨论会文集》，齐鲁书社 1993 年版。

④ 高广仁：《谈谈对安徽淮北地区新石器时代遗址的初步认识》，《文物研究》第五辑，黄山书社 1989 年版。

⑤ 李景聃：《豫东商邱永城调查及造律台黑孤堆曹桥三处小发掘》，《考古学报》第二册，商务印书馆 1947 年版。

⑥ 安徽省博物馆：《安徽肖县花家寺新石器时代遗址》，《考古》1966 年第 2 期。

⑦ 张敬国、贾庆元、何长风、胡欣民：《安徽萧县先秦遗址考古调查》，《文物研究》第六辑，黄山书社 1990 年版。

⑧ 张敬国：《宿县芦城子新石器时代遗址》，《中国考古学年鉴（1991 年）》，文物出版社 1992 年版。

究内容很广，与古代人类基本生活方式相关的生产资料和生产领域均可归入其研究范畴，如农业、手工业、动物、植物等。①

本书以豫东地区的考古材料为基础，并与中心地域及全国范围的材料进行对比，结合文献记载考察史前夏商时期该地区居民的社会生业方式的具体状况。限于材料，本书主要研究农业、渔猎与采集、饲养、饮食、陶器和铜器制作、建筑和思想意识等方面的状况。不同的考古学文化居民，有着不同的生业方式。总结各考古学文化居民的生业方式状况和特点，对比同时期不同文化和不同时期文化居民生业方式，找出其不同点和共同点，并总结生业方式的历史发展规律。

第二节　发现和研究历史与现状

豫东地区的发掘和研究工作已经走过了近90年的历史，对这些发现和研究的历史与现状进行回顾是研究该区域考古学文化的前提。

一　考古调查与发掘工作

豫东地区考古始于20世纪30年代。从1936年至今，几代考古工作者在豫东地区进行了一系列考古调查和发掘工作，并进行了较为深入的研究，取得了十分可喜的成就。

（一）河南东部地区的考古工作

河南东部地区面积大、地域广，是豫东地区的主要组成部分。该区域内的考古工作已经历时近80年，总括起来大致可分成5个阶段。

1. 20世纪30年代至1949年

这个阶段，由于考古学传入中国时间不久，开展考古工作范围有限。加上战争频仍，人力、物力资源匮乏，故仅有个别的调查和试掘工作。

1936年秋，当时的河南古迹研究会派李景聃等人，为寻找殷墟文化

① 赵丛苍：《科技考古学概论》，高等教育出版社2006年版，第326页。

的来源到河南商丘、永城地区进行考古调查[①]，拉开了考古工作的序幕。调查者对文献记载的南亳故城“谷熟”一带以及商丘坞墙、顺河集一带进行了详细的访查工作。还对永城造律台、黑孤堆（黑堌堆）等遗址进行了小规模的试掘，发现龙山文化和商代文化遗存，这是河南东部地区田野考古发掘的第一次，为以后认识龙山时代文化奠定了基础。

2. 1950 年至 1988 年

这个阶段，考古工作主要集中在河南商丘地区所属各县进行，具体工作又可细分为前、后两段：

前段即 20 世纪 50 年代、60 年代和 70 年代初，仅从事一些零星的考古调查和试掘，没有开展大规模的考古调查与发掘工作。

后段从 1976 年开始至 1988 年，为河南东部地区考古工作的第一个高潮期，包括大规模的考古调查和发掘工作，发表了大量的发掘简报、报告和研究论文，一些学术问题已初步得到解决。

1976—1978 年，为了了解河南东部原始社会末期和商代早期文化的有关问题，中国社会科学院考古研究所河南一队、河南二队和商丘地区文物管理委员会合作，在商丘地区所属各县进行了 3 次考古调查，发现龙山时期文化遗址 17 处、商文化遗址 15 处，并在调查的基础上选择发掘了永城王油坊、黑堌堆、柘城孟庄、商丘坞墙以及睢县周龙岗等遗址[②]，大大丰富了人们对该地区文化面貌的认识。其中永城王油坊遗址的发掘，发现了较为丰富的龙山时代文化遗存[③]；柘城孟庄遗址商文化遗存十分丰富，有大型夯土建筑、窑址、窖穴、房址、墓葬、灰坑、冶铸作坊、柱洞等遗迹，以及生产工具、武器、生活用具、卜骨卜甲和陶

① 李景聃：《豫东商丘永城调查及造律台黑孤堆曹桥三处小发掘》，《考古学报》第二册，商务印书馆 1947 年版。

② 中国社会科学院考古研究所河南二队等：《1977 年豫东考古纪要》，《考古》1981 年第 5 期。

③ 中国社会科学院考古研究所河南二队等：《河南永城王油坊遗址发掘报告》，《考古学集刊》第 5 集，中国社会科学出版社 1987 年版。

文等文化遗物。[①] 与此同时，中国社会科学院考古研究所河南二队又与周口地区文物部门合作调查周口地区的 47 处遗址，时代包括仰韶时代文化、龙山文化、二里头文化、商代、西周、春秋等。[②]

80 年代中后期，围绕探索夏文化和商人起源等学术问题，北京大学考古系等单位又开展了对山东西南部、河南东部地区岳石文化（属东夷文化）的研究工作。1988 年秋冬，河南省夏邑县清凉山遗址的发掘[③]，以及对河南东部地区的系列考古调查工作，表明河南商丘地区属于岳石文化的分布区，这就为研究商族的起源和商夷关系提供了实物依据。

此外，河南省有关文物考古部门对河南东部地区进行了一定规模的调查和发掘工作。1979 年，河南省博物馆、周口地区文管会、郸城县文化馆等单位，对郸城县段寨遗址进行了试掘，发现了大汶口文化晚期、龙山文化早期、龙山文化晚期遗存。[④] 1979 年 9 月，河南省文物局举办省文物工作人员训练班，在平粮台遗址进行考古实习，发现了龙山文化的高台建筑和夯土城墙遗迹。1980 年，河南省文物研究所重点对平粮台古城墙作勘探发掘，发现城墙、城门、门卫房、陶排水管道、房基、陶窑、墓葬、灰坑等遗存，证明平粮台是一处文化内涵相当丰富的龙山文化古城址，对于研究我国古代城市的起源、国家的形成等问题具有重要的价值。[⑤] 1987 年，河南省文物考古研究所对鹿邑栾台遗址进行了正式发掘，发现了较为丰富的大汶口文化、造律台类型、岳石文化、商文化

---

① 中国社会科学院考古研究所河南一队等：《河南柘城孟庄商代遗址》，《考古学报》1982 年第 1 期。

② 中国社会科学院考古研究所河南二队等：《河南周口地区考古调查简报》，《考古学集刊》第 4 集，中国社会科学出版社 1984 年版。

③ 北京大学考古系等：《河南夏邑县清凉山遗址 1988 年发掘简报》，《考古》1997 年第 11 期；北京大学考古学系、商丘地区文管会：《河南夏邑清凉山遗址发掘报告》，《中国考古学研究（四）》，科学出版社 2000 年版。

④ 曹桂岑：《郸城段寨遗址试掘》，《中原文物》1981 年第 3 期。

⑤ 河南省文物研究所等：《河南淮阳平粮台龙山文化城址试掘简报》，《文物》1983 年第 3 期。

以及西周、东周时期的文化遗存[①]，其中岳石文化遗存的发现为研究东夷文化的西渐提供了重要材料。

3. 1989 年至 1992 年

这个阶段主要是对河南东部地区西部的开封市所辖各县进行的考古调查和发掘工作。在此之前所有的河南东部考古调查、发掘皆在商丘地区进行，而开封市周围地区在考古上还是一块处女地。为了解开封地区的古代文化面貌和解决夷、夏、商三族文化交汇问题以及商人起源问题，郑州大学考古专业师生，与开封市博物馆、开封市文物工作队、杞县文管所、尉氏县文管所等单位密切合作，在开封市所属的杞县、尉氏、通许等县，展开了大范围的考古调查和发掘工作，从而掀起了河南东部考古的第二次高潮。

1989 年秋冬的杞县段岗遗址的发掘和朱岗、牛角岗、竹林等遗址的试掘[②]，提供了开封地区二里头文化研究的第一手材料，填补了河南东部地区二里头文化研究的空白。同时，对杞县鹿台岗遗址的试掘，发现了属于先商文化的下七垣文化遗存，这是先商文化在黄河以南、郑州以东的首次发现，对探索商人的起源具有重要意义。

为进一步了解杞县地区的文化面貌，1990 年秋冬，郑州大学考古专业等单位又对鹿台岗、段岗遗址进行了大规模的发掘。[③] 其中段岗遗址发现了较为丰富的龙山文化和二里头文化遗存。鹿台岗遗址考古有重大收获，发现仰韶、龙山、先商、早商、晚商、东周等多个阶段的文化遗存。新发现的岳石文化遗存，迄今仍是该类遗存分布范围的最西缘。通过分析研究，张国硕、匡瑜等先生明确提出了先商文化“鹿台岗类型”和岳石文化“鹿台岗亚型”的命名。[④] 此外，鹿台岗遗址还发现了 4 处

---

① 河南省文物研究所：《河南鹿邑栾台遗址发掘简报》，《华夏考古》1989 年第 1 期。

② 郑州大学考古专业等：《河南杞县朱岗遗址试掘报告》，《华夏考古》1992 年第 1 期；郑州大学考古专业等：《河南杞县牛角岗遗址试掘报告》，《华夏考古》1994 年第 2 期。

③ 郑州大学文博学院等：《豫东杞县发掘报告》，科学出版社 2000 年版。

④ 郑州大学考古专业等：《河南杞县鹿台岗遗址发掘简报》，《考古》1994 年第 8 期。

龙山文化时期的自然崇拜遗迹，使人们对河南东部地区龙山文化居民的社会生活有了进一步的认识，也为研究我国原始宗教的产生与发展提供了十分重要的实物材料。

此外，为配合苏鲁豫皖相邻地区考古文化研究课题的开展，1990 年春，河南省文物考古研究所对鹿邑县武庄遗址进行了发掘，发现一批新石器时代的遗迹、遗物和商周、汉代遗存①，丰富了学界对淮河流域史前考古学文化面貌的认识。

为了解河南东部地区新石器时代仰韶时期的文化面貌，1992 年春夏，郑州大学考古专业等单位又发掘了尉氏县椅圈马遗址②，发现了丰富的仰韶时代文化晚期遗存，从而填补了开封地区仰韶时期文化面貌的空白。

4. 1993 年至 2001 年

这个阶段为中美国际合作对河南东部考古时期，工作的重心在商丘地区，重点是商丘地区东部，周口地区商周遗存的发现成为亮点。同时，有关单位对河南东部考古材料及时进行整理，并发表、出版，一些学者继续对河南东部考古进行较为深入的研究。

为了探索殷商文明的源头，中国社会科学院考古研究所与美国哈佛大学组成联合考古队，在张长寿、张光直等先生的带领下，对商丘地区进行考古调查与发掘。1994—1996 年，中美合作发掘了商丘市的潘庙、虞城县的马庄、柘城县的山台寺等遗址，并且在商丘地区做了广泛调查，发现了龙山文化、岳石文化、殷墟文化、西周文化以及东周文化遗存③，但没有达到发掘者为了寻找先商文化与商人起源于河南东部地区实物依据的目的，对当时仍然延续的“豫东考古热”无疑

① 河南省文物考古研究所：《河南鹿邑县武庄遗址的发掘》，《考古》2002 年第 3 期。

② 郑州大学文博学院考古系等：《河南尉氏椅圈马遗址发掘简报》，《华夏考古》1997 年第 3 期。

③ 张长寿、张光直：《河南商丘地区殷商文明调查发掘初步报告》，《考古》1997 年第 4 期；中国社会科学院考古研究所、美国哈佛大学皮保德博物馆：《豫东考古报告——“中国商丘地区早商文明探索”野外勘察与发掘》，科学出版社 2017 年版。

是泼了一瓢凉水。

与此同时，中美联合考古队运用地质考古调查等多种工具，发现了商丘市境内的东周城址，又经过进一步的钻探，确定了城墙的建造情况和年代[①]，为河南东部考古注入了新的血液。

为了探寻太清宫悠久的历史、寻找历代帝王和民间祭祀老子的有关遗迹，河南省文物考古研究所、周口市文化局、鹿邑县博物馆等单位对鹿邑太清宫遗址进行大规模发掘，除了发现规模宏大的唐宋时期建筑基址，还发掘出龙山文化晚期、西周、春秋时期的重要遗存，其中以西周贵族墓葬——长子口大墓[②]最为重要，规模宏大，出土大量商周青铜器，为研究商末西周时期河南东部地区古代文化面貌、墓葬制度、族群与古国提供了十分珍贵的实物材料。

在此期间，学界对河南东部考古材料的整理和研究工作在默默进行。其中郑州大学承担的杞县鹿台岗遗址发掘报告、尉氏椅圈马遗址发掘简报、北京大学承担的夏邑清凉山遗址的发掘简报、中国社会科学院考古研究所承担的商丘地区考古调查与发掘项目初步研究成果等相继公开发表。2000 年，有关杞县鹿台岗、段岗两个遗址的发掘报告——《豫东杞县发掘报告》由科学出版社正式出版[③]，这是河南东部考古的第一部学术专著，无疑成为这一阶段考古工作的主要亮点和河南东部考古的标志性成果。

5. 2002 年至今

这一阶段为河南东部考古的深入发展阶段，工作重心放在河南东部商丘地区的西部，目的是进一步搞清楚先商文化、岳石文化以及商文化在河南东部地区的分布情况，探寻商文化的来源和研究夷、夏、商三族的关系，全面了解河南东部地区的古代文化发展序列和文化面貌，重点

---

① 中国社会科学院考古研究所、美国哈佛大学皮保德博物馆中美联合考古队：《河南商丘县东周城址勘查报告》，《考古》1998 年第 12 期。

② 河南省文物考古研究所等：《鹿邑太清宫长子口墓》，中州古籍出版社 2000 年版。

③ 郑州大学文博学院等：《豫东杞县发掘报告》，科学出版社 2000 年版。

是考察当地先商文化遗存的分布情况。具体考古工作主要由郑州大学考古专业承担，先后多次进行考古调查与发掘工作。

2002 年 11 月，郑州大学考古专业师生在靳松安先生带领下对商丘地区所属的永城、夏邑、虞城、柘城、睢县、民权等县 20 余处遗址进行调查，获得一批岳石文化、先商文化、早商文化、晚商文化遗物，并对民权县李岗遗址进行了试掘，为了解夏商时期商丘地区考古学文化面貌与特征提供了新的实物资料。①

2006 年春，郑州大学考古专业师生在张国硕先生带领下对民权牛牧岗、睢县周龙岗、乔寨等遗址进行专题调查，采集到一些龙山文化及少量先商文化、商早期及商晚期文化遗物，确定以民权牛牧岗遗址为以后工作的重点。

在两次调查的基础上，2007 年秋冬，郑州大学考古专业师生会同商丘市文物局、民权县文物局等单位，在张国硕教授的带领下，对民权牛牧岗遗址进行了较大规模的考古调查与发掘，发现仰韶、龙山、下七垣、早商、晚商、东周、西汉、唐宋时期的遗迹、遗物，为研究河南东部地区的历史文化提供了珍贵的实物资料。其中下七垣文化遗存的发现，表明商丘地区的西部也是先商文化的分布区，而战国晚期至西汉墓葬以及唐宋元明清时期遗存的发现，为了解该地区的文化序列提供了新的实物资料。为进一步了解河南东部地区西部的古代文化面貌，2008 年 11 月，郑州大学历史学院考古系又组织师生对民权牛牧岗遗址的周边区域进行了考古调查，调查范围主要集中在商丘市所辖的民权、睢县和开封市所辖的杞县、兰考四县的相邻地区，获得了一批先商文化、岳石文化、早商文化、晚商文化遗物。② 经过系统的整理，牛牧岗遗址的发掘资料陆

---

① 靳松安、张家强：《豫东商丘地区考古调查简报》，《华夏考古》2005 年 2 期。

② 张国硕、赵俊杰：《牛牧岗遗址周边区域考古调查报告》，《民权牛牧岗与豫东考古》，科学出版社 2013 年版。

续出版，2010 年和 2012 年出版两篇发掘简报①，2013 年正式出版了发掘报告②，进一步丰富了该地区的考古资料。

从 2014 年开始，河南省文物考古研究院与北京大学合作，再次启动对平粮台遗址的考古发掘工作，应用了大量新技术和新方法，获得重要收获③，并入选 2019 年度全国十大考古新发现④。

2017 年，经过多方努力，学界翘首以盼的中国社会科学院考古研究所、美国哈佛大学皮保德博物馆联合考古队在豫东地区的发掘资料正式面世，为考古学研究提供了可靠而丰富的材料。⑤

2018—2019 年郑州大学历史学院考古系会同开封市文物考古研究所、祥符区文管所等单位，对虎丘岗遗址进行考古发掘，发现较为丰富的龙山至秦汉遗存。⑥

2019 年 7 月开始河南省文物考古研究院对淮阳时庄遗址进行发掘，发现了夏代一座粮食仓储城址。

2021 年 5 月中国社科院考古研究所、河南省文物考古研究院、商丘市文物考古研究院等联合考古队再次启动宋国故城的发掘，期待新的考古发现。

（二）山东西南部的考古工作

与此同时，鲁西南地区考古工作也在进行之中。

---

① 张国硕、刘余力：《河南民权牛牧岗遗址战国西汉墓葬发掘简报》，《文物》2010 年第 12 期；张国硕、赵俊杰：《河南民权县牛牧岗遗址发掘简报》，《考古》2012 年第 2 期。

② 张国硕、赵俊杰：《民权牛牧岗与豫东考古》，科学出版社 2013 年版。

③ 河南省文物考古研究院、北京大学考古文博学院、周口市文物考古管理所、淮阳县平粮台管理处：《河南淮阳平粮台遗址 2018 年度发掘简报》，《华夏考古》2019 年第 3 期。孙蕾、曹艳鹏、张海：《河南平粮台和郝家台遗址龙山文化的颅骨形态学分析》，《江汉考古》2021 年第 5 期；曹艳朋、秦岭、张海、朱树政、高凤梅：《河南淮阳平粮台遗址龙山时期墓葬发掘报告》，《华夏考古》2017 年第 3 期。

④ 河南省文物考古研究院：《河南淮阳平粮台遗址考古发掘成果显著》，《中国文物报》2016 年 1 月 15 日。

⑤ 中国社会科学院考古研究所、美国哈佛大学皮保德博物馆：《豫东考古报告——“中国商丘地区早商文明探索”野外勘察与发掘》，科学出版社 2017 年版。

⑥ 郑州大学历史学院考古系等：《河南开封虎丘岗遗址发现龙山至秦汉遗存》，中国文物信息网 2019 年 10 月 08 日。

1959 年，中国社会科学院考古研究所山东发掘队对梁山青堌堆遗址进行了发掘，发现了龙山文化和商文化遗存。① 1979 年，菏泽地区文物工作队对莘冢集遗址进行了发掘，发现了早于龙山文化的遗存、龙山文化遗存和商文化遗存。② 安邱堌堆遗址的发掘也是一大亮点，在 1976 年和 1981 年，山东省博物馆和菏泽地区文展馆曾经在该遗址进行了试掘，确定该遗址是龙山文化和晚商文化遗址。另外，菏泽市文物处在菏泽境内发现了上百处堌堆遗址③，1976 年试掘了其中的 12 处④。1984 年，北京大学商周组联合菏泽地区文物单位对安邱堌堆遗址进行了发掘，发现了龙山文化、岳石文化、早商文化和晚商文化的遗存。⑤

2010 年以来，鲁西南地区的考古工作又有新发现。在菏泽胡集成阳故城、青邱堌堆、定陶十里铺⑥、定陶何楼⑦等遗址均发现有史前夏商时期的考古遗存。

（三）江苏西北部的考古工作

江苏省的考古工作开始于中华人民共和国成立以后，大致分为两个阶段。

1. 1952 年至 1976 年

该阶段南京博物院和江苏省文物管理委员会等单位在江苏省西北部做了大量的考古调查和发掘工作，获得了一批重要考古资料。

---

① 中国社会科学院考古所山东发掘队：《山东梁山青堌堆遗址发掘简报》，《考古》1962 年第 1 期。

② 菏泽地区文物工作队：《山东曹县莘冢集遗址试掘简报》，《考古》1980 年第 5 期。

③ 侯仰军：《考古发现与夏商起源研究》，黑龙江人民出版社 2009 年版，第 18、19 页。

④ 郅田夫、张启龙：《菏泽地区的堌堆遗存》，《考古》1987 年第 11 期。

⑤ 北京大学考古系商周组等：《菏泽安邱堌堆遗址发掘简报》，《文物》1987 年第 11 期。北京大学考古系商周组等：《山东菏泽安邱堌堆遗址 1984 年发掘报告》，《考古学研究》，科学出版社 2011 年版。

⑥ 山东省文物考古研究所：《山东定陶十里铺北遗址发掘获重要收获》，《中国文物报》2016 年 2 月 26 日。

⑦ 首都师范大学历史学院：《山东定陶何楼遗址发现新石器及汉代金元遗存》，《中国文物报》2019 年 5 月 5 日。

1952年，贾兰坡先生调查了新沂县三里墩遗址。[①] 后来，南京博物院于1956年和1959年对三里墩遗址进行了两次发掘。[②] 1952年和1953年，南京博物院对花厅遗址连续进行了两次发掘。[③] 1954年，江苏省文物管理委员会在蔡邱村东南发现了一处古代文化遗址。[④] 1956年，江苏省文物管理委员会调查了徐州高皇庙遗址，并于1958年进行了清理，发现了龙山时代和殷商时期遗存。[⑤] 不久，芸阁先生对高皇庙遗址发掘报告提出了自己的意见和建议。[⑥] 1957年，徐州市文化处在徐州台上村发现古代文化遗址。[⑦] 1958年，邳县黄楼村村南发现了古代文化遗址。[⑧] 1959年冬，南京博物院对徐州地区、邳海地区进行了考古调查，发现了数十处古代文化遗址，并试掘了丘湾遗址[⑨]，随后又于1960年和1965年对丘湾遗址进行了发掘。[⑩] 1960年和1964年，江苏省工作队和南京博物院分别对邳县刘林遗址进行了两次正式发掘，发现了丰富的大汶口文化遗物。[⑪] 1963年、1966年，南京博物院对邳县大墩子遗址进行了两次发掘，发现了丰富的大汶口文化遗存。[⑫] 1973年，丘湾遗址资料发表以后，

---

① 贾兰坡：《苏北新安县新沂河的古遗址》，《文物参考资料》1953年第1期。

② 蒋缵初：《江苏新沂县三里墩遗址试掘记》，《考古通讯》1958年第1期；南京博物院：《江苏新沂县三里墩古文化遗址第二次发掘简介》，《考古通讯》1960年第7期。

③ 《江苏新沂县花厅村发现新时期时代遗址》，《文物参考资料》1953年5、6期合刊；南京博物院新沂工作组：《新沂花厅村新石器时代遗址概况》，《文物参考资料》1956年第7期。

④ 李鑑昭：《江苏铜山发现古遗址》，《文物参考资料——文物工作报导》1954年第6期。

⑤ 江苏省文物管理委员会：《徐州高皇庙遗址清理报告》，《考古学报》1958年第4期。

⑥ 芸阁：《对"徐州高皇庙遗址清理报告"的几点意见》，《考古通讯》1959年9期。

⑦ 张愷慈：《江苏省铜山县台上村发砚古遗址》，《文物参考资料——文物工作报导》1957年第8期。

⑧ 王德庆：《邳县发现龙山文化遗址》，《文物参考资料——文物工作报导》1958年第8期。

⑨ 南京博物院：《1959年冬徐州地区考古调查》，《考古》1960年第3期；南京博物院：《江苏邳海地区考古调查》，《考古》1964年第1期。

⑩ 南京博物院：《江苏铜山丘湾古遗址的发掘》，《考古》1973年第2期。

⑪ 江苏省文物工作队：《江苏邳县刘林新石器时代遗址第一次发掘》，《考古学报》1962年第1期；南京博物院：《江苏邳县刘林新石器时代遗址第二次发掘》，《考古学报》1965年第2期。

⑫ 南京博物院：《江苏邳县四户镇大墩子遗址探掘报告》，《考古学报》1964年第2期；南京博物院：《江苏邳县大墩子遗址第二次发掘》，《考古学集刊》第1集，中国社会科学出版社1981年版。

俞伟超、王宇信、陈绍棣等先生对丘湾商代祭祀遗存进行了研究。[①]1976年，南京博物院对大墩子遗址进行了第三次发掘[②]。

2. 1987年至今

该阶段的考古工作相对较少，主要是对西北部地区的考古调查和对花厅遗址的再次发掘。

1987年和1989年，南京博物院又对花厅遗址进行了两次大规模发掘。[③] 1991年，南京博物院和徐州博物馆对江苏省西北部进行了第二次考古调查工作，新发现新石器时代及商周时期的遗址5处。[④] 近年来，江苏西北部的考古工作还在不断进行，获得一批宝贵资料，但较少发现史前至商周时期的文化遗存。2003年，南京博物院出版了《花厅——新石器时代墓地发掘报告》，是这一区域考古工作的重要成果。该报告综合了花厅遗址的四次发掘资料（包括1952年和1953年），对花厅遗址进行了综合系统的研究，对于研究苏北鲁南地区乃至黄河下游新石器时代考古学文化有着重要意义。[⑤]

（四）安徽西北部地区的考古工作

安徽地区新石器时代遗址的调查可追溯到20世纪30年代，李景聃、王湘等先生在安徽寿县一带做了考古调查，发现了不少古代文化遗址，对遗址情况和遗物性质有了初步的认识。[⑥] 此次调查引领了安徽省的考古工作，标志着安徽省也进入现代考古阶段，但此后安徽的考古工作处于停滞阶段，安徽西北部的考古工作直到中华人民共和国成立以后才陆

---

① 俞伟超：《铜山丘湾商代社祀遗迹的推定》，《考古》1973年第5期；王宇信、陈绍棣：《关于江苏铜山丘湾商代祭祀遗址》，《文物》1973年第12期。

② 南京博物院：《邳县大墩子遗址第三次发掘简况》，《文博通讯》1976年第8期。

③ 南京博物院：《1987年江苏新沂花厅遗址的发掘》，《文物》1990年第2期；南京博物院花厅考古队：《江苏新沂花厅遗址一九八七年发掘纪要》，《东南文化》1988年第2期；南京博物院花厅考古队：《江苏新沂花厅遗址1989年发掘纪要》，《东南文化》1990年第1、2期合刊。

④ 南京博物院、徐州博物馆：《1991年徐州考古调查简报》，《东南文化》1997年第4期。两县境内未发现商代以前的遗址。

⑤ 南京博物院：《花厅——新石器时代墓地发掘报告》，文物出版社2003年版。

⑥ 王湘：《安徽寿县史前遗址调查报告》，《考古学报》第二册，商务印书馆1947年版。

续进行，分为三个阶段。

1. 1950 年至 1978 年

在这个时期主要是安徽省的考古工作者对一些遗址进行调查和试掘工作，发现了一批重要的新石器时代遗址，获得了许多重要资料。[①]

1953—1954 年，安徽省博物馆对灵璧县一带进行了调查，并清理了蒋庙村新石器时代遗址。[②] 后来，相继在亳县发现了钓鱼台和青凤岭等遗址。[③] 1960 年，安徽省博物馆对皖北一带进行了调查，并发掘了花家寺遗址。[④]

2. 1978 年至 1991 年

这一阶段安徽北部系统的考古工作相继展开，中国社会科学院考古研究所安徽工作队和安徽省考古研究所以及各地、县文物考古工作者做了大量的调查和发掘工作，取得了可喜的成绩。

1982 年，安徽省文物考古研究所发掘了亳县（今亳州市）付庄（又称富庄）遗址，发现了丰富的大汶口文化和龙山时代遗存。[⑤] 1988 年，安徽省文物考古研究所对濉溪石山子遗址进行了发掘，发现了文化特征独特、时代较早的考古文化遗存，为研究这一地区新石器时代文化面貌提供了新资料。[⑥] 1987 年，国家文物局根据苏秉琦先生的建议[⑦]，设立鲁豫皖地区古文化重点研究课题。[⑧] 自 1987 年课题立项以来，参加该课题

---

① 殷涤非：《安徽地区四年来发现的考古材料》，《文物参考资料》1954 年第 4 期；安徽省博物馆：《安徽新石器时代遗址的调查》，《考古学报》1957 年第 1 期。

② 胡悦谦：《安徽灵璧县蒋庙村新石器时代遗址调查报告》，《考古通讯》1955 年 5 期。

③ 安徽省博物馆：《安徽新石器时代遗址的调查》，《考古学报》1957 年第 1 期。

④ 安徽省博物馆：《安徽肖县花家寺新石器时代遗址》，《考古》1966 年第 2 期。

⑤ 杨立新：《安徽淮河流域的原始文化》，《纪念城子崖遗址发掘 60 周年国际学术讨论会文集》，齐鲁书社 1993 年版，第 167 页。

⑥ 安徽省文物考古研究所：《安徽濉溪石山子新石器时代遗址》，《考古》1992 年第 3 期。

⑦ 苏秉琦：《略谈我国东南沿海地区的新石器时代考古——在长江下游新石器时代文化学术讨论会上的一次发言》，《文物》1978 年第 3 期。苏秉琦先生指出："如果把山东的西南一角、河南的东北一块、安徽的淮北一块与江苏的北部连在一起，这一地区出土的新石器时代遗存确有特色，可能和徐夷和淮夷有关。"

⑧ 安徽省考古学会等：《苏鲁豫皖考古座谈会纪要》，《文物研究》第七辑，黄山书社 1991 年版。

的中国社会科学院考古研究所及苏鲁豫皖四省文物考古单位做了大量的工作，取得了可喜的成果。1989 年，中国社会科学院考古研究所安徽工作队成立，在安徽北部地区进行了广泛的调查和发掘工作。1989 年和 1990 年春季，中国社会科学院考古研究所安徽工作队对淮北地区进行了以史前遗址为重点的考古调查，共调查了史前遗址 60 余处，新发现 4 处。[①] 1990 年，安徽省文物考古研究所对芦城子遗址进行了发掘，发现了大汶口文化和龙山文化遗存。[②] 同年，安徽省博物馆在萧县金寨发现了一批新石器时代玉器。[③] 1991 年，中国社会科学院考古研究所安徽工作队对小山口和古台寺两处遗址进行了试掘，获得了一批重要的新石器时代文化遗存。[④]

3. 1991 年至今

尉迟寺遗址的考古工作是该时期的一个亮点。1989 年，中国社会科学院考古研究所安徽工作队对尉迟寺遗址进行了首次发掘，发现了丰富的大汶口文化和龙山时代文化遗物。1991 年以后，中国社会科学院考古研究所安徽工作队主要从事对尉迟寺遗址的发掘工作。尉迟寺遗址发掘分为前后两个阶段，第一个阶段是 1989 年至 1995 年，第二个阶段是 2001 年至 2003 年。该遗址的发掘工作前后共进行了 13 次[⑤]，获得了一批重要的新石器时代考古资料，为研究皖西北大汶口文化和龙山时代文

① 中国社会科学院考古研究所安徽工作队：《安徽淮北地区新石器时代遗址调查》，《考古》1993 年第 11 期；张敬国、贾庆元、何长风、胡欣民：《安徽萧县先秦遗址考古调查》，《文物研究》第六辑，黄山书社 1990 年版；贾庆元等：《宿县、灵璧、泗县古文化遗址调查简报》，《文物研究》第八辑，黄山书社 1993 年版；安徽省文物考古研究所：《安徽濉溪县先秦遗址调查》，《考古》1993 年第 7 期。

② 张敬国：《宿县芦城子新石器时代遗址》，《中国考古学年鉴（1991）》，文物出版社 1992 年版，第 188 页；叶润清：《安徽省宿州市芦城子遗址发掘简报》，《文物研究》第九辑，黄山书社 1994 年版。

③ 安徽省萧县博物馆：《萧县金寨村发现一批新石器时代玉器》，《文物》1989 年第 4 期。

④ 中国社会科学院考古研究所安徽工作队：《安徽宿县小山口和古台寺遗址试掘简报》，《考古》1993 年第 12 期。

⑤ 中国社会科学院考古研究所安徽工作队：《安徽蒙城尉迟寺遗址发掘简报》，《考古》1994 年第 1 期。

化提供丰富的材料[①]。

近年来，安徽省文物考古研究所与武汉大学合作在安徽西北部做了大量考古发掘工作，获得了一批史前夏商时期的考古资料[②]，但多数成果尚在整理之中。

二 研究历史与研究现状

总结近90年的豫东地区考古工作看出，无论是田野考古调查、发掘，还是后期研究，都取得了较为突出的成就，研究成果丰硕。分析可知，以往的研究成果仍有不足之处，许多问题尚待研究，许多课题有待进一步解决。

（一）研究历史

有关豫东地区考古学文化的系统研究工作起始年代较晚，大约始于20世纪70年代。

1. 有关该地区文化遗存的综合研究

段宏振、张翠莲先生根据历年考古材料，对豫东地区的新石器至夏商时期文化面貌作了系统的梳理。[③] 宋豫秦先生发表《夷夏商三种考古学文化交汇地域浅谈》，依托以往考古发现和研究成果，结合自己的考古工作，对夷、夏、商三种考古学文化的交汇地域问题进行了详细的探讨，认为夏代晚期夷、夏、商三族在杞县一带曾经有过并存时期，杞县是三种文化的交汇地域。[④] 张国硕先生对豫东考古的历史与现状进行了初步分析。[⑤] 刘春迎、郑清森两位先生分别对开封、商丘地区的重要考

---

① 中国社会科学院考古研究所：《蒙城尉迟寺——皖北新石器时代聚落遗址的发掘与研究》，科学出版社2001年版；中国社会科学院考古研究所、安徽省蒙城文化局：《蒙城尉迟寺（第二部）》，科学出版社2007年版。

② 武汉大学历史学院考古系、安徽省文物考古研究所：《安徽凤阳县古堆桥遗址发掘简报》，《考古》2018年第4期；武汉大学历史学院考古系、安徽省文物考古研究所：《安徽阜南县台家寺遗址发掘简报》，《考古》2018年第6期。

③ 段宏振、张翠莲：《豫东地区考古学文化初论》，《中原文物》1991年第2期。

④ 宋豫秦：《夷夏商三种考古学文化交汇地域浅谈》，《中原文物》1992年第1期。

⑤ 张国硕：《豫东地区考古的历史与现状》，《中国文物报》1993年9月12日。

古发现进行了综合研究[①]，又对豫东地区先商文化进行了分析。[②] 张国硕、赵俊杰出版的《民权牛牧岗与豫东考古》，公布了牛牧岗遗址的发掘报告，并对豫东地区的考古材料和考古学文化面貌进行了梳理。[③]

2. 有关大汶口文化研究

武津彦先生对河南境内的大汶口文化进行了梳理，认为河南东部地区的大汶口文化与山东地区大汶口文化相似。[④] 杜金鹏先生对豫东及其邻近地区大汶口文化晚期遗存进行了研究，并提出"颍水类型"[⑤] 的命名。栾丰实先生提出"尉迟寺类型"的命名[⑥]，并进行了详细分期研究[⑦]，把豫东、鲁西南和皖北一带的大汶口文化认为与太昊部族有关。[⑧] 苗霞、肖燕、春夏等学者对豫东地区的大汶口文化进行了分期、年代和性质研究。[⑨] 孙广清先生对河南境内的大汶口文化进行分期、文化性质和族属方面的研究。[⑩] 张翔宇、曹建敦两位先生认为，河南境内的大汶口文化遗存不属于大汶口文化，是大汶口文化因素在河南传播的结果。[⑪] 商丘市文物工作队的郑清森先生对尉氏椅圈马遗址第四期遗存的文化性质进行专题分析，认为该遗存是以大汶口文化为主体文化因素的颍水类型早期文化遗存，同时又包含有一定的仰韶时代文化因素，时代约相当

① 刘春迎：《浅谈开封地区的早期考古学文化》，《中原文物》1993 年 4 期；郑清森：《商丘地区重要考古发现概述》，《商丘师范学院学报》1994 年第 3 期。

② 郑清森：《豫东地区先商文化初探》，《商丘师范学院学报》1995 年第 3 期。

③ 张国硕、赵俊杰：《民权牛牧岗与豫东考古》，科学出版社 2013 年版。

④ 武津彦：《略论河南境内发现的大汶口文化》，《考古》1981 年第 3 期。

⑤ 杜金鹏：《试论大汶口文化颍水类型》，《考古》1992 年第 2 期。

⑥ 栾丰实：《东夷考古》，山东大学出版社 1996 年版，第 170—172 页。

⑦ 栾丰实：《试论大汶口文化的分期与类型》，《海岱地区考古研究》，山东大学出版社 1997 年版。

⑧ 栾丰实：《太昊和少昊传说的考古研究》，《中国史研究》2000 年第 2 期。

⑨ 苗霞：《大汶口文化尉迟寺类型及其年代与分期》，《考古与文物》1998 年第 6 期；肖燕、春夏：《皖北、豫东地区大汶口文化的分期与性质》，《华夏考古》2001 年第 3 期。

⑩ 孙广清：《河南境内的大汶口文化和屈家岭文化》，《中原文物》2000 年第 2 期。

⑪ 张翔宇、曹建敦：《试论大汶口文化在河南境内的传播》，《平顶山师专学报》2002 年第 6 期。

于仰韶时代文化大河村三期晚、四期早段。① 近年来随着尉迟寺遗址的发掘，有关该地区大汶口文化的论文如雨后春笋般不断涌现，王吉怀、王增林、王昌燧、栾丰实、何努、吴加安、梁中合、张君、韩康信、李乃胜、贾笑冰、柳青、韩立刚、吕琪昌、王雄斌、魏峻、霍东峰等数十名学科的学者专家先后发表近百篇论文，对该遗址及周围同类遗存的文化面貌、性质、年代、分期、手工业技术、聚落形态、生业方式、环境、社会形态等多方面问题进行了论证，取得了可喜的成果，为本书研究此类遗存打下了坚实的基础。

3. 有关龙山文化的研究

由于王油坊等遗址的发掘，关于豫东地区的龙山文化研究也相继展开。李仰松先生提出了河南龙山文化“王油坊类型”的命名。② 严文明先生认为造律台遗址是龙山文化首次被发现地，建议将豫东地区的龙山文化称作“造律台类型”③。李伯谦先生又对造律台类型的年代、分布地域和文化特征、文化性质、来源、发展去向等问题进行分析研究，认为造律台类型可能就是传说中有虞氏的文化遗存。④ 曹桂岑先生对淮阳平粮台龙山时期城址的社会性质进行探析，认为平粮台古城已具备奴隶制的基本条件，其应为城邦国家的社会性质，城名即“宛丘”⑤。栾丰实先生对青堌堆遗址龙山文化遗存做了详细探讨，认为与“王油坊类型”十分接近，属于山东龙山文化。⑥ 还对豫东一带的龙山文化进行系统研究，将分布于鲁西南、豫东、皖西北地区的龙山文化归入“王油坊类型”，该类型遗存划分为前后连续的三期，与山东龙山文化关系密切，应属于

---

① 郑清森：《试论尉氏椅圈马遗址第四期遗存的文化性质》，《华夏考古》2004 年第 2 期。

② 李仰松：《从河南龙山文化的几个类型论夏文化的若干问题》，《中国考古学会第一次年会论文集》，文物出版社 1980 年版。

③ 严文明：《龙山文化与龙山时代》，《文物》1981 年第 6 期。

④ 李伯谦：《论造律台类型》，《文物》1983 年第 4 期。

⑤ 曹桂岑：《淮阳平粮台城址社会性质探析》，《中原文物》1990 年第 2 期。

⑥ 栾丰实：《青堌堆龙山文化遗存之分析》，《中原文物》1991 年第 2 期。

海岱地区文化系统的一部分。① 匡瑜、张国硕两位先生对杞县鹿台岗遗址发现的龙山时代自然崇拜遗迹进行了初步分析。② 魏兴涛先生对豫东西部地区的龙山时代文化遗存进行专题探讨，根据地层关系和器物的演变特征将其分为三期四段，其文化因素分为五群，分别与王湾三期文化、造律台类型文化、后冈二期文化、鲁中南龙山文化、豫南同时期文化同类器基本一致。③ 段宏振先生对夏邑清凉山龙山遗存进行了分期，认为造律台类型主要来源于稍早的大汶口晚期文化（段寨类型），造律台类型与豫中、豫北两地区文化应属同一个文化系统，而与鲁中南地区文化相差较远。④

近年来，中美联合考古队对柘城山台寺龙山文化进行专题研究，将山台寺龙山文化分为早、中、晚三期，每期又分为早、晚两段，认为山台寺遗址发现的夯土台基、成排的房基以及祭祀坑和贮粮窖穴等建筑遗迹，表明此地在豫东龙山文化中处于核心地位⑤。笔者的硕士学位论文对豫东地区夏商时代考古学文化进行了系统的研究，就各个文化的面貌、分期与年代、地方特征、相互关系以及历史背景等问题进行了详细梳理。⑥ 夏勇和王蒙对王油坊类型遗存的分期、渊源与流向及相关问题进行了论述。⑦

4. 有关岳石文化的研究

邹衡先生就安邱堌堆等遗址的发掘资料对这一地区岳石文化进行了研究⑧，为以后的研究工作提供了指导性意见。张国硕先生对岳石文化

① 栾丰实：《龙山文化王油坊类型初论》，《考古》1992 年第 10 期。

② 匡瑜、张国硕：《鹿台岗遗址自然崇拜遗迹的初步研究》，《华夏考古》1994 年第 3 期。

③ 魏兴涛：《试论豫东西部地区龙山时代文化遗存》，《华夏考古》1995 年第 1 期。

④ 段宏振：《清凉山龙山遗存的分期及相关问题》，《文物春秋》1997 年第 1 期。

⑤ 中国社会科学院考古研究所、美国哈佛大学皮保德博物馆中美联合考古队：《山台寺龙山文化研究》，《考古》2010 年第 10 期。

⑥ 赵俊杰：《豫东地区夏商时代考古学文化研究》，硕士学位论文，郑州大学，2010 年。

⑦ 夏勇：《论豫东、鲁西南地区王油坊类型的分期及相关问题》，硕士学位论文，南京师范大学，2010 年；王蒙：《王油坊文化研究》，硕士学位论文，吉林大学，2013 年。

⑧ 邹衡：《论菏泽（曹州）地区的岳石文化》，《文物与考古论集》，文物出版社 1986 年版。

进行类型划分，认为可分为东部类型和西部类型两大类，其中豫东、鲁西南地区的岳石文化应属西部类型，称为“安邱堌堆类型”①。陈旭先生依据发现的岳石文化材料，对豫东岳石文化和郑州商文化的关系进行了深入的分析。② 张翠莲先生对豫东东部地区岳石文化遗存的分期、文化特征、与周边诸文化的关系以及商文化起源等问题进行了探讨，认为清凉山遗址岳石文化遗存分为早、晚两期，年代上限不早于“新砦期文化遗存”，下限应与二里岗下层晚段相当，这个地区的岳石文化应称作“清凉山类型”，判断出商人起源于商丘地区的记载是不正确的。③ 靳松安先生对此类遗存进行了文化面貌、分期、年代等方面的研究，提出了一些新看法。④

5. 有关文化交流的研究

张国硕先生对华夏集团与东夷集团的文化交流及融合问题进行系统研究，认为两大集团文化交流进程大体经历了萌芽期（裴李岗文化时期）、发展期（仰韶文化早中期）、繁荣期（仰韶文化晚期至河南龙山文化时期）、低谷期（二里头文化时期）和融合期（商至西周时期）等五个阶段。⑤ 与此相关，王青先生对华夏与东夷集团文化交流及融合各个阶段的地理背景进行了深入分析。⑥ 靳松安先生对河洛与海岱地区考古学文化的交流与融合进程进一步深入研究，由科学出版社正式出版。⑦

6. 有关先商文化和商族起源的研究

栾丰实先生对商族起源问题进行探索，认为岳石文化与郑州地区早期商文化的关系密切，南关外期商文化的主要文化内涵来自东方的岳石

---

① 张国硕：《岳石文化的类型划分》，《郑州大学学报》1992 年第 2 期。

② 陈旭：《豫东岳石文化与郑州商文化的关系》，《中州学刊》1994 年第 4 期。

③ 张翠莲：《试论豫东东部地区的岳石文化遗存》，《考古与文物》2001 年第 2 期。

④ 靳松安：《河洛与海岱地区考古学文化的交流与融合》，科学出版社 2006 年版。

⑤ 张国硕：《试论华夏集团与东夷集团的文化交流及融合》，《中国史研究》1993 年第 3 期。

⑥ 王青：《试论华夏与东夷集团文化交流及融合的地理背景》，《中国史研究》1996 年第 2 期。

⑦ 靳松安：《河洛与海岱地区考古学文化的交流与融合》，科学出版社 2006 年版。

文化。[①] 田昌五、方辉先生对文献所载的“景亳之会”进行考古学观察，认为会盟地点应在山东曹县附近，二里头文化、岳石文化、下七垣文化的族属应分别为夏、夷、商，“南关外期”遗存可能来源于鲁西南及豫东地区。[②] 张国硕先生从商文化的东渐出发，分析了商族起源“东方说”的不合理性。[③] 魏兴涛先生对下七垣文化鹿台岗类型进行系统论述，将其分为早、晚两期，其年代同下七垣文化漳河型的二、三期相当。[④] 张翠莲先生在对豫东东部岳石文化的基础上，指出商人起源于商丘地区的记载是不正确的。[⑤] 高天麟先生对商人起源进行探索，认为豫东龙山文化与二里头文化有一定的联系，商丘是商人长期经营之地，不宜轻易否定先商所都在商丘。[⑥] 张兴照先生从卜辞中的“丘”探讨商人居丘问题，豫东、鲁西地区以堌堆遗存为主，商人居此地的可能性大。[⑦]

7. 有关南亳、北亳的研究

李民先生对汤都南亳、北亳与西亳的纠葛进行分析，认为南亳、北亳与西亳皆应是商初的都城，其中南亳应是商汤最早建立的都城，因军事上的需要商汤在南亳以北建立北亳都城，南亳与北亳的位置均在豫东地区[⑧]；宋豫秦先生发表《试论豫东地区夏商时代的文化性质》一文，全面总结豫东考古收获，分析豫东地区考古学文化的族属，否定商文化起源“南亳说”[⑨]。还对南亳说与北亳说进行考古学观察，认为豫东商丘地区和鲁西南地区是岳石文化的分布区，因此南亳说与北亳说的立足点

---

① 栾丰实：《试论岳石文化与郑州地区早期商文化的关系——兼论商族起源问题》，《华夏考古》1994 年第 4 期。

② 田昌五、方辉：《“景亳之会”的考古学观察》，《中国文物报》1997 年 11 月 9 日。

③ 张国硕：《从商文化的东渐看商族起源“东方说”的不合理性》，《中原文物》1997 年第 4 期。

④ 魏兴涛：《试论下七垣文化鹿台岗类型》，《考古》1999 年第 5 期。

⑤ 张翠莲：《试论豫东东部地区的岳石文化遗存》，《考古与文物》2001 年第 2 期。

⑥ 高天麟：《浅议豫东龙山文化与二里头文化的关系——兼谈豫东地区先商文化探索的前途问题》，《二里头遗址与二里头文化研究》，科学出版社 2006 年版。

⑦ 张兴照：《卜辞中的“丘”与商人“居丘”》，《殷都学刊》2021 年第 3 期。

⑧ 李民：《南亳、北亳与西亳的纠葛》，《夏商史探索》，河南人民出版社 1985 年版。

⑨ 宋豫秦：《试论豫东地区夏商时代的文化性质》，《郑州大学报》1989 年第 1 期。

与考古现实是难以相合的。[①] 张学海先生从鲁西南地区的考古发现情况出发，对舜的活动地域、有莘氏地望和汤都北亳和景亳等问题做了详细探讨。[②] 张国硕先生对商汤“还亳”问题进行了考辨，认为传统的商汤胜夏后“还亳”之亳为“南亳”或“北亳”的观点在考古上得不到佐证，汤“还亳”之亳应该是郑州商城。[③] 杜金鹏先生认为古代文献有关南亳和北亳的记载不宜轻易抹杀，彻底否定南亳说、北亳说还为时过早。[④] 宋豫秦先生对南亳地理进行考辨，认为古文献有关南亳的记述，目前尚不可完全相信，也不可完全否定。[⑤] 陈旭先生等人依据考古调查材料对南亳问题发表看法，认为文献所载的南亳依然缺乏考古学证据，因此南亳说是没有前途可言的，是不能成立的[⑥]；与此相关，张家强先生撰写有关豫东考古与南亳的硕士毕业论文，对豫东地区的考古文化序列及面貌进行了梳理和总结，对“南亳说”予以彻底否定[⑦]；李锋先生也对商汤南亳问题进行了研究，认为近年发现的惠济河流域先商文化是早商文化之源，有关商汤南亳的文献记载是可信的[⑧]。

8. 有关商文化的研究

邹衡先生把豫东地区的早商文化归入了二里岗类型[⑨]，宋豫秦先生也同意这种观点[⑩]，并对鲁西南地区的商文化进行系统研究，提出了商文化“安邱堌堆类型”的命名[⑪]。王立新先生对早商文化进行了系统研究，对柘城孟庄、鹿邑栾台和周口地区的几处遗址应属于二里岗类型，

① 宋豫秦：《现今南亳说与北亳说的考古学观察》，《中原文物》1991 年第 1 期。

② 张学海：《从考古发现谈鲁西南地区古史传说的几个问题》，《中原文物》1996 年第 1 期。

③ 张国硕：《商汤“还亳”考辨》，《殷都学刊》1997 年第 3 期。

④ 杜金鹏：《关于南亳说与北亳说的前途问题》，《中国商文化国际学术讨论会文集》，中国大百科全书出版社 1998 年版。

⑤ 宋豫秦：《南亳地理之我见》，《中原文物》2001 年第 6 期。

⑥ 陈旭、张家强、朱光华：《豫东商丘考古调查与南亳问题》，《华夏考古》2005 年第 2 期。

⑦ 张家强：《论豫东考古与南亳》，硕士学位论文，郑州大学，2003 年。

⑧ 李锋：《商汤南亳问题的再认识》，《中原文物》2006 年第 4 期。

⑨ 邹衡：《试论夏文化》，《夏商周考古学论文集》，文物出版社 1980 年版，第 123 页。

⑩ 宋豫秦：《论鲁西南地区的商文化》，《华夏考古》1988 年第 1 期。

⑪ 宋豫秦：《论鲁西南地区的商文化》，《华夏考古》1988 年第 1 期。

并认为此类遗存属于二里岗文化三期及其以后。[①] 唐际根等先生认为菏泽安邱堌堆、曹县莘冢集、泗水尹家城等遗址出土的二里岗文化有不少地方特点，称为“潘庙类型”。[②]

9. 有关皖西北文化遗存的研究

早在20世纪50年代，以胡悦谦先生为代表的不少学者根据有限的调查和试掘资料对皖北新石器时代遗存有了一定的认识。尹焕章先生首次把华东地区古代文化分为山东与苏北、安徽淮河以北、淮南楚文化与台形遗址、苏南与浙北吴越文化系统。[③] 胡悦谦先生将安徽发现的十余处古文化遗址划分为淮河和长江两个文化区。[④] 苏秉琦先生明确指出河南东部、山东西南部、江苏北部和安徽北部的古文化具有一定特点。[⑤] 安徽省博物馆对安徽新石器时代文化与长江中下游诸文化的关系进行了探讨，指出安徽境内存在大汶口文化、龙山时代文化和印文硬陶文化。[⑥] 有些研究者根据当时获得的有限资料，认为安徽境内大体分布有四种不同类型的文化，即大汶口文化、龙山文化、印纹陶文化和以红陶为主的另一种文化[⑦]，为以后的研究工作打下了基础。亳县富庄遗址发掘以后，不少学者对其文化遗存的面貌、性质等问题进行了研究。[⑧]

《文物研究》第五辑刊发了多篇有关皖北地区古代文化遗存的文章，

---

① 王立新：《早商文化研究》，高等教育出版社1998年版，第149页。

② 中国社会科学院考古研究所：《中国考古学·夏商卷》，中国社会科学出版社2003年版，第264页。

③ 尹焕章：《从发现的文物中谈华东区古文化概况》，《文物参考资料》1954年第4期。

④ 胡悦谦：《安徽新石器时代遗址调查》，《考古学报》1957年第1期。

⑤ 苏秉琦：《略谈我国东南沿海地区的新石器时代考古》，《文物集刊》第一集，文物出版社1980年版。

⑥ 安徽博物馆：《试谈安徽新石器时代文化与长江中下游诸文化的关系》，《文物集刊》第一集，文物出版社1980年版。

⑦ 安徽省文物工作队：《安徽文物考古工作新收获》，《文物考古工作三十年》，文物出版社1979年版，第229页。

⑧ 韩康信：《亳县富庄新石器时代墓葬人骨的观察》，《安徽省考古学会会刊》第6辑，安徽省考古学会，1982年；高广仁：《谈谈对安徽淮北地区新石器时代遗址的初步认识》，《文物研究》第五辑，黄山书社1989年版，第50—52页；杨立新：《安徽淮河流域的原始文化》，《纪念城子崖遗址发掘60周年国际学术讨论会文集》，齐鲁书社1993年版，第167页。

学者们提出了新的见解和认识。[①] 多位学者的认识较为一致，皖北可以作为一个独立的文化区，早期遗存以石山子遗址为代表，中期遗存以富庄遗址下层为代表，晚期遗存以富庄下层和花家寺等遗址为代表。较早阶段地方特征明显，较晚阶段与山东和河南等地发现的遗存关系密切。杨立新先生对安徽淮河流域夏商时期的古代文化遗存进行了详细研究，认为该地区夏商时期遗存是一支相对独立发展的地方文化类型，它与中原夏商文化接触交流，并深受其影响。这支地方文化类型是古代淮夷族共同体的物质文化，它具有较高的生产力水平，已出现青铜冶铸和文字，这表明它与中原夏商文化一样，已进入文明阶段。安徽淮河流域居淮河中游，是古代淮夷族活动的中心地区，因此可以把这一地区的古代文化视为淮夷文化的代表。[②]

吴加安等先生对皖北新石器文化遗存进一步研究，并提出早期遗存可否称为“石山子文化”的建议。[③] 阚绪杭提出“侯家寨文化”的命名。[④] 张敬国先生将皖北地区早期遗存命名为“石山子文化”。中国社会科学院考古研究所安徽工作队在发掘尉迟寺遗址的基础上，对周围遗址进行考察，将这些遗址聚落形态初步分为一级、二级和三级。[⑤] 同年，吴加安先生再次对皖北新石器时代遗存的文化序列和年代进行详细研究。[⑥] 张敏、韩明芳两位先生在对江淮东部地区古文化研究过程中，发现当地存在有文化面貌比较单纯的王油坊类型龙山文化遗存，推断其年

---

① 严文明：《安徽新石器文化发展谱系的初步观察》，《文物研究》第五辑，黄山书社1989年版；高广仁：《谈谈对安徽淮北地区新石器时代遗址的初步认识》，《文物研究》第五辑，黄山书社1989年版；何长风：《关于安徽原始文化研究中的几个问题》，《文物研究》第五辑，黄山书社1989年版。

② 杨立新：《安徽淮河流域夏商时期古代文化》，《文物研究》第五辑，黄山书社1989年版。

③ 吴加安等：《皖北地区新石器文化遗存及其性质》，《文物研究》第八辑，黄山书社1993年版。

④ 阚绪杭：《蚌埠双墩遗址的发掘与收获》，《文物研究》第八辑，黄山书社1993年版。

⑤ 中国社会科学院考古研究所安徽工作队：《皖北大汶口文化晚期聚落遗址群的初步观察》，《考古》1996年第9期。

⑥ 吴加安：《安徽北部的新石器文化遗存》，《考古》1996年第9期。

代应晚于豫东地区的王油坊类型，形成原因与文化迁徙有关。[1] 冀和先生对以石山子遗址为代表的新石器时代早期遗存进行了详细研究，将其称为“石山子文化”。[2] 朔知先生对安徽北部新石器时代考古工作进行了全面的总结。[3] 尉迟寺遗址的发掘材料公布以后引起了很大反响，就有关问题学界展开了激烈讨论，相关文章近数十篇[4]，这里不再逐一列举。张文军、张志清和赵新平三位先生对鹿邑武庄遗址的新石器时代遗存进行了全面系统的分析，指出这类遗存与淮河中游遗存联系较为紧密。[5]

10. 有关生业方式的研究

研究成果多是宏观概况性的或是针对单个遗址的，基本未见对该地区某种文化遗存居民生业方式的研究。

李民先生的《殷商社会生活史》是一部反映自成汤建国至商灭亡的社会生活状况的研究巨作。作者研究了殷商时期政治生活、军事生活、经济生活、科技生活、精神生活和衣食住行等方面的状况，宏观而全面地覆盖了社会生活的主要方面，对于研究殷商社会生活有十分重要的指导意义。[6]

宋镇豪先生的《夏商社会生活史》是《中国古代社会生活史》的开卷之篇。作者主要依据考古和古文字等方面的材料，全面考察了夏商时代的环境、居宅、邑聚、人口、婚姻、交通、饮食、服饰、医疗保健、宗教信仰等方面的问题，成功构建了夏商社会生活体系，

---

① 张敏、韩明芳：《江淮东部地区古文化的初步认识》，《中国考古学会第九次年会论文集》文物出版社 1997 年版。

② 冀和：《试论皖北地区新石器时代早期文化》，《中原文物》1997 年第 2 期。

③ 朔知：《安徽新石器时代考古概述》，《华夏考古》1998 年第 3 期。

④ 中国社会科学院考古研究所、安徽省蒙城文化局：《蒙城尉迟寺（第二部）》附录 2，科学出版社 2007 年版。

⑤ 张文军、张志清、赵新平：《试析河南鹿邑县武庄遗址新石器时代文化遗存》，《考古》2003 年第 2 期。

⑥ 李民：《殷商社会生活史》，河南人民出版社 1993 年版。

在诸多方面均有突破，是研究夏商社会生活不可或缺的重要参考资料。[①]

庄华峰先生的《中国社会生活史》是一部对中国社会生活历史变迁的全面总结，内容生动，通俗易懂。作者从饮食生活、服饰风俗、建筑与居住生活、行旅交通生活、婚姻生活、生老习俗、卫生保健习尚、丧葬习俗、生产与行业生活、社交与节庆风尚、娱乐生活与风尚、信仰风俗等方面细致入微地考察了中国的社会生活史，是研究中国社会生活演变不可多得的著作。[②]

徐杰令先生的《先秦社会生活史》是史学界一部重要研究专著。作者主要依据文献资料，宏观地概括了先秦时代人们的饮食、服饰、居住、交通、婚姻、娱乐、丧葬及战争状况，具有重要的参考价值。[③]

有关某一遗址古代居民生业方式的研究较少，近两年有所增加。[④]中国社会科学院考古研究所安徽工作队对尉迟寺遗址居民生业方式的探讨可谓这方面的典范。根据现有发掘资料可知，该遗址在大汶口文化晚期存在稳定的农业经济，并有发达的渔猎和采集业，家畜饲养业较为发达。龙山时期大体与大汶口文化时期相似，也是以农业为主，同时开展渔猎、采集和畜牧业。[⑤]

11. 有关地理环境的研究

郅田夫、张启龙先生对鲁西南及相邻地区的堌堆遗址进行系统研究，

---

① 宋镇豪：《夏商社会生活史》，中国社会科学出版社 1994 年版。

② 庄华峰：《中国社会生活史》，合肥工业大学出版社 2003 年版。

③ 徐杰令：《先秦社会生活史》，黑龙江人民出版社 2004 年版。

④ 赵珍珍：《淮河中游龙山时代农业研究》，硕士学位论文，山东大学，2018 年。赵珍珍、曹艳朋、靳桂云：《河南淮阳平粮台遗址（2014—2015）龙山时期炭化植物遗存研究》，《中国农史》2019 年第 4 期；郭荣臻、高明奎等：《山东菏泽十里铺北遗址先秦时期生业经济的炭化植物遗存证据》，《中国农史》2019 年第 5 期；左豪瑞、王涛、朱光华、袁广阔：《山东省菏泽市定陶区何楼遗址大汶口早期动物资源利用初探》，《南方文物》2020 年第 1 期。钟华、王涛、朱光华、袁广阔：《北辛文化晚期至大汶口文化早期生业模式初探——山东定陶何楼遗址浮选出土植物遗存分析》，《南方文物》2021 年第 1 期。

⑤ 中国社会科学院考古研究所：《蒙城尉迟寺——皖北新石器时代聚落遗存的发掘与研究》，科学出版社 2000 年版，第 314 页。

认为在江苏、安徽、河南、河北、山东等省的平原地区普遍存在堌堆遗址，河湖水患之害是这些地域普遍形成堌堆遗址的根本原因。① 荆志淳、高天麟两位先生根据商丘地区的钻探材料详细研究了商丘全新世地形地貌的演变以及其对史前和早期历史考古遗址的影响。② 郑州大学考古专业对鹿台岗和段岗遗址的环境资料进行了采集和分析，为这一地区古代环境的研究打下了坚实的基础。③

孙波先生对黄淮下游地区沙基堌堆遗址的性质和功能做了详细探讨，认为沙基遗址是人们依据古河道中的沙洲构建而不断堆积而成的，主要作用是避免水患。④ 陈洪波先生对鲁豫皖文化区古代聚落遗址空间分布变化的分析，并结合其他资料，探讨了以湖沼分布为代表的地理形态的变迁，认为鲁豫皖区从新石器时代早中期到岳石文化时期遗址密集区由南向北逐渐转移，这一过程与本区湖沼等水域的变迁密切相关。⑤

侯仰军先生以鲁西南为中心利用丰富的考古材料和文献记载对鲁西南地区地理环境和夏商起源问题进行了深入的探讨。⑥ 闫文晟先生通过鲁西南地区各文化时段堌堆遗址时空分布变化的分析，采用考古学和地理学的理论与方法，并佐以其他材料，来复原鲁西南地区古代地理环境。⑦

中国社会科学院考古研究所安徽工作队邀请各方面专家对尉迟寺遗

---

① 郅田夫、张启龙：《菏泽地区的堌堆遗存》，《考古》1987 年第 11 期。

② 荆志淳、高天麟：《河南商丘全新世地貌演变及其对史前和早期历史考古遗址的影响》，《考古》1997 年第 5 期。

③ 郑州大学文博学院等：《豫东杞县发掘报告》，科学出版社 2000 年版。

④ 孙波：《黄淮下游地区沙基堌堆遗址辨析》，《考古》2003 年第 6 期。

⑤ 陈洪坡：《鲁豫皖古文化区的聚落分布与环境变迁》，《考古》2007 年第 2 期。

⑥ 侯仰军：《考古学所见四千年前鲁西南地形地貌及自然环境》，《菏泽学院学报》2007 年第 12 期。侯仰军：《考古发现与夏商起源研究》，黑龙江人民出版社 2009 年版。

⑦ 闫文晟：《从菏泽堌堆遗址探讨鲁西南古地理环境》，《内蒙古农业大学学报》（社会科学版）2012 年第 3 期。

址及其附近的古代环境和气候进行了分析[①]，为我们的研究提供了翔实的资料。一些学者对这一地区古代地理环境做了一些有益探讨。曾昭璇先生从历史地貌对黄河下游扇形平原的形成模式进行了探讨，认为黄河扇形平原以郑州为顶点，按“安定比降”坡度堆积，在四千年前已经定型，平原上的水系呈放射状。[②] 刘书丹等从河南东部平原第四纪沉积物特征探讨了黄河的形成与演变，认为黄河形成于中更新世初期，在流经华北平原的70多万年间形成了巨大的冲积扇体。[③]

陈诗越等学者从堌堆遗址地理分布和形成原因出发，认为黄河洪水的出现迫使人类避往高处，而生活在平原地区的居民主要采取加高居住地的策略避洪，从而形成了堌堆——今日的堌堆遗址。[④]

（二）研究现状

从1936年至今，豫东地区考古学文化的研究工作取得了较大进展，但亟待解决的学术问题还有很多。

史前夏商时期考古学文化方面的研究成果较为丰富，该地区的考古学文化面貌已基本清楚。这个地区已发现的文化遗存有裴李岗时代文化、仰韶时代文化、石山子文化、大汶口文化、龙山时代文化、二里头文化、岳石文化、下七垣文化、二里岗文化、殷墟文化。但这些考古学文化的发展序列和分布状况有待于详细的研究。如仰韶时代遗址的发掘主要局限于河南东部地区的西部，其东部有待做更多的工作，调查中采集到仰韶时代文化遗物的遗址值得重点关注。在鹿邑武庄遗址发现了与仰韶时

① 中国社会科学院考古研究所、安徽省蒙城文化局：《蒙城尉迟寺（第二部）》，科学出版社2007年版；徐利斌、孙立广、张志辉、王玉宏、罗泓灏：《蒙城尉迟寺文化层的地质地球化学研究》，《中国科学技术大学学报》2007年第8期；徐利斌、孙立广、彭子成、罗泓灏、王吉怀：《蒙城尉迟寺文化层的地质地球化学研究Ⅱ——古遗址气候变化反演及代用指标选择》，《中国科学技术大学学报》2009年第7期。

② 曾昭璇：《从历史地貌看黄河下游扇形平原形成的模式》，《人民黄河》1983年第3期。

③ 刘书丹、李广坤、李玉信、金聚忠：《从河南东部平原第四纪沉积物特征探讨黄河的形成与演变》，《河南地质》1988年第2期。

④ 陈诗越、强柳燕、张风菊、黎心泽：《黄河下游地区堌堆遗址时空分布特征及其与黄河洪水关系》，《地理科学》2020年第8期。

代同时但不同文化面貌的文化遗存，其性质如何、与仰韶时代文化有着怎样的关系有待研究。大汶口文化晚期扩展至这一地区，它的分布范围如何、与原分布于此的仰韶时代文化有着怎样的关系有待解决。通过以往的研究成果看出，二里头文化、岳石文化等在二里头文化二期之时才扩展到该地区，早于此的龙山时代文化延续年代如何、与前两者有怎样的关系有待解决。河南东部地区古代文化与豫北地区、山东西南地区、皖北、苏北地区的相互关系有待进一步研究。这些考古学文化源流、文化交流与融合进程，及其反映的族群与民族文化的交流与融合历史的研究成果较少。

上述考古学文化分属中原文化系统和海岱文化系统，有的还与淮海中游文化相似，各文化直接有着复杂的关系，每个文化又属于一定的人类群体，他们的关系如何等问题的研究成果较少，需要详细论证。以往的研究多注重考古学文化本身，很少涉及这些考古学文化反映的生业方式。这一地区不是考古学文化的中心区域，这里的生业方式怎样、与中心区域的有着什么样的差别有待研究。本书研究的范围较广，并涉及多种考古学文化，不同考古学文化反映的生业方式有何不同、不同时期有何变化均需要详细论证，进一步对产生这种社会现象的原因进行详细的探讨。

环境是影响人类生活的重要因素，对改造环境能力较弱的古代居民更是如此。该地区是著名“黄泛区”，黄河的多次泛滥留下了大量泥沙，逐步形成了现今以沙质土壤为主的平原。史前夏商时期，该地区的地形地貌和气候环境有待研究。一般认为，在仰韶时代曾出现明显的气候温暖现象，该地区的气候和植被如何需要进一步研究。现今该地区基本不见湖泊，河流也较少，而据文献记载，许多湖泊和河流均与该地区有关，这些湖泊的大致位置有待研究。当地居民与当时地理环境的关系如何，他们是怎样适应环境、利用环境和改造环境的，这些问题是否在生业方式中有所反映值得深入分析研究。

第三节 研究目的、意义和方法

豫东地区是一个特殊的文化区域，研究该课题有着特殊的目的、意义和研究方法。

一 研究目的和意义

学术界对豫东地区考古学文化的年代与分期、类型与分布等问题已进行了探讨，取得了可喜的成绩，但在诸多的问题上还存在一些分歧，对该地区史前夏商时期文化面貌、分布、分期、地方特征及其之间的关系还没有做详细的论述。本书在前人研究的基础之上，运用前人的成果对该地区史前夏商时期考古学文化进行综合研究，将对考古学文化的基本面貌、年代与分期、类型与分布及文化之间的相互关系等具体问题进行深入的探讨。

在此基础上，对考古资料反映出的居民生业方式和历史地理环境信息做详细的研究，并总结出该地区的人地关系。研究各个文化居民的生业状况，有助于了解各文化生业方式的差异，对该地区生业方式的演变有详细的了解。通过对古代地理环境的研究，帮助我们了解文化背后的环境因素和人类与环境的关系。

豫东地区处于冀、鲁、豫三省相邻地带，是多种文化交流和冲突的场所。中原地区的古代文化是中国古代文化的重中之重，其在中国古代文明进程中的重要地位和作用是毋庸置疑的。海岱地区的古代文化是中国古代文化的重要组成部分，其在中国古代文明进程中的作用也是十分突出的。研究这一地区的考古学文化，对于了解中原地区和海岱地区文化的交流有着比较重要的意义，对文化间交流与融合原因的探讨有着重要意义。研究两地文化之间的交流与融合，对于研究创造和使用这些文化的民族之间的关系有着直接的帮助，为弄清两地民族关系的演变提供实实在在的证据，为进一步研究中国古代文明进程打下坚实的基础。研究该地区二里头文化和岳石文化的面貌、分期、年代、特征及分布区域，有助于了解夏王朝的势力范围、岳石文化居民与夏王朝之间的关系等问题。有些文献记载商人起源于河南东部地区，也有学者从考古学角度支持这一观点。因此，全面分析夏商时期该地区的考古学文化对于研究商文化的起源问题有很大帮助。文献记载，商王朝中晚期与东夷关系恶化，发生了“中丁伐蓝夷”“征人方”等事件，对了解这段历史有重要意义。

研究生业方式，有助于对同时期不同地域和同地域不同时期生业方式全面了解，为研究社会性质演变和人类文明进程有积极意义，可以清楚地认识到该地区史前夏商时期的社会变化和发展历程，为研究我国其他地区史前夏商时期社会进程提供参考，对于研究史前夏商时期社会发展、文明起源与发展和国家起源与发展等课题的开展有重要学术价值。研究史前夏商时期该地区的地理环境，对于研究人类适应环境、利用环境和改造环境等问题有帮助意义。

二　研究方法

本书将在最大限度地利用考古资料的基础上，主要运用考古学的地层学、类型学、文化因素分析法三种方法，结合环境考古学、动物考古学、植物考古学等学科的成果，在前人研究的基础上，对豫东地区史前夏商时期考古学文化面貌、各文化之间的关系、居民的生业方式等问题进行综合研究，并结合文献记载和历史地理成果，找出上述问题产生的人为和自然原因。

考古地层学和类型学，都是考古学的基本方法之一。地层学，主要通过地层堆积和遗迹之间存在的叠压打破关系来确定地层和遗迹之间的相对年代，可以通过典型地层堆积来确定不同文化之间的早晚关系，也可通过典型地层堆积来确定某一文化的不同发展阶段。类型学是通过对考古遗存的形态排比，以探求其逻辑发展序列、变化规律及相互关系。运用地层学的方法可断定文化层、遗迹及存在于其中的遗物的相对年代关系，但要解决考古遗存的具体年代学问题及其发展变化的规律等，必须运用类型学的方法①，而地层学可以为类型学的研究提供确凿的地层证明，两者相辅相成，使用两种方法时要相互结合②。

文化因素分析法是指对考古学文化构成因素的分析。进行文化因素分析，既要对其所含不同文化因素定性，即确定这些不同文化因素原来所属文化系统；又要引入量的概念，做量的统计和对比，即定量分析，从而分清各不同文化因素的轻重主次，正确判定该考古学文化的性质。③文化因素分析法是研究豫东地区考古学文化关系的十分重要的手段。本书在研究过程中将运用文化因素分析法进行分析研究，对研究对象的性质作进一步的探讨。

环境考古学是根据反映古人类生活时期的环境信息、资料及实物，利用环境学的理论方法和技术研究古代人类的环境特征及演变规律，进一步弄清环境与人类及其文化特征、社会结构、经济形态、生业方式的发展和演替之间的内在关系的一门学科是研究人类文化形成规律的科学。④ 该学科侧重研究人与自然界的历史关系，既研究人对自然界的依赖，也研究人对自然界的影响。它是考古学的一个分支学科，是自然科学与社会科学相互交叉渗透而产生的新兴边缘学科。研究的对象是人类的文化堆积、遗迹、遗存及相关的自然沉积物，寻觅其古环境信息，并探讨与人类文化发展的关系。本书主要是依据环境考古学的研究成果，探讨该地区史前夏商时期的环境信息，进一步研究该地区环境与人类社会的关系。

动物考古学是指对考古遗址中出土的动物遗存进行分析和研究的学科。⑤ 其研究目标包括复原古代环境、研究人类行为、研究人类与环境、

---

① 栾丰实等：《考古学理论·方法·技术》，文物出版社 2002 年版。

② 张忠培：《地层学与类型学的若干问题》，《文物》1983 年第 5 期。

③ 李伯谦：《论文化因素分析方法》，《中国文物报》1988 年 11 月 4 日。

④ 汤卓伟：《环境考古学》，科学出版社 2004 年版，第 9、10 页。

⑤ 周本雄：《考古动物学》，《大百科全书·考古卷》，中国大百科全书出版社 1986 年版，第 252 页。

人类与其他动物群体之间的关系等，最终目标是从动物遗存的角度复原古代社会。[①] 本书主要是运用动物考古学的研究成果，利用该地区史前夏商时期的动物信息研究与之相关的人类行为和环境状况。

植物考古学是专门研究考古出土植物遗存的学科，是考古学的一个分支。[②] 其目的是研究古代人类文化史，复原古代人类生活方式，解释人类文化的发展与过程。本书主要运用植物考古学的研究成果，研究人类在生产生活中与植物有着怎样的关系。

研究问题要综合运用各种考古学方法，将其巧妙结合才能增加研究的深入。首先要探讨该地区史前夏商时期文化遗存的发现情况，然后分别探讨各个文化的分布与类型、年代与分期，并对其文化性质进行分析。要进行文化性质、分布与类型的分析，必定离不开文化因素分析法以及地层学和类型学的方法。年代学研究是考古学研究的基础，首先要梳理清楚几种文化在年代上的对应关系。年代学研究既要参考有关的测年数据如碳十四测年等，最重要的是重视考古学文化序列的建立。而考古学文化序列的建立，是建立在地层学与类型学的基础之上的。

讨论该地区史前夏商时期考古学文化的族属必须和文献记载紧密结合，即王国维先生所谓的“二重证据法”[③]，后来又延伸为“多重证据法”，我们将努力寻找多学科、多角度支持。关于史前夏商时期文献记载虽然不多，但也提供了重要的线索，若能够与考古材料很好地结合起来，就能最大限度地了解当时的历史。

研究考古学文化的相互关系需要在地层学和类型学的基础上运用文化因素分析法，分析各个文化存在的文化因素。研究生业方式会运用到多种考古学方法，除运用地层学和类型学外，还需运用环境考古、植物考古、动物考古的方法和成果。研究古代环境也需要运用环境考古、植

---

① 祁国琴：《动物考古学所要研究和解决的问题》，《人类学学报》1983 年第 3 期；袁靖：《研究动物考古学的目标、理论和方法》，《中国历史博物馆馆刊》1995 年第 1 期。

② 赵志军：《植物考古学概述》，《农业考古》1992 年第 1 期。

③ 王国维：《古史新证》，清华大学出版社 1994 年版。

物考古、动物考古等方法和成果，进一步研究人地关系等问题需要综合运用上述多种考古学方法。

上述方法均是考古学中重要的研究方法，各个方法之间有着紧密的联系，只有综合合理同时运用多种方法才能比较全面地揭示历史问题。

第二章

史前时期考古学文化进程

史前时期，该地区先后分布的多种考古学文化，主要有裴李岗文化、大河村文化、石山子文化、大汶口文化、造律台文化等。这些遗存的形成可以分为文化初始期、文化形成期和文化发展期三个阶段，文化关系错综复杂。

第一节　初始期

豫东地区出现了少量裴李岗文化遗存，说明当时已有人类在此居住生存，故称这个阶段为当地文化发展的初始期。

一　裴李岗文化遗存

调查发现，该地区的西部边缘鄢陵、尉氏①、项城、商水、扶沟、西华②等地发现有少量裴李岗文化遗存，位置偏东的杞县、太康等地也可能存在。这些经过调查发现的裴李岗文化遗存不见于正式报道，我们

① 李友谋：《裴李岗文化》，文物出版社2003年版，第11页。

② 秦永军、李全力：《河南周口迄今发现的裴李岗、仰韶文化初探》，《中国文物报》2005年5月7日。

仅能从一些学者的研究论文中获取一定的信息。① 这些遗存与裴李岗文化有很大的一致性，应属于裴李岗文化的一部分。

（一）文化分布

多数遗址仅经过调查，出土的遗物数量较少，其中前闸、后高老家两处遗址较为丰富。前闸遗址位于周口扶沟县城东北30公里前闸村东的高台上。村民在取土时发现有石磨盘、陶罐、夹砂陶壶等遗物。石磨盘呈椭圆形，用整块砂岩磨制而成，制作规整，器面平坦，器底平整，底部有四圆柱足。

后高老家遗址位于项城南25公里的后高老家村北，遗址高于周围地面。出土有石斧、陶钵、陶罐、陶壶和陶碗等遗物。双耳壶为小口，矮领，双耳呈半月状。深腹罐为喇叭状口，直腹。鼎为敞口，鼓腹，圆锥足。

调查发现，尉氏兴隆岗、马家庄、杞县孟岗、扶沟前闸、雁周、宋马岗（宋子岗）、项城后高老家、西华泥土店、商水扶苏、河湾遗址等遗址也有少量遗物属裴李岗文化遗存等，郸城、淮阳、太康等地也偶尔发现有裴李岗文化特征的陶片②（图2－1）。遗物以夹蚌褐陶和夹砂红陶为主，器形有夹蚌罐形鼎、双耳壶、大口深腹罐、圆肩罐、平底碗等，还有石磨盘、石磨棒等遗物。

以上资料表明，在开封中牟、尉氏，许昌鄢陵，周口西华、扶沟、商水、项城等地有裴李岗文化遗存的存在，这些遗址多位于贾鲁河—颍河西岸。少数遗址如前闸、宋子岗、孟岗位于惠济河流域，属于河南东

① 国家文物局主编：《中国文物地图集·河南分册》，中国地图出版社1991年版；孙广清：《河南裴李岗文化的分布和地域类型》，《华夏考古》1992年第4期；赵世纲：《裴李岗文化的几个问题》，《史前研究》1985年第2期；韩维龙、秦永军：《周口地区的裴李岗、仰韶和大汶口文化》，《论仰韶文化》，《中原文物》特刊1986年版。

② 开封地区文管会：《裴李岗遗址1978年发掘简报》，《考古》1979年第3期；韩维龙、秦永军：《周口地区的裴李岗、仰韶和大汶口文化》，《论仰韶文化》，《中原文物》特刊1986年版；秦永军、李全力：《河南周口迄今发现的裴李岗、仰韶文化初探》，《中国文物报》2005年5月7日；科学研究院考古研究所：《中国考古学·新石器时代卷》，中国社会科学出版社2010年版，第128页。

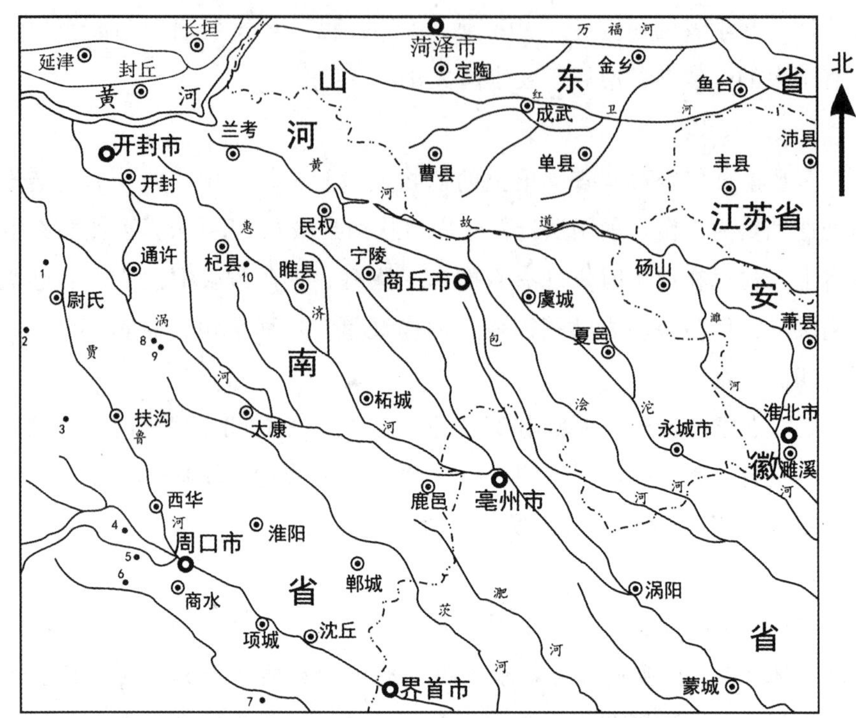

图2－1　豫东地区裴李岗文化遗存分布示意图

1. 马家庄　2. 兴隆岗　3. 雁周　4. 泥土店　5. 河湾
6. 扶苏　7. 后高老家　8. 前闸　9. 宋子岗　10. 孟岗

部地区西部，太康、淮阳、郸城等地也位于河南东部地区西部，地理区划上，一般把贾鲁河—颍河一线作为河南东部地区和河南中部地区的大致分界线，说明该区域的西部是裴李岗文化遗存分布的边缘地带。

（二）文化性质

此类遗存的遗物主要有石磨盘、磨棒、石铲、陶罐、红陶鼎、泥质红陶钵、红陶壶等。陶器以夹蚌粉褐陶、夹砂红陶为多，泥质红陶次之，泥质褐陶少见。夹蚌粉者多鼎、罐等炊器，因含蚌粉量较大，质地松软，手触即碎。夹砂红陶质地稍硬，多用于钵、壶等器。陶器均为手制，陶胎厚薄不均，陶色深浅不一。器表以素面和磨光为主，纹饰仅见弦纹、指甲纹。纹饰多饰于夹砂陶，常见有附加乳钉纹、篦点纹、压印纹、划纹、指甲纹等。常见器形有罐形鼎、双耳壶、大口深腹罐、圆肩罐、平底碗、三足钵、深腹圜底鼎、圈足碗、假圈足壶等，石磨盘和石磨棒是其最典型的器物。罐形鼎敞口，鼓腹，圆锥形足。双耳壶小口，矮领，双耳呈半月状，耳上有一小圆孔。深腹罐口呈喇叭状，直腹。小口双耳壶与新郑裴李岗遗址出土Ⅰ式壶相同①，大口深腹罐与新郑裴李岗遗址出土Ⅱ式罐接近，罐形鼎同新郑裴李岗遗址出土Ⅰ式鼎比较相似②。扶沟前闸遗址出土有石磨盘，其整体呈椭圆形，长100厘米，宽22—44厘米，厚3.5厘米。器身为砂岩磨制，造型规整，器底有四个圆柱状足。商水扶苏遗址出土有夹砂褐陶片、夹蚌灰陶片、石盘磨、石磨棒、鞋底形石铲等器物。商周高速公路周口段商水张庄乡河湾村附近发现一处裴李岗文化遗址，下层为裴李岗文化，出土夹砂、夹蚌褐陶片、红陶鼎足等，陶片块小，火候极低，具有典型的裴李岗文化特征。西华泥土店遗址出土的三足鼎和三足钵均是裴李岗文化的典型器物。③

豫中地区裴李岗文化的遗址呈南北分布，跨度较大，各遗址内出土的遗存有一定的差异，靳松安先生对裴李岗文化的分期与类型进行了深入的研究，分为裴李岗类型、贾湖类型、花窝类型和班村类型，并将扶沟前闸遗址和项城后高老家遗址分别归入裴李岗类型和贾湖类型，这一观点应该是比较客观的。裴李岗类型和贾湖类型较多的相同点，同属于裴李岗文化的地方类型。两者的文化面貌较为相似，也存在一些差异。裴李岗类型有足石磨盘的数量远多于贾湖类型，陶器的陶胎中夹蚌者较少。贾湖类型陶器的陶胎中存在一定数量的夹蚌、夹骨屑、夹石末和夹炭陶，器形常见大口罐形壶、无沿直口角把罐、方口盆、罐形甑，不见

① 开封地区文管会、新郑县文管会：《河南新郑裴李岗新石器时代遗址》，《考古》1978年第2期。

② 开封地区文管会：《裴李岗遗址1978年发掘简报》，《考古》1979年第3期。

③ 韩维龙、秦永军：《周口地区的裴李岗、仰韶和大汶口文化》，《论仰韶文化》，《中原文物》特刊1986年版；秦永军、李全力：《河南周口迄今发现的裴李岗、仰韶文化初探》，《中国文物报》2005年5月7日。

或少见裴李岗类型常见的腰鼓形罐、篦点纹罐、三足双耳壶、钵形甑等。鼎的种类较多，除罐形鼎和盆形鼎之外，贾湖类型还有釜形鼎、钵形鼎等。①

豫东地区裴李岗文化遗存较少，很难全面反映两个类型的差异，但仍有一些蛛丝马迹可以看出不同遗址的差别，可分别归入裴李岗类型和贾湖类型。位置靠南的项城后高老家遗址及其附近的西华泥土店、商水扶苏、商水河湾等遗址出土遗物多有夹蚌陶存在，而无石磨盘和石磨棒出土，与贾湖类型的特征相似。位置靠北的扶沟前闸遗址出土有四圆柱足石磨盘，且基本不见夹蚌陶，具有裴李岗类型特征。前闸遗址附近的尉氏马家庄、兴隆岗、雁周、扶沟宋马岗（宋子岗）、杞县孟岗出土的遗物也几乎不见夹蚌陶，所属类型应与前闸遗址相似，有待今后考古资料的充实。

二　文化的初始

据目前资料所知，裴李岗文化时期该地区已有人类活动。荆志淳、高天麟两位先生对商丘一带土壤形成和环境信息进行了研究，认为该地区从新石器时代持续至汉代存在长时间稳定的地貌和适宜的气候环境，这给早期人类活动提供了有利的自然环境。② 由此可见，在裴李岗文化阶段该地区具备居住的条件。

豫东地区的西部边缘地带发现有少量裴李岗文化遗存，该区域东部和北部尚未发现同时期文化遗址，海岱地区序列的后李文化和北辛文化还尚未进入该地区。后李文化主要分布在泰沂山系北麓的山前冲积平原地带，最西到济南长清一带③，豫东地区不是其分布范围。北辛文化最

① 靳松安：《裴李岗文化的分期与类型》，《论裴李岗文化》，科学出版社 2010 年版，第 179、180 页。

② 荆志淳、高天麟：《河南商丘全新世地貌演变及其对史前和早期历史考古遗址的影响》，《考古》1997 年第 5 期。

③ 中国社会科学院考古研究所：《中国考古学·新石器时代卷》，中国社会科学出版社 2010 年版，第 150 页。

西端大致位于江苏徐州和山东济南一带，徐州邳县大墩子①和济南西郊填家庄②等遗址基本位于北辛文化范围的最西端。

这一时期，中原地区和海岱地区的考古学文化以豫东地区相隔，两者之间有少量的文化交流，豫东地区是其主要通道。

有关中原地区和海岱地区考古学文化交流问题，张忠培、乔梁、靳松安等先生曾做过详细论述。海岱地区后李文化和北辛文化在其发展过程中均受到了裴李岗文化不同程度的影响。北辛文化中包含有少量后者的文化因素如小口圆腹圜底罐、长颈折肩壶确，应是受到了裴李岗文化影响的结果。③ 而北辛文化也正是在裴李岗文化与后李文化相互融合的基础上才产生的，这种情况在汶泗流域的北辛文化中看得尤为清楚。随着时间的推移，两者之间的接触日益频繁。主要原因是裴李岗文化晚期，可能由于人口的增加，当地的自然资源已不能满足其发展的需求，相当数量的裴李岗文化居民沿淮河各支流东徙至海岱地区。皖西北宿县古台寺遗址发现的具有裴李岗文化因素的圆锥形鼎足和篦点纹装饰是很好的证据。④ 同时，具有裴李岗文化因素的陶器在郸城、淮阳、太康、鹿邑等地也有发现。鹿邑武庄遗址一期，发现的形式多样的篦点纹、矮圈足碗、小口双耳壶和假圈足碗等，可能亦是受裴李岗文化的影响。⑤ 由此看出，豫东地区是中原地区和海岱地区交接地带，地势平坦，在这些文化交流和人口迁徙过程中扮演着十分重要的角色。

---

① 蒋宝庚：《济南西郊发现古文化遗址》，《考古》1981 年第 1 期。

② 南京博物院：《江苏邳县四户镇大墩子遗址探掘报告》，《考古学报》1964 年第 2 期。

③ 张忠培、乔梁：《后冈一期文化研究》，《考古学报》1992 年第 3 期。

④ 靳松安：《河洛与海岱地区考古学文化的交流与融合》，科学出版社 2006 年版，第 18 页；靳松安：《试论河洛与海岱地区史前文化交流的格局、途径与历史背景》，《中州学刊》2010 年第 3 期。

⑤ 张文军、张志清、赵新平：《试析河南鹿邑县武庄遗址新石器时代文化遗存》，《考古》2003 年第 2 期。

第二节　形成期

豫东地区文化的形成期，这里分布着大河村文化和石山子文化。大河村文化和石山子文化在该区域内独立发展，文化之间的交流开始增加。

一　大河村文化

豫东地区也发现有不少类似大河村文化的遗存，以椅圈马遗址一至三期为代表。[①] 近年来，多数学者均将其归入大河村文化。

（一）文化分布

主要分布于该地区的中、西部，经过发掘的典型遗址有椅圈马、鹿台岗[②]和牛牧岗[③]等。另外，在多处遗址的调查或发掘中采集有大河村文化的遗物。主要遗址有：民权吴岗[④]、睢县周龙岗[⑤]、乔寨、太康方城、商水马村、良台寺（阎庄），项城后高老家、骆驼岭、西华泥土店、白庄、扶沟支亭、商水范台庙、淮阳王禅冢[⑥]、郸城段寨[⑦]、周口市地区烟草公司仓库[⑧]、曹县莘冢集[⑨]等（图2－2）。

---

① 郑州大学考古系等：《河南尉氏县椅圈马遗址发掘简报》，《华夏考古》1997年第3期。

② 郑州大学考古专业等：《河南杞县鹿台岗遗址发掘简报》，《考古》1994年第8期；郑州大学文博学院等：《豫东杞县发掘报告》，科学出版社2000年版。

③ 郑州大学历史学院考古系：《河南民权牛牧岗遗址发掘报告》，载《民权牛牧岗与豫东考古》，科学出版社2013年版。

④ 郑州大学历史学院考古系：《牛牧岗遗址周边区域考古调查报告》，载《民权牛牧岗与豫东考古》，科学出版社2013年版。

⑤ 中国社会科学院考古研究所河南二队、商邱地区文物管理委员会：《1977年豫东考古纪要》，《考古》1981年第5期。

⑥ 韩维龙、秦永军：《周口地区的裴李岗、仰韶和大汶口文化》，《论仰韶文化》，《中原文物》特刊1986年版。

⑦ 中国社会科学院考古所河南二队等：《河南周口地区考古调查简报》，《考古学集刊》第4集，中国社会科学出版社1984年版；秦永军、李全力：《河南周口迄今发现的裴李岗、仰韶文化初探》，《中国文物报》2005年5月7日。

⑧ 周口地区文化局文物科：《周口市大汶口文化墓葬清理简报》，《中原文物》1986年第1期。

⑨ 菏泽地区文物工作队：《山东曹县莘冢集遗址试掘简报》，《考古》1980年第5期。

椅圈马遗址位于河南省尉氏县大营乡椅圈马村东南的台地上，东距县城约15千米。1987年，开封市文管会、尉氏县文物保管所对遗址进行了调查。1992年春，郑州大学考古专业与开封市文物工作队、尉氏县文物保管所联合对遗址进行了发掘，发现了丰富的新石器时代遗存。[①]一至三期出土陶器以泥质红陶为主，夹砂红陶次之，少量泥质灰陶和夹砂灰陶。器形主要有釜形鼎、红顶平底钵、夹砂红陶罐、双耳罐、泥质红陶盆、小口束颈壶、泥质红陶瓶等，多是大河村文化典型器物。

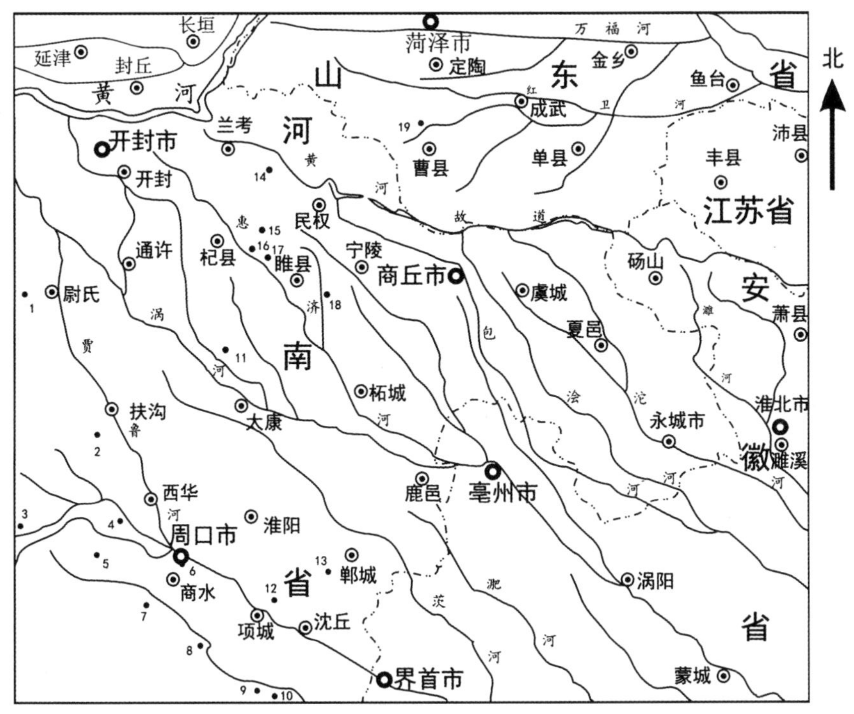

图2－2　豫东地区大河村文化分布示意图

1. 椅圈马　2. 支亭　3. 白庄　4. 泥土店　5. 马村　6. 烟草公司　7. 范台庙　8. 良台寺　9. 后高老家　10. 骆驼岭　11. 方城　12. 王禅冢　13. 段寨　14. 牛牧岗　15. 吴岗　16. 鹿台岗　17. 周龙岗　18. 乔寨　19. 莘冢集

① 郑州大学考古系等：《河南尉氏县椅圈马遗址发掘简报》，《华夏考古》1997年第3期。

鹿台岗遗址位于河南省杞县裴村店乡鹿台岗村，西距县城约12千米，南距惠济河0.5千米。1989年和1990年，郑州大学考古专业等单位对该遗址进行了考古试掘和发掘。遗址北部部分探方发现有仰韶时代文化阶段地层，部分龙山文化堆积中见有仰韶时代文化阶段的彩陶片、罐的口沿和鼎足。罐为泥质浅红灰色，尖圆唇，折沿，沿面微鼓，内折棱锐突，腹表磨光饰黑紫色直线与网格纹样。鼎足为夹蚌屑素面灰色，鸭嘴状，上部窄厚，下部宽薄。发现彩陶13片，皆为磨光泥质罐、钵类器腹部残片。整体特征与椅圈马遗址发现的一至三期文化遗存十分相似。

牛牧岗遗址位于河南省民权县双塔乡牛牧岗村北，东距县城约23千米。2007年，郑州大学历史学院考古系对该遗址进行了发掘，因地下水位较高仅发掘至龙山时代地层，在龙山时代和其他时代地层中发现有大河村文化遗物。遗物均为陶器，陶质包括泥质和夹细蚌两类，泥质陶占绝大多数，达96%。陶胎均匀，厚度0.5—0.8厘米。陶色以红色为主，占96%，还有少量褐色、白色，分别占1.33%和2.66%。器表以素面为主，钵的腹部饰有彩绘。器类中钵的数量最多，占64.41%，还有瓶、缸、罐、鼎、鬶、碗、盆等。钵均为泥质红陶，敛口或直口，圆唇，素面，有的腹部饰褐彩。罐可分为大口罐和小口罐，褐陶，折沿圆唇或方唇，斜肩，鼓腹。另外还发现有瓶、瓶耳及鼎足，均是大河村文化常见的遗物。

周口烟草公司仓库遗址位于河南省周口市烟草公司院内。周口市文化局对该遗址进行了抢救性发掘，在文化层中出土少量仰韶时代陶片。陶器中红陶占绝大多数，仅有少量灰陶。夹蚌粉者居多，泥质次之。纹饰仅见极少量的附加堆纹、指甲纹，大部分为素面或素面磨光。彩陶有一定的数量，彩绘有褐、棕色两种，亦有白衣彩陶和红衣陶。器物有圜底钵、圆锥形足鼎、釜、壶、盆等，整体特征与大河村文化遗存相似。

考古工作者在周口地区调查时，在11处遗址采集到大河村文化的遗物。[①] 陶器器形有鼎、罐、盆、钵、壶等。鼎均为夹蚌或夹砂褐陶，柱状或扁柱状足，有些饰有指甲纹。罐分为深腹罐和敛口罐，陶质有泥质和夹砂，陶色有褐陶和灰陶。盆为泥质橙黄陶，大口，素面。钵多为泥质红陶，陶色不均，局部为灰陶，有些口部饰红彩，素面磨光。商丘民权吴岗[②]遗址调查采集仰韶时代文化陶片2片，均为泥质，红褐陶，陶胎很薄，素面。上述遗物，均具有大河村文化的特征（图2－3）。

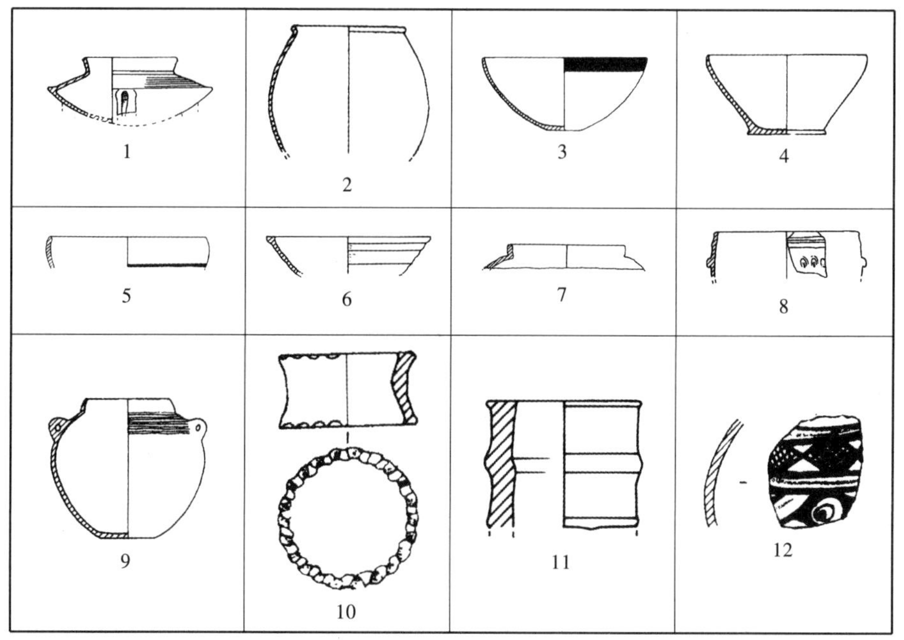

图2－3　大河村文化陶器

1. 椅圈马釜形鼎（T0406③：1）　2. 椅圈马罐（W14：1）　3. 椅圈马钵（T0710⑦：1）　4. 椅圈马碗（T050512：1）　5. 牛牧岗钵（ⅡT0302⑥：21）　6. 牛牧岗碗（ⅡT0302⑥：20）　7. 牛牧岗罐（H30：4）　8. 椅圈马缸（T0605⑤：1）　9. 椅圈马双耳壶（W9：1）　10. 椅圈马器座（T0710⑥：4）　11. 牛牧岗瓶（ⅠT1301⑨：7）　12. 椅圈马彩陶片（T0609②：1）

① 中国社会科学院考古所河南二队、河南省周口地区文物管理委员会：《河南周口地区考古调查简报》，《考古学集刊》第4集，中国社会科学出版社1984年版。

② 郑州大学历史学院考古系：《牛牧岗遗址周边区域考古调查报告》，载《民权牛牧岗与豫东考古》，科学出版社2013年版。

综上所述，大河村文化在豫东地区内的19处遗址均有发现，西起椅圈马遗址，东至乔寨遗址，南达骆驼岭遗址，北至莘冢集遗址，覆盖了该地区的大部分区域。

（二）文化性质

该区域大河村文化的陶器以泥质红陶为主，少量夹砂红陶、泥质灰陶和夹砂灰陶。制法主要为手制，采用泥条盘筑法，少量器物口沿经慢轮修整。部分器物的口沿单独制作，然后贴接于器身。器表多为素面或磨光，少数器物的肩部或腹部饰有弦纹，个别器物腰部饰有乳突装饰。部分器物饰有彩绘，少量彩陶片的施彩方法是先在器表施白衣再绘彩。彩绘图案有弧线、圆点、网纹和芒纹等，有红、褐、黑三种色彩。器形有鼎、钵、碗、罐、盆、球形壶、双耳壶、瓶、缸、器座等（图2-3）。

豫东地区大河村文化陶器地方特征较少。陶器中盆形鼎、罐形鼎造型有些特色，个别器物在仰韶时代文化中较少见到，如矮扁足鼎、刻槽盆等（图2-4，1—4），但所占比例在整个遗物群中较小。现有的材料分析尚不能划分出类型，应将其并入大河村文化。

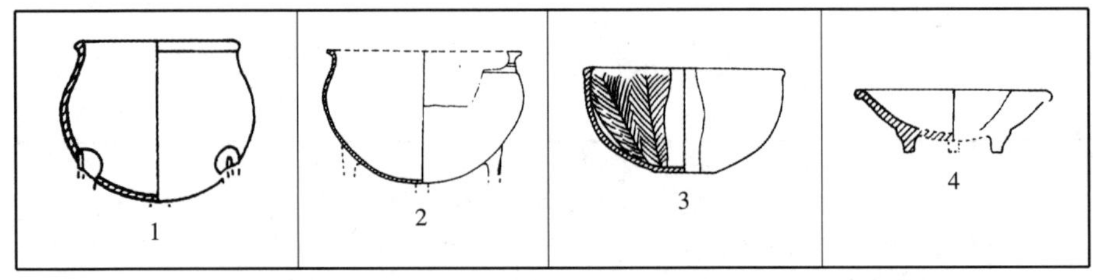

图2-4　豫东地区大河村文化特殊陶器

1. 罐形鼎（T0406③：2）　2. 盆形鼎（T3818：13）　3. 刻槽盆（T0402②：1）　4. 矮足鼎（T0305②：1）

（三）分期与年代

豫东地区的大河村文化不够丰富，很少有学者对其进行系统的分期，学界对其时代认识较为模糊。

椅圈马遗址发掘者根据地层叠压关系和出土器物形态将仰韶时代文化遗存分为四期。靳松安先生在对整个仰韶时代文化详细分期的基础上对椅圈马遗址仰韶时代文化进行了分期，他认为椅圈马一、二、三期略相当于仰韶时代文化的枣园、半坡、庙底沟三个阶段。上述两种关于椅圈马遗址仰韶时代文化遗存的分期和年代认识基本一致，本书在对该遗址叠压打破关系和器物特征重新梳理。

椅圈马遗址发掘简报公布了 T0406 北壁和 T0608 东壁两处典型剖面。T0406 北壁剖面除生土层外共分 8 层，①层下开口遗迹有墓葬（M1、M6）两处，其余地层均无遗迹。T0608 东壁除生土外共分 4 层，①层下开口遗迹瓮棺葬（W2）一处，②、③、④分别相当于工地统一划分的③、⑥、⑦层。根据地层关系和器物特征，可以看出椅圈马遗址仰韶时代文化遗存可分为三期。第一期以 T0406⑥、⑦、⑧层和 T0608③、④层为代表，出土敞口红彩带钵、圆锥形鼎足、折沿鼓腹罐等。第二期以 T0406③、④、⑤层和 T0608②层等为代表，出土有釜形鼎、敛口钵、卷沿罐等。第三期以 T0406②和 W2 等为代表，出土有釜形鼎、敛口钵、敛口罐等。

器物造型特征有明显的演变过程，如钵早期多为红顶，口为微敛口或近直口，中期口部进一步内敛，晚期红顶钵消失，敛口较甚。鼎早期足多为圆锥柱形，种类较少，不见腹部很浅的釜形鼎，中期鼎足种类增多，除罐形鼎、盆形鼎外出现釜形鼎，晚期釜形鼎增多，腹部变浅。罐早期多折沿，中、晚变为卷沿（图 2－5）。

鹿台岗遗址罐多为磨光无陶衣的浅红陶，多施红、黑、紫色，图案简单，笔画草率，直线、弧线或网格状彩陶纹，钵多饰直线和网格纹，颜色多红、黑、紫等色。网格纹出现于大河村遗址第二期，但此时网格纹较少，三期时网格纹的比例较大，四期是较少见到，而鹿台岗遗址发现彩陶片多为网格纹和直线纹，它的时代可能与大河村三期接近。

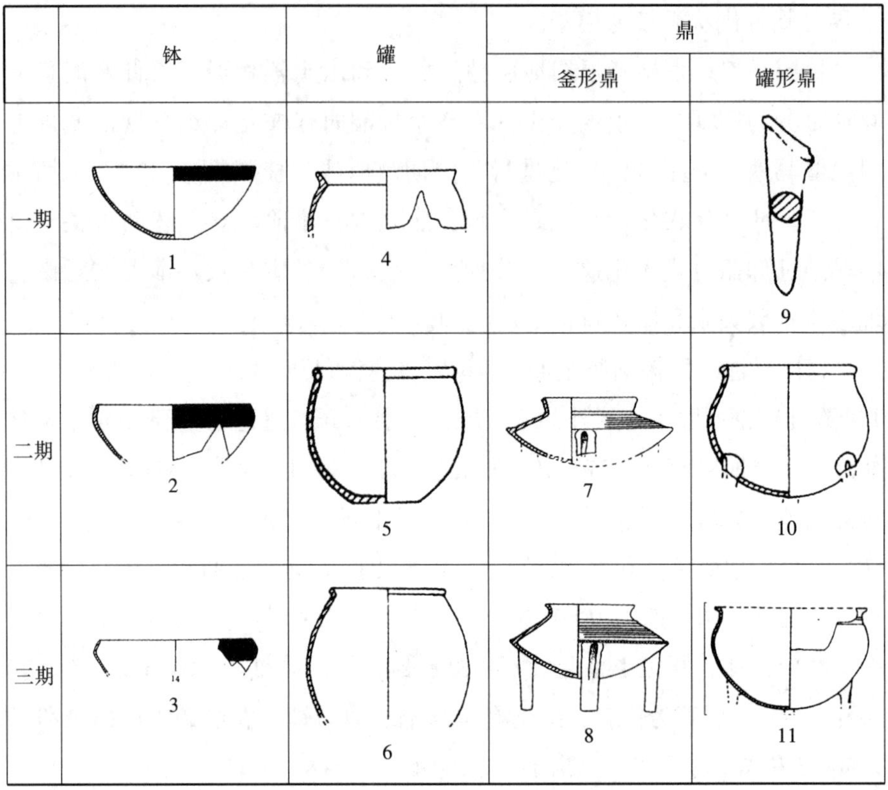

	钵	罐	鼎	
			釜形鼎	罐形鼎
一期	1	4		9
二期	2	5	7	10
三期	3	6	8	11

图2－5　椅圈马遗址大河村文化陶器分期图

1—3. 钵（T0710⑦：1、H44：1、T0605②：1）　4—6. 罐（T0406⑧：1、H69：2、W14：1）　7、8. 釜形鼎（T0406③：1、W9：1）　9—11. 罐形鼎（T0710⑦：4、T0406③：2、W2：2）

牛牧岗遗址发现了少量遗存，根据陶器特征推测，约相当于大河村仰韶时代文化一期甚至更早。如钵多敛口或直口，流行口部饰彩带，鼎足柱状，罐为折沿等特征均为大河村遗址仰韶时代文化早期的特征。口沿饰彩带的钵是典型仰韶时代文化一期流行的器物，Ⅰ T0605⑥：29 与大河村遗址仰韶时代文化一期钵（T3815：43）[①]、椅圈马遗址二期H44：1[②]相似。Ⅱ T0302⑥：21 与大河村遗址仰韶时代文化一期钵

① 郑州市文物考古研究所：《郑州大河村》，科学出版社2001年版，第125页。

② 郑州大学考古系等：《河南尉氏县椅圈马遗址发掘简报》，《华夏考古》1997年第3期。

（T3815：98）相似[①]，只是前者彩带在口沿处略靠下。典型仰韶文化早期鼎足为柱状，大河村遗址仰韶时代文化前三和二期柱状足较多，前一期及其以后柱状足较少见。椅圈马遗址一期鼎足（H77：5、T0710⑦：4）也均为柱状，二期以后柱状足较少。罐为折沿，罐（ⅠT0806⑥：3）与椅圈马遗址的罐（T0710⑦：3）相似[②]。

综上所述，豫东地区大河村文化分为三期，分别以椅圈马遗址一、二、三期为代表，约相当于大河村前三期至大河村三期（表2－1）。

表2－1　**豫东地区大河村文化分期对照表**

大河村前三期	椅圈马一期		牛牧岗仰韶时代文化遗存
早段：大河村前二期 晚段：大河村前一期	椅圈马二期		牛牧岗仰韶时代文化遗存
早段1组：大河村一期 中段2组：大河村二期 晚段4组：大河村三期	椅圈马三期	鹿台岗仰韶时代文化遗存	牛牧岗仰韶时代文化遗存
大河村四期			

二　石山子文化

1990年，河南省文物考古研究所在周口鹿邑县武庄遗址发现了较为独特的新石器时代文化遗存[③]，在虞城马庄[④]遗址发现一批墓葬，出土遗物面貌与淮河中游同时期遗存相似。

---

① 郑州市文物考古研究所：《郑州大河村》，科学出版社2001年版，第125页。

② 郑州大学考古系等：《河南尉氏县椅圈马遗址发掘简报》，《华夏考古》1997年第3期。

③ 河南省文物考古研究所：《河南鹿邑县武庄遗址的发掘》，《考古》2002年第3期；张文军、张志清、赵新平：《试析河南鹿邑县武庄遗址新石器时代文化遗存》，《考古》2003年第2期。

④ 中国社会科学院考古研究所、美国哈佛大学皮保德博物馆：《豫东考古报告——“中国商丘地区早商文明探索”野外勘察与发掘》，科学出版社2017年版。

（一）文化分布

石山子文化主要分布于该地区的东南部，目前仅见于武庄和马庄两处遗址，调查时在虞城杜集、商丘半塔、黑堌堆、胡道沟等发现少量仰韶时代遗存，与武庄遗址的遗存更为接近。

武庄遗址位于河南省鹿邑县南10千米的武庄村北，出土了一批重要的新石器时代遗存，文化面貌独特。陶器以夹蚌、夹砂、外红里灰的夹炭红褐陶居多，泥质红陶次之，泥质灰陶很少。器物多素面，少数磨光，饰纹者较少，计有划纹、弦纹、指甲纹、附加堆纹、蓖点纹等。少量彩陶，有饰红衣和红带者。颜色以红彩为主，有褐彩及少量黑彩，有白衣彩陶和红衣陶，复合彩极少。彩陶纹样以宽带、窄带最多，平行彩带、水波纹、勾连纹、波折纹、菱形“田”字纹、锯齿纹、圆点弧线三角纹也较常见。陶器多手制或泥条盘筑而成，烧制火候不高，有的夹炭陶易破碎。器形以三足器、平底器为主，有假圈足、矮圈足器和圜底器，常见器耳、器鋬和附加短泥条装饰。器类有鼎、罐、钵、碗、盆、豆、壶、缸、杯、擂钵、器盖、器座等。

马庄遗址位于河南省虞城县沙集乡东南约2千米的马庄村。调查发现有陶钵1件，敞口，尖圆唇，弧腹，器表抹光。① 发掘资料公布后，第五层遗存与武庄遗址同类遗存十分接近。陶片以夹蚌和夹砂为主，遗物主要有鼎、罐、盆、釜为主，钵也占一定比例。其中鬼脸式鼎足、釜形鼎、罐形鼎、小口陶罐、彩陶高圈足豆，器物外常见器耳和附加泥条装饰特征等武庄遗址同类遗存类似。②

郑州大学考古系调查商丘地区时在虞城县杜集、商丘县半塔③等遗址中发现了少量陶片。虞城杜集遗址出土陶盆1件，侈口，卷沿，圆唇，腹微鼓，沿面及内壁饰黑彩宽带纹和平行线纹。商丘半塔出土陶盆1件，

---

① 郑州大学历史学院考古系：《豫东商丘地区考古调查简报》，《华夏考古》2005年第2期。

② 中国社会科学院考古研究所、美国哈佛大学皮保德博物馆：《豫东考古报告——“中国商丘地区早商文明探索”野外勘察与发掘》，科学出版社2017年版，第23页。

③ 郑州大学历史学院考古系：《豫东商丘地区考古调查简报》，《华夏考古》2005年第2期。

直口，叠沿，圆唇，口外及内壁饰褐彩宽带纹。

黑堌堆遗址位于河南省永城市龙岗乡王楼村西北角，也发现有类似遗物。受当时资料的限制，发掘者认识到了它与龙山文化的区别，但仍将其归入了龙山文化，称为下层龙山文化。这些遗物明显与武庄遗址出土的陶器特征相似。如陶器主要器形有鼎、罐、盆、钵、碗、杯和器盖等。陶色普遍不匀称，以红陶为主，仅有少量灰陶。陶器多为手制，器壁厚薄不匀，内壁有泥条盘筑的痕迹。部分泥质陶的口部经慢轮修整，器壁较薄，器形较规整，表面光滑。器表多为素面。胡道沟遗址也有部分类似的遗物，采集有红陶鼎。①

（二）文化性质

此类遗存以夹砂红褐陶为主，泥质红陶、灰陶、橙黄陶次之，泥质黑陶、夹蚌（砂）灰陶及夹炭陶很少。陶器多为素面，少数磨光，饰纹饰者较少，另有少量凹弦纹、划纹、附加堆纹、指甲纹、蓖点纹等。彩陶少见，以红彩为主，有褐彩及少量黑彩，有白衣彩陶和红衣陶，复合彩极少。彩陶纹样以宽带、窄带为主，还有平行彩带、水波纹、勾连纹、波折纹、菱形“田”字纹、锯齿纹、圆点弧线三角纹等。陶器多手制或泥条盘筑而成，少量夹蚌或夹炭陶火候低，有的夹炭陶易破碎。器形以三足器、平底器为主，有假圈足、矮圈足器和圜底器，常见器耳、器錾和附加短泥条装饰。器类有鼎、罐、钵、碗、盆、豆、壶、缸、杯、擂钵、器盖、器座等。武庄遗址出土的具有大河村文化因素的陶器如红顶圜底钵、小口双耳壶、假圈足或矮圈足碗、彩陶钵、叠唇碗、宽沿斜弧腹盆、箍口盆、直口灰陶壶等也很少在侯家寨等同类遗址中见到，也可看作此类遗存的地方特色（图 2－6）。

武庄遗址一、二期遗存应属于同一文化的不同发展阶段②，其文化面

---

① 中国社会科学院考古研究所河南二队、商邱地区文物管理委员会：《1977 年豫东考古纪要》，《考古》1981 年第 5 期。

② 张文军、张志清、赵新平：《试析河南鹿邑县武庄遗址新石器时代文化遗存》，《考古》2003 年第 3 期。

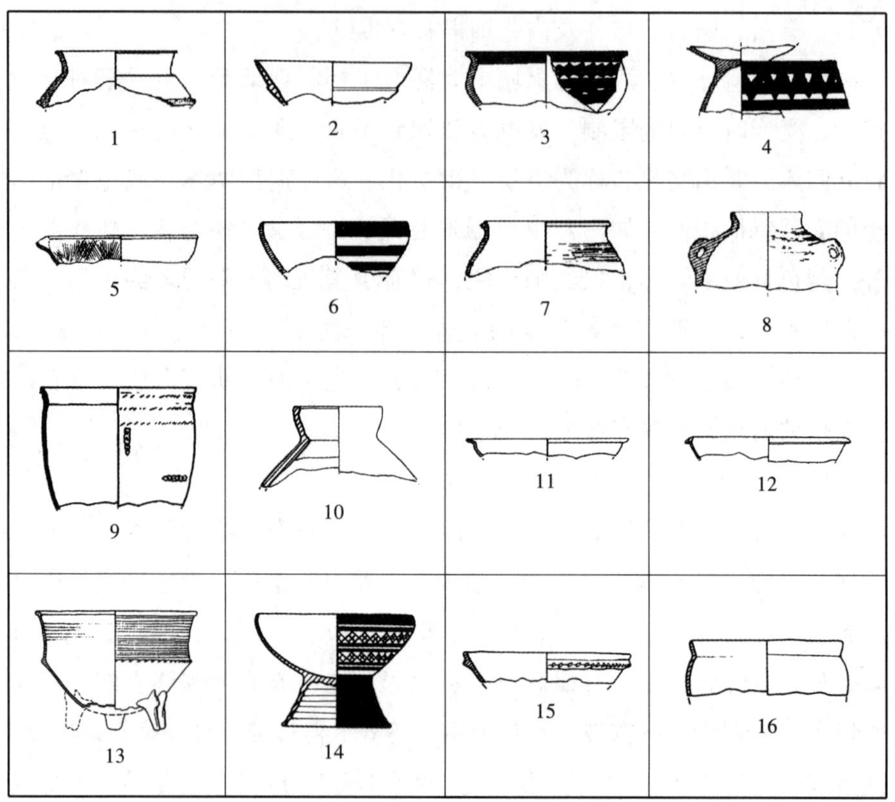

图 2-6　石山子文化陶器

1、7. 鼎（T103⑥C：44、T103⑥：45）　2. 大敞口折腹盆（T102⑥：30）　3、6. 豆（T101④：31、T102⑥：32）　5. 雷钵（T101④：34）　4. 盆（T103⑤：51）　8. 壶（T102④：45）　9. 罐形鼎（T103⑦：28）　10. 小口双耳壶（T102⑦：12）　11. 宽沿弧腹盆（T101④：17）　12. 箍口盆（T101④：21）　13. 釜形鼎（94HYMM4：2）　14. 彩陶豆（94HYMM25：1）　15. 附加堆纹釜（94HYMT8⑤C：8）　16. 罐形鼎（94HYMT6⑤B：1）（13-16 马庄遗址，余为武庄遗址）

貌的不同是文化发展变化的结果。武庄一期和二期的遗迹均以灰坑为主，且多为浅圆形，结构多为斜壁或弧壁，呈口大底小状。遗物多为陶器，均出土不少蚌壳。陶器均以夹砂或蚌的红褐陶为主，多素面陶，饰有纹饰和彩绘的陶器很少，制法多为泥条盘筑，器形以三足器和平底器为主，器类主要有鼎、罐、钵、碗、盆、壶等。从多个方面看出，两者是前后一脉相承的，应属于一个文化的不同发展阶段。

此类遗存主要分布于安徽省的北部，其南、东部有多处此类遗存的遗址，如濉溪石山子①、宿县（现宿州）小山口、吉台寺②、双墩③、定远侯家寨④、淮南小孙岗⑤等。已有学者著文将皖北新石器时代早期文化统称为“石山子文化”，并将其大致分为“石山子类型”和“侯家寨类型”。石山子文化有着自己独特的文化风格⑥，可独立称为一种考古学文化。

武庄和马庄遗址出土遗存与石山子文化面貌较为相近，又与石山子、小山口、吉台寺等遗址相邻，故可归入石山子文化，整体特征接近于淮河中游的考古学文化遗存。

（三）分期与年代

武庄遗址公布了一处典型地层，为 T103 西壁。该剖面除生土层外共分 9 层，其中第 6 层又细分为 3 层，①层下开口遗迹为 H58，⑧层下开口遗迹为 H99，⑨层下开口遗迹为 H96。根据上述文化堆积和器物组合特征，将武庄遗址新石器时代文化划分为两期四段。第一期即第一段，以第⑦—⑨层为代表。第二期以第③—⑥层为代表，第二期又可分三段。其中，第一段以第⑥层为代表，第二段以第⑤层为代表，第三段以第③、④层代表。

---

① 安徽省文物考古研究所：《安徽濉溪石山子新石器时代遗址》，《考古》1992 年第 3 期；中国社会科学院考古研究所安徽工作队：《安徽淮北地区新石器时代遗址调查》，《考古》1993 年第 11 期。

② 中国社会科学院考古研究所安徽工作队：《安徽淮北地区新石器时代遗址调查》，《考古》1993 年第 11 期；中国社会科学院考古研究所安徽工作队：《安徽宿县小山口和古台寺遗址试掘简报》，《考古》1993 年第 12 期。

③ 阚绪杭：《蚌埠双墩遗址的发掘与收获》，《文物研究》第八辑，黄山书社 1993 年版，第 101—103 页。

④ 阚绪杭：《定远侯家寨新石器时代遗址发掘简报》，《文物研究》第五辑，黄山书社 1989 年版，第 157—170 页。

⑤ 何长风：《淮南市古文化遗址调查》，《文物研究》第七辑，黄山书社 1991 年版，第 274—280 页。

⑥ 冀和：《试论皖北地区新石器时代早期文化》，《中原文物》1997 年第 2 期。

器物形制和器类变化明显，第一期仅有罐形鼎，无釜形鼎，第二期开始出现釜形鼎。鼎的领部由矮变高，腹部由鼓腹逐渐内收。钵和豆的口部内敛的幅度逐渐加大。盆的腹部由深腹逐渐变为浅腹（图2－7）。

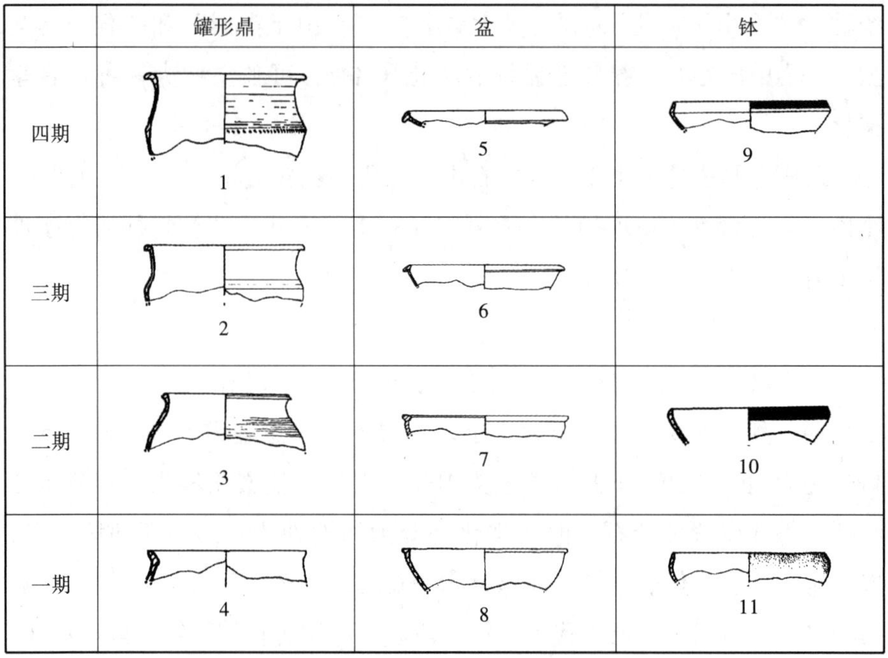

	罐形鼎	盆	钵
四期	1	5	9
三期	2	6	
二期	3	7	10
一期	4	8	11

图2－7　武庄遗址分期陶器图

1—4. 罐形鼎（T101④：70、T102⑤：22、T103⑥C：45、H99：7）　5—8. 盆（T101③：22、T101④：21、T101⑤：20、T103⑧：38）　9—11. 钵（T103④：63、T103⑥A：59、T103⑧：34）

武庄遗址新石器时代遗存与周围地区考古学文化的相对年代尚难准确对应。张文军等先生根据武庄遗址出土的遗物特征具有少量中原地区裴李岗文化的因素，认为武庄遗址一期比裴李岗文化晚期略晚或有一定的时间交叉①，起始年代与仰韶时代文化相当或稍早。武庄二期的延续

① 张文军、张志清、赵新平：《试析河南鹿邑县武庄遗址新石器时代文化遗存》，《考古》2003年第2期。

年代可能最晚至典型仰韶文化的庙底沟期。武庄二期出土遗物具有一些庙底沟期的因素，如单彩或白衣的圆点弧线三角纹、彩陶盆、箍口盆等均具有庙底沟期的特征。由此，武庄遗址新石器时代遗存大致起始年代与仰韶时代文化相当，一直延续至庙底沟期的晚段，分期中的四段实际可看为前后延续发展的四期。

马庄遗址第五层细分为⑤A、⑤B、⑤C 和⑤D 四层，⑤B 和⑤C 之间还有一批墓葬，为陶器分期提供了可靠的地层依据。发掘报告将“第五层文化”分为早晚两期，早期为⑤A 和⑤B 层，晚期为墓葬及⑤C 和⑤D 层，典型器物罐形鼎、釜形鼎、釜和中口弦纹罐等有明显的变化。对比武庄遗址的陶器，在马庄遗址均能找到一至四期的相似器形，两者的年代应该基本一致。

三　文化的形成

豫东地区的中、西大部分布着大河村文化，该地区的东南部被石山子文化所占据，两类遗存的分布范围几乎涵盖了整个豫东地区。分布范围略有交错，基本呈东、西并列之势，遗址数量明显增多。

大河村文化最东已到永城一带，最北可达菏泽莘冢集，最南延伸至沈丘、项城以南。武庄遗址位于河南省鹿邑县南 10 公里的武庄村北，与出土大河村文化遗址相邻，在其东南方向还分布有石山子、小山口、吉台寺等遗址。大河村文化遗址的数量已经发展到近 30 处，文化遗存较为丰富，是文化发展的形成期。

该区域的大河村文化遗存是郑州一带大河村文化东扩的结果。分布于该地区西部和中部，开封、商丘和周口等市境内发现了 19 处大河村文化遗址，最南到项城、沈丘一线，最东已到永城一带。武庄等遗址出土的遗存是石山子文化向北发展的结果，占据区域的东南部，而其东、南方向安徽省境内分布着许多文化遗址。两类遗存相距不远，大河村文化段寨、骆驼岭、王禅冢等遗址位于武庄遗址西南方向（图 2－8）。两种不同性质的文化遗存彼此邻近，两类遗存的分布范围略有交错，却依然保持着独特的文化特征，在发展期间不断碰触和交流，主要表现为大河村文化对武庄等遗址的影响。

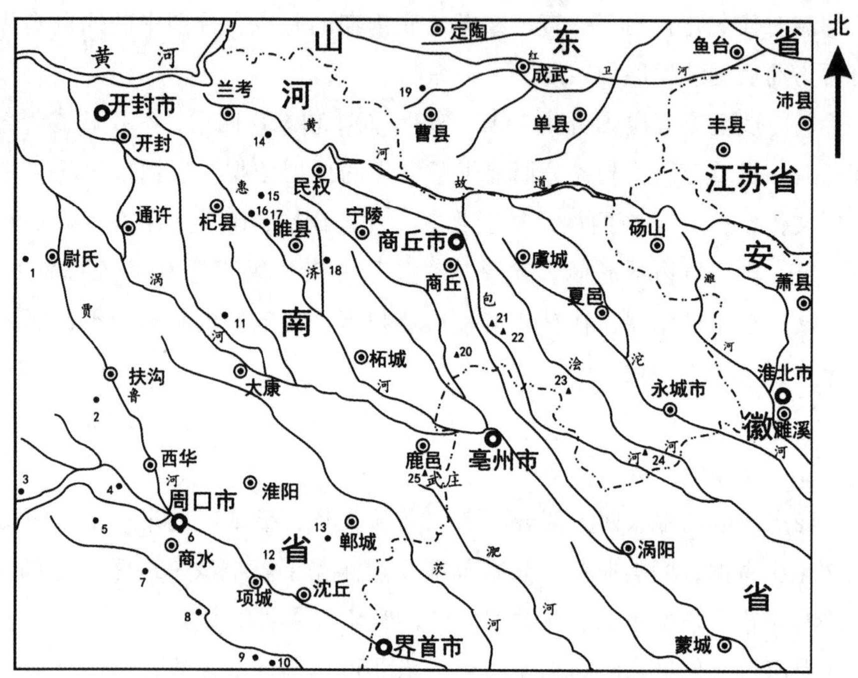

图 2－8　大河村文化与石山子文化遗址位置图

1. 椅圈马　2. 支亭　3. 白庄　4. 泥土店　5. 马村　6. 烟草公司　7. 范台庙　8. 良台寺　9. 后高老家　10. 骆驼岭　11. 方城　12. 王禅冢　13. 段寨　14. 牛牧岗　15. 吴岗　16. 鹿台岗　17. 周龙岗　18. 乔寨　19. 莘冢集　20. 半塔　21. 马庄　22. 杜集　23. 黑堌堆　24. 胡道沟　25. 武庄（20－25 石山子文化，余为大河村文化）

武庄一期出土具有大河村文化因素陶器主要有红顶圜底钵、小口双耳壶、假圈足或矮圈足碗等。钵的口部外侧为红顶，敛口，圜底。小口双耳壶为泥质红陶，矮领，沿面内凹，斜肩，口腹为手捏对接而成。圈足碗为泥质红陶，敞口，尖唇，斜收腹，有矮圈足或假圈足。武庄二期出土的因素较多，主要有陶钵、叠唇碗、宽沿斜弧腹盆、箍口盆、直口灰陶壶、雷钵和一些彩陶纹样等。陶钵可分弧肩、鼓肩、折肩三类，口沿外侧均饰有红色彩带。叠唇碗造型类似陶钵，个体略大，口部为内叠唇。宽沿斜弧腹盆为宽沿，腹部弧收，无彩或饰三角纹和窄条纹样。直口灰陶壶为灰陶，直口，斜肩。以上几种器物的整体特征与大河村遗址出土的同类器物类似，应是受到其影响的结果（图 2－9）。马庄遗址出土了陶钵、盆和一些器足应是大河村文化因素。陶钵为泥质红褐陶，多为敛口，素面，器表有一层陶衣，但少见彩陶钵，具有地方特点。

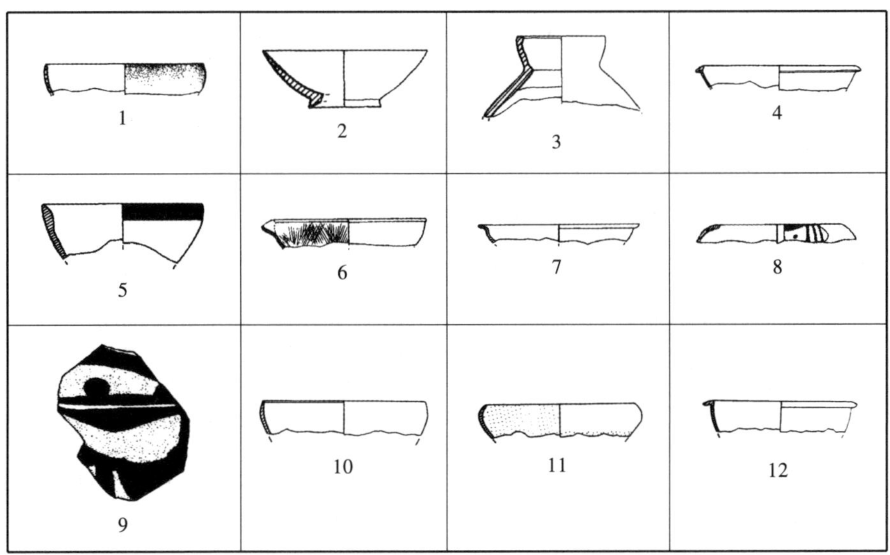

图 2－9　石山子文化出土大河村文化因素陶器

1. 红顶钵（T103⑦：33）　2. 矮圈足碗（H99：2）　3. 小口双耳壶（T102⑦：12）　4. 箍口盆（T101④：21）　5. 碗（T103⑤：53）　6. 雷钵（T101④：34）　7. 盆（T101④：17）　8. 钵（T103⑥A：61）　9. 圆点弧线三角纹（T103④：70）　10、11. 钵（94HYMTI⑤A：16、94HYMT4⑤C：6）　12. 盆（94HYMT1⑤A：13）（10－12 马庄出土，余为武庄）

第三节　发展期

大汶口文化和造律台文化阶段为豫东地区文化的发展期。该时期，大汶口文化和造律台文化相继占领该地区，文化在发展过程中相互影响。

一　大汶口文化

豫东地区发现大汶口文化的遗址已有数十处，占领了原属于大河村文化分布的范围。

（一）文化分布

此类遗存以尉迟寺遗址为代表，除此之外，尉氏椅圈马第四期①、鹿邑栾台第一期②、郸城段寨早期③、周口地区烟草公司仓库墓葬④、商水章华台出土陶器⑤、亳州富庄（付庄）下层⑥和萧县花家寺下层⑦等均属于大汶口文化。

尉迟寺遗址位于安徽省蒙城县许町镇毕集村东，遗存丰富，具有一定代表性。中国社会科学院考古研究所安徽工作队对其进行了13次发掘，如今仍在发掘。出土有丰富的陶器、石器、玉器、骨器、蚌器等遗物。陶器器形主要有鼎、背壶、罐、甗、甑、盆、器盖等⑧，属于大汶口文化。

段寨遗址位于河南省郸城县西南8千米的巴集乡段寨村西北。1974

① 郑州大学考古系等：《河南尉氏县椅圈马遗址发掘简报》，《华夏考古》1997年第3期。

② 河南省文物研究所：《河南鹿邑栾台遗址发掘简报》，《华夏考古》1989年第1期。

③ 郸城县文化馆：《河南郸城段砦出土大汶口文化遗物》，《考古》1981年第2期；曹桂岑：《郸城段寨遗址试掘》，《中原文物》1981年第3期。该遗址的称谓不统一，应称为"段寨"遗址。

④ 周口地区文化局文物科：《周口市大汶口文化墓葬清理简报》，《中原文物》1986年第1期。

⑤ 商水县文化馆：《河南商水发现一处大汶口文化墓地》，《考古》1981年第1期。

⑥ 高广仁：《谈谈对安徽淮北地区新石器时代遗址的初步认识》，《文物研究》第五辑，黄山书社1989年版，第50—52页；杨立新：《安徽淮河流域的原始文化》，《纪念城子崖遗址发掘60周年国际学术讨论会文集》，齐鲁书社1993年版，第167页；韩康信：《亳县富庄新石器时代墓葬人骨的观察》，《安徽省考古学会会刊》第6辑，安徽省考古学会1982年版。该遗址位于安徽省亳州市（原为亳县），被称为"富庄"或"付庄"或"傅庄"遗址。"富庄"见于高广仁、严文明、韩康信等文中，"付庄"见于杨立新的文中，"傅庄"见于《中国考古学·新石器时代卷》。

⑦ 安徽省博物馆：《安徽肖县花家寺新石器时代遗址》，《考古》1966年第2期。该遗址位于安徽省萧县（也有文中称其为肖县），花家寺遗址也被称为"花甲寺"。

⑧ 中国社会科学院考古研究所：《蒙城尉迟寺——皖北新石器时代聚落遗址的发掘与研究》，科学出版社2001年版；中国社会科学院考古研究所、安徽省蒙城文化局：《蒙城尉迟寺（第二部）》，科学出版社2007年版。

年，村民在遗址北边平整土地时，发现一批大汶口文化阶段的陶器，出土有镂孔豆、高足杯、白陶鬶、罐等，可能是墓葬的随葬品。1979 年，河南省博物馆（现河南博物院）等单位对该遗址进行了调查和试掘。试掘地点在段寨遗址北部，文化遗存可分 3 期。早期以灰陶为主，棕陶次之，黑陶较少，泥质陶居多。炊具多夹蚌粉，使陶器内呈黑色、外呈棕色。器表多素面。纹饰有较宽篮纹，多施于鼎、罐之上；也有少数指窝压印纹。彩陶亦占一定数量。出土器物有鼎、高领罐、背水壶、镂孔豆、高柄杯、褐陶鬶等，以高领罐数量最多，整体特征与尉迟寺同类陶器特征相似。

栾台遗址位于河南省鹿邑县城东南 10 千米王皮溜乡普大庄村西北地。1978 年，河南省文物研究所（现河南省文物考古研究院）对该遗址进行了发掘，发现了多个时期的文化遗存。第一期属于大汶口文化，陶器有泥质、夹砂两类，可分为泥质红陶、泥质灰陶、泥质黑皮陶、夹砂褐陶、夹砂灰陶 5 个陶系。泥质陶明显多于夹砂陶。素面陶占大多数，篮纹也占一定数量。其他纹饰有镂孔、弦纹、瓦棱纹等。器类主要是鼎、鬶、盉、壶、尊形器、罐、高柄杯、镂孔豆、器盖等，其中壶、鬶、豆、罐、盉、高柄杯等造型与尉迟寺同类器物造型相似。

椅圈马遗址位于河南省尉氏县大营乡椅圈马村东南的台地上，东距县城约 15 千米。1992 年，郑州大学考古系等单位对该遗址进行了发掘，文化遗存可分 4 期。第四期与前三期差别较大，有大量大汶口文化特征的遗物。① 第四期遗存以泥质灰陶数量最多，其次为泥质红陶。器物以素面为主，见有弦纹和镂孔装饰。彩陶数量较少，分为黑彩和红彩两种，花纹有三角纹、菱形纹、平行线纹和月牙纹等。器类多见背壶、圈足壶、镂孔豆、敛口杯、折腹杯、折腹盆、钵等，无论是从器物组合还是造型特征与尉迟寺遗址出土的同类遗物相似。

周口烟草公司仓库遗址位于河南省周口市烟草公司院内。周口市文化局对该遗址进行了抢救性发掘，发现 4 座墓葬。其中 M1 随葬品皆为

---

① 郑清森：《试论尉氏椅圈马遗址第四期遗存的文化性质》，《华夏考古》2004 年第 2 期。

陶器，计有鼎、碗、钵、觚形器、杯、彩陶壶、背壶、黑陶壶、红陶壶等器物。M2 随葬有石铲和黑陶豆。M4 墓主为一老年女性，为二次葬，骨骼放置整齐有序，切齿被拔除，枕骨扁平，无随葬品。墓葬中出土的陶器以灰陶居多，红陶次之，少量黑陶，部分器物轮制痕迹明显，特征同尉迟寺遗址同类器物相似。

章华台遗址位于河南省商水县城以北 500 米处。1975 年，村民在农业生产时发现一些陶器，商水县文化馆进行了抢救性清理，在遗址的东北部和东南部发现有墓葬。发掘者采集陶器约 20 件，以鼎形鬶、长颈盉、背壶、罐形鼎、宽肩壶、高柄杯、盘形豆、细柄杯等为代表，其造型均与尉迟寺遗址同类陶器相似。

付庄遗址位于距安徽省亳州市（原亳县）9 千米的付庄村。安徽省文物考古研究所对该遗址进行了发掘，该遗址下层文化遗存主要包括第 4、5 文化层和 12 座墓葬。墓葬葬式分为单人、母子合葬、三人、五人合葬等，流行拔牙习俗。随葬陶器为盉、背水壶、镂空豆、薄胎黑陶杯、盘形豆等与尉迟寺遗址同类器形相似。

花家寺[①]遗址位于安徽省萧县花家寺村。安徽省博物馆对其进行了发掘，出土的主要器物有高柄杯、黑陶豆、篮纹罐形鼎、夹砂红陶鬶等，与尉迟寺遗址同类陶器相似。

该地区的考古调查中多处遗址采集有类似遗物。郑州大学考古系在永城洪福、赵庄、明阳寺、造律台、夏邑马头[②] 5 处遗址采集有大汶口文化陶片。周口市的文物工作者在郸城展庄户、段寨、丁寨、汲家、淮阳范丹寺、蒋台寺、三里堂、唐七店、平粮台、太康槐寺、西华商高宗冢、小白庄、瓦屋赵、南柳城、陆城、扶沟王岗、梅桥、沈丘黄庄、商水章华台、太部、宋王、项城高寺、周口市水灌台、烟草公司仓库等 25

① 该遗址位于安徽省萧县（也有文中称其为肖县），花家寺遗址也被称为“花甲寺”。

② 郑州大学历史学院考古系：《豫东商丘地区考古调查简报》，《华夏考古》2005 年第 2 期。

处遗址采集有同类遗物。[1] 王油坊遗址[2]的龙山时代的地层中也夹杂有红褐色陶器，也属于大汶口文化。

通过对考古发掘与调查材料的分析，豫东地区许多遗址出土有大汶口文化遗物。总体来看，主要分布于该地区的东部、南部，最西分布至尉氏县境内，其西部尤其是开封地区西部发现较少甚至空白（图2－10）。

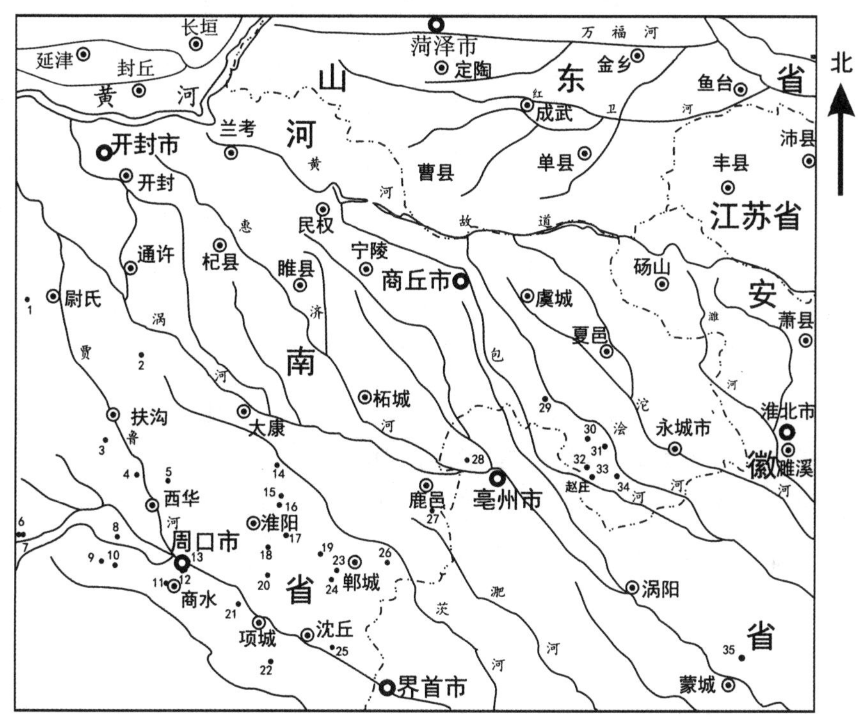

图2－10　豫东地区大汶口文化分布示意图

1. 椅圈马　2. 王岗　3. 梅桥　4. 南柳城　5. 商高宗冢　6. 白庄　7. 瓦屋赵　8. 陆城　9. 马村　10. 大邵　11. 章华台　12. 烟草公司　13. 水灌台　14. 槐寺　15. 三里唐　16. 蒋台寺　17. 唐七店　18. 平粮台　19. 汲冢　20. 范丹寺　21. 宋王　22. 高寺　23. 丁寨　24. 段寨　25. 黄庄　26. 展庄户　27. 栾台　28. 付庄　29. 马头　30. 王油坊　31. 造律台　32. 洪福　33. 赵庄　34. 明阳寺　35. 尉迟寺

① 韩维龙、秦永军：《周口地区的裴李岗、仰韶和大汶口文化》，《论仰韶文化》，《中原文物》特刊1986年版。

② 中国社会科学院考古研究所河南二队等：《河南永城王油坊遗址发掘报告》，《考古学集刊》第5集，中国社会科学出版社1987年版，第118页。

研究表明，豫中、豫西等地也发现一些大汶口文化阶段遗存①，应是大汶口文化西扩的表现，椅圈马遗址中大汶口文化叠压大河村文化是说明这一问题的典型例子。另外在位置靠东的宿州小山口②、吉台寺③、芦城子④、灵璧玉石山⑤、灵璧蒋庙村⑥也发现了类似的遗存，这些遗存与山东地区大汶口文化更为接近⑦。

遗物多为陶器，也有一定数量的石器、骨器、蚌器和玉器。陶器以红、褐陶为主，灰陶也占有较高比例，出现了少量的黑陶和白陶。陶质以夹砂为主，泥质陶相对比例较小。夹砂陶中除自然砂粒外，人工掺入石英粗砂或蚌粉等物质。陶器以素面或磨光为主，纹饰中篮纹较为多见，还有绳纹、弦纹等纹饰，镂空、按窝、彩绘也是装饰陶器的方式。彩陶数量不多，颜色有黑、红、褐、白等，纹样有网格纹、平行线纹、波浪纹、圆点同心圆纹、垂叶纹、斜线纹、三角纹等。彩绘一般是先施一层陶衣，再画彩绘，然后烧制，也有仅有陶衣未画彩绘者。器形有三足器、圈足器、袋足器、平底器等，代表器形主要有鼎、罐、壶、豆、杯、器盖、鬶、甑、甗、尊、缸等（图2－11），包含了各种生活器具。

豫东地区大汶口文化墓葬多随葬有大汶口文化的典型器物，并有少量拔牙和枕骨变形习俗，这也是判断其文化属性的主要依据，其整体特

---

① 杜金鹏：《试论大汶口文化颍水类型》，《考古》1992年第2期；孙广清：《河南境内的大汶口文化和屈家岭文化》，《中原文物》2000年第2期。

② 中国社会科学院考古研究所安徽工作队：《安徽淮北地区新石器时代遗址调查》，《考古》1993年第11期；中国社会科学院考古研究所安徽工作队：《安徽宿县小山口和古台寺遗址试掘简报》，《考古》1993年第12期。

③ 中国社会科学院考古研究所安徽工作队：《安徽淮北地区新石器时代遗址调查》，《考古》1993年第11期；中国社会科学院考古研究所安徽工作队：《安徽宿县小山口和古台寺遗址试掘简报》，《考古》1993年第12期。

④ 张敬国：《宿县芦城子新石器时代遗址》，《中国考古学年鉴》，1991年版，第188页。

⑤ 安徽省博物馆：《安徽新石器时代遗址的调查》，《考古学报》1957年第1期。

⑥ 胡悦谦：《安徽灵璧县蒋庙村新石器时代遗址调查报告》，《考古通讯》1955年第5期；安徽省博物馆：《安徽新石器时代遗址的调查》，《考古学报》1957年第1期。

⑦ 杨立新：《安徽淮河流域的原始文化》，《纪念城子崖遗址发掘60周年国际学术讨论会文集》，齐鲁书社1993年版，第167页。

征与山东地区大汶口文化十分相似，归入东夷文化系统。

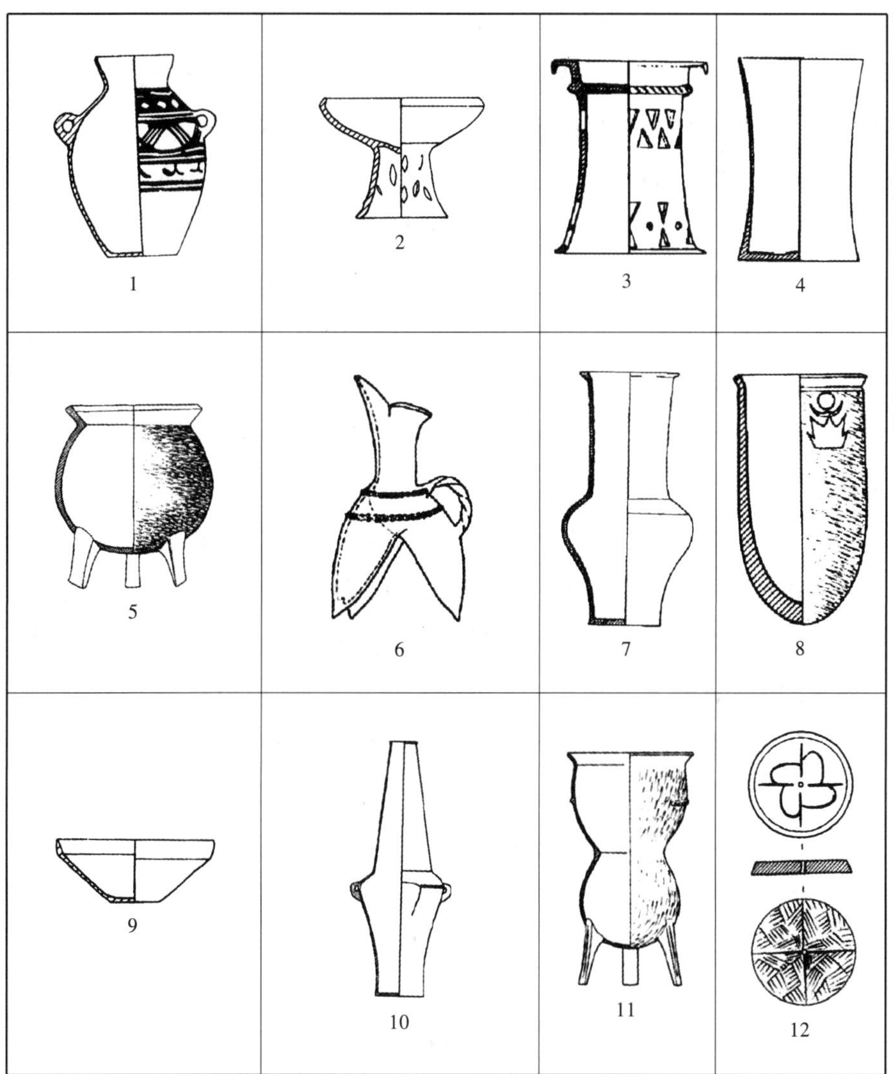

图2－11　大汶口文化陶器

1. 背壶（M2：1）　2. 镂孔豆（M6：2）　3. 镂孔豆（M141：2）　4. 甗（H42：1）　5. 鼎（H41：1）　6. 鬶（F33：22）　7. 长颈壶（F39：10）　8. 缸（JS10：2）　9. 钵（M6：3）　10. 背壶（T3910⑤：3）　11. 甗（T3519⑥：4）　12. 刻画纹纺轮（T3913⑥：4）（1、2、9为椅圈马出土，余为尉迟寺出土）

该类遗存有鲜明的地方特点，可划分为一个地方类型。对于这类遗存的命名，曾出现“段寨类型”[①]“颍水类型”[②]“尉迟寺类型”[③]“尉迟寺文化”[④]等不同的命名。考古学文化地方类型的命名方法与考古学文化的命名方法相似，但想找到一个合适并为学界广泛接受的名称并非易事。上述命名均有一定的说服力，但都有一定的局限性。

“段寨类型”的命名是段宏振和张翠莲两位先生最先提出的，认为此类遗存与庙底沟二期文化的关系较大汶口文化密切，应作为中原文化之内独立的地方类型。这一观点充分肯定了该类遗存的地方特征，将其划分为一个地方类型的观点是可以成立的。因当时发掘的资料有限，对其文化属性的认识略失偏颇，该类遗存应属于大汶口文化而非庙底沟二期文化。“段寨类型”的名称也值得商榷，该命名采用的是典型遗址命名法，但段寨遗址仅经过试掘，发现的遗存不够丰富，不宜作为典型遗址。

“颍水类型”的命名是杜金鹏先生最先提出的，作者全面概括了分布在河南境内（主要为颍水流域）的大汶口文化，对我们的研究有很大的指导意义。研究发现，豫中、豫西等地区发现大汶口文化的遗址大多是典型的仰韶时代文化遗址，不应将其归入大汶口文化的分布范围，新近的研究成果均持相似的观点[⑤]，应将其视为文化交流和少量人口流动的结果。“颍水类型”的命名是采用区域命名法，从目前的材料看其分布范围与颍水的流域范围不完全符合，故不宜采用这一命名。

“尉迟寺类型”是栾丰实先生提出的，该命名采用的是典型的遗址命名法，具有较强的说服力。[⑥]霍东峰先生在其硕士学位论文《试析

---

① 段宏振、张翠莲：《豫东地区考古学文化初论》，《中原文物》1991年第2期。

② 杜金鹏：《试论大汶口文化颍水类型》，《考古》1992年第2期。

③ 栾丰实：《东夷考古》，山东大学出版社1996年版，第170—172页。

④ 霍东峰：《论析“尉迟寺类型”》，硕士学位论文，吉林大学，2003年。

⑤ 栾丰实：《东夷考古》，山东大学出版社1996年版，第170—172页；靳松安：《河洛与海岱地区考古学文化的交流与融合》，科学出版社2006年版；中国社会科学研究院考古研究所：《中国考古学·新石器时代卷》，中国社会科学出版社2010年版。

⑥ 苗霞：《大汶口文化尉迟寺类型及其年代与分期》，《考古与文物》1998年第6期。

“尉迟寺类型”》中提出，尉迟寺类型与大汶口文化遗存差异较大，认为尉迟寺类型是一种新的考古学文化，并将其命名为“尉迟寺文化”。诚然，尉迟寺类型与大汶口文化相比存在不少特性，但这些现象是地方特征的表现并不占绝对优势，不足以将其独立为一个考古学文化，只能将其称为大汶口文化的尉迟寺类型。

该类遗存的地方特征主要表现在三个方面，分别是特别的埋葬习俗、独特的建筑风格和异样的陶器组合。

陶器特征主要表现为具有较多的中原本土文化因素、多自然夹砂泥质陶、起始时代较晚基本同时保留了一些早期文化因素。泥质陶中未经淘洗者多含有砂粒，砂粒的大小不等，个别砂粒较大，属于自然夹砂，是本地土壤富含砂粒的反映。另外器物种类略少，尊较为少见，不见山东大汶口文化常见的盉，而瓦状足盆形鼎、双曲腹浅盘豆、甑和甗等器形为山东大汶口文化不见或罕见，小口、细颈的背壶也是该类型独有的器物，鸟形神器也是极为罕见的器形。陶纺轮有刻画纹的现象很少见于山东大汶口文化。

（二）分期与年代

关于此类遗存的分期，不少学者都进行过较为深入的研究，有三期四段说①、三期说②等，上述分期成果均是本书重要的指导和参考资料，需要对这一问题进行重新审视。

学界对尉迟寺遗址“尉迟寺类型”遗存的分期也有争议，主要有两段③或两期说④、两段四组说⑤、三期⑥或三段说⑦等。尉迟寺遗址的 13

---

① 栾丰实：《试论大汶口文化的分期与类型》，《海岱地区考古研究》，山东大学出版社 1997 年版。

② 苗霞：《大汶口文化尉迟寺类型及其年代与分期》，《考古与文物》1998 年第 6 期；肖燕、春夏：《皖北、豫东地区大汶口文化的分期与性质》，《华夏考古》2001 年第 3 期。

③ 栾丰实：《试论大汶口文化的分期与类型》，《海岱地区考古研究》，山东大学出版社 1997 年版。

④ 肖燕、春夏：《皖北、豫东地区大汶口文化的分期与性质》，《华夏考古》2001 年第 3 期。

⑤ 霍东峰：《试析“尉迟寺类型”》，硕士学位论文，吉林大学，2004 年；霍东峰：《尉迟寺遗址中“尉迟寺类型”遗存的分期与年代》，《华夏考古》2010 年第 4 期。

⑥ 苗霞：《大汶口文化尉迟寺类型及其年代与分期》，《考古与文物》1998 年第 6 期。

⑦ 中国社会科学院考古研究所：《尉迟寺——皖北新石器时代聚落遗存的发现与研究》，科学出版社 2001 年版，第 278 页。

次发掘资料的公布为该遗址的分期提供了丰富的资料。该遗址发掘者根据该遗址地层关系和出土的器物组合将大汶口文化遗存分为前后衔接的三个发展阶段。霍东峰先生重新梳理了《尉迟寺》报告中的地层关系和器物组合，将其分为两期四组。①

仔细比较两个分期的区别发现，后者的分期的第二段即第三、四组遗迹基本可以和原报告第二、三阶段部分遗迹相对应，第一段即第二组和第一组的除地层外的遗迹单位也可在第二阶段找到。该分期与原分期最大的变化，是将原分期第二段部分遗迹细分为第三组并归入第二段，将原第二段的排房建筑分为两组，并认为其年代较早，归入第一段，而原分期第一阶段除地层外的其他遗迹单位归属未加说明。这一分期主要是在报告中地层关系的基础上，根据器物的演变特征调整了原报告部分单位的期别归属，得出的研究成果值得尊重，但涉及遗迹相对较少不够全面，很难与原分期进行全面对比和进一步核实。整体来看该分期与原报告没有大的出入之处，若再考虑原分期第一段 F2 和 F6 等较早的单位，还是三段或三期说较为合适。正如作者所指，原报告确有一定的前后矛盾和疏漏之处，但发掘者掌握了第一手资料，原报告的分期是基本准确的，只是应进一步细分和调整的必要。本书认为，该遗址大汶口文化可分为三段，第一段以 F2 和 F6 为代表，可能还包括排房下未发掘的遗存，第二段以排房建筑为代表，第三段以 H02 等为代表。

栾丰实先生将整个大汶口文化分为三个大阶段、六期、十一小段，把鲁豫皖区诸遗址出土的同类遗存分为四个小段，其中周口烟草公司仓库属第 1 段，郸城段寨 M2 和蒙城尉迟寺 H17 等属第 2 段，段寨 H11 和章华台属第 3 段，尉迟寺 H2 等属第 4 段，大致相当于整个大汶口文化分期的 7 段、9 段、10 段和 11 段，即大汶口文化的第四期、第五期、第六期。栾台 H156 出土陶器相当于段寨第 1 段，黑堌堆出土侧三角足鼎和

① 霍东峰：《尉迟寺遗址中“尉迟寺类型”遗存的分期与年代》，《华夏考古》2010 年第 4 期。

圈足尊相当于段寨第 2 段。[①] 近年来又有不少新资料出现，某些遗存的期段需要有所调整。

椅圈马遗址第四期遗存从器物形制看，应归入第二期。如彩陶背壶为束颈，颈部较短，圆肩，整体略矮胖。镂孔豆为斜腹，圜底，喇叭状柄。

总体来说，豫东地区境内的大汶口文化可分为三期四段。第一段即第一期以周口市烟草公司仓库、付庄遗址等出土的墓葬为代表，尉迟寺遗址也可能存在该时期的遗存[②]；第二段即第二期以尉迟寺一段、栾台一期、段寨早期、椅圈马第四期大汶口文化遗存为代表；第三期分为三、四两段，第三段以尉迟寺二段、章华台、黑堌堆、花家寺出土遗存为代表，第四段以尉迟寺三段为代表。其他遗址因均为采集品，遗物数量较少，无法做具体分期，但其整体形制也不出这三个时期的范围（表 2 -2）。

表 2 -2　　**大汶口文化分期对照表**

<table>
<tr><td colspan="2">山东大汶口文化</td><td colspan="2">豫东地区大汶口文化</td><td></td></tr>
<tr><td>第四期</td><td>7 段</td><td>第一期</td><td>第一段</td><td>周口烟草公司仓库、付庄墓葬</td></tr>
<tr><td rowspan="2">第五期</td><td>8 段</td><td></td><td></td><td></td></tr>
<tr><td>9 段</td><td>第二期</td><td>第二段</td><td>尉迟寺一段、栾台一期、段寨早期、椅圈马第四期、王油坊部分遗物</td></tr>
<tr><td rowspan="2">第六期</td><td>10 段</td><td rowspan="2">第三期</td><td>第三段</td><td>尉迟寺二段、章华台、黑堌堆、花家寺</td></tr>
<tr><td>11 段</td><td>第四段</td><td>尉迟寺三段</td></tr>
</table>

器物演变中，鼎、背壶等器形的演变轨迹较为明确。早期，鼎足呈小圆形凿状，腹部圆鼓，圜底。背壶为短颈，整体矮胖。豆盘较深，豆

① 栾丰实：《试论大汶口文化的分期与类型》，《海岱地区考古研究》，山东大学出版社 1997 年版，第 98 页。

② 中国社会科学院考古研究所、安徽省蒙城文化局：《蒙城尉迟寺（第二部）》，科学出版社 2007 年版，第 289—290 页。在一段房基下还见有 30 厘米厚的文化层，但无文化遗物，发掘者推测可能是早期内形成的，时间应早于一段。

柄较矮。中期，鼎足多为三角形凿状饰有按窝，腹部略深。背壶颈变长，整体变修长。豆盘略浅，豆柄变高。晚期，鼎足多宽扁形，深鼓腹。背壶颈进一步加长，整体瘦长。豆盘很浅，豆盘较高（图2－12）。

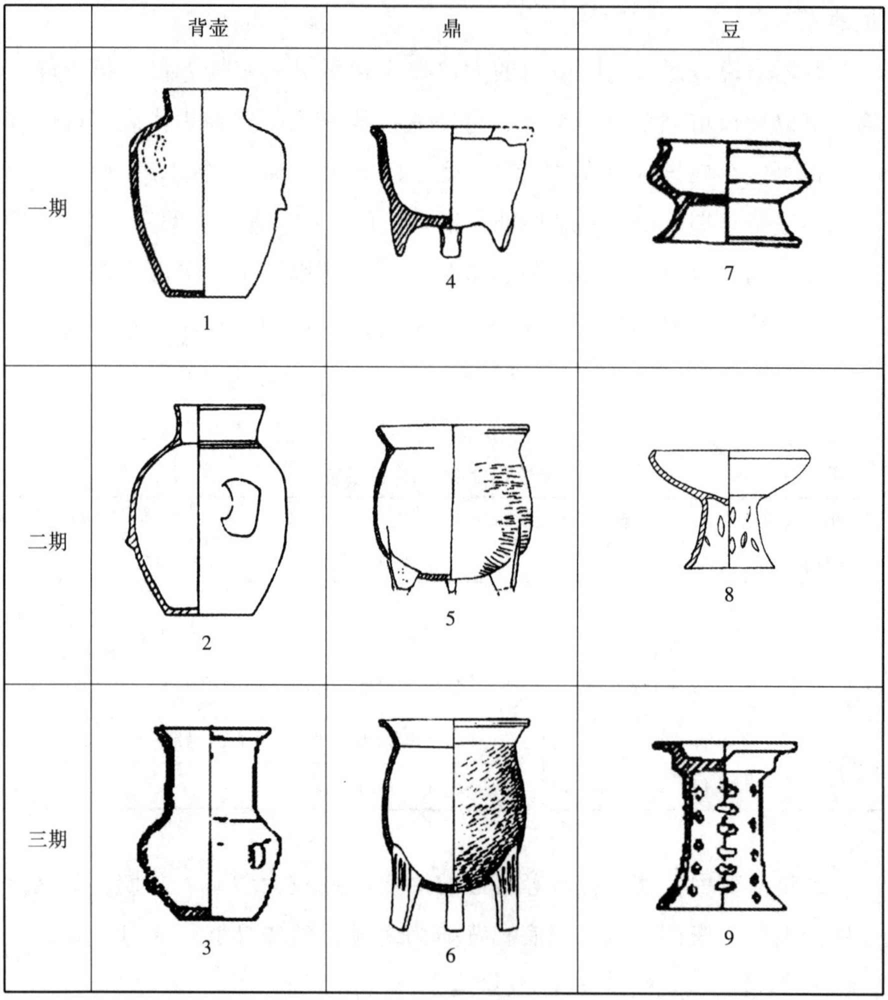

	背壶	鼎	豆
一期	1	4	7
二期	2	5	8
三期	3	6	9

图2－12　大汶口文化陶器分期图

1. 烟草公司背壶（M1：3）　2. 椅圈马背壶（H6：2）　3. 章华台背壶　4. 烟草公司鼎（M1：2）　5. 段寨鼎（H11：15）　6. 尉迟寺鼎（H41：7）　7. 烟草公司豆（M2：2）　8. 椅圈马豆（M6：2）　9. 章华台豆

豫东地区大汶口文化的年代略晚于山东、苏皖地区同类遗存，大约相当于山东大汶口文化的四期、五期、六期。尉迟寺遗址出土的文化遗存经过碳十四测年，一段是距今5050—4700年，二段是距今4700—4600年，三段是距今4600—4400年。该地区所见大汶口文化除周口烟草公司仓库出土遗物略早外，其他遗址出土遗物均较晚，大约相当于大汶口文化整体分期的第五、六期，即大汶口文化的晚期阶段。尉迟寺遗址也可能存在时间略早的大汶口文化，在第一段房基下还见有30厘米厚的文化层，但无文化遗物，发掘者推测可能是早期内形成的，时间应早于一段。[①]

二 造律台文化

造律台文化以造律台、王油坊遗址发现的龙山文化为代表。不少特征与豫西、豫北同时期文化相似，但也具有强烈的地方特征，称为“造律台文化”。

（一）文化分布

该类遗存广泛分布于豫东地区，主要遗址有黑堌堆[②]、造律台[③]、永城王油坊[④]、商丘坞墙[⑤]、睢县周龙岗[⑥]、民权李岗[⑦]、牛牧岗[⑧]、郸城段

① 中国社会科学院考古研究所、安徽省蒙城文化局：《蒙城尉迟寺（第二部）》，科学出版社2007年版，第289—290页。

② 李景聃：《豫东商丘永城调查及造律台黑孤堆曹桥三处小发掘》，《考古学报》第二册，商务印书馆1947年版。

③ 李景聃：《豫东商丘永城调查及造律台黑孤堆曹桥三处小发掘》，《考古学报》第二册，商务印书馆1947年版。

④ 商丘地区文物管理委员会、中国社会科学院考古研究所洛阳工作队：《1977年河南永城王油坊遗址发掘概况》，《考古》1978年第1期；中国社会科学院考古研究所河南二队等：《河南永城王油坊遗址发掘报告》，《考古学集刊》第5集，中国社会科学出版社1987年版。

⑤ 商丘地区文物管理委员会、中国社会科学院考古研究所河南二队：《河南商丘县坞墙遗址试掘简报》，《考古》1983年第2期。

⑥ 李景聃：《豫东商丘永城调查及造律台黑孤堆曹桥三处小发掘》，《考古学报》第二册，商务印书馆1947年版。

⑦ 郑州大学历史学院考古系：《豫东商丘地区考古调查简报》，《华夏考古》2005年第2期。

⑧ 郑州大学历史学院考古系：《河南民权牛牧岗遗址发掘报告》，载《民权牛牧岗与豫东考古》，科学出版社2013年版。

寨①、淮阳平粮台②、夏邑清凉山③、三里堌堆④、沈丘乳香台⑤、鹿邑栾台⑥、杞县鹿台岗、段岗⑦、柘城山台寺⑧、菏泽安邱堌堆⑨、曹县莘冢集⑩、梁山青堌堆⑪、蒙城尉迟寺⑫、亳州富庄⑬等。

王油坊遗址位于永城市西南赞城镇王油坊村北400米处。中国社会科学院考古研究所等对该遗址进行了两次发掘，发现了丰富的龙山文化遗存，可分为上、中、下三层。遗迹有房基、灰坑、窑址等。遗物主要为陶器，以泥质灰陶为主，还有不少夹蚌褐陶，纹饰以篮纹、绳纹为主，少量方格纹，还有相当数量的素面或磨光陶。器类以罐为最多，有深腹罐、素面罐、大口罐、高领罐、小罐等，还有鼎、碗、瓮、豆、杯、带、器盖等。⑭

---

① 曹桂岑：《郸城段寨遗址试掘》，《中原文物》1981年第3期。

② 河南省文物研究所等：《河南淮阳平粮台龙山文化城址试掘简报》，《文物》1983年第3期；河南省文物考古研究院、北京大学考古文博学院：《河南淮阳平粮台遗址龙山时期墓葬发掘报告》，《华夏考古》2017年第3期。

③ 北京大学考古学系等：《河南夏邑县清凉山遗址1988年发掘简报》，《考古》1997年第11期；北京大学考古学系等：《河南夏邑清凉山遗址发掘报告》，《中国考古学研究》（四），科学出版社2000年版。

④ 张志清：《夏邑县三里堌堆新石器时代至汉代遗址》，《中国考古学年鉴》，文物出版社1990年版。

⑤ 河南省文物研究所等：《河南乳香台遗址的发掘》，《华夏考古》1990年第4期。

⑥ 河南省文物研究所：《河南鹿邑栾台遗址发掘简报》，《华夏考古》1989年第1期。

⑦ 郑州大学文博学院、开封市文物工作队：《豫东杞县发掘报告》，科学出版社2000年版。

⑧ 中国社会科学院考古研究所、美国哈佛大学皮保德博物馆中美联合考古队：《山台寺龙山文化研究》，《考古》2010年第10期。

⑨ 北京大学考古系商周组等：《菏泽安邱堌堆遗址发掘简报》，《文物》1987年第11期。

⑩ 菏泽地区文物工作队：《山东曹县莘冢集遗址试掘简报》，《考古》1980年第5期。

⑪ 中国科学院考古研究所山东发掘队：《山东梁山青堌堆发掘简报》，《考古》1962年第1期。

⑫ 中国社会科学院考古研究所：《蒙城尉迟寺——皖北新石器时代聚落遗址的发掘与研究》，科学出版社2001年版；中国社会科学院考古研究所、安徽省蒙城文化局：《蒙城尉迟寺（第二部）》，科学出版社2007年版。

⑬ 高广仁：《谈谈对安徽淮北地区新石器时代遗址的初步认识》，《文物研究》第五辑，黄山书社1989年版，第50—52页；杨立新：《安徽淮河流域的原始文化》，《纪念城子崖遗址发掘60周年国际学术讨论会文集》，齐鲁书社1993年版，第167页。

⑭ 商丘地区文物管理委员会、中国社会科学院考古研究所洛阳工作队：《1977年河南永城王油坊遗址发掘概况》，《考古》1978年第1期；中国社会科学院考古研究所河南二队等：《河南永城王油坊遗址发掘报告》，《考古学集刊》第5集，中国社会科学出版社1987年版。

鹿台岗遗址位于河南省杞县东12千米的鹿台岗村。郑州大学考古专业对该遗址进行了发掘，造律台文化遗存十分丰富。遗物以陶器为主，陶器以夹砂灰陶，有少量的褐陶、浅红陶、白陶和黑陶。夹砂陶中有不少是自然夹砂，少量细泥质陶。纹饰常见篮纹、绳纹、方格纹，还有弦纹、连珠纹等，素面和磨光陶也有一定比例。主要器类是罐、鼎、甗、瓮、盆、碗、圈足盘、豆等。

段岗遗址位于河南杞县西南6千米的段岗村北。郑州大学考古专业对该遗址进行了发掘，发现了丰富的造律台文化遗存。陶器以夹细砂为主，其次为泥质和细泥质，偶见夹蚌陶。陶色多灰色，褐色和黑皮陶次之，极少浅红陶。器表纹饰以绳纹、篮纹、方格纹、旋纹为主。器类较多，最常见深腹罐、小口高领瓮、碗等。尽管该遗址位于杞县西部，出土遗物具有部分王湾三期文化因素，但其陶色、陶质、纹饰、器形等陶器特征均与鹿台岗、造律台、王油坊等遗址同类陶器差别不大。

坞墙遗址位于商丘县东南约30千米坞墙集的中部。中国社会科学院考古研究所对该遗址进行了发掘，发现了造律台文化遗存。该遗址的第五层出土陶片以泥质灰陶为主，夹砂陶次之。纹饰以方格纹、绳纹为主，篮纹较少，素面也占一定比例。器形有深腹罐、圆腹罐、高领罐、鼎、器盖、碗、豆、杯、盆、圈足盘等，其特征与王油坊等遗址出土同类遗物相似。

清凉山遗址位于河南省夏邑县城西南30千米的魏庄村西北。北京大学考古学系等对该遗址进行了发掘，发现了丰富的造律台文化遗存。遗迹主要为灰坑，还有少量房基和灰沟。陶器以泥质陶为主，夹砂陶极少，此外还有一定数量的夹蚌陶。陶色以深灰色为主，其次为黑色。器壁较薄，多为轮制。器表除素面和磨光外，还有不少的篮纹、方格纹和绳纹。器类以深腹罐为主，其次为鼎、小口瓮、大器盖、甗、子口缸、圈足盘、平底盆、碗等。夹蚌陶器器壁较厚，多为手制，火候极低，与王油坊等遗址出土同类遗存相似。

山台寺遗址位于河南柘城县城西约10千米的李庄村，又称李庄遗址。中美联合考古队对该遗址进行发掘，发现了丰富的造律台文化遗存。遗迹主要有房基、夯土台基、祭祀坑等。遗物以夹砂灰陶为主，少量泥质灰陶，还有器形主要有鼎、罐、甗、盆、豆、碗等与王油坊等遗址出土的遗物相似。

牛牧岗遗址位于河南民权县双塔乡牛牧岗村北。郑州大学历史学院考古系对该遗址进行了发掘，出土了丰富的造律台文化遗存。出土陶器以夹砂灰陶和泥质灰陶为主，常见绳纹、方格纹和篮纹。陶器种类繁多，造型特点以平底器为主，如罐、瓮、盆、碗等；其次为三足器与圈足器，如鼎、甗、圈足盘、豆等；仅有少量的圜底器。这些特征与永城王油坊遗存面貌完全一致。

平粮台遗址位于河南省淮阳县城东南 4 千米的大朱庄西南。河南省文物研究所（河南省文物考古研究院）会同周口地区文化局对该遗址进行了发掘，发现祭祀坑、城址等高规格遗迹。该遗址的文化遗存分为四期，其中第二至四期出土的遗物特征与王油坊同类遗物相似。如发现的陶器以灰陶为主，黑陶和褐陶较少，纹饰主要有绳纹、篮纹、方格纹，器形中鼎、罐、甗、盆、豆、鬶、圈足盘、器盖等与王油坊同类遗物相似。

乳香台遗址位于河南省沈丘县城关镇南 1 千米的徐营村北。河南省文物研究所（现河南省文物考古研究院）会同周口地区文化局对该遗址进行了抢救性发掘，其中第一、二期属造律台文化遗存。遗物主要是陶器，还有少量石器和骨器。陶器以泥质灰陶为主，夹砂灰陶次之，另外还有夹砂或泥质黑陶、棕陶等。纹饰以篮纹居多，方格纹略少，还有绳纹、附加堆纹等。主要器形有鼎、罐、钵、碗、豆、器盖、瓮、圈足盘、甑、鬶等，与王油坊等遗址的同类遗存较为相似。

另外，考古调查时在许多遗址发现有造律台文化遗存。中国社会科学院考古研究所河南二队等单位在商丘坞墙、虞城杜集、夏邑崇觉寺、清凉山、永城造律台、王油坊、黑堌堆、洪福、胡道沟、飞虎亭、姜堌堆、民权牛牧岗、吴岗、李岗、睢县周龙岗、乔寨、王庄 17 处遗址调查并发掘了胡道沟、黑堌堆、周龙岗、坞墙等遗址发现了一批造律台文化遗存。[①] 同时，中国社会科学院考古研究所河南二队等单位在商水范台庙、章华台、良台寺（阎庄）、项城毛冢、骨头冢、刘冢、高寺砦、沈丘乳香台、青堌堆、东冢、太康槐寺、陶母岗、淮阳双冢、平粮台、蒋台、范丹寺、五谷台、试剑冢、朱丘寺、西华后段庄、陆城、斧柯、鹿邑太清宫、栾香寺（栾台）、郸城丁寨、段寨、汲冢、扶沟雁周、林砦、支亭等37处遗址发现造律台文化遗物。[②] 中美联合考古队在山台寺、马庄、潘庙3处调查并发掘了山台寺遗址，获得了丰富的造律台文化遗存。[③] 郑州大学考古系调查商丘地区，在永城洪福、赵庄、明阳寺、造律台、夏邑蔡楼、马头、虞城马庄、杜集、营廓寺、魏堌堆、商丘平台寺、半塔、宁陵丁堌堆、柘城史堌堆、高庄、旧北门、睢县襄台、梨岗、乔寨、周龙岗、民权吴岗、李岗、牛牧岗等23处遗址调查并试掘了李岗遗址，获得了一批造律台文化遗存。[④] 郑州大学考古系再次对牛牧岗遗址周边区域调查，在民权李岗、吴岗两处遗址采集到造律台文化遗存的遗物。[⑤] 这些遗址发现的遗物与王油坊、鹿台岗等遗址出土的同类遗存相似，应同属于造律台文化遗存（图2-13）。

安徽省西北部也存在与造律台文化遗存相似的文化遗存，如尉迟寺、付庄等遗址发现的龙山阶段遗存。尉迟寺遗址位于安徽省蒙城县许町镇毕集村东。中国社会科学院考古研究所安徽工作队先后对该遗址进行了13次发掘，发现了丰富的与造律台文化遗存相似的遗存。灰坑均以口大

---

① 中国社会科学院考古研究所河南二队等:《1977年豫东考古纪要》,《考古》1981年第5期；中国社会科学院考古研究所河南二队、商邱地区文物管理委员会:《河南永城王油坊遗址发掘报告》,《考古学集刊》第5集，中国社会科学出版社1987年版；中国社会科学院考古研究所河南二队:《河南商丘坞墙县遗址试掘简报》,《考古》1983年第2期。

② 中国社会科学院考古所河南二队等:《河南周口地区考古调查简报》,《考古学集刊》第4集，中国社会科学出版社1984年版。

③ 张长寿、张光直:《河南商丘地区殷商文明调查发掘初步报告》,《考古》1997年第4期；中国社会科学院考古研究所、美国哈佛大学皮保德博物馆:《豫东考古报告——“中国商丘地区早商文明探索”野外勘察与发掘》，科学出版社2017年版，第248页。

④ 郑州大学历史学院考古系:《豫东商丘地区考古调查简报》,《华夏考古》2005年第2期。

⑤ 郑州大学历史学院考古系:《牛牧岗遗址周边区域考古调查报告》，载《民权牛牧岗与豫东考古》，科学出版社2013年版。

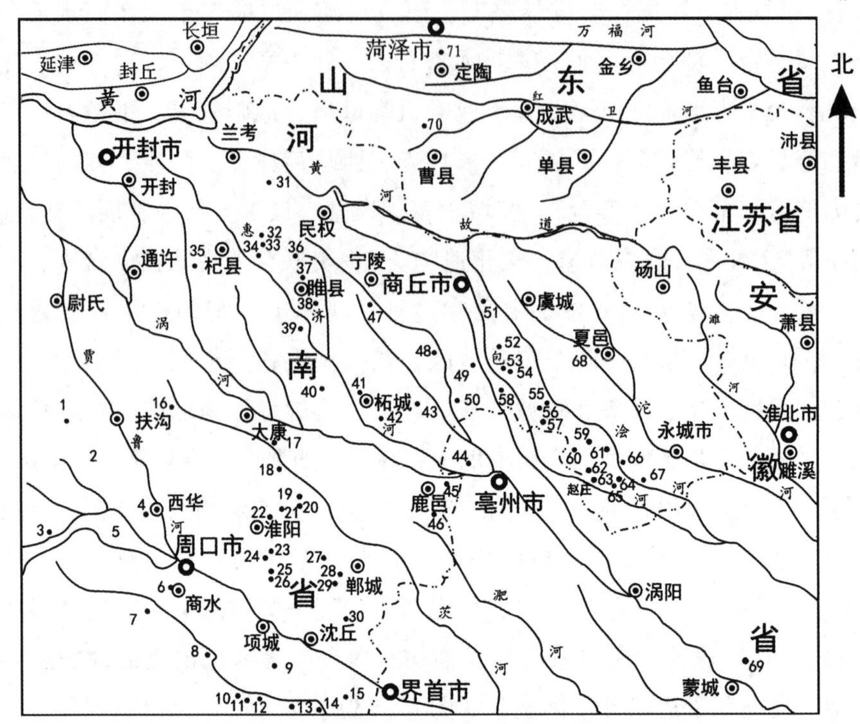

图2－13　豫东地区造律台文化遗址分布示意图

1. 雁周　2. 支亭　3. 后段庄　4. 斧柯　5. 路城　6. 章华台　7. 范台庙　8. 良台寺　9. 高寺砦　10. 毛冢　11. 禅头冢　12. 骨头冢　13. 刘冢　14. 乳香台　15. 青堌堆　16. 林寨　17. 陶母岗　18. 槐寺　19. 朱丘寺　20. 青堌堆　21. 蒋台寺　22. 五谷台　23. 平粮台　24. 双冢　25. 试剑冢　26. 范台寺　27. 汲冢　28. 丁寨　29. 段寨　30. 东冢　31. 牛牧岗　32. 吴岗　33. 李岗　34. 鹿台岗　35. 段岗　36. 梨岗　37. 襄台　38. 乔寨　39. 老君堂　40. 山台寺　41. 旧北门　42. 高庄　43. 史堌堆　44. 付庄　45. 太清宫　46. 栾台　47. 丁堌堆　48. 潘庙　49. 坞墙　50. 半塔　51. 平台寺　52. 魏堌堆　53. 马庄　54. 杜集　55. 马头　56. 崇觉寺　57. 清凉山　58. 营廓寺　59. 王油坊　60. 黑堌堆　61. 造律台　62. 洪福　63. 赵庄　64. 明阳寺　65. 胡道沟　66. 姜堌堆　67. 飞虎亭　68. 蔡楼　69. 尉迟寺　70. 莘冢集　71. 安邱堌堆

底小、平面为圆形和椭圆形的灰坑为主，均不见袋形灰坑。陶器都以夹砂和泥质灰陶为主，另有少量褐陶、黑陶、白陶和红陶。常见纹饰有篮纹、方格纹、绳纹，还有弦纹、附加堆纹、镂孔等。器形有鼎、罐、鬶、平底盆、甗、器盖、单柄杯、高领壶等，都可以找到与造律台文化遗存完全相同或相近的器物。

付庄遗址位于安徽省亳州市东南。安徽省考古研究所对该遗址进行了发掘，发现了龙山文化阶段遗物，但资料尚未发表。出土的遗物均为灰陶，纹饰有绳纹和方格纹，器形有鼎、罐、盆、碗、甗，都是属于造律台文化遗存的器物（见图 2－14）。其中绳纹鼎、方格纹的罐与王油坊、造律台、安邱堌堆、青堌堆等遗址出土的遗物接近。

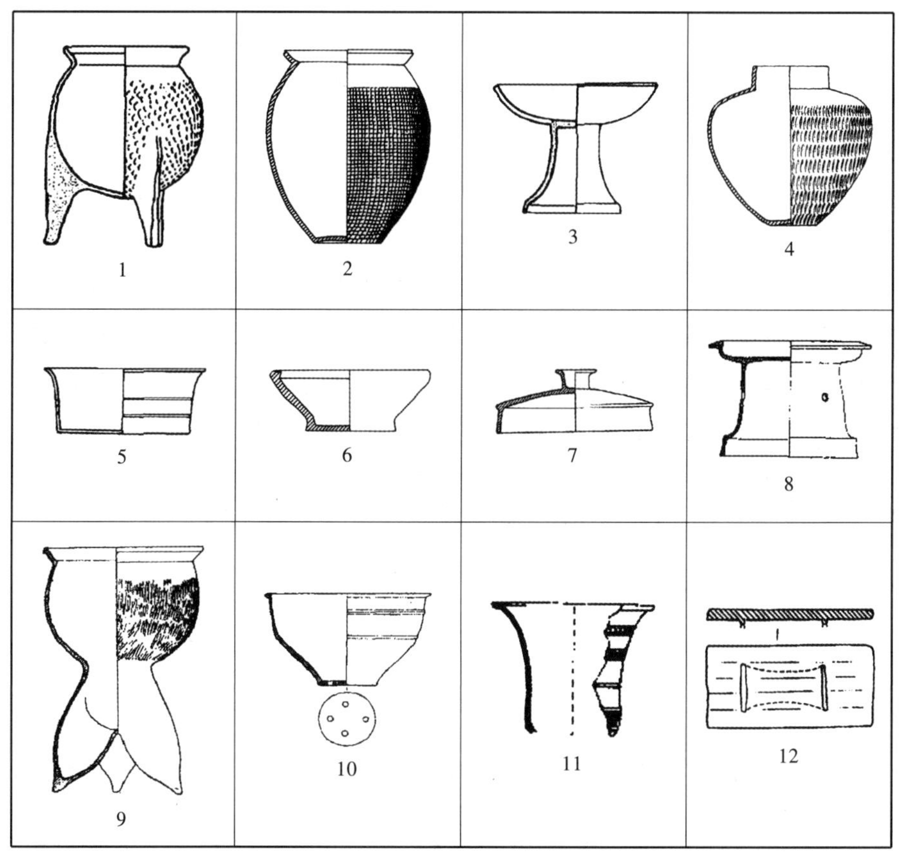

图 2－14　造律台文化遗存陶器

1. 王油坊鼎（H27：25）　2. 牛牧岗罐（ⅠT1201⑥：2）　3. 王油坊豆（H50：3）　4. 清凉山小口瓮（G2：18）　5. 王油坊盆（H4：1）　6. 牛牧岗碗（ⅠT1006⑨：16）　7. 尉迟寺器盖（H146：1）　8. 王油坊圈足盘（H5：7）　9. 王油坊甗（H5：4）　10. 王油坊盆形甑（H27：11）　11. 王油坊尊形器（H29：3）　12. 鹿台岗抹子（H75：73）

山东省西南部也有与造律台文化遗存相似的遗存，如安邱堌堆、青堌堆等。安邱堌堆遗址位于山东省菏泽市东南12千米处。陶器以灰陶为主，多饰方格纹，器形有夹砂罐、甗、灰陶鬶、平底盆、细柄豆、平顶器盖等，与造律台文化遗存相似。

青堌堆遗址位于山东省梁山县城北约12千米处。陶器以灰陶为主，也有一定数量的泥质黑陶，但黑陶一般为表皮黑色，胎心和内壁往往是灰色或灰黄色，不见蛋壳黑陶。器形有杯、钵、罐、瓮、鼎、盆、器盖、豆等，纹饰以篮纹、方格纹、绳纹等较为常见，与造律台文化遗存相似。

在曹县梁堌堆、安陵堌堆、燕陵堌堆、单县张堌堆、马堌堆、李园等遗址也发现有龙山文化阶段遗物①，多属造律台文化遗存。

通过以上分析看出，豫东地区存在造律台文化遗存的遗址达60余处，完全占据了整个豫东地区，其具体的分布范围西抵河南尉氏、西华一带，北达黄河南岸的山东菏泽地区，东至河南永城、夏邑，南达河南沈丘和安徽蒙城一线。尉氏、西华以西的贾鲁河西岸已经属于王湾三期文化的范围，北端的梁山青堌堆遗址出土遗物已经包含许多典型龙山文化的因素，是该文化的最东界。沈丘乳香台、商水章华台、范台庙等遗址已经是该文化的最南端，尉迟寺遗址应是该类遗存的最东端。

安徽省境内还有不少遗址发现有龙山文化阶段遗存，如萧县花家寺②、金寨、北泉③、宿州小山口和吉台寺④、芦城孜⑤、吴城子、弹

---

① 郅田夫、张启龙：《菏泽地区的堌堆遗址》，《考古》1987年第11期。

② 安徽省博物馆：《安徽肖县花家寺新石器时代遗址》，《考古》1966年第2期。按：肖县应为萧县。

③ 张敬国、贾庆元、何长风、胡欣民：《安徽萧县先秦遗址考古调查》，《文物研究》第六辑，黄山书社1990年版，第116—123页。

④ 中国社会科学院考古研究所安徽工作队：《安徽淮北地区新石器时代遗址调查》，《考古》1993年第11期；中国社会科学院考古研究所安徽工作队：《安徽宿县小山口和古台寺遗址试掘简报》，《考古》1993年第12期。

⑤ 杨立新：《安徽淮河流域的原始文化》，《纪念城子崖遗址发掘60周年国际学术讨论会文集》，齐鲁书社1993年版，第167页，注释14。

堂①、灵璧玉石山、灵璧蒋庙村②、濉溪县古城子③、蒋庙村、钓鱼台、青风领④等遗址，但出土的遗物具有浓厚的典型龙山文化因素，应归入山东典型龙山文化。⑤

（二）文化性质

造律台文化遗存的陶器以泥质为主，夹砂陶次之。夹砂陶包括夹蚌、夹粗砂和夹细砂等，其中夹细砂者属自然夹砂。陶色以灰色居多，另外有褐、黑、红、白等色。灰陶是其主流颜色，但颜色略有差异，见有黑灰、深灰、浅灰等色。制陶方法以轮制为主，器形规整，多数陶器的器表和内壁留有清晰的轮制痕迹，陶器制作水平高超。有些器物是用泥条盘筑法制成的，制作成形后普遍经过轮修。纹饰常见篮纹、绳纹和方格纹，还有少量弦纹、连珠纹、指甲纹、刻画纹、附加堆纹、曲尺形纹、布纹、乳钉纹、镂空等，素面和磨光陶也占有较大比例。陶器器类繁多、器形多样，包括圈足、三足、平底、圜底、凹底、尖底等，其中圈足、三足、平底器比例较大。代表器形有鼎、罐、甗、豆、小口瓮、盆等。

造律台文化遗存处于中原地区和海岱地区文化的交汇区域，西、北、东分别与王湾三期文化、后冈二期文化和典型龙山文化相邻。具有鲜明的地方特征，主要表现为以下几个方面。

灰坑主要流行口大底小的锅底状和直壁平底的圆形或椭圆形，袋状坑在该类遗存中很少见到。袋状坑是其他龙山文化多见的一种灰坑，一般作为储存粮食的窖穴使用。而该地区龙山时代文化少见袋状坑，可能与当地的环境和土壤有关。当地的土壤含有大量泥沙，未经淘洗的陶器

---

① 冀和等：《安徽宿县发现新石器时代遗址》，《考古》1986年第4期。

② 胡悦谦：《安徽灵璧蒋庙村新石器时代遗址调查报告》，《文物研究》第四辑，黄山书社1988年版。

③ 中国社会科学院考古研究所安徽工作队：《安徽淮北地区新石器时代遗址调查》，《考古》1993年第11期。

④ 安徽省博物馆：《安徽新石器时代遗址的调查》，《考古学报》1957年第1期。

⑤ 杨立新：《安徽淮河流域的原始文化》，《纪念城子崖遗址发掘60周年国际学术讨论会文集》，齐鲁书社1993年版，第166—173页。

多夹有细小沙粒可以说明这一点。沙性土壤透水、透气性强、稳定性较差，不适宜加工成袋状，也不适宜制作地下窖穴。

陶器以泥质灰陶为主，夹砂灰陶次之，有一定数量的黑陶，灰陶的数量远多于典型龙山文化而略少于王湾三期文化和后冈二期文化，黑陶的数量远少于典型龙山文化而略少于王湾三期文化和后冈二期文化。经过精细淘洗的泥质陶较少，主要为碗、杯、鬶等，泥质灰陶的陶胎中多夹有细小的沙粒，属于自然夹砂，这在典型龙山文化、王湾三期文化和后冈二期文化中均较少见。黑陶多为外黑里灰的黑皮陶，很少见典型龙山文化常见的陶色纯正的黑陶。陶器纹饰中以绳纹、篮纹、方格纹为主，素面或磨光较少。典型龙山文化中流行素面或磨光陶，绳纹、篮纹和方格纹均较少见。王湾三期文化和后冈二期文化同样盛行装饰，但有所区别的是前者流行方格纹，后者的绳纹较为流行。

绳纹中有麻纰状绳纹是造律台文化遗存的特点，该绳纹比其他纹饰较粗，印痕较浅，形似麻纰。陶器形制以侧装三角形足陶鼎、大袋足甗、喇叭口尊形器、圆饼状纽器盖、圈足盘、盆形甑最具地方特征。鼎足多为侧装三角形，这在王湾三期文化和后冈二期文化较为少见，典型龙山文化则流行凿形、铲形、鸟喙形、鬼脸式足，晚期侧装三角形足有所增多。出土的鬼脸式鼎足，形制也有所变化，鬼脸多是在鼎足上留下按窝或附加堆纹而形成的。大袋足甗多饰绳纹或方格纹，上部有纹饰下部无纹饰也与其他文化同类器的装饰不同。喇叭状尊形器、喇叭口深腹雷钵、深腹盆形甑、抹子和刻画纹纺轮在其他文化中也较为少见。圆饼状纽器盖在典型龙山文化中也有出土，但不属于其典型器物，形制也略有不同。不见后冈二期文化与王湾三期文化常见的斝。尉迟寺遗址还出土了形制别致的“七足镂孔器”，此类器物在其他文化中尚未见到与之相似的器物。

造律台文化遗存的归属有一些争议，主要有中原文化系统说[①]和东方文化系统说[②]。

综合分析可知，造律台文化遗存与王湾三期文化和后冈二期文化相似因素占据主流，而与典型龙山文化的相似因素不是其文化因素的主要方面，应属中原龙山文化系统。该类遗存中大部分文化因素与王湾三期文化和后冈二期文化有关，有些因素几乎相同，有些因素经过变化略有改变。如器表多施纹饰的风格是吸收了两者的因素，只是施纹饰者所占比例有所差别。器形中深腹罐、高领瓮、平底碗、双腹盆、细柄豆等器物的形制与王湾三期文化同类器几乎相同。双腹盆、弧壁平底盆、夹粗砂碗、柱状足鼎、双耳器盖与后冈二期文化同类器相近。同时还吸收了不少典型龙山文化的因素，器形中长颈壶、素面、鬶、高足杯、背壶、直壁平底盆、三足皿、四足皿、桥形耳器盖、覆盆式器盖、“鬼脸”鼎足等同类器相似，有些在形制上稍加改变。

需要指出的是，造律台文化遗存的文化因素复杂，且从西向东有所变化。遗址的位置越靠东典型龙山文化的因素越多，青堌堆、尉迟寺和王油坊等遗址除出土上述典型龙山文化因素的器物外，还出土有典型龙山文化的蛋壳黑陶。子母口器的数量也较多，器形有子母口罐、子母口盆、子母口缸，还有单柄杯、高柄杯、鬶、长颈壶等形制与典型龙山文化器物较为相似。遗址的位置越靠西，遗存中王湾三期文化和后冈二期文化的因素越多。鹿台岗和段岗遗址仅见有少量典型龙山文化因素，如见有少量子口缸、鬶、单柄杯，黑陶数量较少，且绝大部分是黑皮陶，无典型的蛋壳黑陶。同时见有大量王湾三期文化和后冈二期文化因素，如折腹盆、敛口盆、擂钵、中口瓮、大口瓮、小口高领罐、深腹罐（A型）、柱状足鼎、夹粗砂碗等占有较大比例。

该类遗存的命名问题一直存在争议。吴秉楠和高平两位先生曾将其

① 李伯谦：《论造律台类型》，《文物》1983年第4期。

② 栾丰实：《龙山文化王油坊类型初论》，《考古》1992年第10期。

称为青堌堆类型[①]，吴汝祚、栾丰实等先生称其为“王油坊类型”[②]，严文明先生建议将其称为“造律台类型”[③]，李伯谦先生将其称为“造律台类型文化”[④]，高天麟先生将其称为“豫东龙山文化”[⑤]，中国社会科学院考古研究所的《中国考古学·新石器时代卷》中将其称为“王油坊类遗存”，王蒙将其称为王油坊文化[⑥]。笔者认为，将其称为“造律台文化”较为合适。

“造律台类型”和“王油坊类型”的称谓已经和学界的主流观点不相符。“造律台类型”和“王油坊类型”的提出是以河南龙山文化的命名为前提的，是作为“河南龙山文化”的地方类型而存在的。[⑦] 随着研究的深入，许多龙山文化的地方类型被命名为独立的考古学文化。自严文明先生提出王湾三期文化和后冈二期文化的命名[⑧]以后，越来越多的学者认识到龙山时代的存在，这两种文化的命名也被多数学者所接受，典型龙山文化仅指分布在山东一带的龙山文化[⑨]，“河南龙山文化”亦被“河南龙山时代文化”取代，所以不能继续称其为“造律台类型”或“王油坊类型”。

“王油坊类遗存”的称谓较为保守，不符合考古学文化的命名原则。考古学文化有十多种命名方法，学界对其使用较为混乱，同类遗存往往

① 吴秉楠、高平：《对姚官庄与青堌堆两类遗存的分析》，《考古》1978 年第 6 期。

② 吴汝祚：《关于夏文化及其来源的初步探索》，《文物》1978 年第 9 期；李仰松：《从河南龙山文化的几个类型谈夏文化的若干问题》，《中国考古学会第一次年会论文集》，文物出版社 1979 年版，第 32—49 页；中国社会科学院考古研究所：《新中国的考古发现和研究》，文物出版社 1984 年版；栾丰实：《龙山文化王油坊类型初论》，《考古》1992 年第 10 期。

③ 严文明：《龙山文化与龙山时代》，《文物》1981 年第 6 期。

④ 李伯谦：《论造律台类型》，《文物》1983 年第 4 期。

⑤ 中国社会科学院考古研究所、美国哈佛大学皮保德博物馆中美联合考古队：《山台寺龙山文化研究》，《考古》2010 年第 10 期。

⑥ 王蒙：《王油坊文化研究》，硕士学位论文，吉林大学，2013 年。

⑦ 中国社会科学院考古研究所：《新中国的考古发现与研究》，文物出版社 1984 年版，第 74—78 页。

⑧ 严文明：《龙山文化与龙山时代》，《文物》1981 年第 6 期。

⑨ 中国社会科学院考古研究所：《新中国的考古发现和研究》，文物出版社 1984 年版，第 68 页。

被命名为多个称谓。“王油坊类遗存”的命名无法与其中一种考古学文化的命名方法相对应，从这一称谓可将其理解为不属于一种独立的文化，也不属于一种文化的地方类型。“王油坊类遗存”有一定的分布范围、有一定的延续时间、有不少独特的文化特点，符合考古学文化的定义，不能将其归属于其他任一文化之中，只能独立称为一种考古学文化。李伯谦先生很早就指出该类遗存不仅独立于典型龙山文化，还独立于王湾三期文化和后冈二期文化之外，是一支独立的考古学文化。①

“造律台类型文化”的称谓也不太合适，应直接称其为“造律台文化”。类型文化命名法不是一个独立的命名方法，一般是对某类文化遗存认识不够的情况下运用，如二里头文化曾被命名为“洛达庙类型文化”“二里头类型文化”。②“造律台类型文化”的命名是在20世纪80年代提出的，当时此类遗存不够丰富，学界未能对其进行全面认识，故李伯谦先生才提出这一名称，这一观点是十分科学的。目前，学界绝大多数学者都认识到了这类遗存的独特性，对该类遗存已经有了充分的认识，可以给予此类遗存正式名称。造律台遗址又为该类遗存的首次发现地，将其称为“造律台文化”较为合适。

造律台文化的分布范围更广，遗址数量更多。目前，发现造律台文化的遗址70余处，密布于整个豫东地区。具体的分布范围西抵河南尉氏、西华一带，北达黄河南岸的山东菏泽地区，东至河南永城、夏邑，南达河南沈丘和安徽蒙城一线，囊括了整个豫东地区。平粮台遗址既有普通平民的日常生活用品，又有能反映社会生产力发展的大型城址。城址建筑采取先进的版筑技术，设置有门塾，城内铺有考究的地下排水管道，体现出社会生产力的高度发展。

（三）分期与年代

学界有关豫东地区造律台文化遗存的分期研究工作已取得了较大的

① 李伯谦：《论造律台类型》，《文物》1983年第4期。

② 张国硕：《试论考古学文化的命名方法》，《中原文物》1995年第2期。

成就，发掘者在遗址发掘报告和简报中做过分析，也有学者专门著文对这一问题研究。① 主要观点有两期四段说②、三期四段说③、三期五段说④，这些成果对我们有指导意义。本书在此基础上，对龙山文化阶段遗存的分期与年代进行综合分析。

高天麟先生对山台寺、王油坊、栾台、周龙岗、段寨、黑堌堆等遗址龙山文化阶段遗存的分期研究，在分析段岗、鹿台岗时较为简略，仅指出有些标本具有早期因素，未具体论证。观察两处遗址的标本，器物基本多具有中、晚期特征。如深腹罐口沿折棱明显，有些口沿处有凹槽，具有承盖功能。鼎多为圆鼓腹，少数为腹部略深。甗袋足多肥大，上部呈罐形。高领罐领部多较低，不见微敞口高领者。少数具有早期特征的陶器均出自晚期单位，如鹿台岗 A 型鼎中有深腹且饰篮纹者，但篮纹已为竖行篮纹，均有早期晚段的特征，但出土单位为 H85，属于该遗址的第三段，应是早期遗物在晚期阶段的延续。

尉迟寺遗址发掘报告未将龙山时代文化遗存进行分期，遗迹之间也少有叠压打破关系。根据器物的形制不同，可将其分为早、中、晚三期。早期单位以 F77、F78、F79、F80 等为代表，遗物中鼎为深腹，鼎足多捏有花边。中期单位以 H162、H154、H58、H60、M225 等为代表，遗物中鼎腹部较浅，甗的袋足肥大，上腹部为圆鼓腹盆形。晚期单位以 H133、H130、H29 等为代表，遗物中鼎较少，腹部圆鼓，罐为圆鼓腹。

清凉山遗址龙山阶段遗存分为三个时期，早期以庙底沟二期遗存为代表，相当于山台寺遗址的早期一段。中期以段宏振先生所分的一、二段为代表，约相当于山台寺遗址的二段和三段。晚期以段宏振先生所分

---

① 段宏振：《清凉山龙山遗存的分期及相关问题》，《文物春秋》1997 年第 1 期。

② 靳松安：《河洛与海岱地区考古学文化的交流与融合》，科学出版社 2006 年版，第 59 页。

③ 魏兴涛：《试论豫东西部地区龙山时代文化遗存》，《华夏考古》1995 年第 1 期。

④ 中国社会科学院考古研究所、美国哈佛大学皮保德博物馆中美联合考古队：《山台寺龙山文化研究》，《考古》2010 年第 10 期。

的三、四段为代表，约相当于山台寺遗址的五、六段。

牛牧岗遗址龙山文化地层相对较简单，虽遗迹单位较多，但打破关系甚少。仅有如下几个探方内存在叠压或打破关系（“→”表示叠压或打破关系）：

Ⅰ T0606：H37→⑧→⑨

Ⅰ T1006：H34→⑧→⑨

Ⅰ T1201：H47→⑥→⑦

Ⅰ T0605：H39→⑦

Ⅰ T1301：⑥→H49→⑦→H50→⑧→⑨

上述五组关系涉及6个遗迹、10个地层，共16个单位。从这些单位出土的3种8型器物型式统计看出，各种器物的型式在各组单位中的共存关系具有一定的规律，并与各探方的层位在逻辑序列上相对应。由此表明，不同式别的器物组合反映着不同的发展阶段。牛牧岗遗址龙山时代文化的延续时间与鹿台岗遗址龙山时代文化大体相似，可分为三段。第一段以Ⅰ式深腹罐、Ⅰ式大口罐为代表。整体特征为流行方格纹，绳纹比例很小，器形普遍较瘦长。深腹罐口沿斜直，沿下角较大，带凹槽者凹槽宽而浅，器身较瘦。大口罐与深腹罐的口沿特征相似。豆盘较深，器壁较厚。碗腹较浅，腹壁较斜直，与山台寺四段、王油坊下层遗物特征相似。第二段以Ⅱ式深腹罐、Ⅱ式大口罐为代表。整体特征为方格纹仍占绝对数量，绳纹比例上升，器形普遍变胖。深腹罐口沿沿面下凹，唇面的凹槽变深变窄。大口罐沿面下凹，折棱处略突起。碗腹变深，腹部略弧，呈微敛口，与山台寺五段、王油坊中层遗物特征相似。第三段以Ⅲ式深腹罐为代表。整体特征为绳纹数量明显增多，方格纹比例减小，器形整体矮胖。深腹罐折沿呈弧形，折棱明显，腹部圆鼓，唇面凹槽窄而浅。豆盘普遍较浅，器壁较薄。碗腹更深，敛口较甚，器壁略弧。鼎腹为深腹且下垂，与山台寺六段、王油坊上层遗物特征相似。

平粮台遗址地层堆积较厚，根据叠压打破关系和器物特征将其分为五期，二至五期属于造律台文化遗存。二期遗存较少，器物主要有罐、豆等，纹饰以绳纹居多，篮纹多为竖行，与山台寺遗址三段遗物特征相似。三期器物有鼎、罐、甗、豆、碗、器盖等，纹饰中篮纹和绳纹较多，开始出现方格纹，与山台寺遗址四段、王油坊遗址下层遗存特征相似。第四期纹饰以方格纹居多，篮纹次之，绳纹较少，整体特征与山台寺遗址第五段、王油坊遗址中层遗物相似。第五层陶片纹饰以篮纹为主，方格纹次之，绳纹粗而稀，篮纹浅而乱，器物有鼎、罐、瓮、三足皿等，整体特征与台寺遗址第六段、王油坊遗址上层遗物相似。

周口地区调查所得龙山文化阶段遗物整体可分为早、中、晚三期，与山台寺遗址早、中、晚期相对应。早期陶器纹饰以横篮纹为主，陶质中夹蚌的棕褐陶较多。鼎足种类较多，有鸭嘴形、扁柱形、三角形等。圈足罐为深腹，圜底。深腹罐形制与庙底沟二期文化和大河村五期文化的同类器相近。中期陶器纹饰仍以篮纹为主，以竖行和斜行为主，几乎不见横篮纹，夹蚌棕褐陶较少。鼎足有侧装三角形和变形“鬼脸”式。罐的口沿折棱明显，整体略显肥胖。晚期陶器纹饰以方格纹和绳纹为主。鼎足中“鬼脸”式较多。罐整体肥胖，口沿折棱明显。高领瓮的领部较低。豆盘较浅，碗的腹部较深。

综合历年的发掘、调查和研究材料，将豫东地区造律台文化遗存分为三期五段，各遗址出土遗存的对照表如下（表 2 - 3）。早期遗物中鼎作深腹圜底罐状，鼎足有三角形、扁凿形，三角形足侧边流行捏成花边形。甗袋足较瘦高。深腹罐口沿折棱不甚明显，略显瘦高，多饰篮纹。高领罐口部微敞，领较高。中期遗物中鼎的腹部略浅，鼎足以三角形为主，见有“鬼脸”式足，三角形足侧边捏成花边形较少。甗袋足肥大，上部呈圆鼓腹盆形。深腹罐口沿折棱明显，腹部开始圆鼓，多饰绳纹或方格纹。高领罐领部变矮。晚期遗物中鼎的数量减少，足主要为侧装三角形，无花边。甗上部为深腹，口沿多有承盖的折棱。深腹罐口沿折棱明显，腹部多圆鼓。高领罐领部更矮。

表 2－3　　造律台文化分期对照表

	早期	中期		晚期	
山台寺	二段	三段	四段	五段	六段
王油坊			下层	中层	上层
栾台	二期早段		二期晚段		
鹿台岗			早期	中期	晚期
段岗			一段	二段	三段
牛牧岗			一段	二段	三段
段寨	晚期				
周口地区	早期	中期		晚期	
清凉山	一段	二段		三段	四段
平粮台		二期	三期	四期	五期
尉迟寺	F78、F79、F80、H60 等	H162、H154、H58 等		H130、H133、H29 等	

早期遗存包括山台寺早期二段、段寨晚期、栾台二期早段、清凉山一段、黑堌堆龙山遗物、胡道沟龙山遗物、周口地区调查材料早期遗物。

中期早段包括山台寺中期三段、清凉山二段、周口地区调查材料中期遗物。

中期晚段包括山台寺中期四段、王油坊下层、鹿台岗早期、栾台二期晚段、牛牧岗第一段、周口地区调查材料中期遗物。

晚期早段包括山台寺晚期五段、王油坊中层、鹿台岗中期、栾台二期晚段、牛牧岗第二段、段岗一段和二段、清凉山三段。

晚期晚段包括山台寺晚期六段、王油坊上层、鹿台岗晚期、牛牧岗第三段、段岗三段、清凉山三段。

造律台文化早段大致与庙底沟二期文化相当，中、晚期年代与其他地区龙山文化年代相当，其起始年代和延续年代均与其他地区大致同时。

三　文化的发展

整个区域内，发现了丰富的大汶口文化、造律台文化遗址。遗址数量进一步增多、分布范围更为广泛，文化遗存趋于丰富。大汶口文化的西进形成“尉迟寺类型”，中原系统文化因素和山东地区文化因素交融，形成造律台文化。

（一）大汶口文化的西进

大汶口文化阶段，来自山东地区的大汶口文化表现出了强势的西进势头，基本完全占据了豫东地区，形成“尉迟寺类型”。

豫东地区原属大河村文化的分布范围，在该地区的大部分区域均发现有大河村文化的文化遗址，东部宁陵、睢县境内，南到项城后高老家和骆驼岭等遗址，北可至曹县境内。大汶口文化西扩以后大河村文化退出该地区，最西端尉氏境内也成了大汶口文化的分布范围。尉氏椅圈马和周口烟草公司等遗址均发现有大汶口文化墓葬打破大河村文化地层的现象，是该地区大汶口文化西扩并占领大河村文化分布区域的直接证据。不仅如此，大汶口文化的强势还波及了豫中、豫西和豫南，在郑州、平顶山、洛阳、驻马店、信阳和南阳等地发现了大汶口文化遗存，其影响范围遍布了河南大部分地区。

（二）造律台文化的东进

造律台文化阶段，属于中原文化系统的造律台文化具有强势地位，完全占据了整个豫东地区。

造律台文化陶器以泥质灰陶为主，还有不少夹蚌褐陶和黑陶，纹饰以篮纹、绳纹为主，少量方格纹，还有一定数量的素面或磨光陶。器类以罐为最多，有深腹罐、素面罐、大口罐、高领罐、小罐等，还有鼎、碗、瓮、豆、杯、带、器盖等。造律台文化的外来因素复杂，除具有地方特征的同时吸收了周围王湾三期文化、后冈二期文化和典型龙山文化等多种考古学文化的因素，整体而言与典型龙山文化有较大差异，属于中原文化系统。

造律台文化在豫东地区的分布，是中原文化系统强势的体现。造律台文化完全占据了整个豫东地区，遗址数量达60余处。典型遗址有永城王油坊、黑堌堆、造律台、商丘坞墙、睢县周龙岗、民权李岗、牛牧岗、郸城段寨、淮阳平粮台、夏邑清凉山、三里堌堆、沈丘乳香台遗址、鹿邑栾台、杞县鹿台岗、段岗、柘城山台寺、菏泽安邱堌堆、曹县莘冢集、梁山青堌堆遗址、蒙城尉迟寺、亳州富庄等。其具体的分布范围西抵河南尉氏、西华一带，北达黄河南岸的山东菏泽地区，东至河南永城、夏邑，南达河南沈丘、安徽蒙城一线。

（三）文化因素分析

大汶口文化和造律台文化先后在该区域分布，它们在独立发展的同时又受到了外来因素的影响。

1. 大河村文化对尉迟寺类型的影响

大汶口文化晚期时期，山东大汶口文化较为强势西进占据了这一地区，形成尉迟寺类型，在其发展的过程中受到了大河村文化的强烈影响。埋葬习俗是人们生活的一个重要方面，它也是最不易改变的一种社会文化现象。尉迟寺类型的埋葬习俗与大河村文化的埋葬习俗却有一定程度的一致性。山东地区大汶口文化埋葬习俗中常见枕骨变形和拔牙习俗，而大河村文化中几乎不见，尉迟寺类型的墓葬见于尉迟寺、富庄、烟草公司和椅圈马遗址，枕骨变形和拔牙习俗较为少见。富庄遗址发现大汶口文化墓葬 12 座，拔牙习俗较多，但无枕骨变形现象，除见有拔除上侧门齿的习俗外，还见有拔除下侧门齿的埋葬习俗，是一个地方特色。[①]椅圈马遗址四期墓葬报道较为简单，未见有拔牙和枕骨变形的墓葬习俗。烟草公司仓库发现墓葬 4 座，大多数墓葬人骨保存较差，见有 1 例拔牙现象。尉迟寺遗址发现近 200 座成人墓葬，第一阶段发掘发现的拔牙现象仅有 3 例，枕骨变形仅有 2 例[②]，第二阶段发掘中也很少见拔牙和枕骨

① 杨立新：《安徽淮河流域的原始文化》，《纪念城子崖遗址发掘 60 周年国际学术讨论会文集》，齐鲁书社 1993 年版，第 167 页。

② 中国社会科学院考古研究所：《蒙城尉迟寺——皖北新石器时代聚落遗存的发掘与研究》，科学出版社 2001 年版，第 329 页。

变形现象[①]。山东大汶口文化中几乎不见，仅在少数墓中发现用陶片铺盖的现象。尉迟寺遗址却发现了大量的儿童瓮棺葬，共发掘儿童墓195座，其中瓮棺葬者170座，占总数的87%以上。少见拔牙和枕骨变形习俗以及儿童瓮棺葬的流行，说明其埋葬习俗在一定程度上受到大河村文化的影响，接受了大河村文化居民的部分思想。

生活器物在一定程度上受到了大河村文化的影响，见有大汶口文化少见或不见的钵等，彩陶壶上的菱形纹和“人”字形纹可能也是受大河村文化的影响（图2－15）。

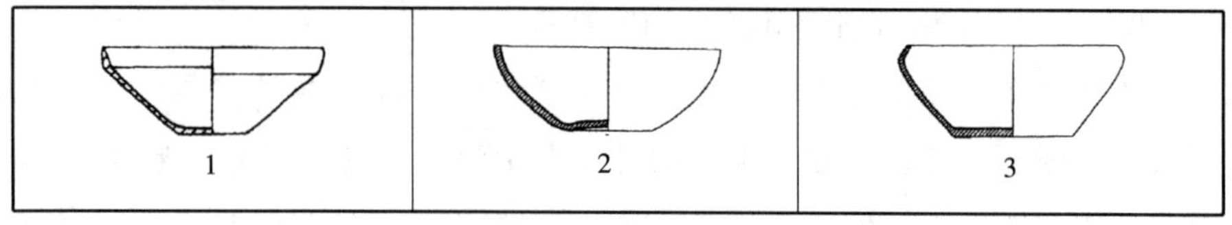

图2－15　大汶口文化出土的大河村文化因素陶器

1. 椅圈马钵（M6：3）　2. 尉迟寺钵（F10：2）　3. 尉迟寺钵（F3：40）

2. 造律台文化受到山东典型龙山文化的影响

造律台文化在发展期间受到典型龙山文化的强烈影响。陶器中有不少典型龙山文化的因素，器形中长颈壶、素面甗、鬶、高足杯、背壶、直壁平底盆、三足皿、四足皿、桥形耳器盖、覆盆式器盖、“鬼脸”鼎足等同类器相似，有些在形制上稍加改变，还有黑色陶器。这些文化因素在多处造律台文化遗址中均可见到，遗址的位置越靠东，典型龙山文化的因素越多，梁山青堌堆、蒙城尉迟寺和永城王油坊等遗址均出土有典型龙山文化的蛋壳黑陶和数量较多的子母口器。子母口器有子母口罐、子母口盆、子母口缸，还有单柄杯、高柄杯、鬶、长颈壶等形制与典型龙山文化器物较为相似。遗址的位置越靠西，典型龙山文化的因素越少，

① 中国社会科学院考古研究所、安徽省蒙城文化局：《蒙城尉迟寺（第二部）》，科学出版社2007年版，第199页。

杞县鹿台岗和段岗遗址仅见有少量子口缸、鬶、单柄杯，数量较少的黑陶大部分是黑皮陶，无典型的蛋壳黑陶（图2－16）。

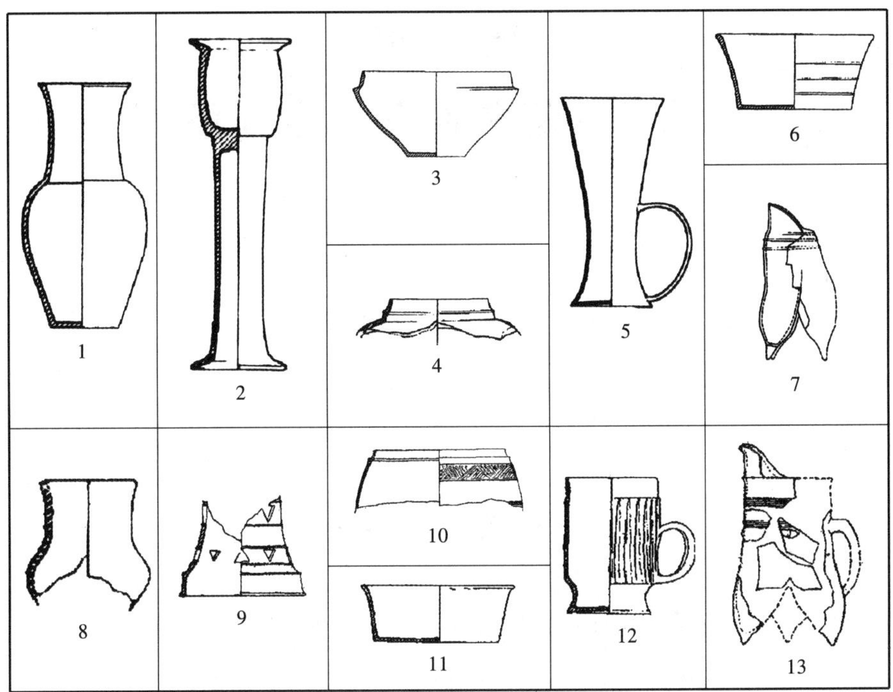

图2－16　造律台文化出土具有典型龙山文化因素的陶器

1. 长颈壶（F51：14）　2. 高柄杯（F51：11）　3. 子母口盆（H139：2）　4. 子母口瓮（H130：6）　5. 单柄杯（M266：1）　6. 平底盆（H128：2）　7. 鬶（H145：1）　8. 长颈壶（T25⑤：10）　9. 镂空圈足（T29④：2）　10. 子母口缸（H33：30）　11. 平底盆（H37：3）　12. 单柄杯（H38：18）　13. 鬶（T24③C：24）　（出土遗址1—7尉迟寺，8—13王油坊）

第三章

夏商时期考古学文化进程

夏商时期，豫东地区先后分布着二里头文化、下七垣文化、岳石文化、二里岗文化、殷墟文化等，按照文化发展阶段性特征，可以分为对峙期和稳定期。

第一节　对峙期

二里头文化阶段为豫东地区文化发展的对峙期。主要表现为二里头文化与岳石文化的对峙，二里头文化晚期下七垣文化南下，深入岳石文化分布区并与二里头文化对峙。

一　二里头文化

该区域二里头文化是豫西地区二里头文化东扩形成的，具有一定的地方特征，发展时间约相当于二里头文化二至四期。

（一）文化分布

二里头文化因段岗遗址的堆积单纯、文化遗存丰富，故此类遗存以段岗遗址①为代表。

---

① 郑州大学文博学院、开封市文物工作队：《豫东杞县发掘报告》，科学出版社2000年版。

除段岗遗址外，考古工作者在朱岗遗址①、牛角岗②、朱岗、西伯牛岗、尉氏要庄、西王村③等遗址也发现有类似的遗存。另外，1978 年中国社会科学院考古研究所河南二队，在周口调查时，16 处遗址出土有二里头文化遗物。

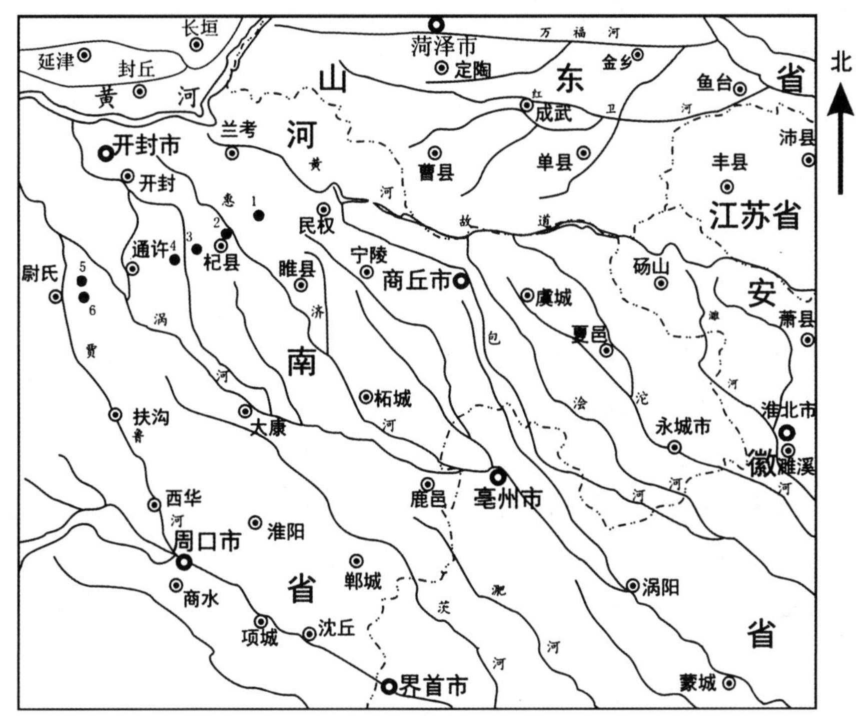

图 3－1　豫东地区二里头文化分布示意图

1. 西伯牛岗　2. 朱岗　3. 段岗　4. 牛角岗　5. 要庄　6. 西王村

段岗遗址位于杞县县城西南约 7 千米处，地处段岗村东地和曹岗村

① 郑州大学考古专业、开封市博物馆、杞县文物保管所：《河南杞县朱岗遗址试掘报告》，《华夏考古》1992 年第 1 期。

② 郑州大学历史系考古专业、开封市博物馆考古部、杞县文物保管所：《河南杞县牛角岗遗址试掘报告》，《华夏考古》1994 年第 2 期。

③ 郑州大学文博学院、开封市文物工作队：《豫东杞县发掘报告》，科学出版社 2000 年版，第 8 页。

西地，原为一个高于周围地表2—4米的台地。1989年秋和1990年秋，郑州大学考古专业先后进行两次考古发掘，发现了较为丰富的二里头文化阶段遗存。陶器包括夹砂中口罐、圆腹罐、箍状堆纹缸、绳纹盆、平底盆、小口瓮、圜络纹鼎、大口尊、深盘矮柄豆、折肩罍、束腰平底爵、浅盘曲柄豆、盆形甑等。

朱岗遗址位于杞县县城东约3千米的朱岗村北，北距惠济河约1.2千米。1989年冬，郑州大学考古专业在发掘段岗遗址期间对该遗址进行了抢救性的清理试掘。遗物主要为陶器，器类有夹砂中口罐、盆、小口瓮、圆腹罐、豆、捏沿罐、箍状堆纹缸等。陶色以灰为主，褐、红、黑诸色均较少。纹饰方面，绳纹所占比例最大，以麻状、深乱、条状、直行等为主，还有少量的箍堆纹加绳纹、戳印或花边口沿加绳纹、旋断绳纹、方格纹、细绳纹、坑窝纹（深乱方格纹）以及浅方格丝、浅麻状绳纹等。这些遗存与段岗遗址的文化遗存十分相似。

牛角岗遗址位于杞县西南约12千米的高阳乡牛角岗村北。1990年冬，郑州大学考古专业等单位对该遗址进行了试掘。器类繁多，常见者有夹砂中口罐、圆腹罐（包括花边、捏沿、带鋬者）、深腹盆、盆形甑、箍状堆纹缸、大口尊、小口瓮、平口瓮、粗柄深盘豆、曲柄浅盘豆等，并有个别的大口罐、圈足盘、有流和尾的束腰平底爵、簋、敛口缸、鼎、鬲、铃等。与段岗、朱岗遗址发现的二里头文化阶段遗存较为相似，属于二里头文化。

从以上资料看出，二里头文化主要分布于豫东地区的杞县、尉氏县境内，皆位于该地区的西部。段岗、朱岗、牛角岗三处遗址相距不远，均位于杞县境内惠济河西岸，经过调查的杞县西伯牛岗［杞县裴村店乡西伯牛岗（西岗）村］、尉氏要庄（尉氏县城西南要庄村）、西王村（尉氏县城西约13千米的西王村），除西伯牛岗遗址处于惠济河东岸外，其他两处遗址位于惠济河西岸。

（二）文化性质

二里头文化最明显的特征就是罐类器物较多，夹砂中口罐、圆腹罐是最为常见的器形。夹砂中口罐是最主要的器类，占全部陶器的一半以上。此类遗存所含因素分为A、B、C三组，其中A组因素包括夹砂中口罐、圆腹罐、箍状堆纹缸、绳纹盆、平底盆、小口瓮、圜络纹鼎、大口尊、深盘矮柄豆、折肩罍、束腰平底爵、浅盘曲柄豆、盆形甑等，比例约占全部陶器的95%。B、C组因素分别以细绳纹鬲、橄榄形罐和素面罐等为代表，分别与下七垣文化和岳石文化较为相似。

陶质主要特点是自然夹砂陶占较大比例，流行坑窝纹和方格纹，少见酒器，受相邻的岳石文化和下七垣文化影响较明显（图3－2）。

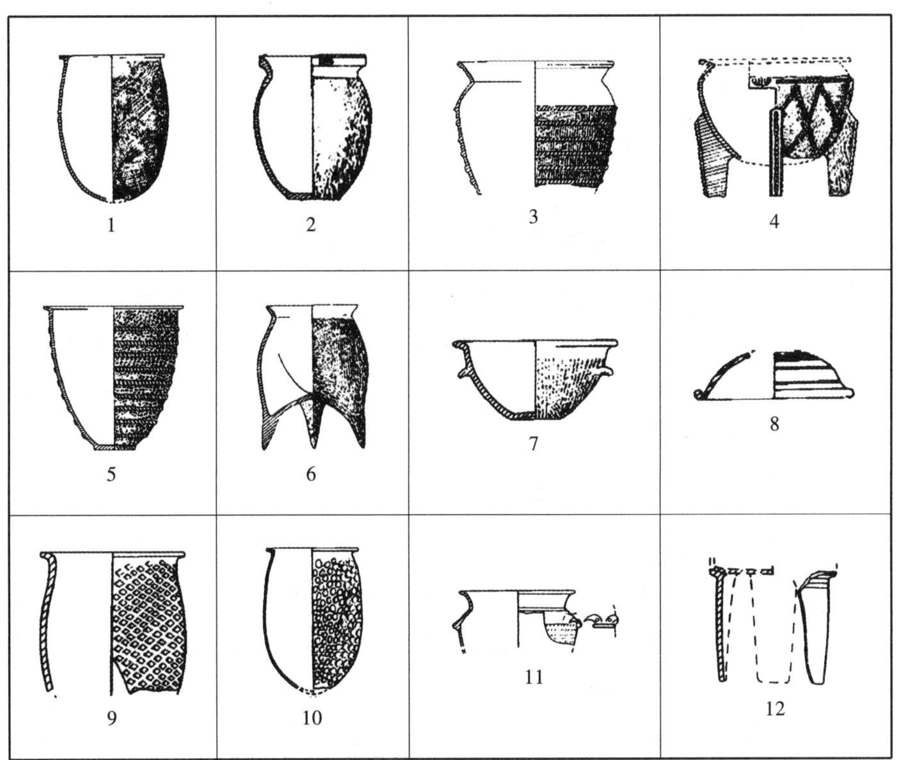

图3－2　豫东地区二里头文化陶器

1. 段岗深腹罐（89ⅡH36：2）　2. 段岗捏沿罐（89ⅡH36：13）　3. 大口尊（90ⅡT16③：8）　4. 段岗鼎（89ⅡH64：7）　5. 段岗缸（89ⅡH18：4）　6. 段岗鬲（89ⅡG1：5）　7. 段岗鸡冠耳盆（89ⅡH56：7）　8. 段岗豆（89ⅡH34：7）　9. 牛角岗方格纹深腹罐（H11：11）　10. 牛角岗坑窝纹深腹罐（H11：15）　11. 牛角岗饕餮纹錾大口尊（T1⑥：2）　12. 牛角岗瓦足器（H11：8）

受当地自然条件的限制，陶器多以夹砂灰陶为主，但其中自然夹砂占很大比例。当地的土质多为砂质土壤，在制作陶器时无需人工掺入砂粒即可制作成夹砂陶器。

在纹饰方面，该地区二里头文化也具有自己的特点。一般认为二里头文化阶段中晚期方格纹几乎不见，而在该地区二里头文化中，方格纹或坑窝纹大量存在，且在纹饰中所占比例较大，一般居第二或第三位，早期至晚期均属常见。坑窝纹一般没有清晰的纹理，印痕较深，在其他地区二里头文化阶段遗存中没有发现。

在器类方面，少见鼎，不见或少见三足皿及觚、爵、斝、鬶等酒器。瓦足器的足较高，也具有一定特点。发现有夹粗砂罐、折腹豆，这些风格与岳石文化相似。还发现属于下七垣文化因素的细绳纹鬲、橄榄状罐、束颈盆等遗物。

郑洛地区二里头文化的陶器是以夹砂中口罐（即中口长腹罐）、圆腹罐、鼎、花边罐、瓮、盆、大口尊、豆、三足皿、箍状堆纹缸等为常见器类，石器以镰、刀、铲为主。陶器中以夹砂中口罐所占比例最大，一般不低于30%—40%。豫东地区发现的二里头文化，在器物种类和各种器物所占比重方面都与郑洛地区二里头文化有很强的一致性。

段岗遗址夹砂中口罐是最主要的器类，占全部陶器的一半以上。段岗遗址陶器所含因素分为A、B、C三组，其中A组因素为二里头文化因素，比例约占全部陶器的95%，包括夹砂中口罐、圆腹罐、箍状堆纹缸、绳纹盆、平底盆、小口瓮、圜络纹鼎、大口尊、深盘矮柄豆、折肩罍、束腰平底爵、浅盘曲柄豆、盆形甑等，这组因素与郑洛地区典型二里头文化同类器的绝大多数近同。① 牛角岗遗址夹砂中口罐共计468件，占所出陶器的68.32%，再加上所出的大口长腹罐、圆腹罐、花边口沿罐，罐的数量可谓占绝对多数。泥质陶占比例较小，仅占30%—40%。

① 郑州大学文博学院、开封市文物工作队：《豫东杞县发掘报告》，科学出版社2000年版，第238页。

纹饰以绳纹为大宗，一般达70%左右，素面和磨光者约占15%，花边和鸡冠耳也是常见的装饰。其他较典型的纹饰还有方格纹、坑窝纹（深乱方格纹）、麦穗纹。通过牛角岗报告附表六看出，牛角岗遗址所出陶器无论在种类方面，或者在各类器物所占比例方面，都与郑、洛地区二里头文化大体相似。

朱岗遗址遗物有陶器、石器、骨器、蚌器。陶器器类主要有夹砂中口罐、盆、小口瓮、圆腹罐、豆、捏沿罐、箍状堆纹缸等。陶器也是以罐类数量最多，占器物总数的一半以上，是该遗存中最常见也是最典型的器类，其中夹砂中口罐共约230件，另外还有圆腹罐18件、捏沿罐10件。石器有杵、砺石。骨器有锥、簪、獐牙器。蚌器有镰和部分残片。该遗址出土的二里头文化陶器主要特征与郑洛地区二里头文化陶器大同小异。

可以肯定的是，豫东地区二里头文化所处地理位置特殊，在器类、纹饰、陶质以及文化因素方面多具特征，应该单独划分为一个类型。有关这一类型的名称，学界还有争议，邹衡先生把豫东地区的二里头文化归入二里头类型①，赵芝荃先生将其单独划分为一个独立的类型②，牛角岗发掘者认为称为二里头文化“牛角岗类型”③。根据考古学文化命名原则，应以发掘时间早、最具代表性的遗址之名称而定。比较以上三处经过发掘的遗址，段岗遗址经过了正式的发掘，面积较大，且出土了丰富的文化遗物，最具代表性，而且发掘年代较早，故豫东地区二里头文化应称作“段岗类型”。

（三）分期与年代

关于豫东地区二里头文化的年代与分期，学界已做了较大工作，取

① 邹衡：《试论夏文化》，《夏商周考古学论文集》，文物出版社1980年版，第133页。

② 赵芝荃：《关于二里头文化的类型与分期问题》，《中国考古学研究（二）》，科学出版社1986年版；郑州大学文博学院等：《豫东杞县发掘报告》，科学出版社2000年版，第256页；中国社会科学院考古研究：《中国考古学·夏商卷》，中国社会科学出版社2003年版，第89页。

③ 郑州大学历史系考古专业、开封市博物馆考古部、杞县文物保管所：《河南杞县牛角岗遗址试掘报告》，《华夏考古》1994年第2期。

得了一定的共识。段岗遗址发掘报告中将该遗址二里头文化阶段遗存分为前后衔接的四期。牛角岗遗址发掘报告将该遗址的二里头文化阶段遗存分为四期五段。朱岗遗址发掘报告将二里头文化阶段遗存分为三组。袁广阔先生将段岗遗址二里头文化阶段遗存分三期，将原报告中的三、四期合并称为三期，年代相当于该文章所分二里头遗址七段中的5段、6段；将牛角岗遗址二里头文化阶段遗存分为三段，年代相当于二里头遗址的第4段、5段、6段。[①] 其总体年代大约相当于原二里头遗址发掘报告[②]中的二、三、四期。段天璟先生将段岗遗址二里头文化阶段遗存分为四组，其年代上限当不早于二里头二段，下限与二里头遗址五段相当。[③]

通过对比研究三处遗址的器物特征，原报告的分期基本准确，牛角岗遗址的分期可以略微调整，第3段应归入第二期，第4段单独为第三期。

以上三处遗址早期遗存均发现较少，从陶罐特征看其年代大致相当，牛角岗遗址第一期、朱岗遗址第一期即第一段，可与段岗遗址第一期相对应（图3－3）。牛角岗遗址第二期即第二段、第三期中的第三段以及朱岗遗址的第二段，可与段岗遗址第二期大致相当（图3－4）。牛角岗遗址第三期中的第四段、朱岗遗址第三期，与段岗遗址第三期大致相当（图3－5）。而牛角岗第五期即第五段，与段岗遗址第四期应大致相当（图3－6）。

综上所述，豫东地区二里头文化分为前后发展的四期，分别以段岗遗址的一至四期为代表，牛角岗遗址的四期五段、朱岗遗址的三期皆可与段岗遗址四期相对应（表3－1）。

---

① 袁广阔：《二里头文化研究》，博士学位论文，郑州大学，2005年。

② 中国社会科学院考古研究所：《偃师二里头——1959—1978年考古发掘报告》，中国大百科全书出版社1999年版；中国社会科学院考古研究所：《二里头：1999—2006（全五册）》，文物出版社2014年版。

③ 段天璟：《二里头文化时期的文化格局》，博士学位论文，吉林大学，2005年。

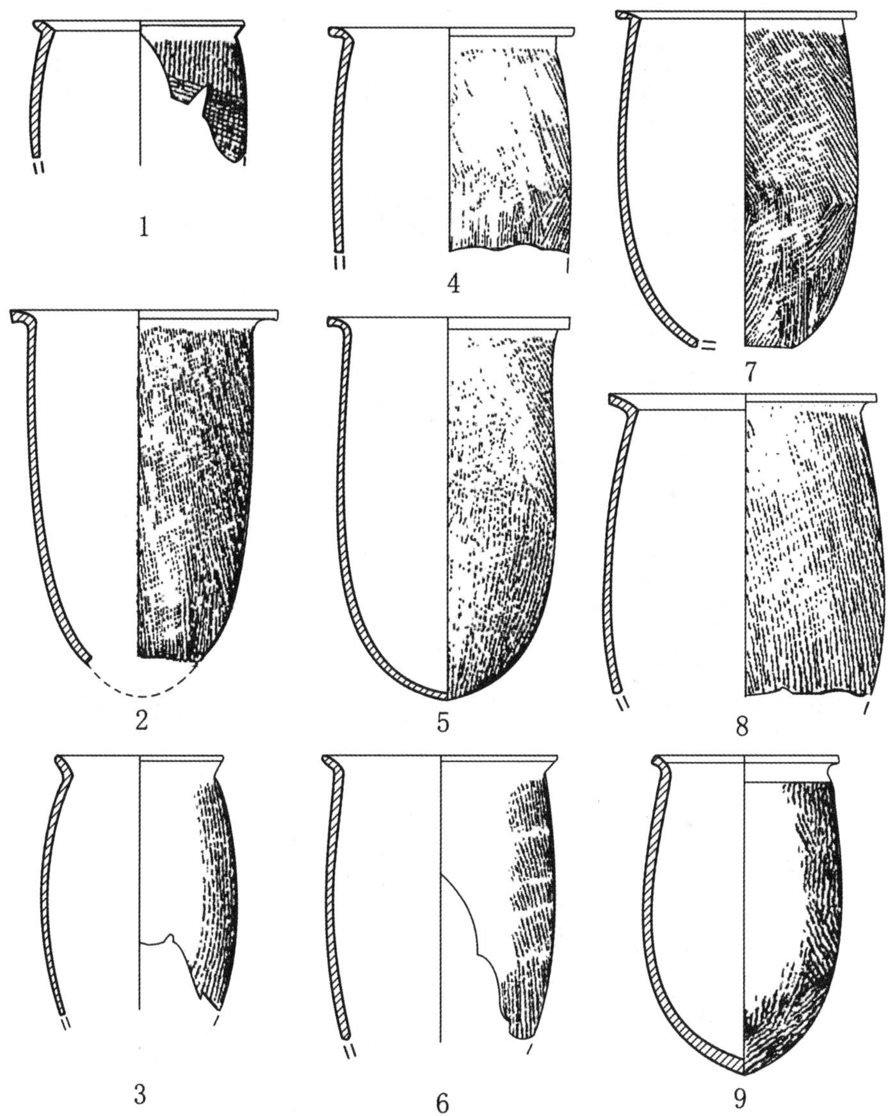

图3-3 豫东地区二里头文化第一期深腹罐

1. 牛角岗（H15：7） 2. 段岗（89ⅡH36：1） 3. 朱岗（H7：2） 4. 段岗（89ⅡH36：3） 5. 段岗（89ⅡH36：6） 6. 朱岗（H7：4） 7. 段岗（89ⅡH36：11） 8. 段岗（89ⅡH36：7） 9. 朱岗（H7：3）

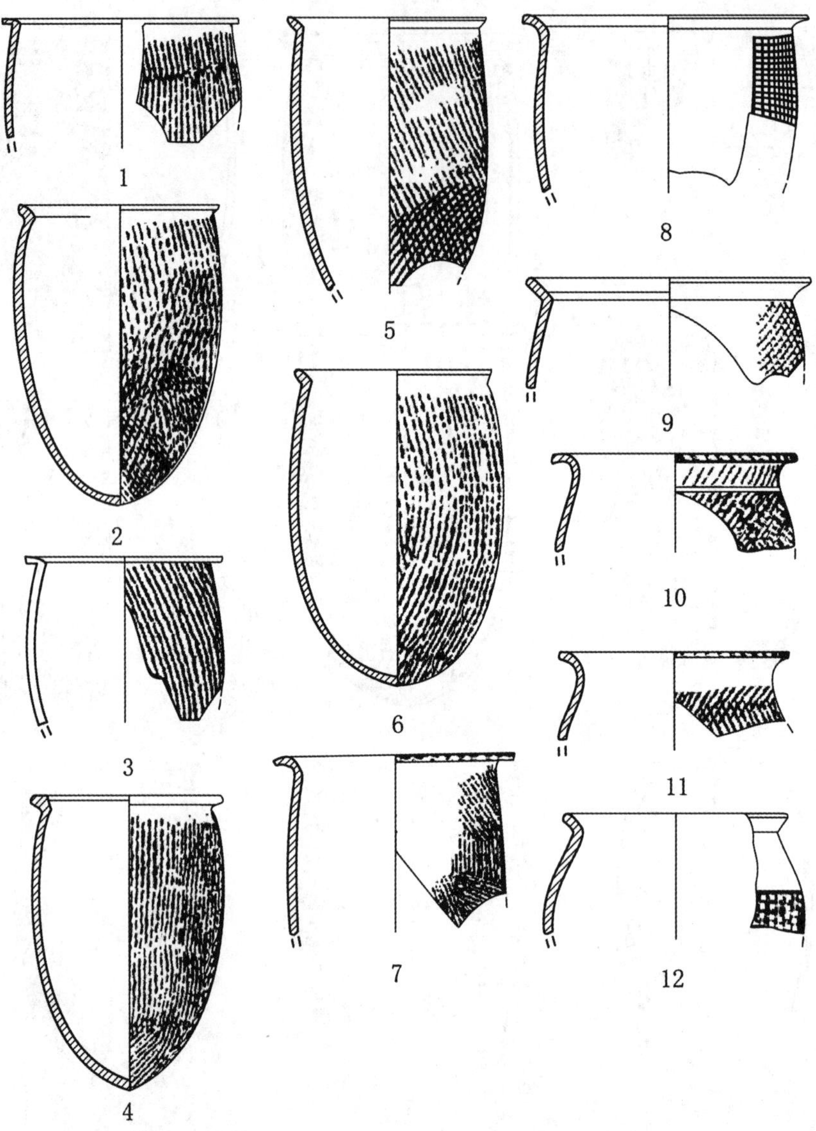

图 3－4　豫东地区二里头文化第二期深腹罐

1. 牛角岗（T1⑤：16）　2. 牛角岗（F1：6）　3. 牛角岗（T1⑥：3）　4. 牛角岗（F1：4）　5. 牛角岗（T1⑥：9）　6. 牛角岗（F1：5）　7. 朱岗（H9：4）　8. 朱岗（H9：28）　9. 朱岗（H3：10）　10. 朱岗（H9：17）　11. 朱岗（H9：23）　12. 朱岗（H10：40）

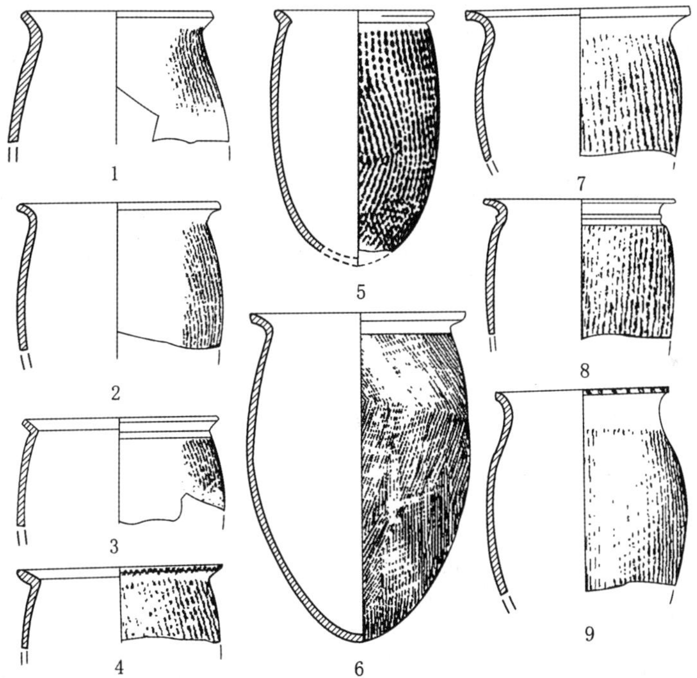

图3－5 豫东地区二里头文化第三期深腹罐

1. 朱岗（H6：8） 2. 朱岗（H6：9） 3. 朱岗（H6：10） 4. 段岗（90ⅡH35：1） 5. 牛角岗（H17：3） 6. 段岗（89ⅡH56：1） 7. 段岗（89ⅡG1：2） 8. 段岗（90ⅠT18③：11） 9. 段岗（89ⅡHG1：3）

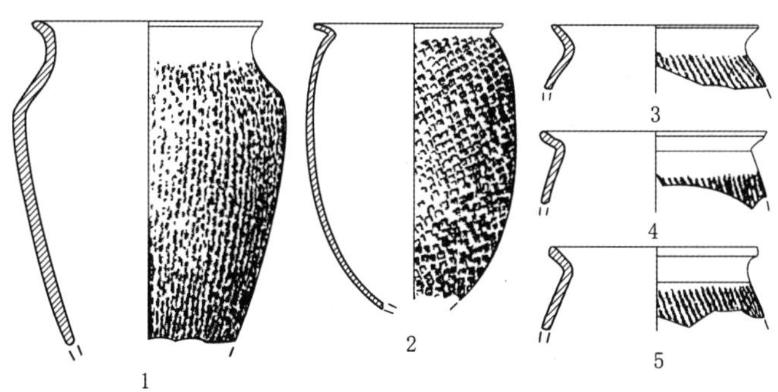

图3－6 豫东地区二里头文化第四期深腹罐

1. 段岗（89ⅡH14：1） 2. 段岗（89ⅡH14：4） 3. 牛角岗（H16：17） 4. 牛角岗（H16：12） 5. 牛角岗（H16：13）

表 3 - 1　　**豫东地区二里头文化分期及对应关系**

二里头遗址		豫东地区	段岗遗址	朱岗遗址	牛角岗遗址
第一期					
第二期	早段				
	晚段	第一期	第一期	第一期	第一段
第三期		第二期	第二期	第二期	第二段、第三段
		第三期	第三期	第三期	第四段
第四期		第四期	第四期		第五段

依据上述分期与对应关系，则豫东地区二里头文化的年代问题就很容易判断。总体来看，该地区二里头文化多呈现郑洛地区二里头文化中晚期的特点。如深腹罐圜底占绝对多数，口沿窄，器体较胖者多，少数器形较瘦者多具下七垣文化的特征，应不是二里头文化的典型器物。盆腹较浅者居多，豆盘多无明显折棱，大口尊口径多与肩径相当，少数大于口径，出现陶鬲，鼎足靠上，圆腹罐束颈，这些全部都是伊洛地区二里头文化第三期的特点。极个别器物具有郑洛地区二里头文化第二期的特点，如深腹罐较瘦长，纹饰较细，但因为文化传播具有滞后性，其起始年代极大可能是二期晚段，尚未见到确凿无疑的二里头文化第一期的文化遗存。终止年代大致相当于郑洛地区二里头文化第四期。如深腹罐敛口、束颈，箍状堆纹缸呈圆筒状、圜底、圈足，大口尊口径与肩颈相当或稍大于肩颈，盆多呈圜底钵形，器盖顶呈圆弧形，豆盘浅、无折棱。因此，豫东地区二里头文化延续年代大约相当于二里头遗址的第二期至第四期。

二　岳石文化

岳石文化以安邱堌堆遗址为代表。安邱堌堆遗址位于菏泽市东南 12 千米的佃户乡曹楼村东南的安邱堌堆上。[①] 1976 年和 1981 年山东省博物馆等单位对该遗址进行过试掘。1984 年秋，北京大学考古系等单位对该

① 北京大学考古系商周组等：《菏泽安邱堌堆遗址发掘简报》，《文物》1987 年第 11 期。

遗址进行了正式发掘，发现了丰富的二里头文化阶段遗存。遗物主要为陶器和石器。石器主要有半月形双孔石刀。陶器器形有碗形豆、浅盘豆、素面罐、尊形器和甗等。陶器纹饰以素面为主，还有不少方格纹。整体面貌不同于二里头文化，暂称为岳石文化。

（一）文化分布

目前材料显示包含岳石文化的遗址主要有：菏泽安邱堌堆、十里铺北①、杞县鹿台岗②、鹿邑栾台③、夏邑清凉山④、三里堌堆⑤、民权牛牧岗⑥、李岗⑦、商丘坞墙⑧、潘庙⑨、柘城山台寺⑩等。经过调查的同类遗

---

① 山东省文物考古研究所：《山东定陶十里铺北遗址发掘获重要收获——完善鲁西南地区史前文化序列，发现岳石和晚商城址》，《中国文物报》2016 年 2 月 26 日第 8 版。

② 郑州大学考古专业等：《河南杞县鹿台岗遗址发掘简报》，《考古》1994 年第 8 期；郑州大学文博学院等：《豫东杞县发掘报告》，科学出版社 2000 年版。

③ 河南省文物研究所：《河南鹿邑栾台遗址发掘简报》，《华夏考古》1989 年第 1 期；中国社会科学院考古所河南二队等：《河南周口地区考古调查简报》，《考古学集刊》第 4 集，中国社会科学院出版社 1984 年版。

④ 北京大学考古学系等：《河南夏邑县清凉山遗址 1988 年发掘简报》，《考古》1997 年第 11 期；北京大学考古学系等：《河南夏邑清凉山遗址发掘报告》，《中国考古学研究（四）》，科学出版社 2000 年版；宋豫秦：《论豫东夏邑清凉山遗址的岳石文化地层》，《中原文物》1995 年第 1 期。

⑤ 张志清：《夏邑县三里堌堆新石器时代至汉代遗址》，《中国考古学年鉴（1990）》，文物出版社 1991 年版。

⑥ 郑州大学历史学院考古系：《河南民权牛牧岗遗址发掘报告》，载《民权牛牧岗与豫东考古》，科学出版社 2013 年版。

⑦ 中国社会科学院考古研究所河南二队等：《1977 年豫东考古纪要》，《考古》1981 年第 5 期；郑州大学历史学院考古系：《豫东商丘地区考古调查简报》，《华夏考古》2005 年第 2 期；郑州大学历史学院考古系：《牛牧岗遗址周边区域考古调查报告》，载《民权牛牧岗与豫东考古》，科学出版社 2013 年版。

⑧ 中国社会科学院考古研究所河南二队等：《1977 年豫东考古纪要》，《考古》1981 年第 5 期；商丘地区文物管理委员会、中国社会科学院考古研究所河南二队：《河南商丘县坞墙遗址试掘简报》，《考古》1983 年第 2 期。

⑨ 中国社会科学院考古研究所、美国哈佛大学皮保德博物馆：《豫东考古报告——“中国商丘地区早商文明探索”野外勘察与发掘》，科学出版社 2017 年版，第 249 页。

⑩ 宋豫秦：《夷夏商三种考古学文化交汇地域浅谈》，《中原文物》1992 年第 1 期；张长寿、张光直：《河南商丘地区殷商文明调查发掘初步报告》，《考古》1997 年第 4 期；中国社会科学院考古研究所、美国哈佛大学皮保德博物馆中美联合考古队：《山台寺龙山文化研究》，《考古》2010 年第 10 期。

址还有：民权吴岗[1]、永城明阳寺[2]、造律台[3]、夏邑马头[4]、虞城杜集[5]、商丘平台寺[6]、柘城旧北门[7]、孟庄[8]、王马寺和大毛[9]等。

鹿台岗遗址位于河南省杞县东12千米的鹿台岗村。郑州大学考古专业对该遗址进行了发掘，发现了安邱堌堆类的遗迹和遗物。陶器分为夹砂陶和泥质陶两大类，夹砂陶几乎皆为夹粗砂、厚胎、红褐与黑褐色，共占35%左右，夹粗砂陶皆素面，泥质陶以磨光和素面为主。纹饰中最流行的是印痕甚浅、纹理杂乱、模糊的细密绳纹。器物种类繁多，但夹砂陶的器类几乎皆为夹粗砂罐和甗类器，仅有极个别的夹细砂灰陶甗和橄榄形罐。泥质陶器类依数量多少排序，依次为束颈瓮、泥质绳纹罐、尊形器、碗形豆、斜腹盆、菌状细纽器盖、敛口花边钵等。其他如平口瓮、圆饼形器、束颈盆、舟形器、方足鼎、簋、爵、箍状堆纹缸、双腹盆、小杯等比例不超过1%（图3-7）。

---

① 中国社会科学院考古研究所河南二队等：《1977年豫东考古纪要》，《考古》1981年第5期；郑州大学历史学院考古系：《豫东商丘地区考古调查简报》，《华夏考古》2005年第2期；郑州大学历史学院考古系：《牛牧岗遗址周边区域考古调查报告》，载《民权牛牧岗与豫东考古》，科学出版社2013年版。

② 郑州大学历史学院考古系：《豫东商丘地区考古调查简报》，《华夏考古》2005年第2期。

③ 李景聃：《豫东商丘永城调查及造律台黑孤堆曹桥三处小发掘》，《考古学报》第二册，商务印书馆1947年版；中国社会科学院考古研究所河南二队等：《1977年豫东考古纪要》，《考古》1981年第5期；郑州大学历史学院考古系：《豫东商丘地区考古调查简报》，《华夏考古》2005年第2期。

④ 郑州大学历史学院考古系：《豫东商丘地区考古调查简报》，《华夏考古》2005年第2期。

⑤ 中国社会科学院考古研究所河南二队等：《1977年豫东考古纪要》，《考古》1981年第5期；郑州大学历史学院考古系：《豫东商丘地区考古调查简报》，《华夏考古》2005年第2期。

⑥ 郑州大学历史学院考古系：《豫东商丘地区考古调查简报》，《华夏考古》2005年第2期。

⑦ 邹衡：《论菏泽（曹州）地区的岳石文化》，《文物与考古论集》，文物出版社1986年版；郑州大学历史学院考古系：《豫东商丘地区考古调查简报》，《华夏考古》2005年第2期。

⑧ 中国社会科学院考古研究所河南二队等：《1977年豫东考古纪要》，《考古》1981年第5期；中国社会科学院考古研究所河南一队等：《河南柘城孟庄商代遗址》，《考古学报》1982年第1期；邹衡：《论菏泽（曹州）地区的岳石文化》，《文物与考古论集》，文物出版社1986年版。

⑨ 邹衡：《论菏泽（曹州）地区的岳石文化》，《文物与考古论集》，文物出版社1986年版。

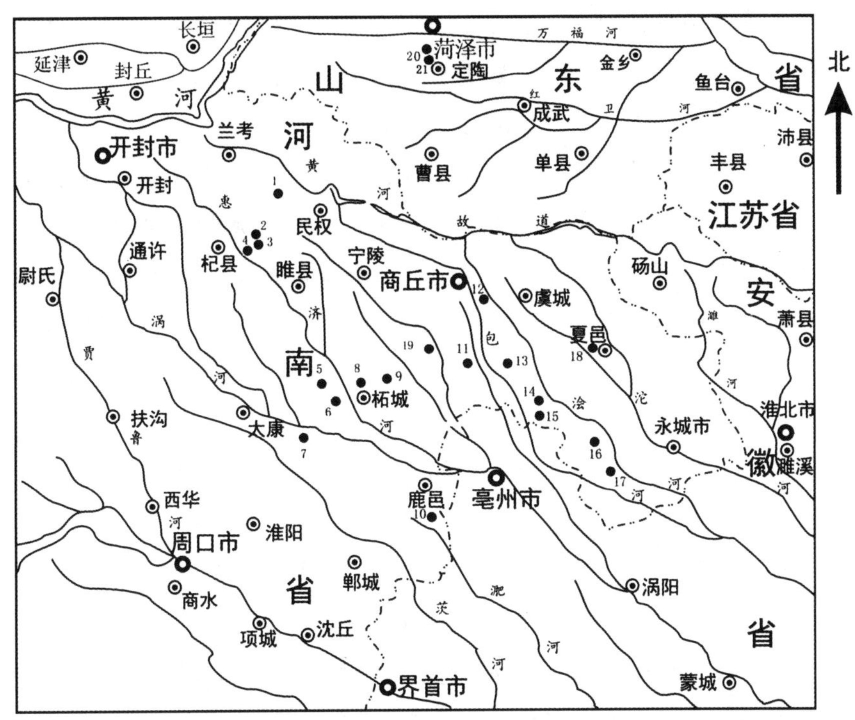

图 3－7　豫东地区岳石文化分布示意图

1. 牛牧岗　2. 吴岗　3. 李岗　4. 鹿台岗　5. 山台寺　6. 孟庄　7. 大毛　8. 旧北门　9. 王马寺　10. 栾台　11. 坞墙　12. 平台寺　13. 杜集　14. 马头　15. 清凉山　16. 造律台　17. 明阳寺　18. 三里堌堆　19. 潘庙　20. 安邱堌堆　21. 十里铺北

栾台遗址位于河南省鹿邑县城东南 10 千米的王皮溜乡普大庄村西北地。1978 年，河南省文物研究所对该遗址进行了发掘，发现了多个时期的文化遗存，第三期文化遗存属岳石文化。陶器以夹砂红褐陶、泥质黑皮灰胎陶为主。泥质黑皮灰陶的胎壁较厚，因火候低，陶质较软，皆轮制。器表普遍饰有突棱，回形纹、篮纹、方格纹也可见到。主要器类有甗、罐、豆、盆、碗等。甗为夹砂红褐陶，上部为罐形，口微侈，宽直沿，深腹，下腹斜收，袋足肥大，分裆，无足根，素面，腰部与裆部有附加堆纹。细柄浅盘豆为喇叭形座，盘内有一周突棱。碗为平底，敞口，器壁曲收，中部有一突棱，器底边缘外突。器壁有轮修痕。罐为夹砂红陶，口微侈，方唇，高领，深腹微鼓，平底，腹部有横向刮痕，素面。骨、蚌、石器也有发现，主要器类有半月形穿孔石刀、蚌刀、骨锥等。

清凉山遗址位于河南省夏邑县城西南30千米的魏庄村西北。北京大学考古学系等对该遗址进行了发掘，发现了丰富的岳石文化。陶器陶色以灰陶为主，陶色多不纯正，尤其是夹砂陶，多呈灰褐色或红褐色，晕色较多。器表以素面为主，磨光次之，仅有少量绳纹、施有纹饰和彩绘。器类有尊形器、浅盘豆、碗形豆、甗、盂、罐、器盖、鼎、网坠、盆、纺轮。石器有半月形双孔刀、纺轮。骨器有锥、网坠。蚌器有刀、镰。铜器有镞。

坞墙遗址位于商丘市东南约30千米。中国社会科学院考古研究所对该遗址进行了发掘，发现了岳石文化。发掘者认为T1第4层是“二里头文化一期遗存”，学界对此有不同意见。邹衡先生早年曾认为商丘坞墙遗址二里头陶器属于二里头文化①，但后来认为整体属于岳石文化，只是包含二里头文化因素②。楚小龙先生指出坞墙遗址T1第4层可以看成是与二里头文化一期遗存年代相当的遗存。③

我们认为，商丘坞墙遗址T1第4层遗存整体上与岳石文化相似。坞墙遗址T1第4层遗迹和遗物均较少，遗迹仅见灰坑1座，仅出土了少量的陶器残片。见报道的有10件器物，其中深腹罐2件、高领罐1件、素面小罐1件、盆2件、甑1件、碗1件、豆1件、盉1件。陶器中褐陶较多，有6件陶器为褐陶。器物多与安邱堌堆遗址同类器物相似，如素面小罐（H5：5）为泥质褐陶，轮制，口微敞，平底。碗或称碗形豆（T1④：6）为磨光褐陶，沿外卷，器壁下部饰细绳纹。少量器物具有二里头文化晚期的特点，如深腹罐（T1④：1）折沿比较低、近平。因此，坞墙遗址以T1第4层很难归属于“二里头文化一期”行列。至于出土

① 邹衡：《试论夏文化》，《夏商周考古学论文集（第二版）》，文物出版社2001年版，第93页。

② 邹衡：《论菏泽（曹州）地区的岳石文化》，《文物与考古论集》，文物出版社1986年版。

③ 楚小龙：《二里头文化初步研究》，硕士学位论文，武汉大学，2004年。

近似二里头文化器物的原因，推断可能是受豫东二里头文化影响的结果，鹿台岗和清凉山两处遗址也有类似现象存在。

李岗遗址位于民权县尹店乡李岗村东南，东北距县城约 20 千米，西南距鹿台岗遗址约 6.5 千米。郑州大学考古系对该遗址进行了调查和试掘，也发现了岳石文化。出土遗物 23 件，见于报道的有陶器 16 件、卜骨 1 件。陶器的陶质分夹砂、泥质两类。以泥质灰陶和夹砂褐陶为主，泥质灰陶 5 件，夹砂褐陶 8 件，夹砂灰陶有 1 件，泥质褐陶和红陶少见。器表以素面为主，相当数量夹砂陶器表面有刮抹痕迹，泥质灰陶中有一定比例的磨光陶。常见纹饰有绳纹、附加堆纹和篮纹。器类主要有夹砂罐、泥质罐、甗、鼎、盆、瓮、豆、器盖、爵、箅子等，多与安邱堌堆遗址同类器物相似。夹砂罐为侈口，圆唇，素面，表面不平，器表有刮抹痕。泥质罐器表磨光或部分磨光，胎较厚。甗为粗砂。盆为卷沿，束颈，器表磨光。豆为碗形，卷沿，圆唇。另外在 2008 年调查时采集的遗物有罐等遗物。①

其他遗址也出土有少量岳石文化遗物。郑州大学考古专业在河南东部调查，在民权牛牧岗遗址采集器盖 1 件，系夹细砂红褐陶，尖圆唇，壁稍矮，器表磨光。商丘平台寺遗址采集碗形豆 1 件，为夹细砂褐陶，敞口，叠唇，斜腹，素面。永城明阳寺遗址采集 2 件尊形器，均为泥质，圆唇，腹部外有突棱，器表磨光。永城造律台遗址采集有夹砂素面罐、豆，其中罐为夹细砂灰褐陶，侈口，侈沿，圆唇，鼓腹；豆为泥质灰褐陶，敞口，叠唇，浅盘，盘心微凹，素面。夏邑马头遗址采集有尊形器、盘等。尊形器为泥质灰陶，腹壁外有凸棱一周，凸棱圆钝，器表磨光。盘为泥质黑陶，平底，底缘外突较甚，器表磨光。虞城杜集遗址采集有器盖。夹细砂灰褐陶，锥形纽，盖面较平，素面。柘城旧北门遗址采集

① 郑州大学历史学院考古系：《牛牧岗遗址周边区域考古调查报告》，载《民权牛牧岗与豫东考古》，科学出版社 2013 年版。

有器盖2件。均为泥质陶，器表磨光。[①] 在民权吴岗遗址采集有尊形器、罐、蚌刀等遗物[②]。宋豫秦先生在调查柘城旧北门、孟庄（心闷寺）、王马寺、大毛、山台寺（李庄）等遗址时，发现素面甗、直腹盆、碗形豆、榫口罐、“十”字形划纹罐等器物，与岳石文化相似。[③] 夏邑三里堌堆遗址获得的岳石文化时期器物有甗、罐等。十里铺北出土有夹砂红褐色大口罐、中口罐、甗、小罐形鼎、泥质灰陶豆、卷沿鼓腹盆、器盖、尊形器等典型岳石文化陶器，还发现有城墙，是一处中心聚落。

从以上材料看出，豫东地区的岳石文化较为丰富，主要分布于豫东地区偏东部。出土岳石文化的遗址，除经过调查发现的孟庄、栾台和大毛三处遗址位于惠济河西岸外，其他均位于惠济河东岸即豫东地区中部和东部。

（二）文化性质

该地区岳石文化主要特征与山东菏泽安邱堌堆[④]、泗水尹家城[⑤]等遗址典型岳石文化较为相似。如陶器以夹砂褐陶和泥质灰陶为主，次为泥质黑陶。夹砂陶烧制火候低，有的火候不纯，或呈灰褐色，或呈红褐色。泥质黑陶均为黑皮陶，表皮呈黑色，内胎则多为灰色或褐色。陶胎一般比较厚重。在制法上，夹砂陶一般手制，有的用泥条盘筑法制成，内外壁皆有用稀泥涂抹的痕迹；而泥质陶则多为轮制，器型较规整。在器表装饰方面，素面和磨光陶比例较大，主要纹饰有凸棱、附加堆纹、划纹、戳印纹、指窝纹、乳丁纹和彩绘等。陶器器形多子母口、平底、三足或圈足器。器类主要有袋足甗、夹砂罐、尊形器、菌状纽器盖、浅盘豆、舟形器、圆饼形器等。石器多为磨制，器类主要有斧、锛、刀、凿、铲、镞等，其中半月形双孔石刀和扁平石铲最具代表性（图3－8）。

① 郑州大学历史学院考古系：《豫东商丘地区考古调查简报》，《华夏考古》2005年第2期。

② 郑州大学历史学院考古系：《牛牧岗遗址周边区域考古调查报告》，载《民权牛牧岗与豫东考古》，科学出版社2013年版。

③ 邹衡：《论菏泽（曹州）地区的岳石文化》，《文物与考古论集》，文物出版社1986年版。

④ 北京大学考古系商周组等：《菏泽安邱堌堆遗址发掘简报》，《文物》1987年第11期。

⑤ 山东大学历史系考古专业教研室：《泗水尹家城》，科学出版社1990年版。

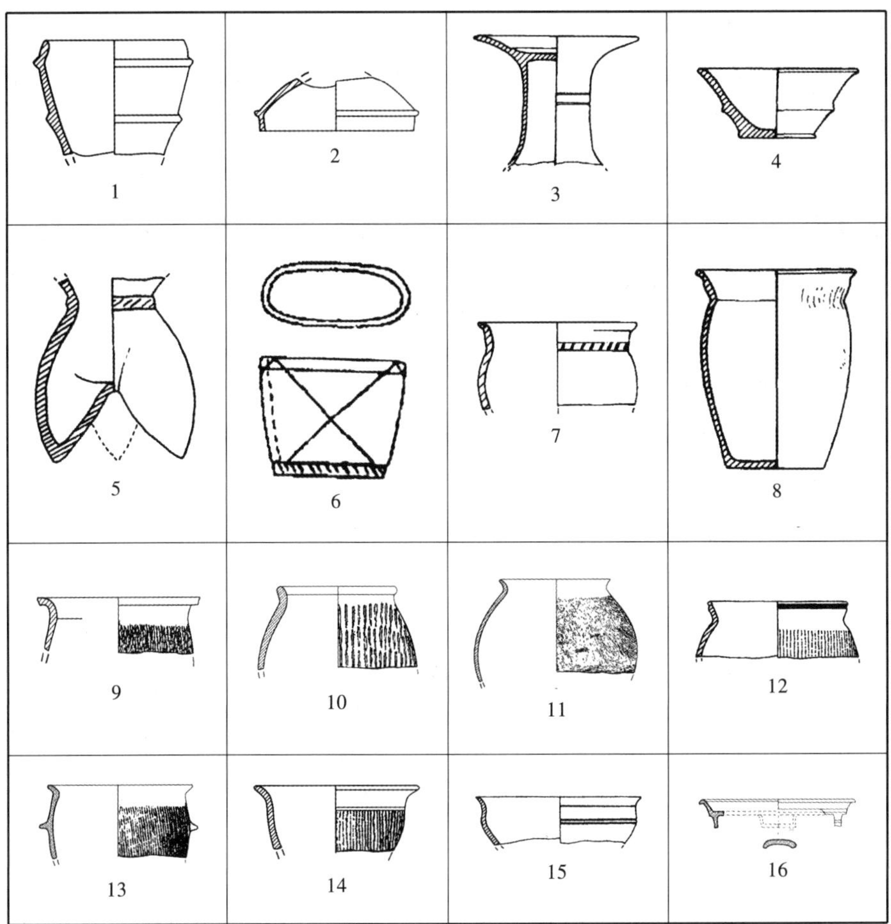

图3－8　豫东地区岳石文化陶器

1. 尊形器（H32：3）　2. 器盖（T5⑧：96）　3. 浅盘豆（H71：4）　4. 碗（H168：1）　5. 甗（T24⑤：50）　6. 舟形器（T27⑤：15）　7. 夹粗砂罐（H117：1）　8. 夹粗砂罐（H71：5）　9. 橄榄形罐（T24④：29）　10. 中口深腹罐（T27⑥：12）　11. 绳纹瓮（T24④：1）　12. 绳纹罐（T1⑧：132）　13. 鸡冠耳盆（T27⑤A：3）　14. 深腹盆（T27⑤：75）　15. 细泥鼓腹盆（T6③：85）　16. 三足盘（H43：12）　（出土遗址：3、4、8 栾台，12、14、16 清凉山，余为鹿台岗）

多数学者认为该地区岳石文化属东夷文化系统，但又具有地方特点，可单独划分一个地方类型。邹衡先生曾专门对安邱堌堆遗址附近的岳石文化进行研究，认为菏泽范围之内的岳石文化有着共同的地方特点，但因文章论述重点不在类型划分上，所以没有详细的探讨。[①] 严文明先生将其称为安邱堌堆类型。[②] 张国硕先生也认为属于安邱堌堆类型，还可细分为安邱堌堆亚型、鹿台岗亚型、清凉山亚型。[③] 王迅先生把岳石文化划分为5个类型，其中该地区称为安邱堌堆类型，苏北地区称为苏北类型。[④] 栾丰实、靳松安等先生也同意将河南东部地区岳石文化划入安邱堌堆类型。[⑤] 张翠莲先生建议将豫东地区岳石文化统称为清凉山类型。[⑥]

学界都注意到了豫东地区岳石文化有着共同的地方特点，应将其单独划分为一个地方类型。按照考古学命名原则，安邱堌堆遗址发掘于1984年，清凉山遗址发掘于1988年，理应称之为“安邱堌堆类型”。

（三）分期与年代

关于豫东地区岳石文化的分期，一些学者已做了大量工作。清凉山遗址发掘报告依据地层间的叠压打破关系和器物形制的变化，把该遗址的岳石文化遗存分为早、晚二期：早期以Ⅰ式、Ⅱ式尊形器、Ⅰ式器盖为代表，晚期以Ⅲ式尊形器、Ⅱ式器盖为代表。后来，张翠莲先生就夏邑清凉山和鹿邑栾台两处遗址的此类遗存做了分期研究，将其分为早、晚两段：一段包括清凉山H30、H47、H32、T5⑧、T1⑧、T6④、T5⑦、T1⑦，二段包括清凉山T5⑥、T1⑥、T6③。[⑦] 靳松安先生通过对器物形制的变化和叠压打破关系，将清凉山遗址此类遗存分为三期：第一期以T5⑧、T1⑧、H32为代表，第二期以T5⑦、T1⑦为代表，第三期以T5

---

① 邹衡：《论菏泽（曹州）地区的岳石文化》，《文物与考古论集》，文物出版社1986年版。

② 严文明：《东夷文化探索》，《文物》1989年第9期。

③ 张国硕：《岳石文化的类型划分》，《郑州大学学报》1992年第2期。

④ 王迅：《东夷文化与淮夷文化》，北京大学出版社1994年版，第34页。

⑤ 栾丰实：《岳石文化的分期和类型》，《海岱地区考古研究》，山东大学出版社1997年版；靳松安：《河洛与海岱地区考古学文化的交流与融合》，科学出版社2006年版，第123页。

⑥ 张翠莲：《论岳石文化的分期和地方类型》，《中原文物》1998年第1期。

⑦ 张翠莲：《论岳石文化的分期和地方类型》，《中原文物》1998年第1期。

⑥、T1⑥为代表。①

本书认为清凉山遗址三期分法是比较合理的。具体划分如下：第一期以Ⅰ式尊形器、Ⅰ式器盖、Ⅰ式浅盘豆等为代表；第二期Ⅱ式尊形器、Ⅱ式器盖、Ⅱ式浅盘豆为代表；第三期以Ⅲ式尊形器、Ⅲ式器盖、Ⅲ式浅盘豆为代表（图3－9）。此三期大约相当于山东地区岳石文化四期中的第二、第三、第四期。

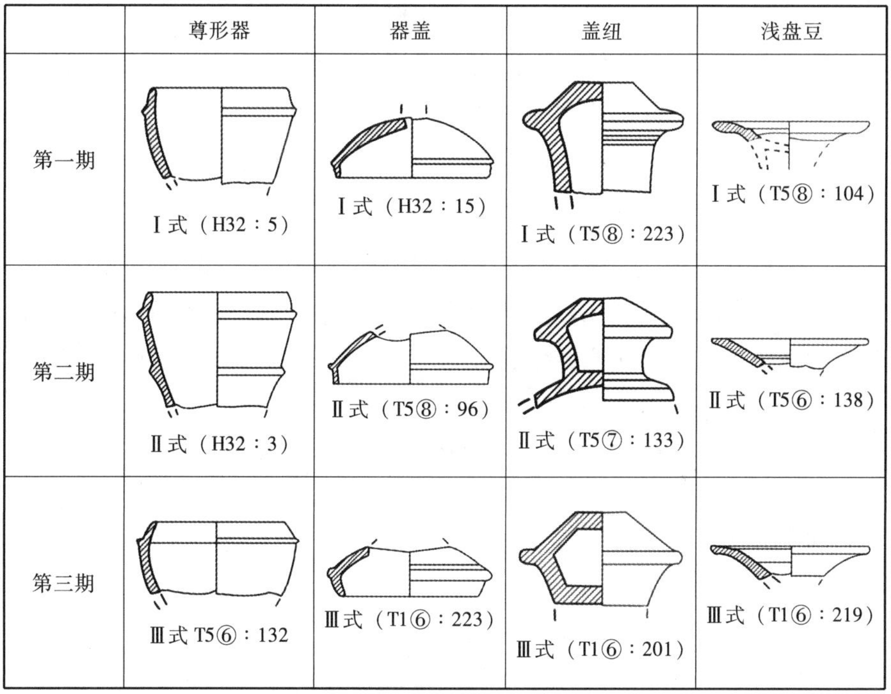

	尊形器	器盖	盖纽	浅盘豆
第一期	Ⅰ式（H32：5）	Ⅰ式（H32：15）	Ⅰ式（T5⑧：223）	Ⅰ式（T5⑧：104）
第二期	Ⅱ式（H32：3）	Ⅱ式（T5⑧：96）	Ⅱ式（T5⑦：133）	Ⅱ式（T5⑥：138）
第三期	Ⅲ式 T5⑥：132	Ⅲ式（T1⑥：223）	Ⅲ式（T1⑥：201）	Ⅲ式（T1⑥：219）

图3－9　清凉山遗址岳石文化分期器物图

鹿台岗遗址岳石文化见于报告者多为地层内出土的遗物，原报告将其分为早、晚两期：早期以T27⑤为代表，晚期以T24④、⑤为代表。但

① 靳松安：《河洛与海岱地区考古学文化的交流与融合》，科学出版社2006年版，第120页。

我们通过对两个时期的典型器物做对比后发现，其早期单位中有不少器物具有晚期特征。最晚的器物特征与清凉山遗址第三期大致相近，但出土的器物中也有不少具有偏早的特征，故推测鹿台岗遗址岳石文化可能延续时间较长，其年代大约相当于清凉山遗址的第二期和第三期。

安邱堌堆遗址发现有此类遗存的灰坑和灰沟，出土了较为丰富的遗物。此类遗存的文化层划分为三个小层，依据此类遗存文化层的相互叠压和灰坑间的打破关系，结合遗物特征将该遗址此类遗存分为三段，推测其延续年代与清凉山遗址的此类遗存相当。

栾台遗址岳石文化较少，出土的浅盘豆、素面甗、素面罐、碗等都与清凉山遗址第三期的遗物相近似。

通过以上各遗址岳石文化遗存的分析看出，鹿台岗遗址和栾台遗址的岳石文化遗存虽然都无法进行细化分期，但其器物特征大约可与清凉山遗址的岳石文化分期相对应。其中鹿台岗遗址岳石文化遗物分期约相当于清凉山遗址岳石文化第二期至第三期，栾台遗址岳石文化遗存约相当于清凉山遗址岳石文化遗存的第三期（表3－2）。

表3－2　**豫东地区与山东地区岳石文化五分期对照表**

<table>
<tr><th>山东地区</th><th>豫东地区</th><th>清凉山遗址</th><th>鹿台岗遗址</th><th>栾台遗址</th><th>安邱堌堆遗址</th></tr>
<tr><td>第一期</td><td></td><td></td><td></td><td></td><td></td></tr>
<tr><td>第二期</td><td>第一期</td><td>第一期</td><td></td><td rowspan="2"></td><td rowspan="3">一段
二段
三段</td></tr>
<tr><td>第三期</td><td>第二期</td><td>第二期</td><td rowspan="2">T27⑤、
T24④、
T24⑤</td></tr>
<tr><td>第四期</td><td>第三期</td><td>第三期</td><td>H168、H71</td></tr>
</table>

通过分析，豫东地区岳石文化分为三期，其年代大约相当于山东地区岳石文化的第二、三、四期。起始年代可能为二里头文化二期，终止年代早于二里岗文化第四期。

三　下七垣文化

该区域下七垣文化是冀南地区下七垣文化南下形成的，与岳石文化共存，时间约相当于二里头文化四期。

（一）文化分布

下七垣文化以鹿台岗遗址[①]发现的先商文化为代表。鹿台岗遗址位于河南省杞县东12千米的鹿台岗村。遗物种类以陶器为主，还有少量的石器、骨器、蚌器和卜骨。陶器以夹砂灰陶和泥质灰陶为主，部分褐陶、黑陶。纹饰常见细绳纹、弦纹、划纹等。主要器类有卷沿细绳纹鬲、橄榄状罐、盆形腹绳纹甗、细泥卷领鼓腹盆、斜腹平底绳纹盆、敛口瓮、细柄碗形豆、器盖等。此外，还见有鸡冠耳绳纹盆、箍状堆纹缸、花边口沿罐、鸡冠耳罐等二里头文化的同类器物，出土素面甗、浅盘豆、尊形器、夹砂罐等岳石文化的器物。

除鹿台岗遗址外，出土此类遗存的主要遗址还有民权牛牧岗[②]、李岗[③]、吴岗、睢县周龙岗、柘城史堌堆[④]、鹿邑栾台[⑤]等（图3－10）。

其他几处遗址未经过正式发掘，在调查中采集有下七垣文化的陶器。李岗遗址包含有少量此类遗存，2002年考古调查采集有橄榄形罐2件、鬲1件、鬲足1件，2008年考古调查发现陶鬲2件和细绳纹陶片。从器物造型和绳纹特征判断，属下七垣文化。牛牧岗遗址考古调查曾采集鬲足1件。2007年的考古发掘，发现了不少具有下七垣文化特征的陶器残片。此外，周龙岗遗址采集陶鬲1件，史堌堆遗址和吴岗遗址各发现大口尊1件，为泥质磨光陶。另外，栾台遗址第四期Ⅰ式鬲H57：1，为侈

① 郑州大学考古专业等：《河南杞县鹿台岗遗址发掘简报》，《考古》1994年第8期；郑州大学文博学院等：《豫东杞县发掘报告》，科学出版社2000年版。

② 郑州大学历史学院考古系：《豫东商丘地区考古调查简报》，《华夏考古》2005年第2期；张国硕、赵俊杰：《河南民权县牛牧岗遗址发掘简报》，《考古》2012年第2期；郑州大学历史学院考古系：《河南民权牛牧岗遗址发掘报告》，载《民权牛牧岗与豫东考古》，科学出版社2013年版。

③ 郑州大学历史学院考古系：《豫东商丘地区调查简报》，《华夏考古》2005年第2期。郑州大学历史学院考古系：《牛牧岗遗址周边区域考古调查报告》，载《民权牛牧岗与豫东考古》，科学出版社2013年版。

④ 郑州大学历史学院考古系：《豫东商丘地区考古调查简报》，《华夏考古》2005年第2期。

⑤ 河南省文物研究所：《河南鹿邑栾台遗址发掘简报》，《华夏考古》1989年第1期。

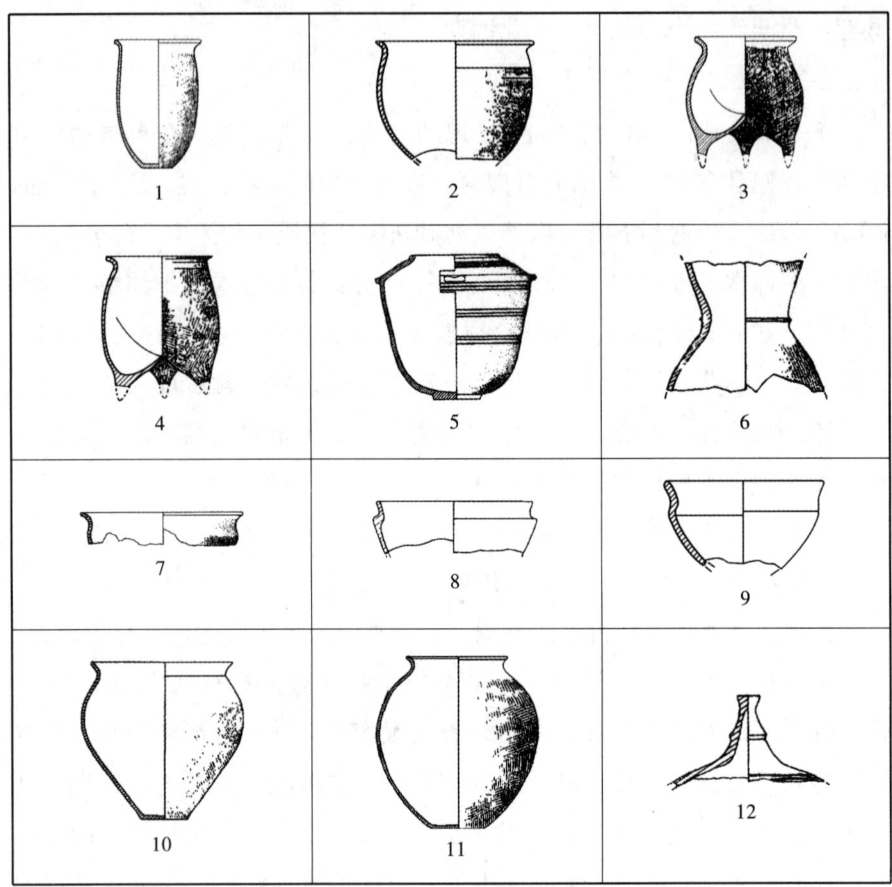

图 3－10　下七垣文化陶器

1. 橄榄形罐（H39：7）　2. 深腹盆（H39：53）　3. 鬲（H39：6）　4. 鬲（H9：12）　5. 平口瓮（H9：19）　6. 甗（T2⑥：4）　7. 束颈高领盆（H35：18）　8. 双沟槽口沿盆（H39：30）　9. 素面卷沿束颈盆（F1：3）　10. 大口罐（H39：62）　11. 球形瓮（H9：18）　12. 大覆钵形器盖（H9：23）　（均出自鹿台岗遗址）

口，卷沿，圆唇，高尖实足根，饰细绳纹，原报告称其年代与郑州二里岗 C1H9 年代大体相当，但观察图片，为薄胎，绳纹较细，束颈，下部残缺，不排除其足上也饰有细绳纹的可能性，整体特征与鹿台岗遗址出土同类器相似（图 3－11），归入下七垣文化。

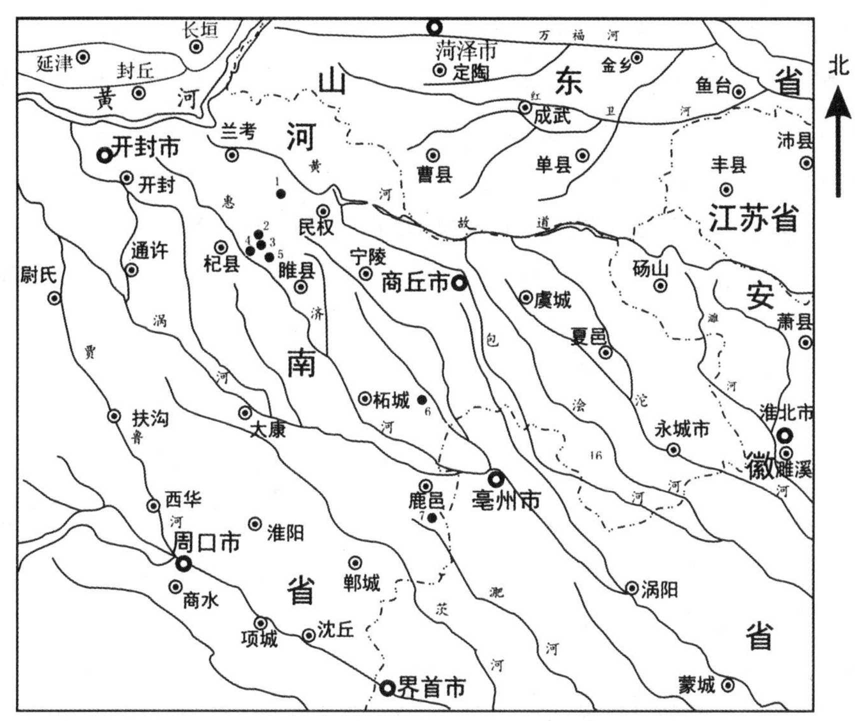

图3－11　豫东地区下七垣文化分布示意图

1. 牛牧岗　2. 吴岗　3. 李岗　4. 鹿台岗　5. 周龙岗　6. 史堌堆　7. 栾台

豫东地区发现的下七垣文化遗址相对较少，主要分布于豫东地区西部的惠济河流域。六处遗址多位于惠济河东岸，集中分布在岳石文化的范围之内。下七垣文化和岳石文化在一定时间内有共存的现象，甚至可能在同一遗址中共存。在鹿台岗遗址北部为岳石文化的地层堆积，东北隅为下七垣文化的堆积，两者之间没有直接的叠压打破关系，其年代也没有明显的早晚关系。因此，推测下七垣文化和岳石文化的关系较为紧密，可能在一定的时间内共存。该遗址以T27⑤为代表的岳石文化第一期相对年代早于该遗址以H39为代表的下七垣文化①，而以H35和F1为

① 郑州大学文博学院、开封市文物工作队：《豫东杞县发掘报告》，科学出版社2000年版，第139页。

代表的下七垣文化第二期的相对年代早于以 T24④、⑤为代表的岳石文化晚期（T24⑤层叠压 H35 的北半部）①。在吴岗遗址也发现有共存现象，调查发现两种文化遗存都存在于吴岗遗址，且不在同一地点分布。在李岗遗址，调查发现有下七垣文化遗存，在试掘中还发现了岳石文化的地层。在栾台遗址发现有下七垣文化叠压岳石文化的现象。

综上所述，在二里头文化阶段，豫东地区二里头文化、岳石文化和下七垣文化。二里头文化主要分布于惠济河西岸，岳石文化和下七垣文化主要分布于惠济河东岸。

（二）文化性质

豫东地区的下七垣文化有独特的文化特征。陶器多薄胎，以夹细砂青灰陶为主，少见灰褐陶及泥质灰陶。细绳纹较多，其中一些可以称为线纹，少量细条状、麻纸状或杂乱绳纹、旋纹、箍状堆纹等。器类以橄榄形罐、鬲等为主，还有深腹盆、平口瓮、细泥鼓腹盆等，另外还有中口瓮、斜腹平底盆、夹粗砂罐、大口尊、平底盆、浅腹豆、尊形器、箍状堆纹缸、圆腹罐、大覆钵形器盖，少量花边口沿罐、大口长腹罐、子口缸、子口盆、褐陶素面夹粗砂甗等。

除了细绳纹鬲、橄榄形罐、鼓腹盆等漳河型特征器物外，还有箍状堆纹缸、花边口沿罐等二里头文化的器物，以及褐陶素面甗、浅盘豆、尊形器等岳石文化的器物，而束颈高领盆、圆鼓肩或折肩绳纹大口罐、双沟槽口沿盆、素面卷沿盆、素面磨光大口尊、小口卷缘鼓腹瓮、厚胎浅腹圈足盘、球形瓮、簋、大覆钵形器盖、平底盆等器物有着明显的自身特点（图 3－12）。

该地区下七垣文化自发现以来，就一直备受学术界重视，一般认为属于下七垣文化。在文化类型方面，有学者认为不应该单独称为一个类型，而应归入下七垣文化漳河型范畴。② 但与豫北、冀南地区的下七垣

① 郑州大学文博学院、开封市文物工作队：《豫东杞县发掘报告》，科学出版社 2000 年版，第 114 页。

② 侯保华：《下七垣文化分期研究》，硕士学位论文，吉林大学，2006 年。

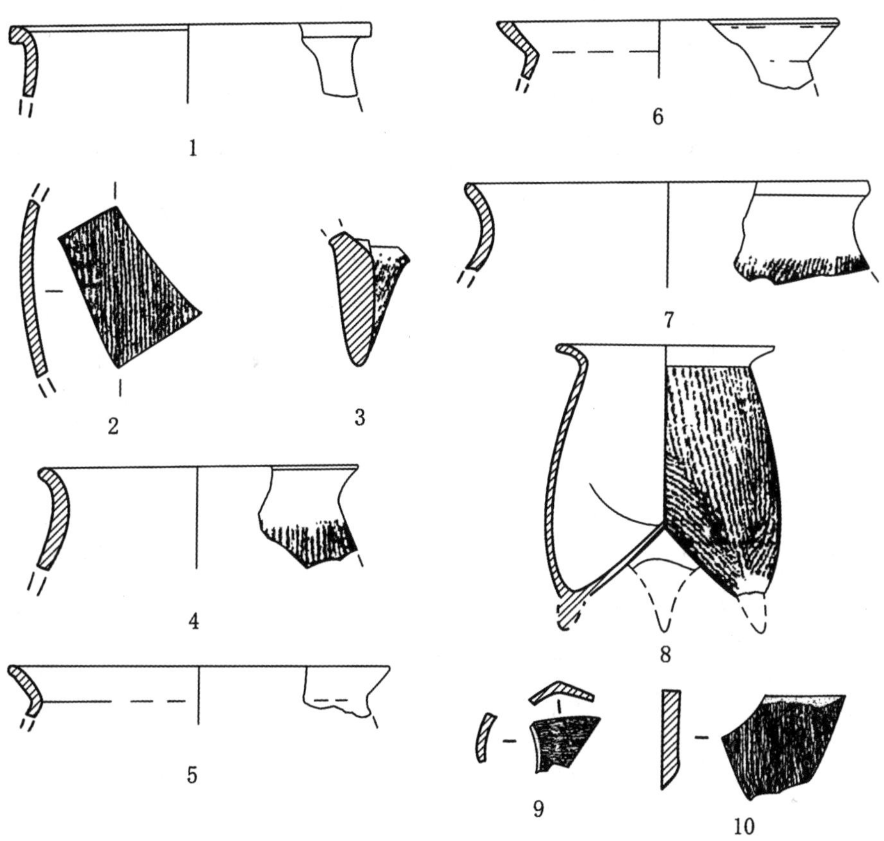

图3－12　豫东地区出土或采集下七垣文化的陶器

1、2. 李岗橄榄形罐（02MYL采：01、02MYL采：02）　3. 牛牧岗鬲足（02MSN采：02）　4. 李岗鬲（02MYLTG1⑤：5）　5. 史堌堆大口尊（02ZLS采：01）　6. 吴岗大口尊（02MYW采：12）　7. 周龙岗鬲（02ZLS采：01）　8. 栾台鬲（H57：1）　9. 李岗鬲（08MYL：10）　10. 李岗细绳纹陶片（08MYL：22）

文化漳河型相比仍有一些地方特点，因此张国硕先生就提出将鹿台岗遗址的下七垣文化单独划分为一个类型，即“鹿台岗类型”[①]，魏兴涛先生曾专门著文对鹿台岗类型进行了详细论述[②]。该类遗存地方特征明显、

① 郑州大学考古专业等：《河南杞县鹿台岗遗址发掘简报》，《考古》1994年第8期。

② 魏兴涛：《试论下七垣文化鹿台岗类型》，《考古》1999年第5期。

相对年代较晚、分布地域特殊，故称为下七垣文化“鹿台岗类型”。

（三）分期与年代

有关漳河流域下七垣文化的分期，学界观点较多，主要有“三期说”和“四期说”。李伯谦先生将下七垣文化分为三期，分别以河北磁县下七垣下层、磁县界段营 H8 与 H11、下七垣上层为代表，年代相当于二里头文化二至四期[①]；《中国考古学·夏商卷》中将下七垣文化分为四期，且认为第四期已经跨入商文化的时间范围[②]；靳松安先生将下七垣文化分为三期四段，第四段以南关外中下层、二里岗 C1H9 为代表[③]。而二里岗 C1H9 的时间应跨入早商文化范畴，故目前应仍以李伯谦先生的分期方法为准。

有关豫东地区下七垣文化的分期，专门研究者较少。原报告根据一组打破关系，将鹿台岗遗址下七垣文化分为早、晚两期，其年代约相当于二里头文化三期晚段到四期晚段。[④] 魏兴涛先生的分期与原报告较为一致，将其分为前、后两期。[⑤]《中国考古学·夏商卷》仅提到了鹿台岗遗址 H9，将其归入了第三期。靳松安先生将鹿台岗遗址的早、晚期分别归入中期的第 2 段和第 3 段。

通过分析看出，鹿台岗遗址下七垣文化遗存的叠压打破关系是清楚的。鹿台岗遗址的发掘面积十分有限，仅见灰坑 3 处和房基 1 座，但遗迹之间的叠压打破关系明确。H35 叠压于 T2 北扩⑤层下，被开口于同层的 F1 打破，打破第⑥层和 H39。F1 叠压于 T2 北扩⑤下，打破 H35 和⑥层。H9 叠压于 T2⑥层下，打破开口于同层的 H39。H39 叠压于 T2 北扩

① 李伯谦：《先商文化探索》，《庆祝苏秉琦考古五十五周年论文集》，文物出版社 1989 年版。

② 中国社会科学院考古研究所：《中国考古学·夏商卷》，中国社会科学出版社 2003 年版，第 147 页。

③ 靳松安：《河洛与海岱地区考古学文化的交流与融合》，科学出版社 2006 年版，第 117 页。

④ 郑州大学文博学院等：《杞县发掘报告》，科学出版社 2000 年版，第 114—115 页。

⑤ 魏兴涛：《试论下七垣文化鹿台岗类型》，《考古》1999 年第 5 期。

⑥层下，被同属本层的 H9 和开口于⑤层的 H35 和 F1 打破，打破⑦、⑧、⑨层。由此列出打破关系如下：

T2 北扩⑤→F1→H35→T2 北扩⑥→H39；T2 北扩⑥→H9→H39

观察遗迹叠压关系和出土的遗物特征，原报告早、晚两期的划分基本可行，但须稍做调整。H9 和 H39 不应全部归入早期，但从遗物特征看，H9 内出土的鬲均较瘦高，无 H39 常见的圆鼓腹鬲。橄榄形罐多略显鼓腹，与 H39 出土的瘦高形罐有所不同。鉴于此，应该将原归为早期的 H9 归入晚期，早期单位只有 H39，晚期单位有 H9、H35、F1 和 T2⑥。其陶器演变特征是：早期鬲腹部较圆鼓，较矮胖；晚期腹部较瘦，整体较瘦高。早期大口尊口径略小于肩径；晚期口径略大于肩颈。早期橄榄形罐较瘦高，晚期偏矮胖者较多（图 3－13）。

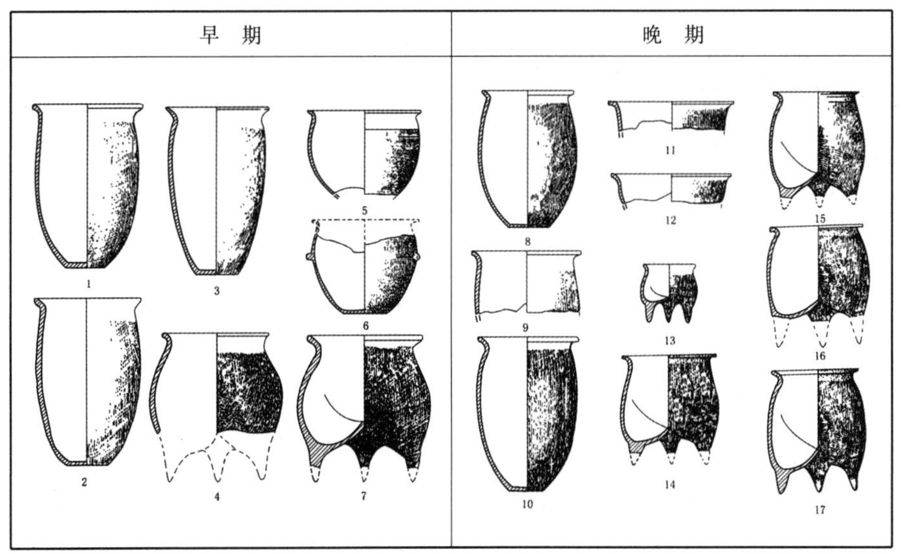

图 3－13 鹿台岗遗址下七垣文化分期图

1—3. 早期橄榄形罐（H39：7、H39：9、H39：5） 4、7. 早期鬲（H39：58、H39：6） 5、6. 早期深腹盆（H39：53、H39：13） 8—10. 晚期橄榄形罐（H9：8、H35：3、H9：4） 11、12. 晚期深腹盆（H35：13、H35：14） 13—17. 晚期鬲（F1：2、H9：15、H9：12、H9：13、H9：14）

鹿邑栾台遗址出土的一件下七垣文化陶鬲较完整，原发掘报告明确指出其年代相当于鹿台岗遗址晚期。从整体分析，其造型较瘦，卷沿，圆唇，实足根较高，饰细绳纹，具有下七垣文化晚期的特征，故将其归入鹿台岗遗址晚期应该是准确的。

其他遗址出土的下七垣文化遗物多为器物残片，地层单位不清晰，无法进行准确的分期，但年代处于鹿台岗遗址下七垣文化的范围之内当无大的疑问。

总体来说，鹿台岗遗址早期年代约相当于下七垣文化第二期或偏晚，晚期约相当于下七垣文化第三期。一般认为豫北、冀南下七垣文化约相当于二里头文化的二、三、四期，因此豫东地区下七垣文化的年代约相当于二里头文化的晚期。

四　文化的对峙

该地区惠济河以西的杞县段岗、牛角岗、朱岗等遗址分布着典型的二里头文化遗存，而惠济河以东的杞县鹿台岗遗址却是典型的下七垣文化和岳石文化遗址。

（一）文化时空关系

豫东地区的二里头文化遗址，多集中分布于西部边沿地带。段岗、朱岗、牛角岗三处二里头文化遗址相距不远，均位于杞县境内惠济河西岸，往西的尉氏要庄、西王村等遗址也属于二里头文化。而惠济河东岸不远的杞县鹿台岗、民权牛牧岗、吴岗、李岗、睢县周龙岗即为下七垣文化或岳石文化遗址。经过调查的杞县西伯牛岗虽然处于惠济河东岸，但距离惠济河很近。该地区的二里头文化开始年代稍晚，段岗、朱岗、牛角岗3处主要遗址的年代相近，均属于该地区二里头文化第一期，约相当于郑洛地区二里头文化二期偏晚阶段。

该地区岳石文化和下七垣文化遗址大多分布于惠济河沿岸以东地区。岳石文化遗址除柘城孟庄、大毛、鹿邑栾台3处遗址位于惠济河西岸附近外，杞县鹿台岗、夏邑清凉山等岳石文化主要遗址均位于惠济河东岸。

该地区岳石文化的形成年代相差不大，约相当于山东岳石文化第二期，延续至山东岳石文化的第三、四期，年代大约为二里头文化第三、四期至早商。

同时，在二里头文化晚期下七垣文化南下进入该地区。在杞县鹿台岗等6处遗址发现了下七垣文化遗存，这些遗址多位于豫东西部的惠济河沿岸以东地区，与岳石文化分布范围有一定的交叉。该地区的下七垣文化和岳石文化在一定时间内有共存的现象，甚至可能在同一遗址中共存。在杞县鹿台岗遗址，北部有岳石文化堆积，东北隅为下七垣文化堆积，两者之间相距很近，但分界明确，几乎没有明显的叠压或打破关系，其年代也比较接近。根据地层可知，下七垣文化和岳石文化遗存都处于河南龙山文化层和商文化层之间，二者年代大约相当于二里头文化晚期。据原发掘报告材料，该遗址岳石文化以T27⑤为代表的第一期的相对年代早于该遗址以H39为代表的先商文化，而以H35和F1为代表的先商文化第二期的相对年代早于以T24④、⑤为代表的岳石文化晚期（T24⑤层叠压H35的北半部）①。

除此之外，在民权吴岗、李岗和鹿邑栾台等遗址都发现有下七垣文化与岳石文化共存的现象。考古调查发现吴岗遗址的两种文化遗存分布区域有一定的间隔。李岗遗址调查发现有下七垣文化遗存，考古试掘中还发现了岳石文化地层。栾台遗址发现有下七垣文化叠压岳石文化的现象。依此推测，下七垣文化和岳石文化的关系较为紧密，可能在一定的时间内共存。

从上可知，在二里头文化晚期阶段，该地区二里头文化与岳石文化、下七垣文化大约以惠济河沿岸地带为界东西向对峙，以东主要属于岳石文化和下七垣文化的分布区，以西主要是二里头文化的分布区。二里头文化和岳石文化、下七垣文化有各自独立和明确的分布范围，说明三者之间有着明显的对峙关系，岳石文化和下七垣文化分布在东边，二里头文化分布在西边，大约以惠济河沿岸为界东西对峙。

---

① 郑州大学文博学院等：《豫东杞县发掘报告》，科学出版社2000年版，第139、114页。

（二）文化的交流

二里头文化与岳石文化、下七垣文化虽东西对峙，文化之间也有不少交流和相互影响。

1. 二里头文化与岳石文化的交流

由于二里头文化与岳石文化东西相邻，二者之间的文化交流较为明显。一方面，二里头文化对岳石文化影响深刻，二里头文化遗物在岳石文化遗址中有较多发现；另一方面，岳石文化也对二里头文化产生一定程度的影响，岳石文化的典型器物屡在二里头文化遗址中出现。

在该地区岳石文化遗址中发现的具有二里头文化因素的器物，主要有花边口沿罐、中口深腹罐、绳纹罐、鸡冠耳盆、爵、大口尊、圈足盘等（图3－14）。

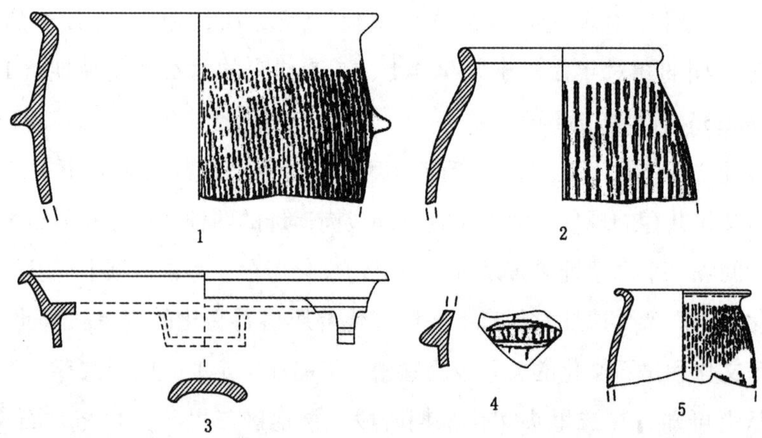

图3－14　岳石文化遗址中出土的二里头文化因素陶器

1. 鹿台岗鸡冠耳盆（T27⑤A：3）　2. 鹿台岗中口深腹罐（T27⑥：12）　3. 清凉山三足盘（H43：12）　4. 鹿台岗鸡冠耳（H117：9）　5. 坞墙中口深腹罐（T1④：1）

中口深腹罐在岳石文化鹿台岗遗址和坞墙遗址中均有出现。如鹿台岗遗址标本T27⑥：12，夹砂浅灰陶，侈口圆唇，唇外有叠边。坞墙遗址标本T1④：1，夹细砂褐陶，平折沿，圆唇，腹壁饰绳纹。坞墙遗址标本 T1④：2，夹细砂灰陶，束颈敞口，折沿，沿面略凹，腹壁饰篮纹。

绳纹罐在岳石文化中较为少见，其器物造型与二里头文化的器物造型较为相似，推测绳纹罐是岳石文化遗址中的具有二里头文化因素的器物。在清凉山遗址中发现了多个绳纹罐，如清凉山遗址标本 T1⑥：178，泥质黄褐陶，圆唇，束颈，腹微鼓，颈下饰粗绳纹。清凉山遗址标本 T1⑥：176，卷沿圆唇，泥质灰陶，口及颈内外磨光，腹饰粗细不均的绳纹。

鸡冠耳在岳石文化遗址中有较多发现，一般装饰在深腹盆上，在清凉山遗址、鹿台岗遗址都有较多发现。如清凉山遗址标本 T1⑧：158，泥质灰陶，以篮纹为底，耳最高处 1.9 厘米；标本 T6③：48，泥质黑陶，素面，耳最高处 2.3 厘米。鹿台岗遗址标本 H117：9，为夹砂灰陶，耳略呈半圆形，耳上有小坑窝，整体形态呈鸡冠状；标本 T27⑤A：3 鸡冠耳盆，夹细砂灰陶，侈口方唇，深腹，上腹有两对称的鸡冠状耳。

花边口沿罐见于清凉山遗址。如清凉山遗址标本 H32：13，卷沿圆唇，唇上有压印的花边。

附加堆纹在鹿台岗遗址中较为常见。鹿台岗遗址标本 T24⑤：41，夹砂灰陶，饰浅乱麻状绳纹。鹿台岗遗址标本 T24⑤：49，泥质灰陶，平沿方唇，饰条状中绳纹。鹿台岗遗址标本 T24⑤：46，夹砂灰陶，尖圆唇，饰麻纸状中绳纹。鹿台岗遗址标本 T24⑤：47，夹砂灰陶，卷沿近平，方唇，饰直行麻状绳纹。

爵是二里头文化的代表性酒器。在鹿台岗遗址岳石文化遗迹中也发现有少量爵，其形态与二里头遗址出土的青铜爵十分相似，为仿铜陶器，泥质灰陶，平底。

三足盘或称瓦足簋，是二里头文化的典型器物之一，在清凉山遗址岳石文化中也有发现，年代属清凉山岳石文化第二期。标本 H43：12，泥质深灰陶，腹斜直内收，平底，腹近底处及瓦足近底处各突出一棱，外部抹光，盘外壁有一周旋纹，足上有二周旋纹。

大口尊见于鹿台岗遗址，泥质深灰陶，饰旋钮索状附加堆纹和斜向细绳纹。

岳石文化的典型器物在该地区二里头文化遗址也有发现，主要有夹粗砂褐陶罐、束颈圆腹瓮、素面束颈深腹盆、敞口弧腹盆、浅盘豆、碗形豆、簋、盂等（图3－15）。

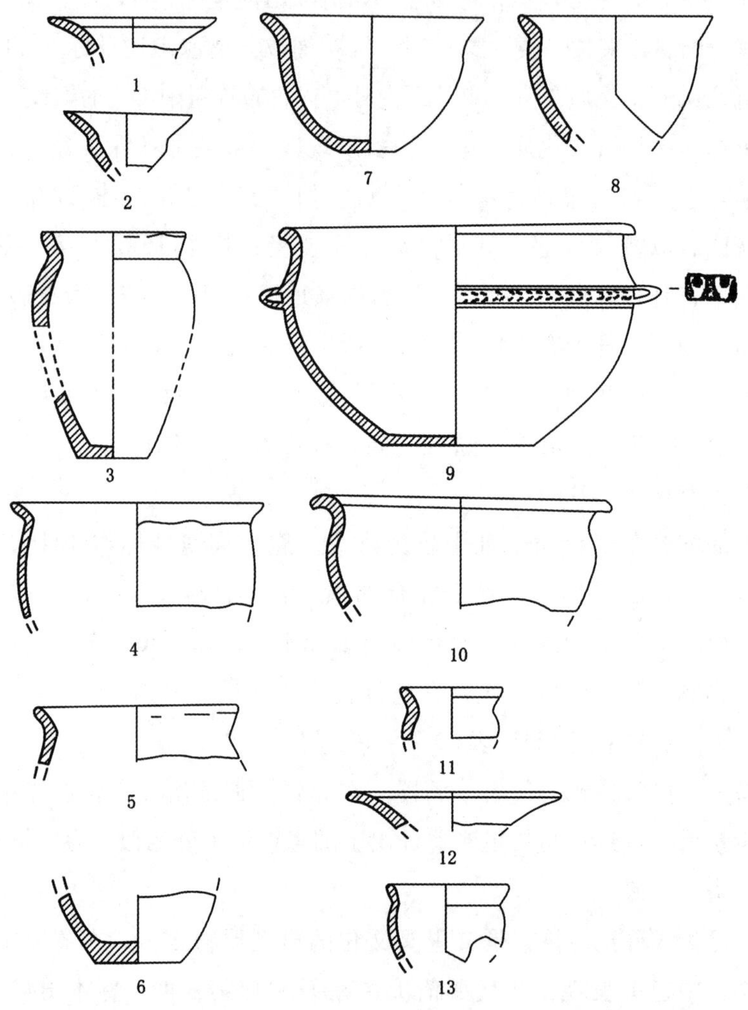

图3－15　二里头文化遗址中出土的岳石文化因素陶器

1. 朱岗浅盘豆（H3：2）　2. 朱岗碗形豆（H10：8）　3、11. 朱岗夹粗砂褐陶罐（3上H10：2，3下H10：3、H10：6）　4—6. 段岗夹粗砂褐陶罐（89ⅡH61：1、90ⅡH4：4、90ⅡT18②：8）　7、8. 朱岗敞口弧腹盆（H10：10、H10：9）　9、10. 段岗素面束颈深腹盆（89ⅡH14：21、90ⅡT18③：11）　12. 牛角岗浅盘豆（H16：20）　13. 牛角岗盂（H16：11）

夹粗砂褐陶罐在段岗遗址和朱岗遗址中都有发现。段岗遗址出土3件，标本89ⅡH61：1，红褐陶，侈口圆唇，沿外有薄贴边，器表不平，素面。标本90ⅡH4：4，红褐陶，侈口圆唇，制作不规整，素面。标本90ⅡT18②：8，内壁红褐陶，外壁为灰陶，胎较厚，素面。朱岗遗址出土3件，标本H10：6，为夹砂红褐陶，厚胎，侈口，尖唇，束颈，鼓腹，素面。

束颈圆腹瓮即小口瓮，见于段岗遗址。段岗遗址标本89ⅡH24：2，细泥质深灰陶，侈口，卷沿，圆唇，高束领，圆腹，平底，磨光，饰旋纹。

素面束颈深腹盆见于段岗遗址。标本90ⅡT18③：11，泥质黑褐，夹杂灰褐陶，磨光，沿面鼓，微束颈，弧腹平底，上腹部有两个对称饕餮形錾，素面饰细旋纹和楔形点纹。标本89ⅡH14：21，灰陶卷沿圆唇，素面，磨光。

敞口弧腹盆朱岗遗址出土2件，均为泥质深褐陶，手制，胎较厚，侈口卷沿，尖唇或圆唇，弧腹，通体磨光，但因器壁厚薄不匀而不平滑。

浅盘豆在朱岗、牛角岗遗址都有发现，其造型与岳石文化的浅盘豆十分相似。朱岗遗址标本H3：2，泥质褐陶，尖圆唇下有鼓边，盘心下凹，磨光。牛角岗遗址标本H16：20，泥质黑灰陶，盘腹甚浅，盘内近口有一周沟槽，盘心似下凹，盘外壁素面，内壁磨光。

碗形豆发现于朱岗遗址，其造型与岳石文化的碗形豆十分相似。标本H10：8，泥质褐陶，侈口，圆唇，折腹，腹折有阶状棱，素面，磨光。

簋见于朱岗遗址，器表磨光，具有岳石文化因素。标本M1：6，浅灰陶，敛口，尖圆唇，平沿外斜，沿下有一周深凹槽，弧腹，圜底，腹与圈足连接处有一周凸棱，小圈足残断，但残断面又经修磨仍可平置，腹饰三组规整的细旋纹，器体大。

盂见于牛角岗遗址，通体磨光，具有岳石文化因素。标本H16：11，泥质褐陶，胎较薄，圆唇，侈口，鼓腹。

2. 下七垣文化与岳石文化的交流

该地区下七垣文化与岳石文化的交流，主要表现在一方的遗迹单位中发现有属于对方文化因素的遗物。

该地区岳石文化遗迹中出土有较多的下七垣文化遗物，主要有橄榄形罐、鬲、甗、束颈瓮、深腹盆、甑等（图3－16）。

橄榄形罐在杞县鹿台岗遗址的岳石文化遗迹中发现9件。标本T24④：29，夹砂灰陶，卷沿，斜方唇，饰条状细绳纹。标本T24⑤：6，夹砂褐陶，卷沿，圆唇，口沿有绳切状花边，饰粗细不均的条状绳纹。标本T24⑤：7，夹砂灰陶，斜壁，平底，饰细绳纹。标本T24⑤：6，夹砂灰陶，斜直壁，平底，饰粗细不均的细条状绳纹。标本T24⑤：8，夹砂灰陶，平底，饰斜行绳纹。标本T24⑤：42，夹砂褐陶，卷沿，圆唇，口沿有绳纹切状花边，饰粗细不均的条状绳纹。标本T24⑤：45，夹砂灰陶，翻沿，方唇，饰中细绳纹。标本T24⑥：44，夹砂灰陶，折平沿，方唇，饰条状中绳纹。标本T27⑥：10，泥质灰陶，薄胎，平底，饰细密绳纹。

鬲和甗在鹿台岗遗址岳石文化遗迹中也有发现。标本T24④：16鬲，夹砂灰陶，翻沿，尖圆唇，薄胎，饰细绳纹。标本T27⑤：94甗，夹砂深灰陶，饰绳纹。标本T27⑤：95甗，夹砂灰陶，饰按窝状堆纹和印痕较浅的麻纸状绳纹。

束颈瓮又称大口圆腹瓮见于鹿台岗遗址。标本T24④：1，泥质灰陶，侈口，尖唇，圆鼓腹，饰印痕较浅的绳纹。

甑在鹿台岗遗址中有发现。标本T24④：21，夹砂灰陶，斜直壁，平底，饰细条绳纹，内壁底上亦饰绳纹。

深腹盆在鹿台岗和清凉山两处遗址都有发现。鹿台岗遗址出土7件。标本T27⑤：75，泥质灰陶，翻沿，方圆唇，腹微鼓，饰直行中粗绳纹。标本T27⑤：74，泥质灰陶，小侈口，尖唇，饰印痕模糊的细绳纹。标本T27⑤：46，泥质灰陶，侈口近直，尖唇，厚胎，饰细密斜行绳纹。

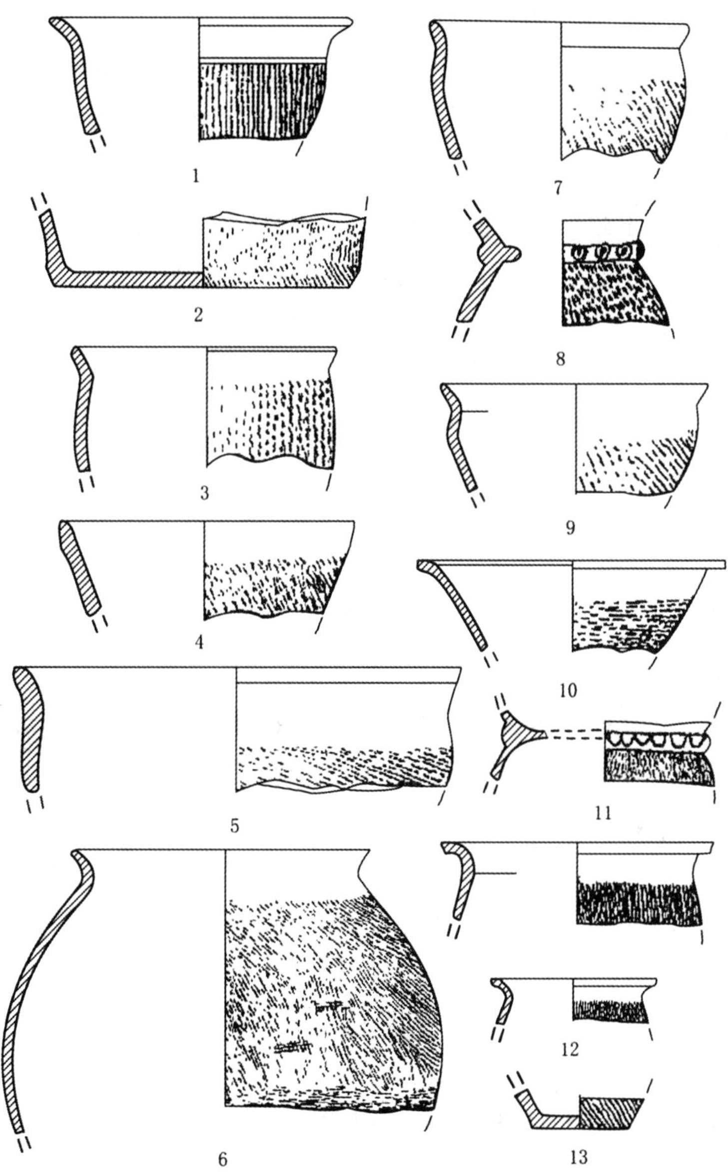

图3-16　岳石文化遗迹中的下七垣文化因素陶器

1—3、5、7. 鹿台岗深腹盆（T27⑤：75、T27⑤：53、T27⑤：99、T27⑤：46、T27⑤：74）　4、9、10. 鹿台岗斜腹盆（T27⑤：73、T24⑤：33、T27⑤：83）　6. 鹿台岗瓮（T24④：1）　8、11. 鹿台岗甗（T27⑤：94、T27⑤：95）　12. 鹿台岗橄榄形罐（T24④：29）　13. 鹿台岗鬲（T24④：16）　14. 鹿台岗甑（T24④：21）

标本 T27⑤：53，泥质灰陶，平底，饰印痕较模糊的细绳纹。标本 T27⑤：99，泥质灰陶，方唇，侈口微折沿，饰散乱麻纸状绳纹。标本 T24④：30，泥质深灰陶，圆唇，侈口，折沿，饰印痕较浅的麻绳状绳纹。标本 T24⑤：36，深灰陶，翻沿，厚斜方唇，腹微鼓，饰条状斜行中绳纹。清凉山遗址标本 H43：6，夹细砂黄褐陶，圆唇，大口，束颈，颈下饰旋纹一周，颈以下饰绳纹，腹部饰中绳纹，但排列较整齐。

斜腹盆在鹿台岗遗址中出土 3 件。标本 T27⑤：33，泥质灰陶，侈口，尖圆唇，束颈，斜直腹，饰斜行浅模糊绳纹。标本 T27⑤：73，泥质灰陶，尖唇，侈口，饰印痕模糊的细密绳纹。标本 T27⑤：83，泥质灰陶，方唇，宽沿微折，饰横行中绳纹。

该地区下七垣文化遗迹中也出土有一定数量的岳石文化遗物，主要有夹粗砂褐陶罐、尊形器、浅盘豆、碗形豆、小口瓮、卷沿束颈盆（图 3－17）。

夹粗砂褐陶罐是岳石文化的典型器物。鹿台岗遗址下七垣文化遗迹中出土 6 件夹粗砂褐陶罐。标本 H35：1，夹粗砂红褐陶，侈口，圆唇，鼓腹，平底，厚胎。标本 H35：25，夹粗砂红褐陶，厚胎，内外壁皆有明显的抹痕。

尊形器见于鹿台岗遗址。多泥质灰陶，素面磨光，有凸棱。标本 H9：37，泥质浅灰陶，尖圆唇，大口，近口和近底部各有一周凸棱。标本 H39：34，泥质灰褐陶，底甚平，磨光。

浅盘豆见于鹿台岗遗址。标本 H9：30，泥质浅灰陶，深盘呈喇叭状，细柄，近底部有一周凸棱，饰旋纹。

碗形豆见于鹿台岗遗址。标本 H35：12，泥质浅灰陶，磨光，饰旋纹。

小口瓮见于鹿台岗遗址。标本 F1：1，卷沿，圆方唇，束颈，球形腹，磨光，饰宽旋纹。

卷沿束颈盆见于鹿台岗遗址。标本 F1：3，泥质灰褐陶，侈口，圆唇，束颈，耸肩，磨光。

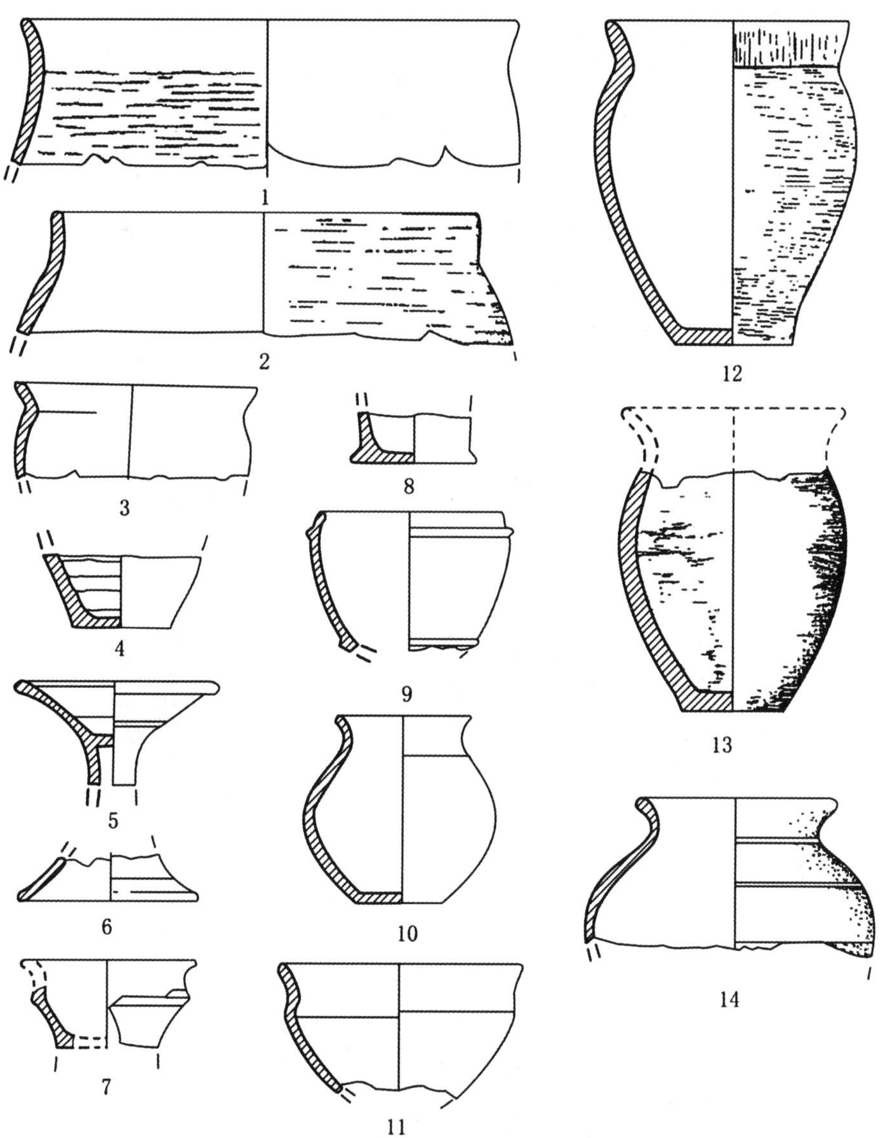

图3－17　下七垣文化遗迹中的岳石文化因素陶器

1—4、12、13. 鹿台岗夹粗砂褐陶罐（H39：29、H39：28、H39：31、H39：54、H35：1、H35：25）　5、6. 鹿台岗浅盘豆（H9：30、H39：40）　7. 鹿台岗碗形豆（H35：12）　8、9. 鹿台岗尊形器（H39：34、H9：37）　10. 鹿台岗罐（H9：1）　11. 鹿台岗卷沿束颈盆（F1：3）　14. 鹿台岗小口瓮（F1：1）

3. 二里头文化与下七垣文化的交流

二里头文化与下七垣文化的关系主要表现在两者之间的东西向对峙，但同时也有一定程度的文化交流现象，其相互影响的程度较小。

二里头文化与下七垣文化之间有一定程度的文化交流，在下七垣文化遗址中出土有少量具有二里头文化因素的遗物，同样在二里头文化遗址中出土有少量下七垣文化因素的遗物。

该地区下七垣文化遗址中发现的二里头文化因素器物主要有鸡冠耳盆、箍状堆纹缸、大口尊、花边口沿罐等（图 3－18）。

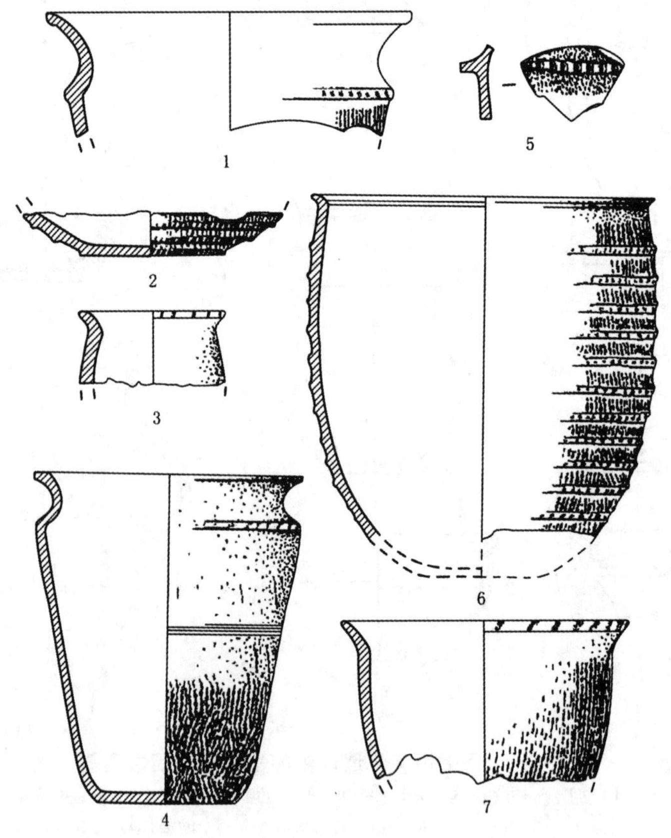

图 3－18　下七垣文化遗迹中的二里头文化因素陶器

1、4. 鹿台岗大口尊（H9：17、H9：9）　2、6. 鹿台岗箍状堆纹缸（H39：68、H9：20）　3、7. 鹿台岗花边口沿罐（H35：5、H35：21）　5. 鹿台岗鸡冠形耳盆（H39：66）

鸡冠耳盆见于鹿台岗遗址下七垣文化遗迹中。标本 H39：66，泥质灰陶，饰杂乱绳纹。

鹿台岗遗址发现有箍状堆纹缸。标本 H39：68，夹砂浅灰陶，折沿小方唇，腹壁近直，下腹缓收，形体粗矮，饰细密箍状堆纹，平底。标本 H9：20，夹砂灰陶，折沿，小方唇，腹壁近直，下腹缓收，形体粗矮，饰箍状堆纹和中绳纹。

鹿台岗遗址还出土有大口尊。标本 H9：17，泥质灰褐陶，小方唇，束颈甚短，口颈略大于肩颈，腹壁斜直，大平底，颈部和上腹磨光，饰杂乱细绳纹、附加堆纹和旋纹。标本 H9：9，泥质灰陶，大敞口，厚圆唇，口径略大于肩径，饰绳切状堆纹和条状中绳纹。

花边口沿罐见于鹿台岗遗址。标本 H35：21，泥质灰陶，小方唇，饰细绳纹，口沿有印痕较浅花边。标本 H35：5，夹细砂灰褐陶，圆唇，口沿有不规整且稀疏的麦粒状花边，素面。

该地区二里头文化遗址出土的具有下七垣文化因素的陶器主要有鬲、甗、橄榄形罐、束颈盆等（图 3－19）。

鬲在牛角岗、段岗、朱岗等遗址中均有发现，共 8 件。朱岗遗址 4 件。标本 H7：1，卷沿，圆唇，束颈，微鼓腹，裆部似较高，绳纹细近线纹，胎较薄。标本 H7：4，实足根较瘦，所饰细绳纹及足尖。标本 H3：1，夹砂褐陶，圆唇，卷沿，束颈，鼓腹，分裆线高，厚胎，表饰部分交错的麻状细绳纹。标本 H2：19，圆方唇，卷沿，沿面窄且微凹，无明显颈部，腹较直，饰较粗细绳纹。牛角岗遗址标本 T1②：8，夹砂深灰陶。标本 H16：19，夹褐陶，圆锥状足，绳纹到足尖。段岗遗址标本 89ⅡG1：4，灰陶，卷沿大敞口，方唇，束颈，饰绳纹。标本 89ⅡH14：18，灰陶饰细绳纹。

橄榄形罐见于牛角岗遗址。多夹砂褐陶，薄胎，口径较夹砂中口罐小，直腹，饰细绳纹或线纹，卷沿。标本 H16：26，夹砂深褐陶，圆唇。标本 H16：15，夹砂褐陶，方唇，饰线纹。

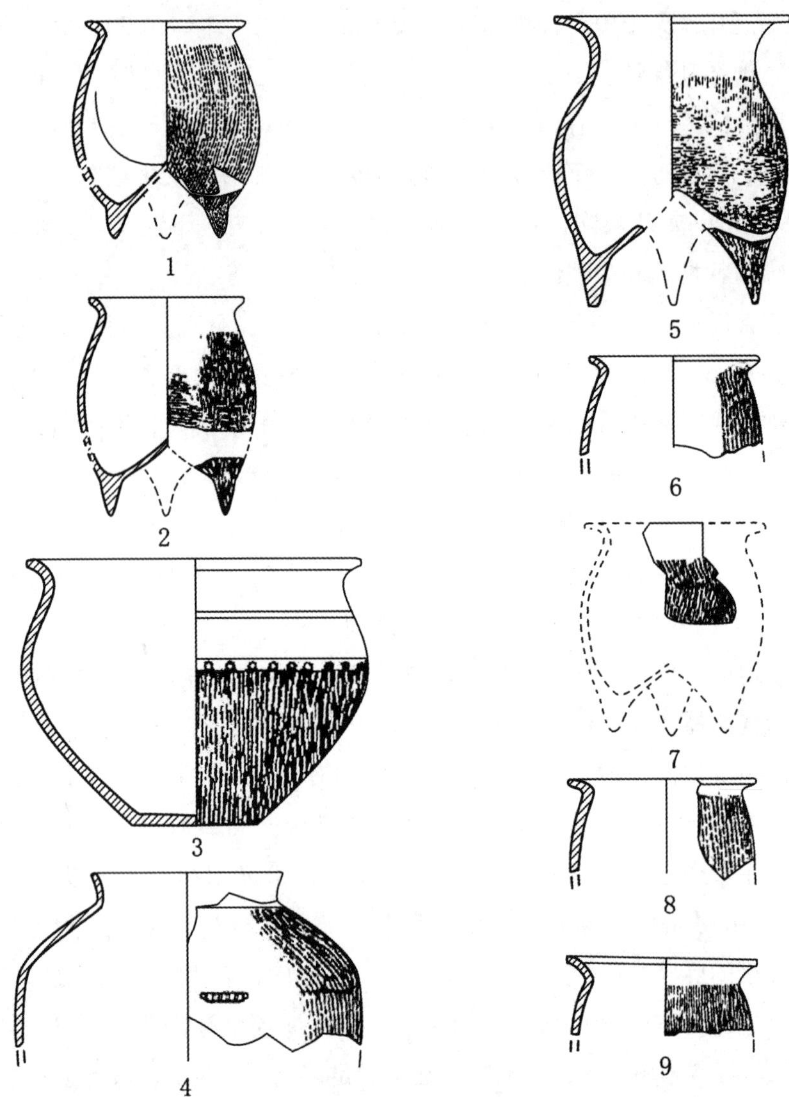

图3-19　二里头文化遗迹中的下七垣文化因素陶器

1. 牛角岗鬲（上T1②：8；下H16：19）　2. 朱岗鬲（上H7：1；下H7：4）　3. 段岗束颈盆（89ⅡH14：2）4、6、7. 朱岗罐（H2：10、H2：19、H3：1）　5. 段岗鬲（上89ⅡG1：4；下89ⅡH14：8）　8、9. 牛角岗橄榄形罐（H16：26、H16：15）

束颈盆见于段岗遗址。标本89ⅡH14：2，泥质黑灰陶，翻沿，方唇，束颈，鼓腹，平底，上部磨光，饰旋纹和连珠纹，下腹饰条状细绳纹。标本89ⅡH14：21，泥质黑褐陶，夹杂灰褐色，尖唇，弧腹平底，上腹部有两对称錾，磨光，素面饰细旋纹和楔形点纹。

甗见于朱岗遗址。标本H3：8，仅存足部，夹砂灰黑色，素面，呈瘦长锥形。

第二节　稳定期

二里岗文化和殷墟文化阶段为豫东地区文化发展的稳定期。进入二里岗文化四期以后，二里岗文化开始进入该地区西部，而后，殷墟文化二期以后殷墟文化已全面占领豫东地区。

一　二里岗文化

二里岗文化以孟庄遗址①发现的二里岗文化阶段遗存为代表。孟庄遗址位于河南省柘城县岗王乡孟庄村北侧，又叫“心闷寺”遗址。中国社会科学院考古研究所对该遗址进行了发掘，发现了丰富的二里岗文化阶段遗存。陶器有夹砂、泥质和细泥三种，以灰陶为主。制法有泥条盘筑、模制和轮制。纹饰以绳纹为主，另外还有素面、磨光、弦纹、凹沟纹和划纹等。

（一）文化分布

除孟庄遗址外，包含二里岗文化的遗址还有：杞县鹿台岗②、民权

① 中国社会科学院考古研究所河南一队：《河南柘城孟庄商代遗址》，《考古学报》1982年第1期。

② 郑州大学文博学院等：《豫东杞县发掘报告》，科学出版社2000年版。

牛牧岗①、李岗②、东山子③、睢县周龙岗④、鹿邑栾台⑤、夏邑三里堌堆⑥等（图 3－20）。

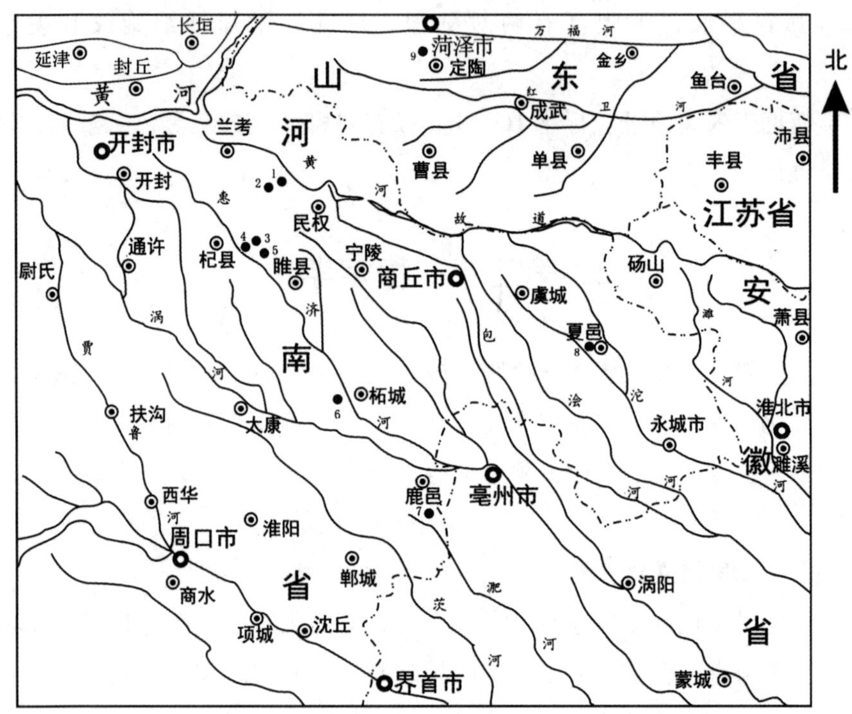

图 3－20　豫东地区二里岗文化分布示意图

1. 东山子　2. 牛牧岗　3. 李岗　4. 鹿台岗　5. 周龙岗　6. 孟庄　7. 栾台　8. 三里堌堆　9. 安邱堌堆

① 张国硕、赵俊杰：《河南民权县牛牧岗遗址发掘简报》，《考古》2012 年第 2 期；郑州大学历史学院考古系：《河南民权牛牧岗遗址发掘报告》，载《民权牛牧岗与豫东考古》，科学出版社 2013 年版。

② 郑州大学历史学院考古系：《豫东商丘地区考古调查简报》，《华夏考古》2005 年第 2 期。

③ 郑州大学历史学院考古系：《牛牧岗遗址周边区域考古调查报告》，载《民权牛牧岗与豫东考古》，科学出版社 2013 年版。

④ 郑州大学历史学院考古系：《牛牧岗遗址周边区域考古调查报告》，载《民权牛牧岗与豫东考古》，科学出版社 2013 年版。

⑤ 河南省文物研究所：《河南鹿邑栾台遗址发掘简报》，《华夏考古》1989 年第 1 期。

⑥ 张志清：《夏邑县三里堌堆新石器时代至汉代遗址》，《中国考古学年鉴》，文物出版社 1990 年版。

鹿台岗遗址位于河南省杞县东12千米的鹿台岗村。郑州大学考古专业对该遗址进行了发掘。陶器以夹砂陶为多，陶质包括夹细砂和泥质两类，陶色以灰陶为主，纹饰常见绳纹。器类中鬲、甗、罐数量最多，为主要炊器。鬲皆为夹砂，翻沿方唇，唇面甚宽，沿下均呈倒钩状，部分沿面起棱，实足根皆瘦长。甗皆为夹砂，口部特征同于鬲，整体特征与孟庄遗址陶器特征相似。

栾台遗址位于河南省鹿邑县城东南10千米的王皮溜乡普大庄村西北地。1978年，河南省文物研究所对该遗址进行了发掘，发现了多个时期的文化遗存，其中第四期中以Ⅱ式陶鬲为代表的遗存属于二里岗文化。栾台遗址报告认为，第四期的第一段和第二段均属二里岗文化阶段，第一期的特征约相当于C1H9阶段。我们分析认为以Ⅰ式鬲为代表的第一段应属于下七垣文化（详见前文），不属于二里岗文化阶段。而以Ⅱ式鬲为代表的第二段属于二里岗文化偏晚阶段，如鬲（H44：1），侈口，整体形状呈长方形，沿外卷向下折成有棱的方唇，分裆，高实足根，饰中绳纹，与孟庄遗址出土陶器特征相似。

其他遗址也有类似发现。2007年发掘牛牧岗遗址时，出土了许多二里岗文化阶段遗存，陶器包括泥质和细砂两类，炊器加砂者比例较大，盛储器泥质者比例较大。纹饰以中粗绳纹为主，多竖直行，少见交错绳纹。器类中，鬲、罐数量较多。2008年调查周龙岗遗址时，采集二里岗文化阶段遗物，均为陶器，以泥质灰陶为主，其次为夹砂灰陶。纹饰以绳纹居多，其次为弦纹、素面。器类主要有罐、盆、直领瓮等。东山子遗址采集有二里岗文化的鬲足，实足根较瘦高。三里堌堆出土了二里岗文化的陶器鬲、甗。2002年试掘李岗遗址时，出土的第1组商文化遗存也应属于二里岗文化（图3－21）。

该地区二里岗文化主要分布于该地区西部。位置靠东的菏泽安邱堌堆遗址也发现了二里岗文化阶段遗存①，但与上述遗址发现的遗存不甚

① 宋豫秦：《论鲁西南地区的商文化》，《华夏考古》1988年第1期。

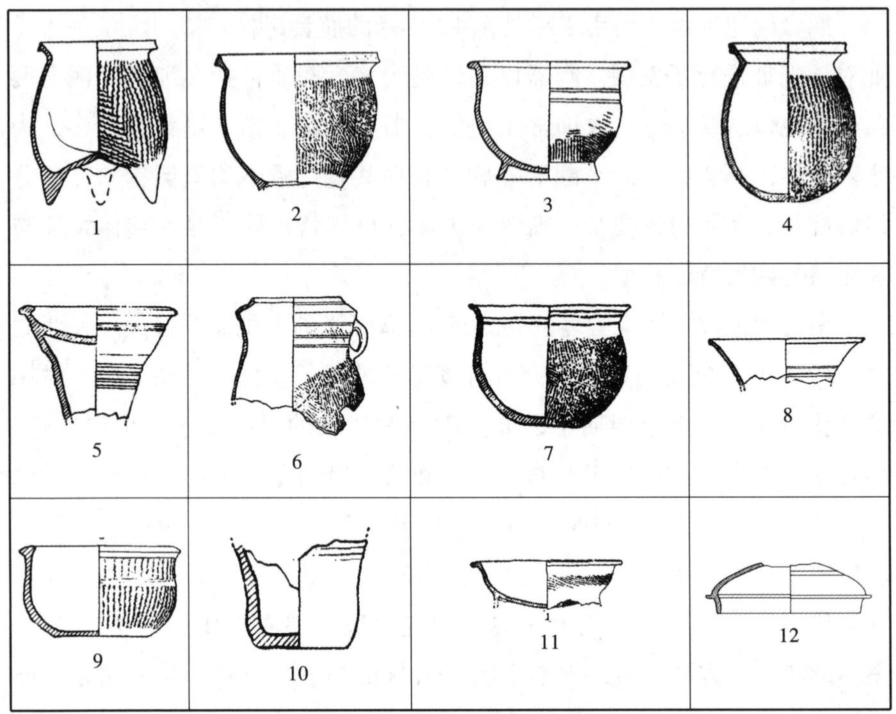

图3－21　二里岗文化陶器

1. 鬲（H44：1）　2. 甗（H7）　3. 簋（T2③：3）　4. 罐（H8：11）　5. 假腹豆（T2③：8）　6. 斝（F1：7）　7. 盆（H16：2）　8. 大口尊（H6）　9. 钵（T2①：2）　10. 平底杯（T2⑨：9）　11. 圈足盘（T6②：4）　12. 器盖（H30）（1为栾台遗址出土，其余均为孟庄遗址出土）

一致，而与曹县莘冢集①、济南大辛庄等遗址出土的遗存较为相似，有学者称其为二里岗文化“大辛庄类型”②。

通过上述资料可知，出土二里岗文化的遗址主要位于河南省东部地区，山东省西南部被二里岗文化“大辛庄类型”所占据。

（二）文化性质

豫东地区二里岗文化，陶器以夹砂灰陶和泥质灰陶为主，有一定数

① 菏泽地区文物工作队：《山东曹县莘冢集遗址试掘简报》，《考古》1980年第5期。

② 中国社会科学院考古研究所：《中国考古学·夏商卷》，中国社会科学出版社2003年版，第264页。

量的褐陶。绳纹是装饰器表的主要纹饰，并有粗、中、细之分。常见的器类有鬲、甗、罐、盆、簋、豆等，整体特征与郑州二里岗文化出土器物相同。

在陶质、陶色和器形上均有一些特色。陶质主要特征是泥质陶中有不少是自然夹砂，约占全部陶器的一半以上。陶器颜色主要有灰色、红色和黑色。灰色一般为浅灰色，深灰色比较少见，颜色较为均匀。红陶以红褐色为主，往往有斑点。黑色陶以表黑胎红为主。陶器器类和器形也有一些地方特征，如浅盆形圈足盘、平底杯、柱形器盖捉手和绳纹平底钵等，在郑州二里岗文化中较为少见。

该类遗存仅在杞县鹿台岗、民权牛牧岗、李岗、东山子、睢县周龙岗、鹿邑栾台、夏邑三里堌堆 7 处文化遗址中有所发现，其中鹿台岗、牛牧岗、栾台等遗址经过了正式发掘，获得一批重要的资料，观察各个遗址出土的文化遗存，其差异很小，文化共性较为鲜明。

邹衡先生把豫东地区的早商文化归入了二里岗型①，宋豫秦先生也同意这种观点②。王立新先生认为二里岗类型东不过鹿邑 - 柘城以东，柘城孟庄、鹿邑栾台和周口地区的几处遗址应属于二里岗类型。③《中国考古学·夏商卷》中认为早商文化二里岗类型东近豫鲁苏皖邻近地区，所指之意为二里岗类型应该包含豫东地区。由此可知，学界认识较为一致，豫东地区的二里岗文化应归入早商文化二里岗类型，而安邱堌堆等遗址的白家庄期文化属于“潘庙类型”④。通过类型学的分析研究，绝大多数器物与郑州二里岗文化十分相似，应属于郑州二里岗类型。

（三）分期与年代

豫东地区发现的二里岗文化，年代大多属于二里岗第四期。柘城孟

---

① 邹衡：《试论夏文化》，《夏商周考古学论文集》，文物出版社 1980 年版，第 123 页。

② 宋豫秦：《论鲁西南地区的商文化》，《华夏考古》1988 年第 1 期。

③ 王立新：《早商文化研究》，高等教育出版社 1998 年版，第 149 页。

④ 中国社会科学院考古研究所：《中国考古学·夏商卷》，中国社会科学出版社 2003 年版，第 188 页。

庄遗址的发掘者曾认为最早的遗存属于C1H9阶段①，后来其他学者研究认为属于二里岗三期及其以后②。孟庄遗址的此类遗存持续年代较短，可归为一个时期。如Ⅰ式和Ⅱ式陶鬲，在第一地点的三种不同堆积中共存，另外在H14、H23、H28、H29、H30和H31等灰坑内共出。各式簋、小口尊、平底甑和盆等器物均是如此。不同形制的大口尊也同出于H6内。上述现象表明，遗址中的商文化堆积在年代上接近的，是同期遗存。

根据器物特征判断，其年代大约相当于郑州二里岗文化第四期（上层二期或白家庄期）。如鬲为宽方唇，口沿处呈倒钩状，唇面内凹，颈部内收，腹下部外撇，形体较瘦高，足根较细长且外撇，饰粗绳纹。盆多为浅腹圜底，大口尊腹瘦长，口径大于肩径（图3－22）。

二　殷墟文化

清凉山遗址③发现的此类遗存最为丰富，称为“殷墟文化”。清凉山遗址位于河南省夏邑县城西南30千米的魏庄村西北。北京大学考古学系等对该遗址进行了发掘，发现了殷墟文化遗存。陶器数量较多，但完整器较少，质地以泥质陶为主。纹饰主要是绳纹，还有素面和磨光。器类中，鬲、甗的数量占绝对多数，其次为盆、罐、豆、瓮等。鬲是最常见的器物，陶质均为夹砂，陶色以红褐色为主。均为分裆，略有实足根，多为翻沿方唇。甗也是较为常见的器物，陶色以红褐色为主，灰色较少。上腹为盆形，多泥质，下部有三分裆袋足，多夹砂。以翻沿方唇为主，少量侈口圆唇或圆方唇。簋均为大口，斜鼓腹内收。大口尊均为敞口，直腹，圜底。从诸多器物造型看，接近于安阳的殷墟文化。

---

① 中国社会科学院考古研究所河南一队等：《河南柘城孟庄商代遗址》，《考古学报》1982年第1期。

② 王立新：《早商文化研究》，高等教育出版社1998年版，第149页。

③ 北京大学考古学系、商丘地区文管会：《河南夏邑县清凉山遗址1988年发掘简报》，《考古》1997年第11期；北京大学考古学系、商丘地区文管会：《河南夏邑清凉山遗址发掘报告》，《中国考古学研究（四）》，科学出版社2000年版。

遗址	鬲	甗	盆
二里岗文化四期	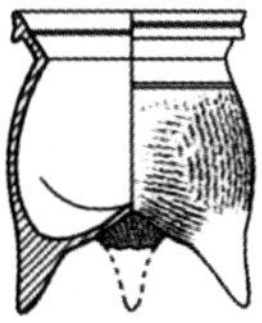 C8T10②：1	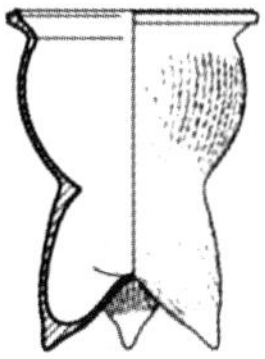 CWT2②：6	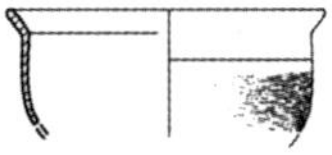 C8T9②：10
孟庄	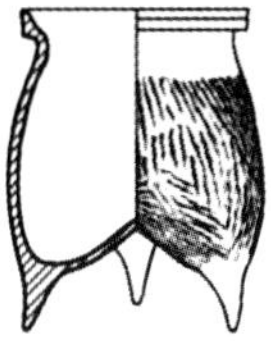 H23：6	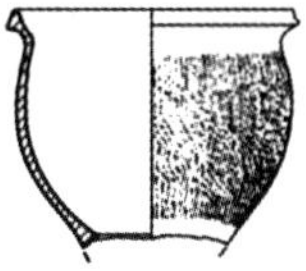 H7	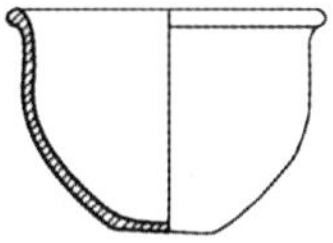 T1①：14
鹿台岗	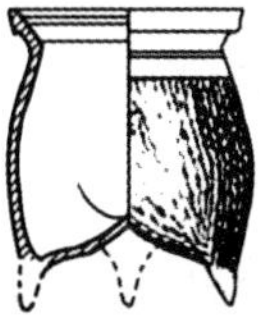 T4③：1	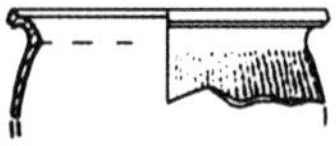 T4③：6	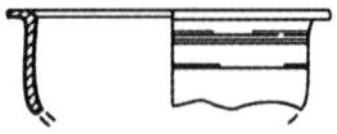 T4③A：8
牛牧岗	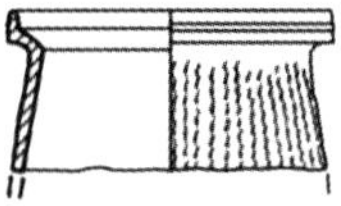 ⅡT0301⑤：1	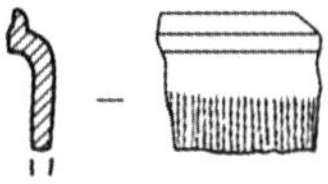 ⅠT1301③：7	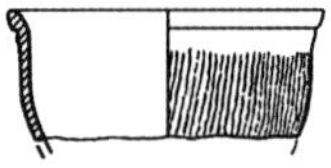 ⅠT1301⑤：2
周龙岗	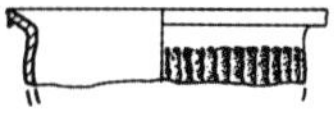 08 采集（SLZ：13）		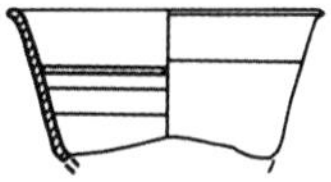 08 采集（SLZ：12）
栾台	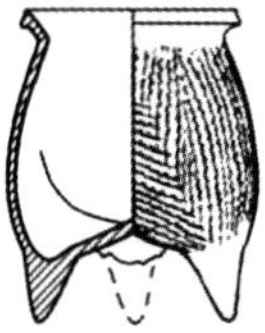 栾台（H44：1）		

图 3－22　二里岗文化陶器

（一）文化分布

此类遗存在豫东地区其他遗址也有较多发现，分布广泛。主要遗址有：鹿邑栾台[①]、杞县段岗[②]、民权牛牧岗[③]、李岗[④]、淮阳冯塘村[⑤]和山台寺[⑥]等。另外，考古调查采集有属于殷墟文化的遗址有：永城造律台、夏邑蔡楼、马头、三里堌堆、虞城马庄、杜集、营廓寺、魏堆、商丘半塔、坞墙、柘城史堌堆、老君堂、旧北门、力士岗、睢县襄台、犁岗、乔寨、王庄、周龙岗、民权吴岗、东山子、杞县朱岗[⑦]等（图 3－23）。类似的文化遗存在菏泽安邱堌堆[⑧]以及定陶、曹县、成武、单县、金乡、鱼台、巨野等县也有少量发现[⑨]。

段岗遗址位于河南杞县西南 6 千米的段岗村北。郑州大学考古专业对该遗址进行了发掘，发现了殷墟文化遗迹和遗物。陶器分为泥质和夹砂两种，以夹砂陶为主。夹砂陶又分为粗砂红陶和细砂灰陶，细砂灰陶为自然夹砂。器类有鬲、甗、瓮、大口尊、直腹豆、簋、直筒罐、双耳壶等。其中鬲均为夹砂、分裆、束颈，盘形口较多，饰粗绳纹。甗均为夹砂，口部与鬲接近。发现有石凿，黑灰色，通体打磨光滑。出土卜甲为龟腹甲，每组钻孔由一圆孔和一梭孔组成，钻、凿兼饰，有灼痕，整体特征与清凉山遗址殷墟文化阶段的遗存相似。

牛牧岗遗址位于河南民权县双塔乡牛牧岗村北 100 米。郑州大学历史学院考古系对该遗址进行了发掘，出土了殷墟文化遗存。遗物主要为

① 河南省文物研究所：《河南鹿邑栾台遗址发掘简报》，《华夏考古》1989 年第 1 期。

② 郑州大学文博学院等：《豫东杞县发掘报告》，科学出版社 2000 年版。

③ 郑州大学历史学院考古系：《河南民权牛牧岗遗址发掘报告》，载《民权牛牧岗与豫东考古》，科学出版社 2013 年版。

④ 郑州大学历史学院考古系：《豫东商丘地区考古调查简报》，《华夏考古》2005 年第 2 期。

⑤ 淮阳县博物馆：《河南淮阳县出土一批晚商文化遗物》，《文物》1989 年第 3 期。

⑥ 中国社会科学院考古研究所、美国哈佛大学皮保德博物馆：《豫东考古报告——“中国商丘地区早商文明探索”野外勘察与发掘》，科学出版社 2017 年版，第 114 页。

⑦ 郑州大学历史学院考古系：《豫东商丘地区考古调查简报》，《华夏考古》2005 年第 2 期。

⑧ 北京大学考古系商周组：《菏泽安邱堌堆遗址发掘简报》，《文物》1987 年第 11 期。

⑨ 宋豫秦：《论鲁西南地区的商文化》，《华夏考古》1988 年第 1 期。

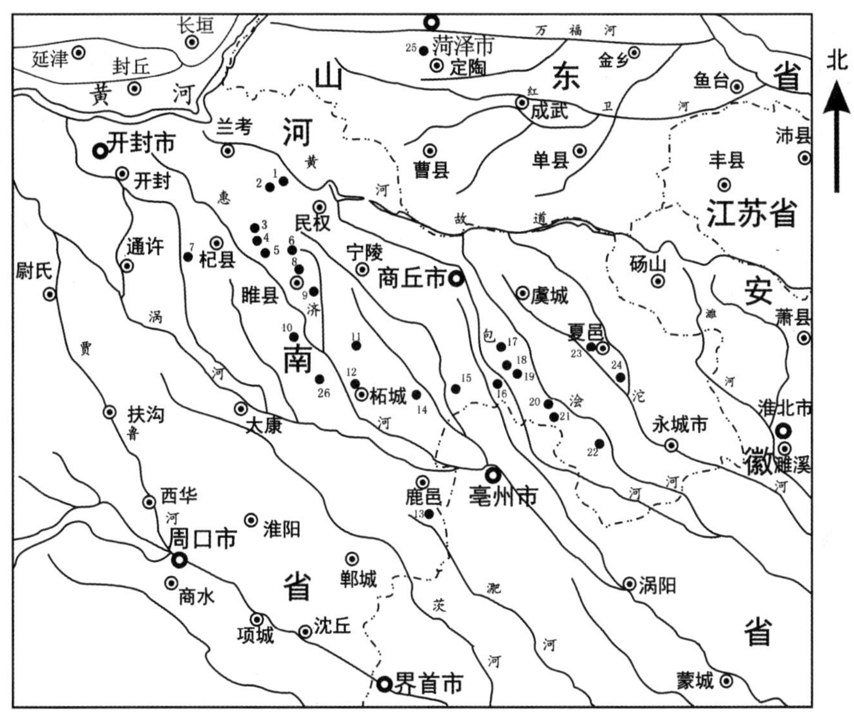

图3－23　豫东地区殷墟文化遗存分布示意图

1. 东山子　2. 牛牧岗　3. 吴岗　4. 李岗　5. 周龙岗　6. 王庄　7. 段岗　8. 襄台　9. 乔寨　10. 梨岗　11. 老君堂　12. 旧北门　13. 栾台　14. 史堌堆　15. 半塔　16. 营廓寺　17. 魏堌堆　18. 马庄　19. 杜集　20. 马头　21. 清凉山　22. 造律台　23. 三里堌堆　24. 蔡楼　25. 安邱堌堆　26. 山台寺

陶器，陶质包括泥质和夹细砂两类。炊器夹砂者比例较大，鬲、甗多为夹砂。盛储器泥质者比例较大。陶胎均匀，厚度0.8—1.2厘米，火候皆较高。陶色中，浅灰色占20.55%，深灰色26.03%，褐色30.14%，红褐色23.28%。纹饰中以粗绳纹和中粗绳纹为主，粗绳纹达42%，中粗绳纹34%，细绳纹占9.8%，三角划纹13.8%。器类中，鬲的数量最多，还有少量簋、罐、甗等，器物特征与清凉山遗址同类遗物较为相似。

另外，其他遗址也发现有与殷墟文化相似的遗存。栾台遗址第四期中分别以Ⅲ式、Ⅳ式和Ⅴ式鬲为代表的第三、四、五段遗存属于殷墟文化。第三段中Ⅲ式鬲，侈口，沿外卷，唇上折明显，唇面微内凹，似盘形口，有实足根略内勾。与Ⅲ式鬲共出的陶器还有红褐陶绳纹甗、泥质灰陶直口罐、方唇圈足簋、浅盘折平沿豆等均是殷墟文化典型器物。Ⅳ式鬲为侈口，折沿近平，唇上折，无实足跟，饰粗绳纹。Ⅴ式鬲为侈口，宽折沿，裆近平，无实足跟。这三段遗存与清凉山遗址同类的遗存较为相似，属于殷墟文化的范畴。李岗遗址商文化的第2、3组中鬲、甗多盘形口，饰粗绳纹，实足根内勾，具有殷墟文化的特征。三里堌堆遗址发现有房基和灰坑，房基为版筑墙或木骨泥墙，居住面有黄土硬面和烧土面。周龙岗遗址在1978年试掘期间曾采集部分殷商文化阶段遗物，主要为陶器，有鬲、盆、簋、罍；另有一件铜镬，长方形，刃残，属于殷墟文化。2008年，郑州大学历史学院考古系在该遗址调查时采集到了属于殷墟文化的遗物。

（二）文化性质

殷墟遗址为代表的殷墟文化陶器以泥质和夹砂灰陶为主，有部分褐陶、红陶。纹饰常见绳纹，以粗绳纹和中粗绳纹为主，素面和磨光也不少，也有三角划纹、弦纹等。器类主要有鬲、甗、簋、罐、盆、豆、瓮等。殷墟文化的泥质陶或多或少有一些自然夹砂的情况；陶色方面，褐陶数量所占比例较大；在器类方面，殷墟文化簋、壶、甑的数量较少，部分陶器如“榫口式”陶鬲、宽边鬲和宽边甗等较为特别（图3－24）。

豫东地区的殷墟文化，陶器以泥质和夹砂灰陶为主，有部分褐陶、红陶。纹饰常见绳纹，以粗绳纹和中粗绳纹为主，素面和磨光也不少，另有三角划纹、弦纹等。器类主要有鬲、甗、簋、罐、盆、豆、瓮等，整体与安阳地区的殷墟文化较为相似。宋豫秦先生曾将鲁西南地区的晚商文化划分为“安邱类型”①，研究发现豫东地区的殷墟文化遗存归入殷墟文化“安邱类型”范畴。主要特征是鬲、甗两种主要器类皆以夹粗砂厚胎红褐色、束颈盘形口，目前该类型内部还未看到有明显的差异。

① 宋豫秦：《论鲁西南地区的商文化》，《华夏考古》1988年第1期。

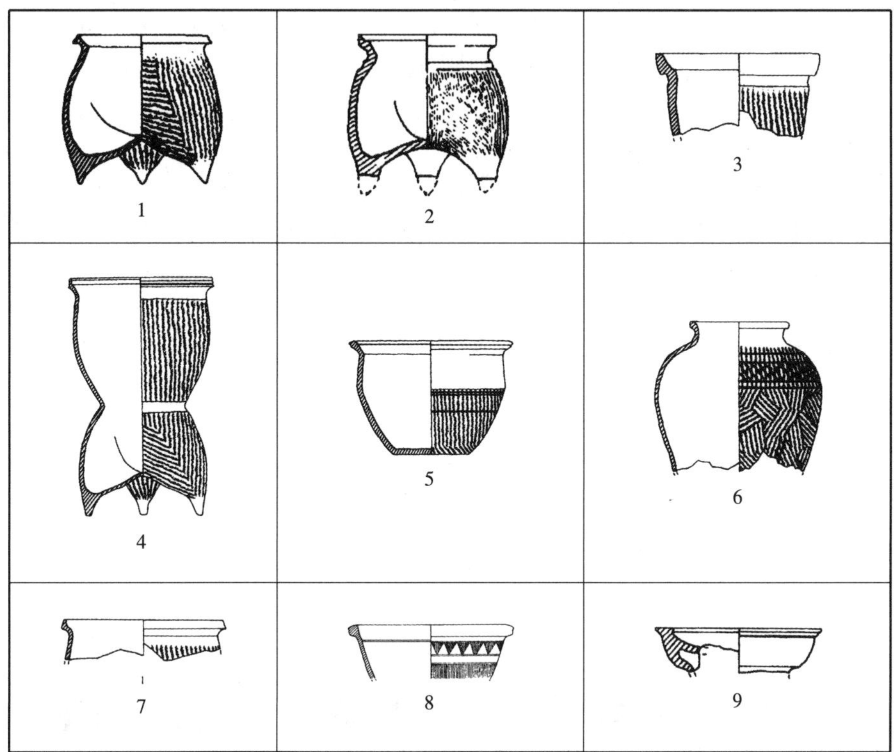

图3－24 殷墟文化陶器

1. 清凉山鬲（H27：5） 2. 段岗鬲（90ⅠT18②：3） 3. 清凉山叠唇鬲（T1②：34） 4. 清凉山榫口甗（H21：306） 5. 清凉山盆（H52：23） 6. 清凉山小口瓮（H21：5）7. 清凉山榫口鬲（T2⑥：76） 8. 牛牧岗簋（ⅡT0302④：18） 9. 清凉山豆（H29：4）

（三）分期与年代

栾台遗址属于晚商文化的第四期分为三段，即三、四、五段，与安阳殷墟苗圃北地的遗存基本相同，五段可能跨入了西周早期。① 分析发现，Ⅲ式鬲（H58：15）整体形状近方形，为侈口，缘外卷，唇上折明显，唇面微内凹，缘似盘形，粗绳纹，年代约相当于殷墟文化第三期早段。Ⅳ式鬲（H75：24）多具有殷墟文化四期特征，如器宽大于或等于

① 河南省文物研究所：《河南鹿邑栾台遗址发掘简报》，《华夏考古》1989年第1期。

器高，口径略小于腹径，侈口，折缘近平，唇上折，无实足根，饰粗绳纹。V式鬲（H16：1）也具有殷墟四期晚段的特征，如口径大于腹径，器宽大于器高，侈口，宽折缘，缘面有凹弦纹，裆近平，无实足根。因此，若与殷墟文化分期对应，将栾台遗址晚商文化遗存分为两期：一期包括原报告所分第三段，二期包括原报告所分第四、五段，年代分别相当于殷墟文化第三、四期。

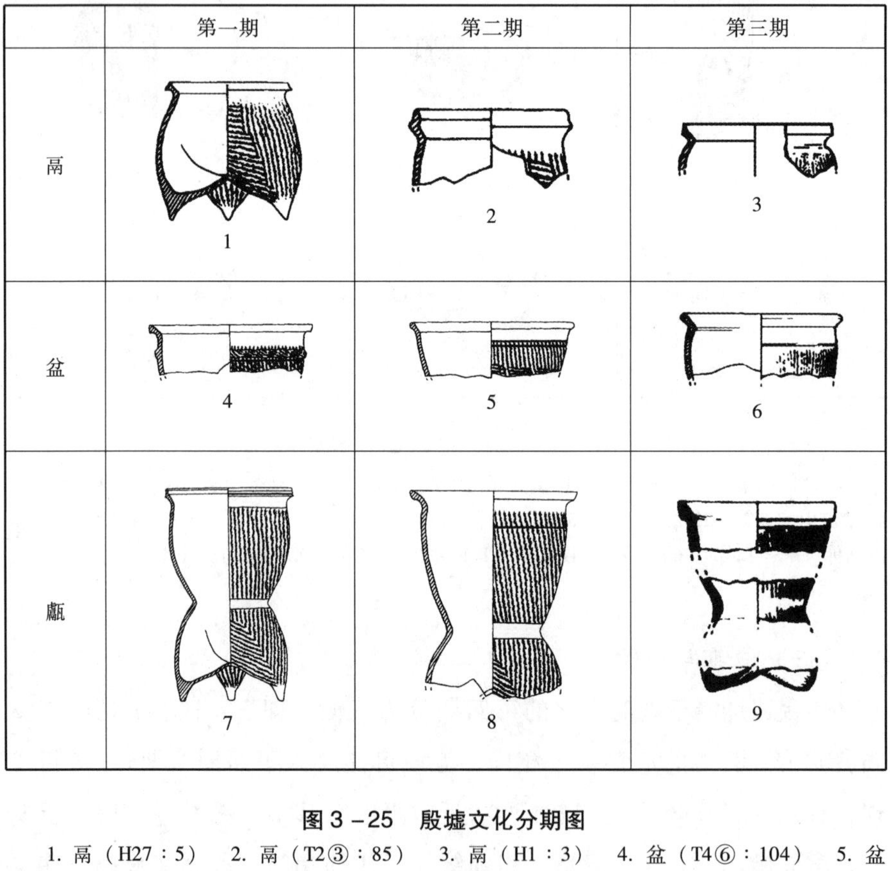

	第一期	第二期	第三期
鬲	1	2	3
盆	4	5	6
甗	7	8	9

图3－25　殷墟文化分期图

1. 鬲（H27：5）　2. 鬲（T2③：85）　3. 鬲（H1：3）　4. 盆（T4⑥：104）　5. 盆（H59：4）　6. 盆（T13④：35）　7. 甗（H21：306）　8. 甗（H6：15）　9. 甗（上T12③：207、中T22⑥a：221、下T22③：251）　（出土遗址：3为李岗，6、9为安邱堌堆，余为清凉山）

段岗遗址原报告根据陶器形制、卜甲钻凿灼兼施的特点，推断以90T18第②层为代表的晚商文化年代约当殷墟文化第二、三期[①]。分析发现，该遗址的晚商文化主要具有殷墟文化第三期的特征，如鬲多为盘形口，实足根较高略内勾。

清凉山遗址的晚商文化遗存较为丰富，原报告将其分为三期，第一、二期相当于殷墟文化第二期，第三期相当于殷墟文化三期[②]，这一观点是比较符合事实的。

其他遗址晚商文化遗存的年代，也大都在殷墟文化第二期至第四期范围之内。如李岗遗址商文化分为两期三组，第二、三组分别相当于殷墟文化的二、三期。[③] 吴岗遗址采集的晚商文化陶鬲分三式，约属于三个时期，分别相当于殷墟文化的二、三、四期。[④] 在牛牧岗遗址也发现了一些殷墟文化遗存，均为陶器，器类有鬲、甗、簋等，与安阳地区的殷墟文化相似。

综上所述，将豫东地区的殷墟文化分为三期，相对年代约相当于殷墟文化第二期至第四期：第一期以清凉山遗址第一、二期为代表，李岗第2组商文化和吴岗Ⅰ式鬲属于本期，约相当于殷墟文化第二期；第二期以栾台遗址第四期遗存的第三段、清凉山遗址第三期、段岗遗址晚商文化遗存为代表，李岗第3组商文化和吴岗Ⅱ式鬲属于本期，约相当于殷墟文化第三期；第三期以栾台遗址第四期遗存第四、五段为代表，吴岗Ⅲ式鬲属于本期，约相当于殷墟文化第四期（表3－3）。陶鬲与甗的演变规律主要在口沿、裆部和纹饰，第一期唇上折，唇面内凹，沿似盘形，裆部略高，粗绳纹。第二期折沿近平，唇上折，无实足根，粗绳纹。第三期宽折沿，裆近平，无实足根。陶盆的演变规律主要在腹部，第一期腹部多较斜直而

---

① 宋豫秦：《论鲁西南地区的商文化》，《华夏考古》1988年第1期。

② 北京大学考古学系、商丘地区文管会：《河南夏邑清凉山遗址发掘报告》，《中国考古学研究（四）》，科学出版社2000年版。

③ 郑州大学历史学院考古系：《豫东商丘地区考古调查简报》，《华夏考古》2005年第2期。

④ 郑州大学历史学院考古系：《牛牧岗遗址周边区域考古调查报告》，载《民权牛牧岗与豫东考古》，科学出版社2013年版。

深，第二期颈微束，腹部内收或微鼓，第三期腹部较鼓且变浅。

表 3－3　　**豫东地区殷墟文化分期表**

殷墟文化	第一期	第二期	第三期	第四期
豫东地区		第一期	第二期	第三期
栾台遗址			第四期第三段	第四期第四、五段
清凉山遗址		第一、二期	第三期	
段岗遗址			晚商文化遗存	
李岗遗址		第 2 组	第 3 组	
吴岗遗址		Ⅰ式鬲	Ⅱ式鬲	Ⅲ式鬲

三　文化的关系

进入二里岗文化时期，豫东地区的大部仍为岳石文化所控制。在二里头文化阶段，岳石文化分布于惠济河东岸，占据着豫东地区的大半部。在二里岗文化阶段早期，该地区基本不见属于二里岗文化下层阶段（一、二期）和上层一期（第三期）的文化遗存。由此推测，二里岗文化并未在早期阶段进入这一区域，豫东地区大部并未受到二里岗文化的直接控制，大部分地域应仍为岳石文化所占据。

到二里岗文化上层一期之末或二期之初，二里岗文化开始向东扩展侵占了原属于岳石文化的许多地区，但岳石文化并未完全从这一地区退出。从考古资料可知，属于二里岗文化第四期（白家庄期）的文化遗存开始广泛分布于河南东部和山东西南部地区，在鹿台岗、段岗、孟庄、栾台、安邱堌堆、尹家城、前掌大、大辛庄和南陈等遗址均发现有二里岗文化四期遗存，据研究在白家庄期二里岗文化东渐的范围已经到了今津浦铁路沿线。[①] 在杞县鹿台岗、菏泽安邱堌堆、民权李岗和鹿邑栾台

① 张国硕：《从商文化的东渐看商族起源“东方说”的不合理性》，《中原文物》1997 年第 4 期。

等遗址均发现有二里岗文化四期遗存直接叠压岳石文化地层的现象，说明二里岗文化四期文化取代了部分岳石文化。因考古学方法的局限性，能够被确定的属于二里岗文化阶段的岳石文化遗存较少，无法确知该地区岳石文化的具体延续年代。二里岗文化主要位于豫东地区偏西和偏北地带，豫东地区东部很少。

文化稳定的初期阶段，二里岗文化仅分布在该地区偏西地带，豫东地区中、东部仍为岳石文化分布区。岳石文化与二里岗文化在豫东地区有短暂的共存时间，文化之间存在一定的交流关系。

二里岗文化对该地区的岳石文化产生一定的影响。夏邑清凉山遗址的殷墟文化地层直接叠压岳石文化地层，岳石文化应与西部的二里岗文化四期文化存在并存时间，两者之间的交流也在该遗址有所体现。岳石文化地层（T1⑥）中曾出土二里岗文化陶鬲 14 件[①]，分两个类型，均为夹细砂灰陶，腹部饰绳纹，分裆，轮制，胎较薄，是二里岗文化偏早阶段的典型器物（图 3－26）。标本 T1⑥：216，束颈，口沿平卷，素面，

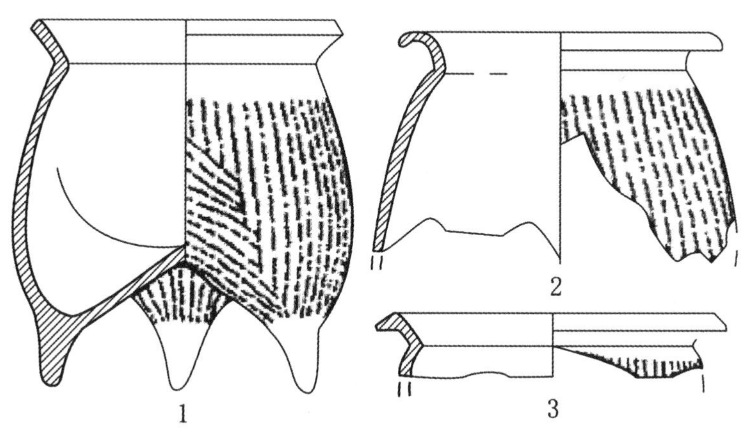

图 3－26　岳石文化遗迹中的二里岗文化陶鬲

1. 清凉山（T1⑥：220）　2. 清凉山（T1⑥：216）　3. 清凉山（T1⑥：227）

① 北京大学考古系等：《河南夏邑清凉山遗址发掘报告》，《考古学研究（四）》，科学出版社 2000 年版。

颈下饰绳纹。标本 T1⑥：218，束颈，口、颈部素面，颈下饰中绳纹。标本 T1⑥：227，折沿圆唇，缘面内凹外翻，束颈。口颈部位素面，颈下饰中绳纹。标本 TI⑥：220，折沿凹方唇，鼓腹，分裆，实足根较高。口颈不为素面，腹饰中绳纹。绳纹松散，近似麦粒状，较为杂乱。这些陶鬲具有显著的二里岗文化特征，该遗址未发现二里岗文化遗存，可以排除遗物混入的可能性，应是二里岗文化对其影响的表现。

二里岗文化时期，尤其是二里岗文化第一期，岳石文化对二里岗文化也产生较大影响。学界一般认为，二里岗文化早期中包含了许多东方岳石文化因素[①]，在郑州二里岗和郑州商城遗址范围内发现了许多具有岳石文化因素的遗物。在该地区二里岗文化遗址中却很少发现具有岳石文化因素的器物。目前仅在柘城孟庄遗址发现两件器盖，均有子母口，素面或加饰两周弦纹，明显具有岳石文化风格（图 3－27）。以上资料表

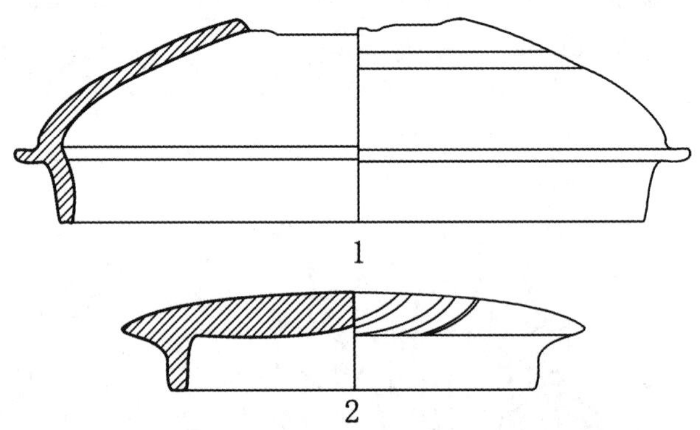

图 3－27　二里岗文化遗迹中的岳石文化器盖

1. 孟庄（H30）　2. 孟庄（H25：20）

① 邹衡：《论菏泽（曹州）地区的岳石文化》，《夏文化论集》，文物出版社 2002 年版，第 349 页；杜金鹏：《郑州南关外下层文化渊源及其相关问题》，《考古》1990 年第 2 期；陈旭：《豫东岳石文化与郑州商文化的关系》，《中州学刊》1994 年第 4 期；栾丰实：《试论岳石文化与郑州地区早期商文化的关系——兼论商族起源问题》，《华夏考古》1994 年第 4 期；方辉：《岳石文化的分期与年代》，《考古》1998 年第 4 期；靳松安：《河洛与海岱地区考古学文化的交流与融合》，科学出版社 2006 年版，第 207 页。

明，此时岳石文化对二里岗文化的影响大大减小，正是二里岗文化开始东进而岳石文化开始退缩的表现。

殷墟文化阶段，商文化进入该地区并广泛分布。此时，豫东地区也已经被殷墟文化全面控制，在河南东部的开封、周口、商丘，山东西南部的菏泽、定陶、曹县、成武、单县、金乡、鱼台、巨野等地广泛发现有殷墟文化二期及以后的遗存。清凉山遗址还发现有殷墟文化地层直接叠压岳石文化地层的现象。以上资料表明，殷墟文化时期殷墟文化已经完全占据了豫东地区，文化发展达到了稳定。殷墟文化时期，因殷墟文化的强势东进，岳石文化在豫东地区和海岱地区相继消失，两者之间几乎不见文化因素交流现象。

第四章

史前时期社会进程

第一节 农业的发展

农业起源一般伴随着人类的定居、陶器的产生和家畜的饲养，是新石器时代开始的标志之一。农业发展是人类文明形成的基础，是最为重要的前提条件之一。农业起源是一个复杂的过程，包含诸多问题。学界有关农业起源于何时的争论，已经持续了相当长的时间。目前材料表明，在新石器时代早期应存在原始的农业。

在江西万年仙人洞、吊桶环①和湖南道县玉蟾岩②等遗址都发现稻谷类遗存。赵志军先生认为吊桶环遗址部分稻谷属于栽培稻，其他属野生稻。③ 张文绪、袁家荣两位先生认为玉蟾岩遗址发现的部分野生稻，已具有人类干预痕迹；另一部分可能是原始的栽培稻。④ 对于上述遗址发现的稻谷遗存是否属于栽培稻，学界有一定的争议。应该说新石器时代早期人们正在尝试栽培水稻，只是栽培的水稻具有许多野生稻的特征，

---

① 彭适凡：《江西史前考古的重大突破——谈万年仙人洞与吊桶环发掘的主要收获》，《农业考古》1998 年第 1 期；严文明、彭适凡：《仙人洞与吊桶环——华南史前考古的重大突破》，《中国文物报》2000 年 7 月 5 日。

② 袁家荣：《玉蟾岩获水稻起源重要新物证》，《中国文物报》1996 年 3 月 3 日；张文绪、袁家荣：《湖南道县玉蟾岩古栽培稻的初步研究》，《作物学报》1998 年第 4 期。

③ 赵志军：《吊桶环遗址稻属植硅石研究》，《农业考古》2000 年第 3 期。

④ 张文绪、袁家荣：《湖南道县玉蟾岩古栽培稻的初步研究》，《作物学报》1998 年第 4 期。

可以称为原始栽培稻。河北徐水南庄头[①]、北京东胡林[②]和转年[③]遗址均出土有石磨盘、磨棒等，这些工具和陶器伴存出土，结合孢粉和动物遗骸（家畜）[④] 的分析，表明当时气候好转已具备适合栽培旱地农作物的基本条件。

一　裴李岗文化农业的初始

裴李岗文化时期农业得到了进一步发展。属于裴李岗文化的舞阳贾湖遗址出土了不少炭化稻谷，还有农业生产和加工工具如斧、石锄、石镰、石铲、石磨盘、石磨棒等[⑤]，应已存在农业种植。裴李岗文化的沙窝李[⑥]、丁庄[⑦]、坞罗西坡[⑧]等遗址均出土有人工栽培或半驯化粟，说明裴李岗文化居民已经开始种植粟。2001 年，贾湖遗址出土了大量植物遗存，这些植物遗存中稻谷类大部分与粳米和籼米相似，部分与野生稻相似，应是种植所得，其他植物均为采集获得[⑨]。在沙窝李遗址第二层 0.8—1.5 平方米范围内，发现了比较密集的粟粒炭化颗粒[⑩]，许昌丁庄遗址出土的炭化粟粒也属人工栽培植物[⑪]。属于后李文化的月庄遗址出

① 保定地区文物管理所等：《河北徐水县南庄头遗址试掘简报》，《考古》1992 年第 11 期。

② 北京大学考古文博学院、北京大学考古学研究中心、北京市文物研究所：《北京市门头沟区东胡林史前遗址》，《考古》2006 年第 7 期。

③ 郁金城：《北京市新石器时代考古发现与研究》，《跋涉集》，北京图书馆出版社 1998 年版。

④ 保定地区文物管理所等：《河北徐水县南庄头遗址试掘简报》（附录 1），《考古》1992 年第 11 期。

⑤ 河南省文物考古研究所：《舞阳贾湖》，科学出版社 1999 年版，第 462 页。

⑥ 中国社会科学院考古研究所河南一队：《河南新郑沙窝李新石器时代遗址》，《考古》1983 年第 12 期。

⑦ 吴梓林：《古粟考》，《史前研究》1983 年第 1 期。

⑧ 陈星灿、刘莉：《中国文明腹地的社会复杂化进程——伊洛河地区的聚落形态研究》，《考古学报》2003 年第 2 期。

⑨ 赵志军、张居中：《贾湖遗址 2001 年度浮选结果分析报告》，《考古》2009 年第 8 期。

⑩ 中国社会科学院考古研究所河南一队：《河南新郑沙窝李新石器时代遗址》，《考古》1983 年第 12 期。

⑪ 吴梓林：《古粟考》，《史前研究》1983 年第 1 期。

土了26粒水稻，可能属于栽培稻，还有炭化黍和粟，属于早期类型。[①]与之同时代的老官台文化里也有稻谷遗存的发现，据报道在一些李家村—老官台文化时期的红烧土块中发现有稻壳印痕。[②] 磁山遗址的许多窖穴里均出土有腐朽的粮食堆积，一般厚0.3—2米，有的厚达2米以上，据判断主要为粟。另外还有用于农业生产和加工的石斧、石铲、石磨盘和磨棒等。[③] 目前，年代最早的粟和黍类遗存在兴隆沟文化和裴李岗文化均有发现，距今8000年左右。西辽河上游兴隆沟遗址浮选出了丰富的炭化植物遗存。在第一地点浮选出土了栽培作物粟和黍，其中约1500粒黍，数十余粒粟，年代为距今8000—7500年间。[④] 磁山遗址也出土有粟的遗存，年代为距今7000—7500年间。[⑤]

豫东地区裴李岗文化遗址的数量较少，但仍出土了不少与农业有关的遗物，主要有石磨盘、石磨棒、石铲和石斧等农业生产和加工工具。一般认为，石磨盘和石磨棒是用于粮食加工，新的研究表明其功用具有多样性。刘莉、陈星灿等对孟津寨根和班沟两处遗址裴李岗文化晚期石磨盘进行了微痕和淀粉粒分析，结果证明多用于橡子、块根、野生植物，也有粟、黍等农作物，甚至用于加工石器之类的硬质器具。不同的磨盘用来加工不同植物，不同遗址的磨盘、磨棒加工的植物种类也有所不同。[⑥] 因此，分析磨盘的功用有必要对出土的磨盘、磨棒进行具体的分析。石磨盘在扶沟前闸和商水扶苏等遗址均有出土，商水扶苏见有配套

---

① 山东大学东方考古研究中心：《山东济南长清区月庄遗址2003年发掘报告》，《东方考古》第2集，科学出版社2005年版，第365—456页；盖瑞·克劳福德、陈雪香、王建华：《山东济南长清区月庄遗址发现后李文化时期的炭化稻》，《东方考古》第3集，科学出版社2006年版，第247—251页。

② 魏京武等：《从考古资料看陕西农业的发展》，《农业考古》1986年第1期。

③ 佟伟华：《磁山遗址的原始农业遗存及其相关的问题》，《农业考古》1984年第1期。

④ 刘国祥：《兴隆沟聚落遗址发掘收获及意义》，《东北文物考古论集》，科学出版社2004年版；赵志军：《探寻中国北方旱作农业起源的新线索》，《中国文物报》2004年11月12日；赵志军：《有关农业起源和文明起源的植物考古学研究》，《社会科学管理与评论》2005年第2期。

⑤ 佟伟华：《磁山遗址的原始农业遗存及其相关的问题》，《农业考古》1984年第1期。

⑥ 刘莉、陈星灿、赵昊：《河南孟津寨根、班沟出土裴李岗晚期石磨盘功能分析》，《中原文物》2013年第5期。

使用的石磨棒。前闸遗址石磨盘整体呈椭圆形，下部有四足，长 100 厘米，宽 22—44 厘米，用整块砂岩磨制而成，是理想的粮食加工工具，具体加工对象需要进一步的分析。

二　大河村文化粟黍种植的发展

该地区大河村文化居民从事着粟、黍等农作物的种植业，生产技术较为进步。加工工具不再使用石磨盘和石磨棒。

同时期，全国大部分地区已经有农业种植，农业水平已经较为发达。目前为止，南方地区发现的水稻遗存已经十分丰富，几乎遍布南方各个省份。除上述发现的栽培植物之外，在全国范围内普遍发现了与农业生产有关的工具，如翻土用的铲，收割用的刀、镰等，部分遗址还见有锄具和用于粮食加工的研磨器和研磨棒。

考古资料表明，仰韶时代居民已经种植粟和黍。如半坡[①]、王湾[②]、下孟[③]、龙岗寺[④]、泉护[⑤]、姜寨[⑥]、赵城[⑦]等遗址均发现了粟类遗存，半坡遗址几座房址如 F2、F37、F38 中都出土了仰韶时代炭化的粟，H115 中出土了大量炭化的粟[⑧]。姜寨遗址半坡期和史家期地层中发现的谷物

---

① 中国科学院考古研究所、陕西省西安半坡博物馆：《西安半坡——原始氏族公社聚落遗址》，文物出版社 1963 年版，第 11、13、33、47 页。

② 北京大学考古实习队：《洛阳王湾遗址发掘简报》，《考古》1961 年第 4 期。巩启明：《姜寨遗址考古发掘的主要收获及其意义》，《人文杂志》1981 年第 4 期。

③ 陕西省社会科学院考古研究所泾水队：《陕西邠县下孟村仰韶文化遗址试掘简报》，《考古》1962 年第 6 期。

④ 陕西省考古研究所：《龙岗寺——新石器时代遗址发掘报告》，文物出版社 1990 年版，第 41 页。

⑤ 黄河水库考古队华县队：《陕西华县柳子镇考古发掘简报》，《考古》1959 年第 2 期；北京大学考古学系著、中国社会科学院考古研究所编：《华县泉护村》，科学出版社 2003 年版。

⑥ 巩启明：《姜寨遗址考古发掘的主要收获及其意义》，《人文杂志》1981 年第 4 期。

⑦ 陈星灿、刘莉：《中国文明腹地的社会复杂化进程——伊洛河地区的聚落形态研究》，《考古学报》2003 年第 2 期。

⑧ 中国科学院考古研究所、陕西省西安半坡博物馆：《西安半坡——原始氏族公社聚落遗址》，文物出版社 1963 年版，第 11、13、33、47 页。

遗存经“灰像法”鉴定为黍。① 姜寨遗址第一期房址中及第二期的地层中都出土了粟的标本。② 洛阳王湾一期文化 F15 居住面上的夹砂小罐内壁上附有粟的痕迹。③ 邠县下孟村圆袋形和长方形坑中有粟壳的残迹。④ 半坡时期的龙岗寺遗址出土了粟类遗存⑤，泉护村遗址 F210 灶坑中的草灰里夹杂有小米的外壳。⑥ 鹤壁刘庄遗址浮选出了仰韶时代晚期的粟、黍等农作物。⑦ 位置略偏南的淅川沟湾遗址发现了黍、粟和稻三种作物遗存，仰韶时代以黍的数量最多。⑧ 上述资料说明，仰韶时代居民已经广泛种植粟和黍，豫东地区与上述遗址的纬度差别不大，也应具备种植粟和黍的条件，这一地区居民可能同样种植粟和黍。

与仰韶时代大致同时或稍早的其他考古学文化遗存中也普遍发现有农业种植物。北辛文化的北辛遗址有些陶器底部留有粟糠印痕⑨，大墩子遗址下层出土有炭化粟⑩，二涧村遗址出土的红烧土上有稻壳痕迹⑪。

---

① 半坡博物馆、陕西考古所、临潼博物馆：《姜寨——新石器时代遗址发掘报告》，文物出版社 1988 年版，第 267 页；黄其煦：《黄河流域新石器时代农耕文化中的作物》，《农业考古》1982 年第 2 期。

② 巩启明：《姜寨遗址考古发掘的主要收获及其意义》，《人文杂志》1981 年第 4 期。

③ 北京大学考古实习队：《洛阳王湾遗址发掘简报》，《考古》1961 年第 4 期。

④ 陕西省社会科学院考古研究所泾水队：《陕西邠县下孟村仰韶文化遗址试掘简报》，《考古》1962 年第 6 期。

⑤ 陕西省考古研究所：《龙岗寺——新石器时代遗址发掘报告》，文物出版社 1990 年版，第 41 页。

⑥ 黄河水库考古队华县队：《陕西华县柳子镇考古发掘简报》，《考古》1959 年第 2 期；北京大学考古学系著、中国社会科学院考古研究所编：《华县泉护村》，科学出版社 2003 年版，第 42 页。

⑦ 王传明、赵新平、靳桂云：《河南鹤壁市刘庄遗址浮选结果分析》，《华夏考古》2010 年第 3 期。

⑧ 王育茜、张萍、靳桂云、靳松安：《河南淅川沟湾遗址 2007 年度植物浮选结果与分析》，《四川文物》2011 年第 2 期。

⑨ 吴汝祚、万树瀛：《山东滕县北辛遗址发掘报告》，《考古学报》1984 年第 4 期。

⑩ 南京博物院：《江苏邳县大墩子遗址第二次发掘》，《考古学集刊》第 1 集，中国社会科学出版社 1981 年版；中国社会科学院考古研究所：《中国考古学·新石器时代卷》，中国社会科学出版社 2010 年版，第 275 页。

⑪ 江苏省文物工作队：《江苏连云港市二涧村遗址第二次发掘》，《考古》1962 年第 3 期；中国社会科学院考古研究所：《中国考古学·新石器时代卷》，中国社会科学出版社 2010 年版，第 275 页。

大汶口文化的三里河遗址一间房址内发现储物的窖穴，内出土1.2立方米的炭化粟。[①] 王因遗址的大汶口文化遗存中发现了可能为水稻花粉的遗存。[②] 尉迟寺遗址发现了大汶口文化时期的栽培水稻遗存。[③] 甘肃马家窑文化东乡林家遗址发现了稷、粟、大麻籽等谷物、油料标本。[④] 甘肃天水西山坪遗址发现了距今5000年的种植水稻遗存，被认为是我国西北部有精确定年的最古老的稻作遗存，也是水稻种植的最西北端[⑤]（表4－1）。彭头山文化的彭头山[⑥]、八十垱等遗址均有发现栽培稻遗存[⑦]，在时代稍晚的浙江浦江县上山[⑧]、萧山跨湖桥[⑨]等遗址也有发现。稍晚于彭头山文化的马家浜文化发现了水稻植硅石[⑩]和水稻田遗迹[⑪]，为水稻种植研究提供了充分的证据。河姆渡遗址发现了大量的稻谷遗存，还有用牛肩制成的骨耜、石刀、木杵与陶臼以及石磨盘等。另外，出土有大量的家猪、狗以及水牛等，反映农业发展水平已经较高，稻作农业已经相当发达。[⑫]

---

① 中国社会科学院考古研究所：《胶县三里河》，文物出版社1988年版，第11页。

② 中国社会科学院考古研究所：《山东王因——新石器时代遗址发掘报告》，科学出版社2000年版，第452页。

③ 王增林：《植物硅酸体分析在安徽蒙城尉迟寺遗址中的应用》，《考古》1997年第1期。

④ 甘肃省文物工作队、临夏回族自治州文化局、东乡族自治县文化馆：《甘肃东乡林家遗址发掘报告》，《考古学集刊》第4集，中国社会科学出版社1984年版。

⑤ 李小强、张宏宾、周新郢、尚雪、纪明、赵克良：《甘肃西山坪遗址5000年水稻遗存的植物硅酸体记录》，《植物学通报》2008年第1期。

⑥ 老癸、安强：《湖南对彭头山遗址进行正式发掘》，《中国文物报》1989年2月24日；裴安平：《彭头山文化的稻作遗存与中国史前稻作农业》，《农业考古》1982年第2期；严文明：《中国史前稻作农业遗存的新发现》，《江汉考古》1990年第3期。

⑦ 湖南省考古研究所：《彭头山与八十垱》，科学出版社2006年版，第182页。

⑧ 蒋乐平等：《浙江浦江县发现距今万年左右的早期新石器时代遗址》，《中国文物报》2003年11月7日。

⑨ 浙江省文物考古研究所：《萧山跨湖桥新石器时代遗址》，《浙江省文物考古研究所学刊》第3辑，长征出版社1997年版。

⑩ 林留根、王奇志：《江苏镇江市左湖遗址发掘简报》，《考古》2000年第4期。

⑪ 孙加祥、汤陵华、邹江石：《草鞋山遗址新石器时代稻作初考》，《农业考古》1994年第3期。

⑫ 浙江省文物管理委员会等：《河姆渡遗址第一期发掘报告》，《考古学报》1978年第1期；浙江省博物馆自然组：《河姆渡遗址动植物遗存的鉴定研究》，《考古学报》1978年第1期；浙江省文物局、浙江省文物研究所、河姆渡遗址博物馆：《河姆渡文化研究》，杭州大学出版社1998年版。

综上所述，仰韶时代的居民从事较为发达的农业种植，种植范围十分广泛，且对获得的农产品有一定的加工。椅圈马遗址出土了可能用于农业生产的石铲、石锛等工具，说明该地区的仰韶时代居民可能同样从事农业种植。

表4－1　　　　**黄河流域出土植物遗址的主要遗址统计表**

遗址	出土植物	遗址	出土植物
半坡	炭化粟	北辛	粟糠印痕
王湾	罐内粟痕迹	大墩子	炭化粟
下孟村	粟外壳	二涧村	稻壳痕迹
姜寨	粟	三里河	炭化粟
刘庄	粟、黍	王因	水稻花粉
尉迟寺	水稻遗存	东乡林家	稷、粟、大麻籽
		西山坪	水稻遗存

豫东地区处于南方和北方的交接地带，居住在这里的仰韶时代居民可能同时种植粟、黍、大豆等作物。考古资料显示，水稻多见于南方地区，而粟和黍多见于北方地区。粟或称稷，俗称谷子或小米。黍称黄米，比小米稍大，煮熟后有黏性。粟和黍均为旱地作物，需求的生长环境也较为相似，两者没有明显的种植界限，故未将两者严格区分而合并在一起研究。

此外，豫东地区大河村文化居民还可能种植大豆等植物。最新研究表明，仰韶时代居民可能已经种植大豆。大豆类遗存在仰韶时代多处遗址被发现，分别为郑州大河村①、偃师灰嘴、赵城、西坡②遗址。大河村

① 刘莉、盖瑞·克劳福德、李灵娥、陈星灿、马萧林、李建和、张建华：《郑州大河村遗址仰韶文化“高粱”遗存的再研究》，《考古》2012年第1期。

② 李灵娥、盖瑞·克劳福德、刘莉、陈星灿著，葛人译：《华北地区新石器时代早期至商代的植物和人类》，《南方文物》2008年第1期；刘莉、盖瑞·克劳福德、李灵娥、陈星灿、马萧林、李建和、张建华：《郑州大河村遗址仰韶文化“高粱”遗存的再研究》，《考古》2012年第1期。

遗址仰韶时代文化晚期房屋 F2 一个彩陶罐中出土有炭化粮食，过去学者对其种属有很大争议。李璠先生推测可能为高粱，但无法确定[①]，安志敏先生请北京植物园种子组专家徐德浚先生再鉴定，推测应属豆科植物，另一可能为苜蓿或葛藤的种子[②]。后经黄其煦先生进行灰像法（即植硅体）鉴定[③]，结果认为不同于现代高粱，也不同于其他的农作物（如粟、黍、稻、小麦等），不能肯定种属，但基本上可以肯定不是高粱[④]。刘莉等的最新研究认为应是大豆类遗存。[⑤] 此外，枣庄建新遗址中还出土有大汶口文化豆科植物的外皮。[⑥] 以上材料表明，仰韶时代黄河流域的居民已经种植大豆。

三　大汶口文化粟稻混合种植业

该地大汶口文化居民应种植粟、黍、豆等农作物，可能还种植水稻。距离淮河主干河道较近的尉迟寺遗址中同时发现粟和水稻粒硅酸体实体，房基的草拌泥中还见有稻壳、稻草痕迹[⑦]（图 4 - 1、图 4 - 2），孢粉分析和灰像法也能证实两种农作物的存在，并随时间的推移粟的数量减少、

---

① 李璠：大河村遗址出土粮食标本的鉴定，见《郑州大河村》，科学出版社 2001 年版，第 671 页；安志敏：《大河村炭化粮食的鉴定和问题——兼论高粱的起源及其在我国的栽培》，《文物》1981 年第 11 期。

② 安志敏：《大河村炭化粮食的鉴定和问题——兼论高粱的起源及其在我国的栽培》，《文物》1981 年第 11 期。

③ 黄其煦：《黄河流域新石器时代农耕文化中的作物——关于农业起源问题的探索》，《农业考古》1982 年第 2 期。

④ 安志敏：《大河村炭化粮食的鉴定和问题——兼论高粱的起源及其在我国的栽培》，《文物》1981 年第 11 期。

⑤ 刘莉、盖瑞·克劳福德、李灵娥、陈星灿、马萧林、李建和、张建华：《郑州大河村遗址仰韶文化“高粱”遗存的再研究》，《考古》2012 年第 1 期。

⑥ 山东省文物考古研究所、枣庄市文化局：《枣庄建新——新石器时代遗址发掘报告》，科学出版社 1996 年版，第 165 页。

⑦ 王增林：《硅酸体分析技术在尉迟寺遗址中的应用》，《考古》1995 年第 7 期；王增林、吴加安：《尉迟寺遗址硅酸体分析——兼论尉迟寺遗址史前农业经济特点》，《考古》1998 年第 4 期。

稻的数量增加[①]。在该遗址第二阶段的发掘中，浮选出了大量的粟、黍和稻的种子遗存，进一步证明了粟、黍和水稻种植业的存在。[②] 从该遗址地理环境、考古遗存等多方面判断，当时应存在稻、粟混种的农业生产方式。而十里铺北遗址仍是以粟、黍为主的旱作，未发现水稻，豫东地区大部分区域并不适合水稻生长。

图 4－1　尉迟寺遗址大汶口文化稻壳　图 4－2　尉迟寺遗址大汶口文化稻草痕迹

（采自《蒙城尉迟寺——皖北新石器时代聚落遗存的发掘与研究》）

该时期稻类遗存并非孤例，在属于大汶口文化早期的王因遗址发现有水稻花粉[③]，为水稻种植业的存在提供了佐证。富庄遗址也发现了丰富的类似硅化小米壳表皮碎片的植物硅酸体和可能是属于水稻的哑铃型－十字型（叶茎）、扇型（叶表皮机动细胞）的植物硅酸体[④]。上述材料表明，大汶口文化时期的黄河下游地区适宜种植水稻和粟等农作物，且人们驾驭自然的能力也在不断增强。

除此之外，该地区此时还可能种植豆科植物。上文已经述及，在仰

① 中国社会科学院考古研究所：《蒙城尉迟寺——皖北新石器时代聚落遗存的发掘与研究》，科学出版社 2000 年版，第 442—449 页。

② 中国社会科学院考古研究所、安徽省蒙城文化局：《蒙城尉迟寺（第二部）》，科学出版社 2007 年版，第 333 页。

③ 中国社会科学院考古研究所：《山东王因——新石器时代遗址发掘报告》，科学出版社 2000 年版，第 450 页。

④ 王吉怀、王增林：《皖北地区史前遗存中农业经济的考古调查》，《考古》1999 年第 11 期。

韶时代文化的几处遗址均发现有大豆类遗存，在属于大汶口文化的建新遗址中也发现有许多豆科植物的外皮①，这些证据说明豫东地区的大汶口文化居民可能也种植大豆。

尉迟寺、段寨、富庄和周口烟草公司仓库等遗址出土有石铲、石锛、石镰、石刀、蚌铲、蚌刀、蚌镰、磨棒、磨盘等丰富的农业生产工具，标志着农业的发达。石铲磨制精细，器形大小适中，多用于翻土或耕种。锛比较厚重，应多用于翻土或砍伐树木等。刀、镰等应用于收割、除草等。磨盘和磨棒，可能是作为粮食加工工具使用的。② 磨盘为粗质砂岩制成，表面多略凹，有研磨痕迹。磨棒均为砂岩，因长期使用形状不规则，多有一个扁平的使用面。尉迟寺、段寨和周口烟草公司仓库遗址的墓葬中还有用石铲随葬的现象，说明此类生产工具在人们的生活中是非常重要的。③ 尉迟寺遗址生产工具以锛为主，斧、刀等也占有较大比例，铲、镰、磨盘和磨棒等占比例较小，统计表如下（表4－2）。从表4－2可以看出，这些工具中锛、斧、磨盘和磨棒等均为石质，铲、刀和镰既有石器又有蚌器，蚌器占比例略大。显然，相同器形用蚌制作的难度要小于用石块加工，工具制作时选择的质地与其功能息息相关。

表4－2　　**尉迟寺遗址大汶口文化农业生产工具统计表**

遗址名称＼工具种类	石器							蚌器		
	铲	镰	斧	锛	刀	磨盘	磨棒	铲	镰	刀
尉迟寺	9	1	31	19	6	17	5	11	7	34

① 山东省文物考古研究所、枣庄市文化局：《枣庄建新——新石器时代遗址发掘报告》，科学出版社1996年版，第231页。

② 中国社会科学院考古研究所：《蒙城尉迟寺——皖北新石器时代聚落遗存的发掘与研究》，科学出版社2000年版，第178页。

③ 中国社会科学院考古研究所：《蒙城尉迟寺——皖北新石器时代聚落遗存的发掘与研究》，科学出版社2000年版，第198页；曹桂岑：《郸城段寨遗址试掘》，《中原文物》1981年第3期；周口地区文化局文物科：《周口市大汶口文化墓葬清理简报》，《中原文物》1986年第1期。

四　造律台文化小麦种植的开始

研究发现，造律台文化时期该地区居民有可能种植小麦。小麦是我国北方地区现今最主要的粮食作物，它的种植在我国历史上占有重要的地位。关于中国早期小麦来源问题，学术界有两种基本对立的观点，一种观点认为中国小麦是本地起源的①，另一种观点认为小麦是由西亚经过中亚传播过来的②。以上观点都有一定的说服力，但均无确凿无疑的证据证明小麦的起源地点。靳桂云先生指出据目前材料尚不能对中国早期小麦来源下结论，还需要大量考古学资料的积累和综合研究。

目前资料表明，龙山时代居民已经开始种植小麦是可以确定的。在全国范围内，许多龙山时代遗址均发现人工种植的小麦遗存。据报道，庙底沟遗址发现了小麦类遗存，但未见详细资料③。龙山时代遗址发现小麦类遗存的有甘肃天水西山坪遗址④、民乐东灰山⑤、陕西武功赵家来⑥、岐山周原王家嘴地点⑦、河南博爱西金城⑧、禹州瓦店⑨、山东茌

---

① 曹隆恭：《关于中国小麦的起源问题》，《农业考古》1983 年第 1 期；陈恩志：《中国六倍体普通小麦独立起源说》，《农业考古》1989 年第 1 期；李璠：《中国栽培植物起源与发展简论》，《农业考古》1993 年第 1 期；董玉琛、郑殿升主编：《中国小麦遗传资源》，中国农业出版社 2000 年版。

② 靳桂云：《中国早期小麦的考古发现与研究》，《农业考古》2007 年第 4 期。

③ 李璠：《生物史》，第 5 分册，科学出版社 1979 年版，第 19 页；李璠：《中国栽培植物起源与发展简论》，《农业考古》1993 年第 1 期。

④ 李小强、周新郢、张宏宾、周杰、尚雪、John Dodson：《考古生物指标记录的中国西北地区 5000aBP 水稻遗存》，《科学通报》2007 年第 6 期。

⑤ 李水成、莫多闻：《东灰山遗址炭化小麦年代考》，《考古与文物》2004 年第 6 期。

⑥ 黄石林：《陕西龙山文化遗址出土小麦（秆）》，《农业考古》1991 年第 1 期。

⑦ 周原考古队：《周原遗址（王家嘴地点）尝试性浮选的结果及初步分析》，《文物》2004 年第 10 期。

⑧ 陈雪香、王良智、王青：《河南博爱县西金城遗址 2006—2007 年浮选结果分析》，《华夏考古》2010 年第 3 期。

⑨ 刘昶、方燕明：《河南禹州瓦店遗址出土植物遗存分析》，《南方文物》2010 年第 4 期。

平教场铺[1]、胶州赵家庄[2]、日照两城镇[3]、十里铺北[4]和平粮台[5]等遗址，说明小麦在龙山时期已经较为普遍。

豫东地区的环境也比较适合小麦的生长。小麦和粟均属旱地作物，段岗龙山时代植物孢粉构成是葎草—蒿—藜—松—水龙骨—石松孢粉组合。草本花粉和蕨类孢子的大量出现反映出当时气候湿润，尤其下部出土较多的喜欢温湿环境的水龙骨更能说明这一问题。但少量的木本植物松属花粉反映出干凉气候，说明当时气候从温湿向干凉过渡，较之椅圈马遗址仰韶时代气候转冷，植被景观是草类为主夹杂稀疏针叶乔木草原。土壤全岩化学分析和微量元素分析，样品的 Al_2O_3，与仰韶时代阶段相比呈明显的下降趋势，表明当时的气候环境与仰韶时代阶段相当，但水热条件要差些，属温湿气候，且有向干凉变化的趋势。[6] 与之大致同时的王城岗遗址的浮选材料表明，粟的比重依然占大多数。[7]

造律台文化居民同样种植粟、黍和稻三种主要农作物。考古工作者在尉迟寺遗址第一阶段的发掘中发现了造律台文化粟类和稻类作物遗存硅酸体[8]，

---

① 赵志军：《两城镇与教场铺龙山时代农业生产特点的对比分析》，《东方考古》第 1 辑，科学出版社 2004 年版。

② 王春燕：《山东胶州赵家庄遗址龙山文化稻作农业研究》，硕士学位论文，山东大学，2007 年。

③ 凯利 · 克劳福德、赵志军、栾丰实、于海广、方辉、蔡凤书、文德安、李炅娥、加里 · 费曼、琳达 · 尼古拉斯：《山东日照市两城镇龙山文化植物遗存的初步分析》，《考古》2004 年第 9 期。

④ 郭荣臻、高明奎等：《山东菏泽十里铺北遗址先秦时期生业经济的炭化植物遗存证据》，《中国农史》2019 年第 5 期。

⑤ 靳桂云、赵珍珍、曹艳朋：《河南淮阳平粮台遗址（2014—2015）龙山时期炭化植物遗存研究》，《中国农史》2019 年第 4 期。

⑥ 郑州大学文博学院、开封市文物工作队：《豫东杞县发掘报告》，科学出版社 2000 年版，第 185 页。

⑦ 赵志军、方燕明：《登封王城岗遗址浮选结果及分析》，《华夏考古》2007 年第 2 期。

⑧ 王增林、王加安：《尉迟寺遗址硅酸体分析——兼论尉迟寺遗址史前农业经济特点》，《考古》1998 年第 4 期；中国社会科学院考古研究所：《蒙城尉迟寺——皖北新石器时代聚落遗存的发掘与研究》，科学出版社 2000 年版，第 311 页。

在第二阶段的发掘中浮选出了粟、黍和稻的碳化种子①。造律台文化地层中植硅石分析表明，第4层中谷壳硅化表皮碎片含量高于第3层，而水稻壳硅化表皮碎片第3层高于第4层。第二阶段发掘的浮选结果同样可以证明水稻种植在不断增加。采用两种不同的分析方法结果相同，表明尉迟寺造律台文化时期水稻的比重在增大，而粟的比重在减小（表4－3）。鹿台岗遗址Ⅱ号祭祀遗迹东南部两个陶罐内也见到了可能是粟之类的粮食颗粒。② 上述遗址均发现了可能是属于水稻的哑铃型－十字型（叶茎）、扇型（叶表皮机动细胞）的植物硅酸体。③

表4－3 **尉迟寺遗址炭化种子数量统计表**

时代	大汶口文化		龙山文化
分期	一段	二段	
样品数量	9	4	10
粟	334	52	57
黍	12	11	5
稻谷	228	11	70

注：据《蒙城尉迟寺（第二部）》表27制。

同时代的遗址也有类似发现，日照两城镇④、尧王城⑤、五莲丹土⑥、

① 中国社会科学院考古研究所、安徽省蒙城文化局：《蒙城尉迟寺（第二部）》，科学出版社2007年版，第333页。

② 匡瑜、张国硕：《鹿台岗遗址自然崇拜遗迹的初步研究》，《华夏考古》1994年第3期。

③ 王吉怀、王增林：《皖北地区史前遗存中农业经济的考古调查》，《考古》1999年第11期。

④ 靳桂云、栾丰实等：《山东日照两城镇遗址土壤样品植硅体研究》，《考古》2004年第9期。

⑤ 中国社会科学院考古研究所：《尧王城遗址第二次发掘有重要发现》，《中国文物报》1994年1月23日。

⑥ 靳桂云、刘延常等：《山东丹土和两城镇龙山文化遗址水稻植硅体定量研究》，《东方考古》第2集，科学出版社2005年版，第280—291页。

滕州庄里西[1]、临淄田旺[2]、西霞杨家圈[3]、连云港藤花落等遗址龙山文化堆积中都发现了种植水稻的痕迹或炭化的稻米[4]。

造律台文化中普遍发现有农业生产工具。生产工具由石、蚌、骨等多种材质制成，种类有锄、铲、镰、刀、锛、杵等（表4-4）。铲、镰、刀、锛等工具普遍有钻孔，应是为使用时穿绳固定在把端或手上而钻的，可以用于翻土、耕种、除草、收割等。锄是该阶段重要的农业生产工具，在王油坊、鹿台岗等遗址均有发现。考古发现的锄均为鹿角制成，合理利用鹿角的分支，将短支磨制成刃，长支作为把来使用，很好地解决了农具的柄部与刃部连接问题，使用时更为方便，是良好的翻土工具。杵发现于鹿台岗遗址，其中一件上部有长期手握使用留下的凹痕，应是用于粮食加工使用的。

表4-4　**造律台文化主要遗址出土农业生产工具统计表**

遗址	工具
王油坊	石铲、石刀、石锛、石刮削器、蚌镰、蚌刀、蚌铲、角锄、角斧
鹿台岗	石铲、石斧、石刀、石锛、石杵、角锄、骨刀、蚌刀
平粮台	石铲、石斧、石锛、骨刀、骨锛、骨铲、蚌镰、蚌刀
清凉山	石铲、石刀、石锛、蚌镰、蚌刀、蚌铲、骨铲
尉迟寺	石斧、石刀、石锛、石钺、蚌刀
栾台	石斧、石凿、石镞、石刀、蚌刀
坞墙	石锛、鹿角器、骨铲、蚌刀
李岗	石镰、蚌刀
富庄	蚌刀、蚌镰

① 孔昭宸、刘长江等：《山东滕州市庄里西遗址植物遗存及其在环境考古学上的意义》，《第四纪研究》1999年第4期。

② 靳桂云、吕厚远等：《山东临淄田旺龙山文化遗址植物硅酸体研究》，《考古》1999年第2期。

③ 严文明：《杨家圈农作物遗存发现的意义》，《农业发生与文明起源》，科学出版社2000年版，第32—34页。

④ 李伊萍：《龙山文化——黄河下游文明进程的重要阶段》，科学出版社2005年版，第110页。

续表

牛牧岗	蚌镰
段岗	石刀
莘冢集	石镰
段寨	石铲

综上所述，农业在史前时期得到了不断发展。仰韶时期居民种植粟、黍和水稻等作物，也可能种植少量大豆、蔬菜等。武庄遗址居民除使用石铲、骨铲等工具外，还使用鹿角锄和鹿角靴形器等较为先进的工具。大汶口文化居民同样种植粟、黍、水稻和大豆等作物，随着时间的推移粟的比重在减少、水稻的比重在增加。造律台文化居民种植水稻量在增加，已经开始种植小麦。

第二节　饲养业的发展

一　裴李岗文化家猪和狗的饲养

有关家猪饲养起源于何时，尚有一定争议。猪骨曾多次发现在早期考古遗址中，但大多数都不能确定为家猪。距今 1 万年左右的桂林甑皮岩遗址出土了大量的兽骨，鉴定为人类饲养的家猪①，但袁靖先生认为证据不够充实②，需要做进一步的分析。南庄头遗址也发现了猪骨遗存，经鉴定推测可能属于家猪。③ 这些猪骨材料均需要做进一步详细的鉴定，需要更为详细的数据和更多的证据支撑。

目前，裴李岗文化和磁山文化时期可以确定已经开始饲养家猪。贾湖遗址发掘报告指出以出土猪的年龄结构为依据判断贾湖遗址应有家猪。

① 李有恒、韩德芬：《广西桂林甑皮岩遗址动物群》，《古脊椎动物与古人类》1978 年第 4 期。

② 袁靖：《中国新石器时代家畜起源的几个问题》，《农业考古》2001 年第 3 期。

③ 保定地区文物管理所等：《河北徐水县南庄头遗址试掘简报》，《考古》1992 年第 11 期。

后来，罗运兵和张居中先生对贾湖遗址出土猪骨作了详细研究，从形态学、年龄结构、数量比例、文化现象等方面考察认为，家猪可以早至贾湖一期。[①] 裴李岗遗址还出土了没有獠牙的短嘴形态陶猪[②]，应是家猪存在的证据之一。磁山遗址猪的测量数据与仰韶时期的测量数据较为相似，应属于家猪[③]，袁靖先生做出同样的判断[④]。大地湾文化、高庙文化和稍晚的北辛文化也都发现有家猪遗存。大地湾遗址 M15 和 M208 都随葬有猪下颌骨[⑤]，经袁靖先生鉴定高庙遗址出土的猪下颌骨属于家猪[⑥]。北辛遗址的窖穴 H14 底部放置有猪下颌骨，H51 底部放置有完整的猪头骨，应是人们对家猪的有意处置，裴李岗文化居民也应已经开始饲养猪等动物。

饲养的狗在裴李岗文化之前已经发现。关于家犬起源的观点多集中在新石器时代初期和旧石器时代晚期。[⑦] 目前而言，徐水南庄头遗址发现的狗骨，可能是最早的家狗骨骼。新石器时代中期，家狗饲养应该完全可以确定了。裴李岗文化的贾湖遗址中发现 11 条狗被分别埋葬在居住地和墓地里，应是对狗专门的处理，应属家狗无疑。[⑧] 磁山遗址出土狗的额部明显隆起，吻部较短，臼齿适合于杂食习性，下颌骨的角突明显向上弯成钩形。从测量数字看，成年个体的体型都不算大，鼻骨长度明显小于狼的，可以认定属于家狗。[⑨] 结合上述裴李岗文化时期都存在狩

---

① 罗运兵、张居中：《河南舞阳县贾湖遗址出土猪骨的再研究》，《考古》2008 年第 1 期。

② 李友谋：《裴李岗遗址一九七八年发掘简报》，《考古》1979 年第 3 期。

③ 河北省文物管理处、邯郸市文物保管所：《河北武安磁山遗址》，《考古学报》1981 年第 3 期；周本雄：《河北武安磁山遗址的动物骨骸》，《考古学报》1981 年第 3 期。

④ 袁靖：《中国古代家猪的起源》，《西部考古》2006 年。

⑤ 甘肃省博物馆、秦安县文化馆大地湾发掘小组：《甘肃秦安大地湾新石器时代早期遗存》，《文物》1981 年第 4 期。

⑥ 湖南省文物考古研究所：《湖南洪江市高庙新石器时代遗址》，《考古》2006 年第 7 期。

⑦ 武仙竹：《狼、狗裂齿与臼齿的测量值、变量值研究》，《四川文物》2005 年第 4 期；黄蕴平：《动物骨骼数量分析和家畜驯化发展初探》，《动物考古》（第 1 辑），文物出版社 2010 年版，第 1—31 页；袁靖：《中国古代家养动物的动物考古学研究》，《第四纪研究》2010 年第 2 期。

⑧ 袁靖：《中国新石器时代家畜起源的问题》，《文物》2001 年第 5 期。

⑨ 河北省文物管理处、邯郸市文物保管所：《河北武安磁山遗址》，《考古学报》1981 年第 3 期；周本雄：《河北武安磁山遗址的动物骨骸》，《考古学报》1981 年第 3 期。

猎业和稳定的农业种植，有理由相信，在豫东地区的居民已经成功驯化猪、狗等动物作为家畜。

二　大河村文化时期家猪和狗的饲养

大河村文化时期在全国范围内普遍发现有家猪骨骼。[①] 仰韶时代文化遗址宝鸡北首岭[②]、西安半坡遗址[③]、华县泉护村[④]、临汝中山寨[⑤]、郑州大河村[⑥]和垣曲古城东关[⑦]均出土有家猪骨骼。中山寨遗址属于大河村文化的第四期遗存的一座房基内发现有猪骨骸，骨骸下为烧土块，在一座袋状坑内发现有人和猪、狗的骨三层叠压埋葬的现象。大河村遗址第四期遗存发现有 8 具埋入灰坑与祭祀有关的猪骨，应为家猪。古城东关遗址发现了属于仰韶时代的家猪，从下颌骨形态和年龄结构等判断当时饲养家猪已经进入了比较成熟的阶段。严文明先生认为姜寨遗址发现有家畜圈栏和夜宿场。[⑧] 石山子文化武庄遗址出土了短吻陶猪。该陶猪为泥质灰陶制成，造型神似家猪，吻部略突出，无獠牙，无腿。整体显得十分肥硕，具有家猪特征（图 4－3）。此类陶猪的出现，应是家猪在人们心目中具有一定地位的象征，是家猪饲养较为发达的标志之一。

---

① 黄英伟、张法瑞：《考古资料所见中国新石器时期家猪的分布》，《古今农业》2007 年第 4 期。

② 中国社会科学院考古研究所：《宝鸡北首岭》，文物出版社 1983 年版，第 146 页。

③ 李有恒等：《陕西西安半坡新石器时代遗址中之兽类骨骼》，《古脊椎动物与古人类》1959 年第 4 期。

④ 北京大学考古学系著，中国社会科学院考古研究所编：《华县泉护村》，科学出版社 2003 年版，第 42、57、73 页。

⑤ 中国社会科学院考古研究所河南一队：《河南汝州中山寨遗址》，《考古学报》1991 年第 1 期。

⑥ 郑州市文物考古研究所：《郑州大河村》，科学出版社 2001 年版，第 311 页。

⑦ 袁靖：《垣曲古城东关遗址出土动物骨骼研究报告》，《垣曲古城东关》，科学出版社 2001 年版。

⑧ 严文明：《姜寨早期的村落布局》，《仰韶文化研究》，文物出版社 1989 年版。

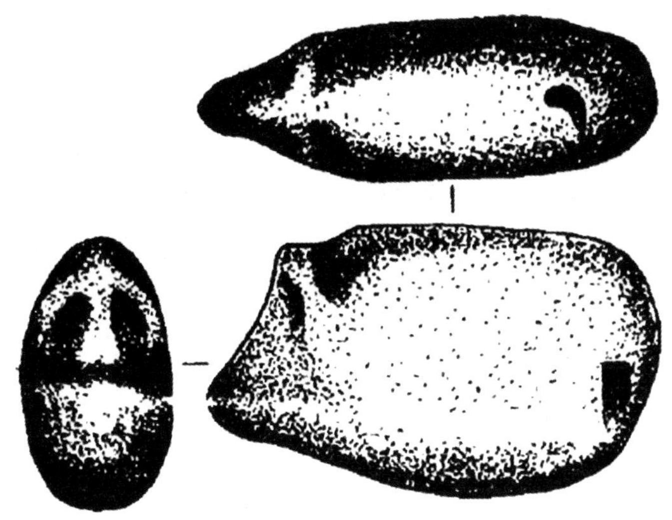

图 4－3　武庄遗址出土的陶猪（T102⑥：15）

仰韶时代的家狗已经普遍，在宝鸡北首岭[①]、西安半坡[②]等遗址都有发现，此时狗已经成为人们主要饲养的动物之一。综上所述，豫东地区的大河村文化居民应该圈养家猪和家狗。

三　大汶口文化和造律台文化家猪饲养业的发达

豫东地区大汶口文化的居民也已经饲养家猪，在尉迟寺遗址出土有多头家猪的骨骼。从尉迟寺遗址出土的猪骨形态、猪牙所反映的猪群年龄结构以及对猪颌骨的测量数据来看，大部分应该属于家猪[③]（表 4－5）。出土的猪骨数量约占动物骨骼的 40% 以上，表明家猪饲养业为人们提供了相当大的一部分肉食来源。

---

① 中国社会科学院考古研究所：《宝鸡北首岭》，文物出版社 1983 年版，第 146 页。

② 李有恒、韩德芬：《陕西西安半坡新石器时代遗址中之兽类骨骼》，《古脊椎动物与古人类》1959 年第 4 期。

③ 陈亮：《安徽尉迟寺遗址出土的猪骨材料分析与研究》，硕士学位论文，中国社会科学院研究生院，2000 年。

表 4-5　　　　蔚迟寺遗址猪左下颌骨所反映的年龄结构

牙齿萌出磨蚀状况	M1 萌出前后	M2 萌出中（C—U 级）	M2 轻微磨蚀（a—b 级）	M3 萌出中（C—U 级）	M3 轻微磨蚀（a—b 级）
年龄段	0.5 岁左右	0.5—1 岁	1—1.5 岁	1.5—2 岁	2—3 岁
大汶口文化	2	3	1	6	3
百分比	13.33%	20%	6.67%	40%	20%

注：据《蒙城蔚迟寺（第二部）》表 24 制。

根据蔚迟寺遗址家猪骨骼统计结果。猪下颌第三臼齿长的平均值为 38.29 毫米，最小值为 32.41 毫米，但超过 40 毫米的仅一枚，整体比野猪下颌第三臼齿长的平均值小。下颌第三臼齿为完全萌生出的两岁以下未成年个体占 80%，下颌第三后臼齿正萌生出中的、1.5—2 岁的年龄段猪骨约占 40%，表明猪的死亡年龄较为集中。① 学界一般认为幼猪和青少年猪的大量死亡，不是野猪生长的自然现象，捕猎而得的野猪年龄比较分散。一般将遗址中出土的猪的年龄大多集中在 1—2 岁的现象作为家猪饲养的一个重要证据。这些家猪材料中不排除有少量野猪骨骼没有区分出来，这说明当时的家猪圈养还处于初级阶段。还发现一头陶猪。陶猪造型为一头正在酣睡的猪，头埋于胸前。

狗也是人们饲养的家畜之一，从出土狗骨的测量数据看可能属于人为饲养的狗。遗址内发现大汶口文化时期的猪骨坑 6 座、狗坑 1 座，坑内埋有一具较完整的猪或狗骨架，背部弯屈、四肢似捆绑式，应为非正常死亡，附近基本均有一处或多处建筑基址。该类坑加工比较规整，除填土中有少量陶片外，无其他遗物。7 处祭祀坑呈弧线分布于遗址的北部、东北部、东部，应是建房时的祭祀遗存，表明家猪和狗在人们思想的地位非同一般。

① 中国社会科学院考古研究所、安徽省蒙城县文化局：《蒙城蔚迟寺（第二部）》，科学出版社 2007 年版，第 325 页。

家鸡的材料较少，曾在武安磁山[①]和宝鸡北首岭[②]遗址有所发现。这两处遗址发现的材料均较少，也未见详细报道。袁靖先生认为目前认定家鸡的证据不足，需要对磁山遗址家鸡问题进行再探讨。[③] 尉迟寺遗址发现有鸡的骨骼，但不能确定是否属于家养。

大汶口文化遗存居民是否存在家养的牛和羊还无法确定。稍早的裴李岗文化贾湖遗址出土的家养或可能家养的哺乳动物有羊、牛等[④]，但材料较少无法确指。裴李岗遗址还出土有陶羊[⑤]，可能与羊的饲养有关。半坡遗址也发现有牛、羊材料，但无法确定属于野生或家养。[⑥] 龙山时期的甘肃省大何庄和秦魏家遗址出土的牛和羊被认为是已经家养。[⑦] 尉迟寺遗址出土的牛和羊的骨骼较为破碎，尚难对其是否为家养进行准确的判断。

造律台文化的家猪饲养业进一步发达。尉迟寺遗址龙山时期猪下颌第三臼齿长的平均值为33.94 毫米，最小值为28.18 毫米，明显比大汶口文化时期减小。第三臼齿未完全萌出的未成年个体占91.67%，第三臼齿正萌生出中的、1.5 岁至2 岁的年龄段猪骨约占50%，两个数据均比大汶口文化时期增加，表明其死亡年龄更加集中（表4－6）。从猪的年龄结构和臼齿长度判断出土的猪骨应为家猪。有个别个体属于野猪，所占比例极小。该时期猪下颌第三臼齿长度比大汶口文化时期减小，而猪骨中未成年个体年龄段的比重相对增加，反映了龙山时期家猪饲养业的进一步发展。除家猪外，尉迟寺遗址还发现了狗骨，据狗骨的测量数据判断应为家庭饲养的家狗。尉迟寺遗址发现的动物骨骼中家猪数量占

---

① 周本雄：《河北武安磁山遗址的动物骨骼》，《考古学报》1981 年第3 期。

② 中国社会科学院考古研究所：《宝鸡北首岭》，文物出版社1983 年版，第146 页。

③ 袁靖：《中国新石器时代家畜起源的问题》，《文物》2001 年第5 期。

④ 河南省文物考古研究所：《舞阳贾湖》，科学出版社1999 年版，第461 页；罗运兵、张居中：《河南舞阳贾湖遗址出土猪骨再研究》，《考古》2008 年第1 期。

⑤ 李友谋：《裴李岗遗址一九七八年发掘简报》，《考古》1979 年第3 期。

⑥ 李有恒、韩德芬：《陕西西安半坡新石器时代遗址中之兽类骨骼》，《古脊椎动物与古人类》1959 年第4 期。

⑦ 袁靖：《中国新石器时代家畜起源的问题》，《文物》2001 年第5 期。

一半左右，且比例较大汶口文化时期有所上涨，鹿科动物的比例有所下降，说明家猪的饲养是人们获得肉食的一个重要保障，可以说饲养业已有相当的规模。

表 4－6　　尉迟寺遗址造律台文化猪左下颌骨所反映的年龄结构

牙齿萌出磨蚀状况	M1 萌出前后	M2 萌出中（C—U 级）	M2 轻微磨蚀（a—b 级）	M3 萌出中（C—U 级）	M3 轻微磨蚀（a—b 级）	M3 磨蚀较重（d 级）
年龄段	0.5 岁左右	0.5—1 岁	1—1.5 岁	1.5—2 岁	2—3 岁	3 岁以上
个体数量	4	1		6		1

家鸡的材料较少，曾在武安磁山①和宝鸡北首岭②遗址有所发现。这两处遗址发现的材料均较少，也未见详细报道。袁靖先生认为目前认定家鸡的证据不足，需要对磁山遗址家鸡问题进行再探讨。③ 泗水尹家城还发现了龙山时期家养的羊和鸡的骨骼④，但鉴定资料较为简略，是否属于家养很难判断。目前比较确定是，家畜的牛、羊出自甘肃省永靖县大何庄遗址和相邻的秦魏家遗址，距今约 4000 年前。⑤ 该时期出土的牛和羊的骨骼较为破碎，尚难对其是否为家养进行准确的判断。

第三节　渔猎和采集业的发展

一　大河村文化保障生活的渔猎采集业

豫东地区发现一些与渔猎有关的遗存，渔猎种类略少。椅圈马遗址许多陶器的陶胎中夹有蚌壳，这些蚌壳应是渔猎所得。椅圈马遗址一座祭礼性建筑基址内发现有三片龟甲，应是渔猎所得。椅圈马遗址仰韶时

① 周本雄：《河北武安磁山遗址的动物骨骼》，《考古学报》1981 年第 3 期。
② 中国社会科学院考古研究所：《宝鸡北首岭》，文物出版社 1983 年版，第 146 页。
③ 袁靖：《中国新石器时代家畜起源的问题》，《文物》2001 年第 5 期。
④ 山东大学历史系考古专业教研室：《泗水尹家城》，文物出版社 1990 年版，第 350 页。
⑤ 袁靖：《中国新石器时代家畜起源的问题》，《文物》2001 年第 5 期。

代的孢粉、土壤全岩化学和微量元素分析指示当时气候温暖、降雨量较大。① 说明椅圈马遗址周围的气候温暖湿润，是以草原为主的针阔叶混交林草原植被景观，水源也较为丰富，周围应有大量的野生动物存在，为渔猎和采集业提供了良好的条件。

武庄遗址居民也同样从事着渔猎与采集业。武庄遗址的灰坑内和地层内普遍都有出土数量较多的蚌壳、兽骨等，这些蚌壳和兽骨虽未经过鉴定，种属不详，但它们的大量存在是渔猎业存在的体现。武庄遗址位于豫东地区东南部，至今遗址周围仍有河流流过，石山子文化所处的时代气候温暖、雨量充沛，遗址周围应有许多可供渔猎的动物和可以采食的果实。因此推测，武庄遗址居民同样从事着发达的渔猎与采集业。

整个仰韶时代采集和渔猎比较发达，考古资料中有榛子、栗子、松子、朴树子和螺蛳等遗存，采集品中可能还包括鸟卵、蜂蜜、昆虫、植物块茎和野麻一类纤维植物。② 渔猎工具广泛发现，主要有镞、叉、矛、陶球、石球、弹丸、网坠等。渔猎对象包括野猪、野牛、马鹿、狍、狗獾、狐、小麂、貉、鹿、獐、麝、竹鼠、野兔、短尾兔、羚羊、狐狸、雕、棕熊、虎、豹、豺、狼、鸟、鱼、龟鳖、软体动物、贝类水生物等。③ 另外，在彩陶上的鱼纹、鹿纹、蛙纹、网纹也是渔猎业的佐证。

二　大汶口文化丰富多样的渔猎采集业

在大汶口时期豫东地区植被茂盛，生长有草本、木本和蕨类三大类

---

① 郑州大学文博学院、开封市文物工作队：《豫东杞县发掘报告》，科学出版社 2000 年版，第 19—22 页。

② 中国社会科学院考古研究所：《中国考古学・新石器时代卷》，中国社会科学出版社 2010 年版，第 240 页。

③ 周本雄：《宝鸡北首岭遗址中的动物骨骼》，《宝鸡北首岭》，文物出版社 1983 年版；李有恒、韩德芬：《半坡新石器时代遗址中之兽类骨骼》，《西安半坡——原始氏族公社聚落遗址》，文物出版社 1963 年版；祁国琴：《姜寨新石器时代遗址动物群的分析》，《姜寨——新石器时代遗址发掘报告》，文物出版社 1988 年版；陕西省考古研究所：《龙岗寺——新石器时代遗址发掘报告》，文物出版社 1990 年版；中国社会科学院考古研究所：《中国考古学・新石器时代卷》，中国社会科学出版社 2010 年版，第 240 页。

植物。尉迟寺遗址发现了山毛榉科的栎属、栗属、榛属、胡桃属、枫杨属等植被，它们种子果实均可以食用，是人们采集的理想食品。遗址周围地貌呈现河湖相连的景象，存在大面积的洼地。尉迟寺遗址发现了紫萁属、水龙骨科和泥炭藓属等水生植物的孢粉，水生植物茂盛为水生动物的生存提供了条件，这样的环境是人们从事渔业的基础。尉迟寺遗址发现了蚌、鱼、鳖、田螺、扬子鳄等水生动物遗存，是人们从事渔业最直接的证据。其他几处遗址也均发现不少夹蚌陶器，蚌的来源应是渔业。

狩猎业也相当发达，狩猎得来的动物种类很多。段寨遗址的墓葬中见有用多件野猪牙随葬现象，可见狩猎业在人们心中的地位非同一般。尉迟寺遗址发现了獾、虎、熊、狗、野猪、鹿、梅花鹿、麋鹿、獐、圣水牛、鸟、鸡、兔、黄牛等动物骨骼，还有不知名的鹿科动物和哺乳动物骨骼（表4－7）。猪和鹿科动物是数量最多的两种动物，分别占39.48%和44.74%，说明猪和鹿是人们肉食的主要来源。人们狩猎的重点是数量繁多且又较好捕获的鹿科动物，骨骼个体数量甚至超过了家猪数量，说明捕猎鹿科动物是人们获得肉食的良好方式，狩猎获得的动物是人们食物的重要来源。人们偶尔也会捕获凶猛的大型动物，这应该依靠良好的团队配合和较好的狩猎方法，但数量极少，可能是靠偶然的机会获得的。

表4－7　**大汶口文化哺乳动物的可鉴定标本数和最小个体数**

	可鉴定标本数	百分比（%）	最小个体数	百分比（%）
狗	2	0.51	1	2.63
猪	149	38.01	15	39.48
牛	13	3.32	1	2.63
麋鹿	160	40.82	10	26.32
梅花鹿	34	8.67	3	7.89
小型鹿科动物	26	6.63	4	10.53
虎	2	0.51	1	2.63
獾	1	0.26	1	2.63
熊	2	0.51	1	2.63

渔猎工具多样，段寨遗址发现了3件磨制精细的骨箭头①，可能是狩猎时使用的。尉迟寺遗址发现了石镞、石球、骨矛、骨叉、骨镞、骨质鱼钩、陶网坠等渔猎工具。② 通过统计看出，镞的数量远多于其他工具，应主要缘于镞具有射程远、使用较为方便等优点，在一定程度上属于消耗品。镞的质地为石质、骨质和蚌质，且比例差别不大。球均为石质，材质的选择主要由其功用决定的。鱼钩、叉和矛是良好的渔猎工具，均采用骨骼制成。网坠均为陶质，满足了使用时质量重、耐水性好的特点。渔猎工具的好坏关系着渔猎收获的多少，人们在制作这些工具时主要考虑取材的便利和工具的使用性两个方面。狩猎工具主要使用远程射杀的镞，其次为矛。渔猎工具主要使用矛、叉等适合近距离刺杀的工具，也使用渔网等捕鱼，偶尔使用鱼钩（表4－8）。

表4－8　**尉迟寺遗址出土渔猎工具统计表**

工具种类 / 遗址名称	石器		骨器				蚌器	陶器
	镞	球	镞	鱼钩	矛	叉	镞	网坠
尉迟寺	34	2	45	2	34	1	25	9
段寨			3					

三　造律台文化多样化的渔猎采集业

造律台文化居民的渔业产品多样化。豫东地区造律台文化时期的环境应与现在不同，人们居住的遗址周围应有十分丰富的水源和茂密的森林。尉迟寺和段岗遗址的环境测试表明，当时的气候较为湿润，并开始向干冷转变。③ 优越的自然条件，为人类的渔猎业提供了基础。该地区

① 曹桂岑：《郸城段寨遗址试掘》，《中原文物》1981年第3期。

② 中国社会科学院考古研究所：《蒙城尉迟寺——皖北新石器时代聚落遗存的发掘与研究》，科学出版社2001年版。

③ 郑州大学文博学院等：《豫东杞县发掘报告》，科学出版社2000年版，第186页；中国社会科学院考古研究所：《蒙城尉迟寺——皖北新石器时代聚落遗存的发掘与研究》，科学出版社2001年版，第316页。

造律台文化的遗址多为早期发掘，对动物骨骼的收集和鉴定不够，尽管如此还是能找出一些蛛丝马迹证明渔猎业的存在。渔业的主要对象有鱼、蚌、田螺、龟、鳖等，还有少量扬子鳄等大型水生动物。蚌的数量和种类较多，蚌被食用之后，蚌壳被继续利用。几乎每个遗址均能发现夹蚌陶，夹蚌陶的数量在造律台文化的早期尤其多。蚌壳还用来制作铲、镞、刀、镰等生产工具，体现了渔业在人们生活中的重要性。田螺也在多处遗址有所发现，莘冢集遗址的一座灰坑中除出土了大量的陶器外，还出土有大量的鱼刺、螺壳、蚌壳及少量兽骨①，这些遗物应是人们生活消费品的废弃物。坞墙遗址一个灰坑内发现不少骨、角、蚌器，还有不少蚌壳、螺壳和鳖骨等。② 鱼、鳖、扬子鳄等动物骨骼遗存在尉迟寺遗址有少量发现（表4－9）。

表4－9　**造律台文化主要遗址出土动物统计表**

遗址	水生动物	陆生动物
尉迟寺	鱼、鳖、蚌、龟、扬子鳄	鹿、麋鹿、梅花鹿、獐、圣水牛、黄牛、兔、鸟、貉、虎、猪獾、熊
莘冢集	鱼、螺壳、蚌壳	兽骨
王油坊	蚌	鹿角
坞墙	蚌壳、螺壳、鳖骨	鹿角
栾台	蚌	角锤、角锥
鹿台岗	蚌	角锄、彩绘鹿角器
牛牧岗	蚌	鹿角

大量的动物骨骼是人们从事狩猎业最好的证据。在属于造律台文化的多处遗址均发现有兽骨，但经过鉴定者较少，仅尉迟寺遗址的兽骨经过了详细的鉴定。龙山堆积中出土无脊椎动物2种，脊椎动物20余种。

① 菏泽地区文物工作队：《山东曹县莘冢集遗址试掘简报》，《考古》1980年第5期。

② 商丘地区文物管理委员会、中国社会科学院考古研究所河南二队：《河南商丘县坞墙遗址试掘简报》，《考古》1983年第2期。

经袁靖先生鉴定有田螺、蚌、鱼、鳖、龟、鸡、兔、鸟、狗、虎、猪獾、家猪、麂、麋鹿、熊、貉、梅花鹿、獐、圣水牛、黄牛、扬子鳄等，还有一些无法进一步鉴定的小型食肉动物、鹿科动物、大型哺乳动物、中型哺乳动物等，还有几种骨骼无法判断种属。出土的动物骨骼中，野生动物的数量占有 50% 以上。捕获的动物中鹿科动物较多，主要为梅花鹿、麋鹿，另有少量牛、貉、鸟、扬子鳄、龟、鳖、鱼等，也不乏虎、熊等大型凶猛的食肉动物。① 人们狩猎的重点是数量繁多而又较好捕获的鹿科动物，骨骼个体数量甚至超过了家猪数量，说明捕猎鹿科动物是人们获得肉食良好的方式。鹿科动物的整体数量和所占比例较大汶口文化时期有所下降，相比而言猪的数量有所下降但比例在增加，鹿科动物下降的比例较大，这说明鹿科动物在人们肉食中的地位有所下降，猪在人们肉食中的地位有所上升（表 4 – 10）。

表 4 – 10　**尉迟寺遗址造律台文化哺乳动物的可鉴定标本数和最小个体数**

	可鉴定标本数	百分比（%）	最小个体数（%）	百分比（%）
猪	111	35. 24	12	41. 38
狗	4	1. 27	1	3. 45
牛	15	4. 77	1	3. 45
黄牛	3	0. 95	1	3. 45
麋鹿	79	25. 08	3	10. 34
梅花鹿	66	20. 95	4	13. 79
小型鹿科动物	22	6. 98	3	10. 34
小型食肉动物	5	1. 59	1	3. 45
貉	3	0. 95	2	6. 70

渔业和狩猎工具主要有网坠、镞、矛、镖、鱼钩等。网坠在莘家集、

① 中国社会科学院考古研究所：《蒙城尉迟寺——皖北新石器时代聚落遗存的发掘与研究》，科学出版社 2001 年版，第 312 页；中国社会科学院考古研究所、安徽省蒙城文化局：《蒙城尉迟寺（第二部）》，科学出版社 2007 年版，第 310 页。

牛牧岗、王油坊、清凉山、尉迟寺等遗址均有发现。网坠均为陶质，可以分为表面无凹槽和有凹槽两种。无凹槽者均带穿孔，方便绳子穿入。有凹槽者多不带穿孔，表面有一道或多道凹槽，以方便系绳。这两种不同形制的网坠应有不同的用途，有穿孔者可穿入渔网的中部，无穿孔者可以系在网的边缘。鱼钩和镖也是很好的渔猎工具。鱼钩在鹿台岗、尉迟寺等遗址有所发现，磨制精细，质地坚硬，上部带有凹槽方便系绳。镖均为骨质，带有两三个倒刺，是很好的捕鱼工具。矛身呈椭圆形，多带有倒刺，长十余厘米，适合装在木柄之上使用（图4－4）。狩猎工具中镞、矛等较为常见，不见大汶口文化时期的球等投掷工具，说明了狩猎技术有所进步。

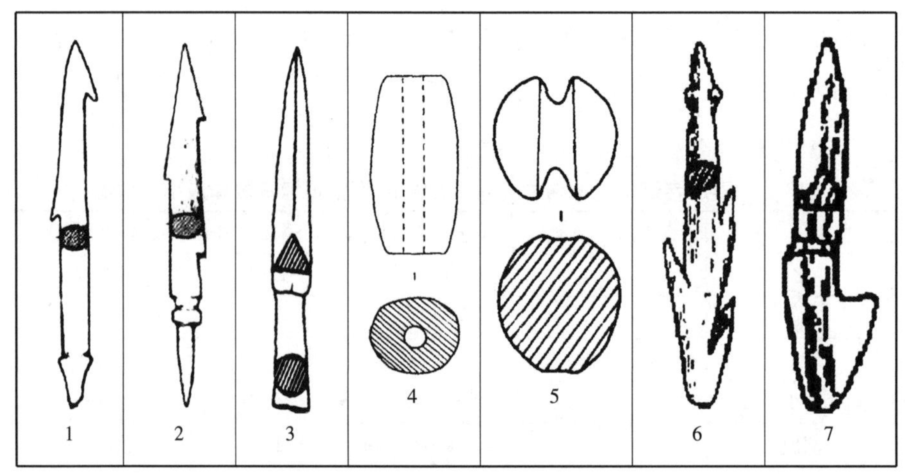

图4－4　造律台文化出土各类渔猎工具

1、2. 骨矛（T3614③：5、H184：2）　3. 清凉山骨镞（T1⑩：61）　4、5. 清凉山网坠（H25：1、H25：11）　6. 鹿台岗骨镖（T16②：6）　7. 鹿台岗蚌鱼钩（H123：2）

综上所述，史前时期的渔猎与采集业较为发达。仰韶时代文化和大汶口文化时期，由于自然环境较为温暖湿润，遗址周围生活着许多野生动物，也生长着大量可供食用的植物，渔猎和采集的产品较为丰富。造律台文化时期，自然环境较为干凉，渔猎和采集的对象有所减少，但渔猎工具有所改进，出现了矛、镖等工具。

第四节　饮食器具

一　大河村文化居民的饮食器具

豫东地区仰韶居民主要以鼎作炊具，鼎可分为釜形鼎、罐形鼎和盆形鼎。釜形鼎的容积较小，釜形鼎的上部呈釜形，口径一般不足20厘米，釜的高度多为十几厘米，最高也不足20厘米。釜的整体形状较扁平，垂直剖面近菱形，其容积显然大大减小。罐形鼎和盆形鼎的容积较大，上部呈罐形或盆形，口径和高度一般在20厘米以上，多为弧腹圜底状。最大的一件罐形鼎直径41厘米，罐高25.5厘米，其容积远大于其他陶鼎。显然这些容积有别的炊具是根据需要而有意制作的，每种炊具都有自身的优点。釜形鼎整体扁宽，整体受热较好，煮食更加快捷方便。罐形鼎和盆形鼎盛储量大，易于煮食需要长时间或量大的食物（图4－5）。具体使用哪种炊具主要由两种因素决定，一是就食人口的多少，二是煮食的对象。

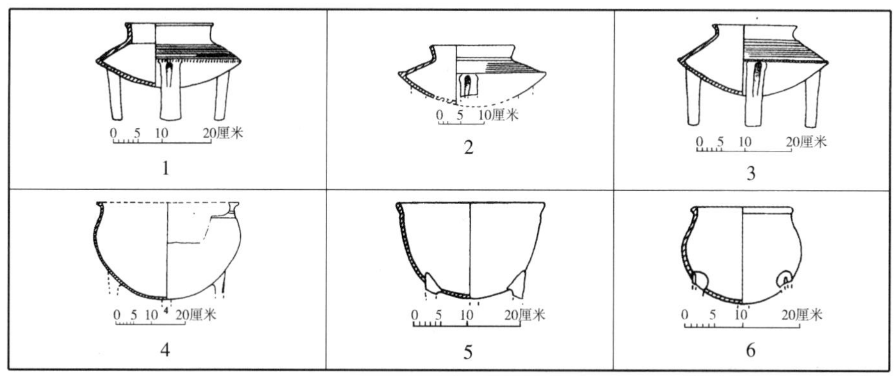

图4－5　椅圈马遗址出土炊器对比图

1—3. 釜形鼎（W2：1、T0406③：1、W9：1）　4、5. 盆形鼎（W2：2、T0406③：3）　6. 罐形鼎（T0406③：2）

主要以钵或碗作为食器，钵或碗的口径大小不等，一般在25厘米以上，最小者 15.5 厘米，最大者 36 厘米（图 4－6）。另外，椅圈马遗址第三期 C 型鼎（T0305②：1）个体较小、鼎足极矮，也可能是一种食器。食器个体普遍较大，可能与人们的食量和生活习惯有一定关系。这些炊器的大小，也在一定程度上反映了当时的社会结构和家庭构成。

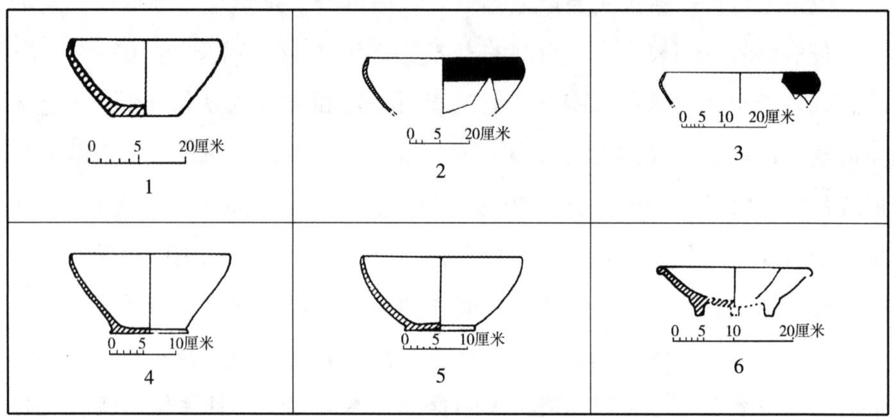

图 4－6　椅圈马遗址出土食器

1. 陶钵（H69：3）　2. 陶钵（H44：1）　3. 陶钵（T0605②：1）　4. 陶碗（T050512：1）　5. 陶碗（T0701：3）　6. C 型陶鼎（T0305②：1）

豫东地区仰韶时代陶器质地以泥质为主，少量夹砂。夹砂陶用的羼和料一般为云母或蚌壳，羼和料让陶器更具耐热性，也防止干裂。[①] 羼和料通常用于罐、鼎等需要加热使用的器皿上，盛储器如钵、盆、碗等一般为泥质，前者的数量远远少于后者。夹砂陶器和泥质陶器的制作是由所制器物的功用决定的，无论是夹砂陶或是泥质陶，陶器质量普遍较好。

仰韶时代居民的饮食内容十分丰富，包括粮食、肉类、蔬菜等。粮食主要是种植获得的大米、小米、大豆等。肉类应是主要通过渔猎和饲养获得。当时的环境温暖湿润，属于亚热带气候的覆盖范围。当时气候

① 中国硅酸盐学会：《中国陶瓷史》，文物出版社 1982 年版，第 38 页。

环境暖湿，降雨量较大。[①] 遗址周围可能生活着种类繁多的野生动物，渔猎的对象可能丰富多样。饲养动物主要应以猪为主，也应是人们获得食物的重要来源之一。

二　武庄遗址居民的饮食器具

炊器主要为鼎，鼎分为罐形鼎、釜形鼎和盆形鼎，釜较少见。鼎的陶质多夹有蚌壳，耐热性较好，鼎足普遍较高，适合作为食品加热工具，可以分为大、中、小三种形制（图4－7）。罐形鼎个体普遍较大，最大者口径近50厘米，个体小者也多在30厘米以上，适蒸煮较多的食物，数量相对较少。釜形鼎个体较为均匀，口径多为20厘米左右，颈部多较长，底部为圜底，受热效果较好，适合少数人蒸煮普通的食物，故数量也最多。盆形鼎的形制特别，腹部较浅，容量也较小，可能是特殊情况下使用的器具，故数量也很少。不同容量的炊器有不同的用途，说明人们蒸煮的食物较为丰富多样，进一步说明人们的日常生活也多彩多姿。

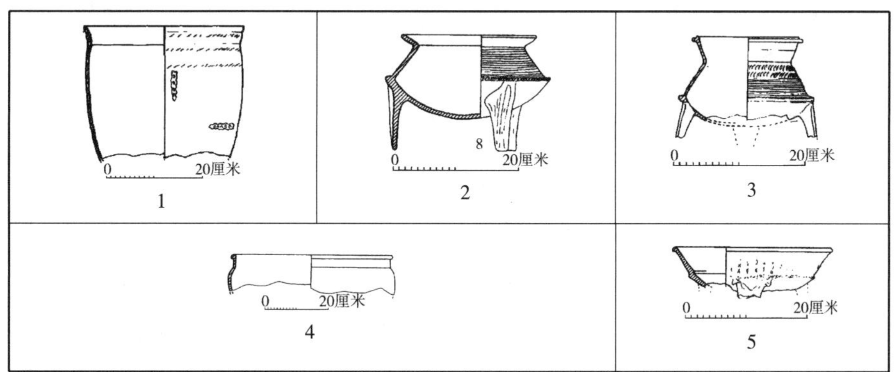

图4－7　武庄遗址形制多样的陶鼎

1. 罐形鼎（T103⑦：28）　2. 釜形鼎（T102⑥：21）　3. 釜形鼎（T102⑥：20）　4. 罐形鼎（T103④：44）　5. 盆形鼎（H44：1）

---

① 郑州大学文博学院、开封市文物工作队：《豫东杞县发掘报告》，科学出版社2000年版，第19—22页。

食器主要碗、钵、豆等，三者均为泥质陶。钵的口径普遍在 20 厘米以上，碗和豆的口径普遍在 15 厘米左右，这说明三者在用途上的区别是比较明显的。钵和碗应多用于盛饭，底部圈足和三足等适合手握。豆可能用于盛菜，对于没有桌椅的社会，高高的圈足比较方便使用。

三　大汶口文化居民的饮食器具

尉迟寺遗址发现大量排房建筑，房间内几乎保留了使用时的所有生活陶器，为我们研究饮食器具提供了材料。饮食用具一般包括鼎、鬶、壶、罐、盆、豆、杯等，炊具主要为陶鼎、甗、甑，少量夹砂陶鬶可能偶尔用来加热食物，壶、罐、盆主要作为盛储器，豆、杯、碗等主要作为食器，还出土有配套使用的箅子、器盖和勺子（图 4－8、图 4－9）。

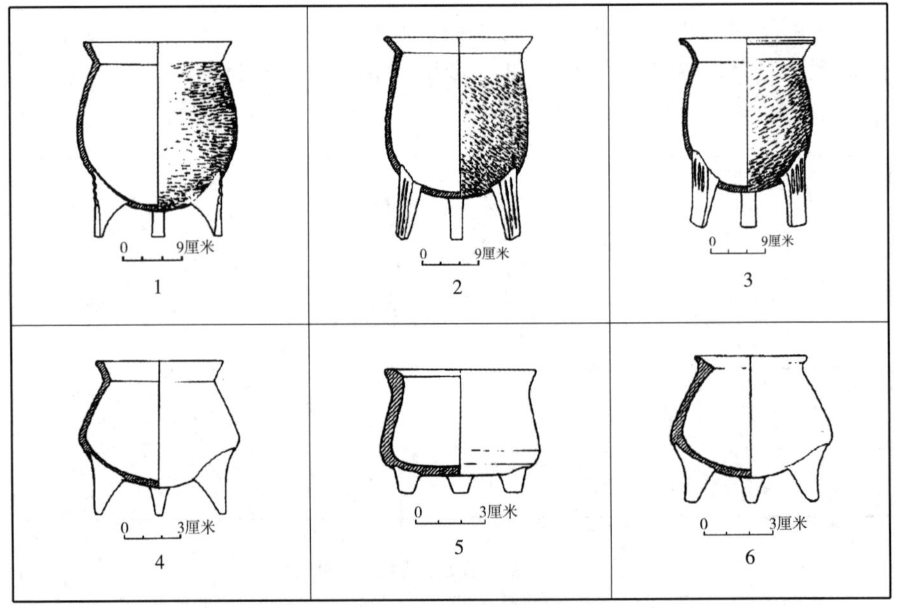

图 4－8　大汶口文化陶鼎

1—3. 大型陶鼎（F21：3、T3914⑥：1、H41：7）　4—6. 小型陶鼎（F31：33、F8：11、F37：12）

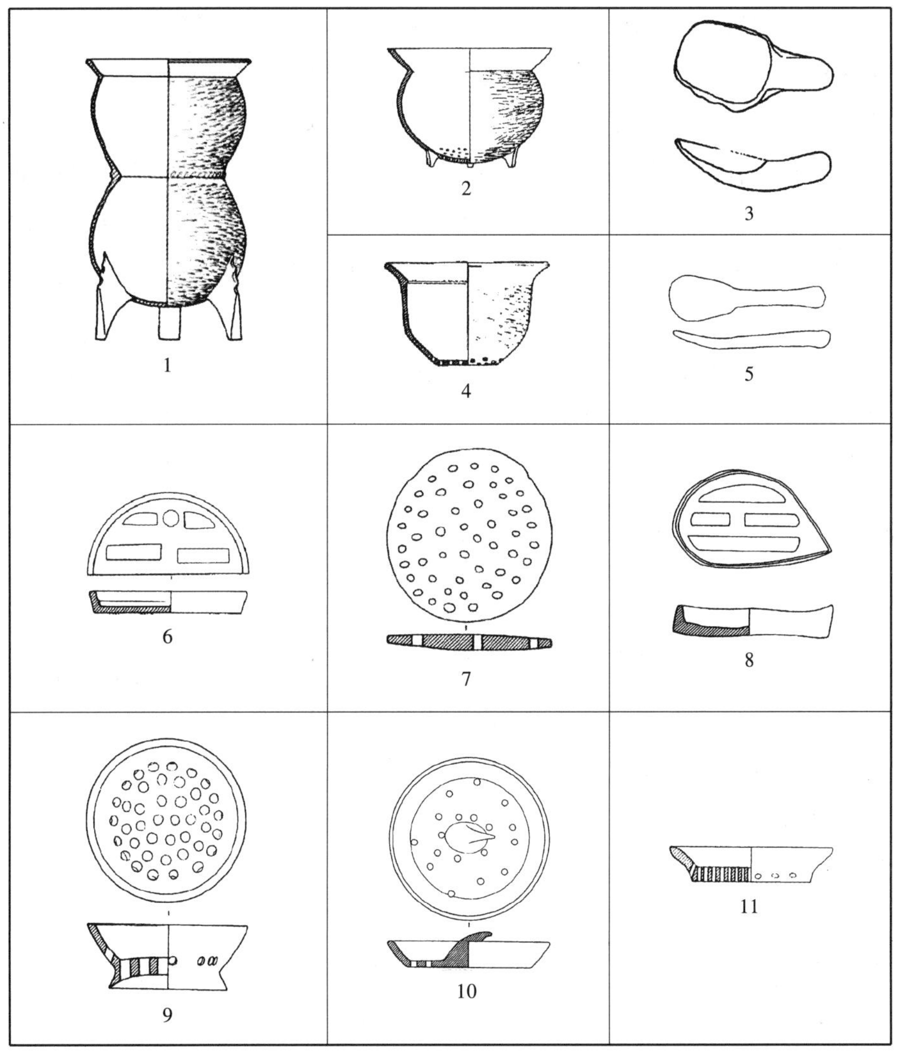

图4－9 尉迟寺遗址出土的大汶口文化陶甗、甑、勺、箅子

1. 甗（F69：3） 2、4. 甑（F39：28、F31：8） 3、5、11. 浅腹无纽箅（T3711⑦：5） 6. 半圆形箅（F37：21） 7. 圆饼式箅（T3613④：5） 8. 不规则形箅（F68：26） 9. 圈足式箅（T3613④：4） 10. 浅腹有钮式箅（F1：28）

炊具以鼎为主，陶鼎形制各异，但基本均呈鼓腹、圜底状，鼓腹可以增加容积，圜底以加大受热面积。单个个体的容积一般不大，大多通高不足 20 厘米，去除三足的高度一般在 15 厘米左右，口径也多为 15 厘米左右，个别器物仅高 5 厘米。这与大河村文化的大型炊器显然不同，小型的炊器适合人数较少的单个家庭或单个人使用，这应与当时的社会结构的改变有关。尉迟寺遗址许多单间房基中出土的成套饮食用具，据统计每个大房间平均陶器数达 15 件①，也可以说明这个问题。甑的底部附有三个矮足，三足间有密集的箅孔，类似矮足鼎，应与鼎配套使用。

甗是“尉迟寺类型”大汶口文化居民在炊具方面的创作。甗的造型是陶鼎与甑的组合，下部附有三个扁状足，形制与鼎无异，上部与去除底部的甑类似，束腰但腰部无箅孔，使用时应放入适当的箅子。箅子的样式多样，显示出了使用方式的多样性，进一步说明人们生活的丰富多样。箅子多为圆形，少数不规则形可能不做加热时使用，而用来放置出锅的食品，一般带有浅腹，方便放置食品。有些箅子带有钮，方便拿放。器盖也应作为炊具使用的，一般有钮，方便手握。

食器种类繁多，主要有豆、杯、碗、钵、盘、器盖。整体而言，食器的个体较大河村文化食器个体小。食器的口径大多在 20 厘米以下，豆的口径多为 10 余厘米。此类现象应与人们食物对象和生活方式的不同有关。盛储器以罐、壶为主，还有尊、盆等。罐有小口束颈者也有大口带流者，小口束颈者方便长期存储食物使用，大口带流者适合短期存储水或食物且方便倒出。壶一般为长颈深腹，盛储水或食物不宜洒出，不少壶带有双耳，方便穿绳，可以背在身上。食器主要为豆、杯、器盖、碗等小型器物。尉迟寺遗址还发现了 2 件陶制小勺，其中 1 件陶勺仅长 5. 4 厘米，可能不具有使用价值。另 1 件为长柄，近椭圆形勺面，通长 17. 6 厘米，柄长 10 厘米，柄宽 2—2. 5 厘米，勺面宽 5 厘米，形制与现代的大米饭勺十分类似。

大汶口文化居民的食物十分丰富，主要包括粮食、肉类、豆类、蔬菜等，主要来源于农业、渔业、狩猎业、饲养业和采集业等。主食是主

---

① 乔玉：《尉迟寺遗址大汶口文化聚落陶器使用情况分析》，《南方文物》2015 年第 4 期。

要食物资源，包括农业种植获得的黍、粟和稻等作物。肉类来源主要包括饲养的家猪，渔猎获得的鹿、獐，少量食物来自渔猎获得的野猪、羊、牛、虎、熊、鱼、蚌、螺、龟、鳖、鸟等。还有在居住地附近采集获得的栎属、栗属、榛属、胡桃属、枫杨属植物果实、块茎等。

四　造律台文化居民的饮食器具

造律台文化居民的饮食器具包括食器、酒器等。食器中又可分为炊器、盛贮器、饮食器等。

造律台文化居民的炊器主要为鼎、甗、甑、箅子等，均为陶质。鼎是加热食物的主要器具，其个体普遍不大，一般口径为15厘米以内，整体高度在25厘米以内，适合单人或单个家庭使用。尉迟寺遗址的房基内多发现陶鼎，多数房基内数件陶鼎共存，少量房基内仅见一件鼎，这应与房基内生活的人口数量有直接关系。该遗址房基内的陶器多是人们居住时的真实反映，研究者根据房屋面积和居住面上器物的种类推测，10平方米以上的房间可居住3、4人。屋内多有灶，日常陶器包括炊器、盛储器，种类齐全，还有一些生产工具，可能居住一个生产和消费相对独立的核心家庭。少数房间内仅有少量较大的陶鼎，见于尉迟寺遗址的一座房基内，与之并存的还有三件“七足镂空器”和八件普通陶鼎，其用途应不是一般的炊器。还有少数鼎的个体较小，整体高约10厘米，应是加工特殊食物使用的。早期鼎的腹部略深，中、晚期腹部变浅，多圜底圆鼓腹，以增大受热面积，加热速度有所进步。鼎的三足普遍较高，普遍在10厘米以上，鼎底与地面的距离普遍在5厘米以上，这给烧火留有一定的空间。有少量乳状足鼎，足的高度不足4厘米，鼎腹几乎着地，烧火空间很小，此类器物可能不作为加热器具使用，或与其他器具结合使用。甑多为深腹盆状，底部有多个孔，有些带有乳状足，应是放置在鼎上使用的。甗上腹部与甑的形状相似，均无箅，下部均为大袋足，受热面积和加热速度均远大于鼎。箅子系单独成器，有钮者应是放入甗中使用的，无钮者不方便拿取，作为盛放食物较为合适。盛贮器较多，主要有罐、盆、豆、瓮、缸、盘、壶等。罐的数量较多，形制多样，均为平底，不见大汶口文化时期带流罐。盆均为平底，腹和口的形制多样，大部分为敞口，敛口者极少。瓮、缸、壶等的器形较大，多作为长期盛储食物使用。豆、盘等是盛放做好的食物使用的，一般个体较小，方便拿起。饮食器主要有鬶、杯、碗等。鬶是特殊的饮食器，可能是作为加热煮水或煮酒用具。

造律台文化居民的食物与大汶口文化时期十分类似，主要来源于农业、渔业、狩猎业、饲养业和采集业等。食物类别可以分为粮食、肉类和素食类。主食包括农业种植获得的黍、粟和稻等作物，可能新增加有小麦。肉类在食物中也占有很大比例，来源主要包括饲养的家猪，渔猎获得的鹿、獐、野猪、羊、牛、虎、熊、鱼、蚌、螺、龟、鳖、鸟等。还有在居住地附近采集获得的栎属、栗属、榛属、胡桃属、枫杨属植物果实、块茎等。

综上所述，该地区史前时期居民的炊器均以鼎为主，大汶口文化和造律台文化居民还使用甗、甑等器具。仰韶时期，炊器的容积大小不一，容积较大的鼎可能用于煮食需要时间较长或量较大的食物，与当时的社会和家庭结构密切相关。食器主要为钵，且容积较大。大汶口文化居民的炊器一般不大，使用甗、甑的同时，还使用形制多样的箅子和勺子。造律台文化居民的炊器个体也不大，且大小不同的鼎配套使用。食物来源普遍丰富多样，主要为农业种植收获的粮食、渔猎和饲养所得的肉食、采集获得的植物果实等。

第五节　陶器制作的发展

陶器的出现改善了人类的生活，是新石器时代开始的标志。目前年代最早的陶器可追溯到一万年以前，许多新石器时代早期遗址中都有出土。因制作技术的原始性，早期陶器的质量较差、火候普遍较低，有些陶片甚至可以用手捏碎。陶器制作是史前社会主要的生产之一，青铜器和原始瓷器出现以后，人民的追求有所改变，陶器制作慢慢居于次要地位。

一　大河村文化时期的彩色陶器

仰韶时代，陶器已经经过了四五千年的发展，陶器制作已有长足的进步。豫东地区大河村文化陶器质地以泥质为主，少量夹砂。夹砂陶用的羼和料一般为云母或蚌壳，从早到晚的变化不大。羼和料的作用应是提高成品的耐热急变性能，避免在火上加热时发生破裂，也有防止半成品在干燥或烧成时发生开裂以及减少黏土的黏性等作用。① 羼和料通常用于罐、鼎等需要加热使用的器皿上，盛储器如钵、盆、碗等一般为泥质，前者的数量远远少于后者。夹砂陶器和泥质陶器的制作是由所制器物的功用决定的，无论是夹砂陶或是泥质陶，陶器质量普遍较好。

陶色以红色或褐色为主，少量灰色，还有极少量是红皮灰胎。灰色陶所占数量很少，一般出现在部分陶罐或陶盆上，一些陶钵颜色不均也会呈现部分灰色现象。陶器的胎色一般与烧造工艺有关，特殊情况下也与陶土原料有关。一般而言，红色和褐色陶是气温较低的氧化气氛中烧成的。氧化焰是指燃料完全燃烧的火焰，火焰完全燃烧必须有大量空气供给，这时窑中氧气充足，一氧化碳较少，一般形成于无窑室烧造或密封不好的窑室内。少量的红皮灰胎或红灰不均的陶色应是烧制时陶器与空气的接触不均造成了氛围不同，所以形成了不同的颜色，这是仰韶时代文化器物的普遍特点，应与当时的烧制设置和技术较为原始有关。灰色一般在弱还原气氛中烧成。还原焰是不完全燃烧的火焰，是指在烧制器物时窑中所产生的一氧化碳和氢气多，没有或者极少有游离氧的存在，一般形成于密封性较好的窑室内。豫东地区大河村文化未发现陶窑，由考古资料可知陶窑在这一时期已经普遍存在。据统计，早于仰韶时代的裴李岗文化发现陶窑十几座②，属于仰韶时代早期的半坡遗址已发现 6

---

① 中国硅酸盐学会：《中国陶瓷史》，文物出版社 1982 年版，第 38 页。

② 李友谋：《裴李岗文化》，文物出版社 2003 年版，第 47 页。

座陶窑[①]，另外在临潼姜寨[②]、三里桥[③]等均发现不少陶窑，同属于大河村文化的郑州林山寨[④]、荥阳点军台[⑤]、青台[⑥]等普通遗址中也普遍发现陶窑。由此可推测，该地区大河村文化也应有陶窑存在，有待在今后的考古发掘中有所发现。

陶器的制法多为手制，已经运用慢轮修整技术，到晚期大部分器物经过了慢轮修整。许多陶器器壁厚薄不匀，有些经过泥条盘筑制作而成的陶器内壁留有痕迹。部分泥质陶的口部经慢轮修整，器壁较薄，器形较工整，表面光滑。部分器物的口沿单独制作，然后贴接于器身。鼎足也为单独制作，一期时鼎足根部插入胎体后磨光加固。二期时鼎足贴接于器底，根部有指压沟槽，以加固足根与器壁的粘接。一些陶钵的底部残存植物碎末，应是在制作成型后为防止陶器底部与其他物品粘连，在放置陶器的表面上撒一些植物碎屑，起到了很好的保护作用。部分器表有芦苇叶或其他草木叶的痕迹，应是制陶时有意黏附在器壁上的，这样可以有效防止陶器与其他物件粘在一起。

在陶器制作时需要一些加工工具，在椅圈马、黑堌堆遗址发现有类似锉的陶质工具。陶锉整体呈楔形或长条形，通体用谷类颗粒压印出坑窝，多见于仰韶时代早期遗址，仰韶时代中、晚期遗址不见陶锉而多见陶拍，晚期可能被陶拍替代。椅圈马一期发现有陶锉，而椅圈马二、三期均不见陶锉。大河村遗址也有不少形制类似的陶锉，在大河村前三期至第一期均有发现（图 4 – 10），而不见于第二期至第四期，二至四期发

① 中国科学院考古研究所、陕西省西安半坡博物馆：《西安半坡——原始氏族公社聚落遗址》，文物出版社 1963 年版，第 156 页。

② 半坡博物馆、陕西考古所、临潼博物馆：《姜寨——新石器时代遗址发掘报告》，文物出版社 1988 年版，第 48 页。

③ 中国科学院考古研究所：《庙底沟与三里桥》，科学出版社 1959 年版，第 58 页。

④ 河南省文化局文物工作队：《郑州西郊仰韶文化遗址发掘简报》，《考古》1958 年第 2 期。

⑤ 郑州市博物馆：《荥阳点军台遗址 1980 年发掘报告》，《中原文物》1980 年第 4 期。

⑥ 郑州市文物工作队：《青台仰韶文化遗址 1981 年上半年发掘简报》，《中原文物》1987 年第 1 期。

现有陶拍。[①] 半坡时期的姜寨遗址一至四期发现大量陶锉，仅有少量陶拍。[②] 东王村遗址发现陶锉而无陶拍。[③] 在仰韶时代中期的庙底沟遗址没有发现陶锉，而发现了形状类似陶拍的瓶[④]，属于仰韶时代晚期的西王村遗址没有发现陶锉而陶拍数量较多[⑤]。根据这一现象可以推测它的消失可能与陶拍的出现有关，二者在某些功能上有些类似。陶锉的功用有待于研究，从名称来看应是作为“锉”具使用的。一般的陶锉质地为泥质，火候普遍较高，硬度也较其他器物大，应是一种生产加工工具，其加工对象目前无法确指。安志敏先生综合研究了新石器至汉代的糙面工具认为这些工具功能多样，作为制陶工具的可能性较小，可能是作为搓垢、刮治皮革或其他用途使用[⑥]，但目前还无法完全排除陶锉作为制陶工具使用的可能性。

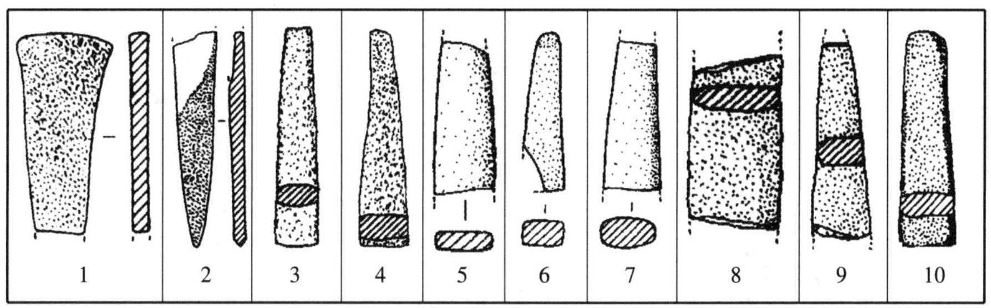

图 4－10　椅圈马遗址及大河村文化陶锉

1、2. 椅圈马（T0710⑥：1、T0710⑥：2）　3、4. 大河村遗址前三期（T3821A：4、T382121A：3）　5、6、7. 大河村遗址前二期（T3819：67、T3819：108、T3819：66）　8、9. 大河村遗址前一期（T3817：35、T3817：36）　10. 大河村遗址一期（T3715：2）

---

① 郑州市文物考古研究所：《郑州大河村》，科学出版社 2001 年版，第 37、78、114、136 页。

② 半坡博物馆、陕西考古所、临潼博物馆：《姜寨——新石器时代遗址发掘报告》，文物出版社 1988 年版。

③ 中国科学院考古研究所山西工作队：《山西芮城东庄村和西王村遗址的发掘》，《考古学报》1973 年第 1 期。

④ 中国科学院考古研究所编著：《庙底沟与三里桥》，科学出版社 1959 年版，第 58 页。

⑤ 中国科学院考古研究所山西工作队：《山西芮城东庄村和西王村遗址的发掘》，《考古学报》1973 年第 1 期。

⑥ 安志敏：《古代的糙面陶具》，《考古学报》1957 年第 4 期。

在陶器上装饰纹饰是陶器制作的一个重要方面，纹饰既能增加器物的美观，又能起到加固器物的作用，特殊的纹饰具有的某种寓意还可能起到影响人们心理的作用。陶器的纹饰与大河村文化有着相似的发展轨迹。一期时大部分器物表面均为素面，有些器物表面磨光，少量钵的口沿外侧饰一周红色或红褐色彩绘。二期时器表仍以素面为主，少数器物的肩部或腹部开始出现弦纹，个别器物腰部饰有乳突装饰。彩绘开始增多，但仍多饰于钵的口沿处，以红色彩带为主。少量彩陶片的施彩方法是先在器表施白衣再绘彩，主要用红、褐、黑三种色绘弧线、圆点和芒纹等图案。三期器表多为素面，部分器物肩或腹部饰有弦纹。彩绘比较罕见，除少量红色彩带装饰外，还有弧线、网纹等（图 4－11）。从以上材料可以看出，该时期人们制作陶器多注重实用性，很少在器物表面装饰纹饰或彩绘。

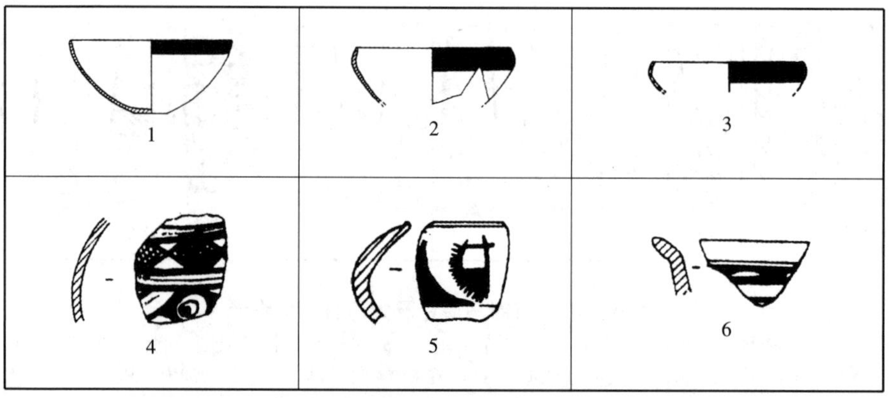

图 4－11　椅圈马遗址出土的大河村文化彩陶

1. 钵（T0710⑦：1）　2. 钵（H44：1）　3. 钵（403②：1）　4. 彩陶片（T0609②：1）　5. 彩陶片（H67：1）　6. 彩陶片（T0608②：1）

彩绘和其他纹饰的不断增加说明人们逐渐开始重视装饰纹饰，与中心地区相比纹饰显得简单。早期彩绘多呈带状，一般饰于钵或盆的口沿外侧。形成这种现象的原因可能有两个方面，一是原料的珍贵，二是器物需要叠烧的缘故。一般认为，彩绘的原料为含锰的矿物质和赤铁矿，这两样原料的来源应不太容易。考古发现中一般中心聚落内陶器上的彩绘略多且复杂，如庙底沟、大河村等遗址，而一般的小型聚落陶器上的彩绘略少而简单，如椅圈马、鹿台岗等遗址。所以说原料的珍贵是形成彩绘多呈条带状饰于器物口沿处的原因之一。另一个原因应该是与器物需要叠烧有关。大河村遗址有许多陶钵外壁上部为红色、褐色或黄色，而下部和内壁为灰色，应是叠烧而形成的。叠在一起的陶钵仅外壁上部直接接触火苗，下部和内壁分别被叠于其下和其上的陶钵遮挡而无法直接接触火苗，这样烧成的陶钵就形成了上述陶色。绘有彩带的陶钵可能也是用叠烧法烧成的，这种烧成方法可能是形成这种现象的原因之一。

陶器的器形是陶器的具体造型，它是由器物的不同用途决定的。豫东地区大河村文化居民使用的器类主要有钵、碗、鼎、器座、瓶、缸、罐、盆、刻槽盆、锉、纺轮等。从其主要功用看，主要生产生活用器如钵、碗、鼎、罐、盆等，生产用器生产量和使用量均较少。所有器物的形制均可在大河村遗址找到其相似的器物，说明本地的制陶和生活方式受到了中心聚落很大的影响。器物的种类远少于大河村遗址，一是可能与发掘面积有限相关，二是与本地普通居民的生活方式没有中心聚落复杂有关。该地区是仰韶时代文化的边缘，本地居民处于社会的最底层，生活方式应较为简单，需要的生活器物相对较少。

同时期的武庄遗址新石器时代遗存的陶器多为素面，少数为磨光，另有少量饰有镂空、纹饰和彩绘。镂空饰于器物的圈足上，有三角形、圆形等。纹饰较少，主要有弦纹、划纹、指甲纹、附加堆纹、蓖点纹等。彩陶在一期时数量较少，主要有施红衣和红色彩带。二期时彩陶数量较多，且图案较为复杂。主要为红彩，还有褐彩及少量黑彩，有白衣彩陶和红衣陶，多种颜色的复合彩极少。彩陶纹样以条带为主，还有水波纹、勾连纹、菱形“田”字纹、波折纹、锯齿纹、圆点弧线三角纹等（图4－12）。这些纹饰和彩陶纹样多是组合使用的，有不少器物在不同部位同时饰有多种纹样。从彩陶纹样种类上看，武庄遗址的纹样多于皖北石山子文化其他遗存的彩陶纹样，这应是受仰韶时代文化强烈影响所致。

武庄遗址新石器时代遗存的陶色主要有红褐、灰、黑等，红褐陶的数量较多，灰陶也有一定数量，二期时还出土黑陶。红褐陶和灰陶的颜色多不均匀，显示出烧造工艺的原始性。黑陶的数量虽少，但它代表了特殊的烧造工艺。黑色陶器较为特殊，除需要较好的还原气氛外，还需要特殊的陶土为原料。黑陶中含有大量的碳纤维，原料成分可能为泥炭或近似于泥炭的物质。[①] 研究表明，制作黑陶所用的黏土主要来自河、溪、沟、泽等水源旁，它富含有机纤维。[②] 这种黏土土质特别细腻、无沙且黏性大，适合做陶器。黑色陶器最早见于裴李岗文化二期[③]和顶蛳山文化三期[④]，在此之后的许多文化中均有发现。武庄遗址发现了黑陶，其来源是当地烧造的可能性较大，它代表了当地居民掌握先进的烧制工艺。

武庄遗址出土的陶器多为泥条盘筑轮修而成，皖北石山子文化陶器也是用手制而成，两者的制作方法较为相似。器物表面较为粗糙，仅有少量陶器为磨光。磨光陶仅见于少量陶豆和杯等。许多器物是分制后粘贴而成的，如豆、杯等器物的圈足，鼎、三足钵等器物的三足，壶等器

① 邱平、王昌燧、李凡庆、周贵恩：《大汶口、龙山文化黑陶内碳纤维的初步研究》，《自然科学史研究》2001 年第 20 卷第 1 期；李叔达：《动力地质学原理》，地质出版社 1994 年版，第 182—184 页。泥炭是由植物残骸在空气不足和大量水分存在的条件下，经过不完全分解而成，除含有大量的碳外，还含有水、碳水化合物、腐殖酸和有机纤维。较深的风化程度，使之具有较细的颗粒度，故也适合于制作陶器。泥炭常沉积在凹地，分布在海岸和潮汐带沼泽及内陆的湖河相沼泽中。

② 钟华南：《大汶口——龙山文化黑陶高柄杯的模拟试验》，《考古学文化论集（2）》，文物出版社 1989 年版，第 255—273 页。

③ 中国社会科学院考古研究所河南一队：《河南新郑沙窝李新石器时代遗址》，《考古》1983 年第 12 期。

④ 中国社会科学院考古研究所广西工作队等：《1996 年广西石器时代考古调查简报》，《考古》1997 年第 10 期；中国社会科学院考古研究所广西工作队等：《广西邕宁县顶蛳山遗址的发掘》，《考古》1998 年第 11 期。顶蛳山文化三期约相当于新石器时代中期偏晚。

图 4－12　武庄遗址出土的陶器彩绘纹样①

1. 锯齿纹（T102⑤：42）　2. 平行线纹（T101④：41）　3. 菱形“田”字纹（T103④：74）　4. 蛙纹（T103⑥A：72）　5. 白衣圆点弧线三角纹（T103④：70）　6. 弧线三角勾云纹（T103⑥A：75）　7. 白衣彩陶（T103④：69）　8. 圆点弧线三角纹（T102⑥：40）　9. 波折纹（T101⑤：42）　10. 双月纹（T103⑥B：71）

物的双耳等都是分制后粘贴于器身的。陶器加工工具仅发现陶拍，形制与石山子遗址出土陶拍相似。陶拍整体呈倒置的蘑菇形，拍面刻有平行线纹。学界有关陶拍的功用还存在争议，多数学者认为，可能是制作陶器时压印纹饰或拍打加固陶器的。

二　大汶口文化居民黑陶和白陶的流行

大汶口文化的陶器以夹砂陶为主，泥质陶相对比例较小。夹砂陶中

① 河南省文物考古研究所：《河南鹿邑县武庄遗址的发掘》，《考古》2002 年第 3 期。

除自然砂粒外，人工掺入石英粗砂或蚌粉等物质。夹砂陶器主要为鼎、罐、鬶等可能用于加热的器物，或是罐、缸等大型器物。泥质陶大多经过淘洗，黑陶和白陶多经过精细的淘洗，但也有未经淘洗者，陶胎内包含有大小不等的砂粒。泥质陶的质地普遍较好，器物造型规整，主要器形为背壶、豆、盆、杯、钵、尊形器等容器，且出现了质地更为细腻的黑色和白色的陶器。

大汶口文化陶器的陶色主要以红色、褐色为主，少量灰、黑色和白色。红色、褐色和灰色陶器普遍见于多种考古学文化中，其制法应大致相似，前文有所提及这里不再赘述。一般认为，灰陶、黑陶和白陶是在还原气氛中烧成的，尤其是黑陶和白陶烧成需要的温度一般在1000度以上，这样的环境需要在陶窑内才能形成。大汶口文化未发现陶窑等遗存，但是多个方面材料可以说明应存在陶窑。山东大汶口文化早期就已经存在陶窑，在邳县大墩子遗址发现了一座陶窑和两处可能是陶窑的圆形烧土堆积。① 晚期的陶窑遗存较多，在曲阜西夏侯②、枣庄建新③、泰安大汶口④、邹县野店⑤等遗址均有发现。有学者对尉迟寺遗址大汶口文化出土的部分陶片原始烧成温度进行分析，认为当时居民已经掌握渗碳技术，且已经懂得操作窑室改变其还原和氧化气氛⑥，这应是存在陶窑的直接证据。以上的材料证明，大汶口文化应存在陶窑，在今后的考古发掘中一定会发现。

---

① 南京博物院：《大墩子遗址第二次发掘》，《考古学集刊》第1集，中国社会科学出版社1981年版，第31页。

② 中国社会科学院考古研究所山东工作队：《西夏侯遗址第二次发掘报告》，《考古学报》1986年第3期。

③ 山东省文物考古研究所、枣庄市文化局：《枣庄建新——新石器时代遗址发掘报告》，科学出版社1996年版，第29页。

④ 山东省文物管理处、济南市博物馆：《大汶口——新石器时代墓葬发掘报告》，文物出版社1974年版，第111页。

⑤ 山东省博物馆、山东省文物考古研究所：《邹县野店》，文物出版社1985年版，第12页。

⑥ 中国社会科学院考古研究所：《蒙城尉迟寺——皖北新石器时代聚落遗址的发掘与研究》，科学出版社2001年版，第458页。

山东地区大汶口文化二期开始出现较多的黑陶，并随时间的推移数量逐渐增加，制作工艺越来越精细。大汶口文化相当于山东地区大汶口文化的晚期，也同样存在黑色陶，见于尉迟寺、段寨、周口烟草公司仓库、章华台、富庄和花家寺等遗址。黑陶质地可分为细泥、泥质和夹砂三种，其中以细泥薄壁黑陶制作水平最高，被称为“蛋壳陶”。尉迟寺遗址的磨光黑陶颜色纯正，制作精细。① 段寨遗址见有黑陶盘形豆、圈足瓶、高柄杯、高领罐和纺轮。② 烟草公司仓库出土黑陶壶、豆、三乳足杯、觚形器等，均为磨光黑陶。③ 章华台遗址出土有夹砂黑陶鼎形鬶。④ 富庄遗址出土有一定数量的黑陶，并见有薄胎黑陶杯。⑤ 花家寺遗址出土不少泥质黑陶器物，器形有豆、高足杯等，有些器物制作不甚精细，仅有少数为蛋壳陶。花家寺遗址的泥质黑陶绝大部分的胎泥都经过淘洗，未经淘洗者含有细小砂粒。大部分表面漆黑光亮，部分为黑灰色，还有极少数色泽不匀，许多黑色陶呈现出表、里、胎三者色调不一致的现象⑥，应与制作技术和烧造环境有关。

白陶是采用高岭土为原料制作和烧制的⑦，颜色主要为白色，但由于原料中矿物质的差异，可能会呈淡红、橙红、橙黄和绛红等色。白陶

---

① 中国社会科学院考古研究所：《蒙城尉迟寺——皖北新石器时代聚落遗址的发掘与研究》，科学出版社2001年版，第115页；中国社会科学院考古研究所、安徽省蒙城文化局：《蒙城尉迟寺（第二部）》，科学出版社2007年版，第104页。

② 郸城县文化馆：《河南郸城段砦出土大汶口文化遗物》，《考古》1981年第2期；曹桂岑：《郸城段寨遗址试掘》，《中原文物》1981年第3期。

③ 周口地区文化局文物科：《周口市大汶口文化墓葬清理简报》，《中原文物》1986年第1期。

④ 商水县文化馆：《河南商水发现一处大汶口文化墓地》，《考古》1981年第1期。

⑤ 杨立新：《安徽淮河流域的原始文化》，《纪念城子崖遗址发掘60周年国际学术讨论会文集》，齐鲁书社1993年版，第167页。

⑥ 安徽省博物馆：《安徽肖县花家寺新石器时代遗址》，《考古》1966年第2期。

⑦ 周仁、张福康、郑永圃：《我国黄河流域新石器时代和殷周时代制陶工艺的科学总结》，《考古学报》1964年第1期。高岭土，又称瓷土。《辞海》的解释为：高岭土的主要矿物成分为高岭石，一般呈白色，是各种结晶岩（花岗岩、片麻岩等）破坏后的产物。

最早见于湖南洪江高庙文化高庙遗址①和皂市下层文化岳阳坟山堡遗址②，两者可能有一定的联系，孰为白陶的起源地尚难确定。此后白陶常见于长江中下游地区，制作技术也达到了很高的水平。在海岱地区，年代较早的西夏侯遗址下层发现不少灰白陶器物，约占全部陶器的8.1%，其中M4、M6、M7、M8均出土有完整器物，其中陶杯5件、小豆3件、毁（簋）形器5件。③ M4、M6的年代较早，属于大汶口文化中期偏晚阶段，M7、M8属于晚期。④ 这类灰白陶是否属于白陶尚难确定。目前，较为确定的白陶均属大汶口文化晚期。⑤ 属于大汶口文化晚期的大汶口文化同样有白陶的出现，见于花家寺、段寨和栾台遗址。花家寺遗址出土的白陶片较为破碎，可辨器形仅有盂、鬶和器盖等。绝大多数白陶片的胎质坚硬细腻，色泽洁白，少数微带橙红色，表面经过打磨光滑，火候较高。据一件鬶鋬断面观察，胎土与萧县白土寨白土窑下层石胎瓷器的胎质相同。花家寺距白土寨仅3公里，白陶器很可能就是采用此地的瓷土制作而成的。⑥ 段寨遗址出土有夹砂白陶鬶，栾台遗址见有白色陶鬶，但均为碎片无法复原。⑦

大汶口文化的陶器多为手制，一般采用泥条盘筑法，盘筑成型之后，再经人工涂抹加工，部分器物经过慢轮修整，少数器物轮制而成。部分小型器物是直接捏塑而成的，有些器物内部留有手捏指痕。一些器物是分段、分部位分别加工组装成型的。如高足杯、豆等的腹、盘、柄足是

---

① 湖南省文物考古研究所：《湖南黔阳高庙遗址发掘简报》，《文物》2000年第4期；湖南省文物考古研究所：《湖南洪江市高庙新石器时代遗址》，《考古》2006年第7期。

② 岳阳市文物工作队、钱粮湖农场文管会：《钱粮湖坟山堡新石器时代遗址试掘报告》，《湖南考古辑刊》第六集，求索杂志社1994年版，第17—33页。

③ 中国科学院考古研究所山东队：《山东曲阜西夏侯遗址第一次发掘报告》，《考古学报》1964年第2期。

④ 栾丰实：《大汶口文化的分期和类型》，《海岱地区考古研究》，山东大学出版社1997年版，第69—102页。

⑤ 栾丰实：《海岱地区史前白陶初论》，《考古》2010年第4期。

⑥ 安徽省博物馆：《安徽肖县花家寺新石器时代遗址》，《考古》1966年第2期。

⑦ 河南省文物研究所：《河南鹿邑栾台遗址发掘简报》，《华夏考古》1989年第1期。

分制后，再接合而成的。鼎足是后来粘贴上去的，有些鼎足脱落后可以看到明显的粘贴留下的圆痕或圆窝。长颈壶的壶颈与壶身分制之后粘接而成。鬶的袋足、颈部、腹部和把手也是分制之后粘对而成的。

陶器加工工具发现的不多，仅在尉迟寺遗址发现有陶拍。陶拍均呈倒置的蘑菇状，拍面半球形，素面，主要用作加固陶器。有趣的是，大多数基址的房间内都出土有陶拍，但每处基址仅有一间房内有出土，少数间数较多的基址有多间房内有出土。尉迟寺遗址房基内的遗物基本是居民实际生活物品的真实写照，根据这些统计信息可以看出，陶拍的使用是分散各个居址的，说明陶器制作可能是在各个居址内分别完成的，每处居址多是一个房间用于制作陶器（表 4 – 11）。

表 4 – 11　**尉迟寺遗址出土陶拍的房基统计表**

基址号（房间数）	出土陶拍的房间	基址号（房间数）	出土陶拍的房间
1 号基址（5 间）	F20、F23	8 号基址（2 间）	F30
2 号基址（6 间）	F8	10 号基址（2 间）	F42
4 号基址（5 间）	F27	11 号基址（5 间）	F46
5 号基址（13 间）	F37、F38、F60	13 号基址（3 间）	F66
6 号基址（2 间）	F34	14 号基址（4 间）	F84
7 号基址（2 间）	F33		

大汶口文化的陶器以素面或磨光为主，纹饰中篮纹较为多见，还有绳纹、弦纹等纹饰，镂空、按窝、彩绘也是装饰陶器的方式。篮纹多饰于罐、鼎等器物的腹部，多横行或斜行，整体不规整。镂空多饰于豆的柄部，少数高足杯、簋形器、圈足壶等也饰有镂空，镂空的形状多样，在单个器物上的分布较为一致。彩陶数量不多，颜色有黑、红、褐、白等，纹样有网格纹、平行线纹、波浪纹、圆点同心圆纹、垂叶纹、斜线纹、三角纹等。彩绘一般是先施一层陶衣，再画彩绘，然后烧制，也有仅有陶衣未画彩绘者。尉迟寺遗址没有发现彩陶，但发现了用朱砂绘制的彩绘陶，一般饰于杯的腹部，起到美观的作用。

大汶口文化陶器主要有三足器、圈足器、袋足器、平底器等，代表器形主要有鼎、罐、壶、豆、杯、器盖、鬶、甑、甗、尊、缸等，包含了各种生活器具。相对而言，中心聚落的器形齐全，小型聚落的器形较少。尉迟寺遗址是该类型文化的一个中心聚落，出土的陶器数量和器形种类远多于其他遗址。鸟形神器是在其他遗址中没有见到的特殊陶器，明显具有一种精神宗教的性质，反映出中心聚落内居民生活的复杂性。

三　造律台文化居民陶艺的精进

造律台文化的陶器以泥质陶为主，夹砂陶次之。夹砂陶包括夹蚌、夹粗砂和夹细砂等，其中夹细砂者属自然夹砂。陶器质地随着时间的推移有一些变化，夹蚌陶在早期较多，晚期几乎不见。随着夹蚌陶的减少，泥质陶所占比例逐渐增加，晚期数量可占90%以上，夹砂陶仅见缸等大型陶器。晚期少量泥质陶制作精细，陶土经过淘洗，多用于杯、碗、鬶等器物的制作。

造律台文化陶器的陶色以灰色居多，另外有褐、黑、红、白等色。灰陶是其主流颜色，但颜色略有差异，见有黑灰、深灰、浅灰等色，晚期陶色较早期纯正。颜色差异的原因有多种，主要有烧制时的受热不同、使用的方式不同、保存的环境不同等，具体某一件器物需具体分析。褐色陶的质地主要是夹蚌，早期数量较多，晚期少见，且多是烧制时受热不均所致。红色陶系褐色陶的同类产品，与仰韶时代常见的纯正红陶有所不同。黑陶制作技术在造律台文化中较为普及，在许多遗址中均发现有黑色陶器，但与同时期山东龙山文化黑陶相比质量较差。黑陶中多为黑皮陶，仅有少量为真正的黑陶，极少数是蛋壳黑陶。白陶数量较少，但也存在于多个遗址中，如鹿台岗、尉迟寺、王油坊等遗址均有发现。从灰、褐、红等色陶器中自然夹砂现象可以推测，绝大多数陶器是本地生产所得。黑陶中的黑皮陶，陶胎多较厚，且所用陶土质地较粗，淘洗不精细，应是本地生产所得。少数蛋壳黑陶，陶胎厚约0.15厘米，器形与山东龙山文化的同类器相似，可能交换所得。白色陶器的制作技术应来源于大汶口文化，其原料是高岭土，是否为本地生产还有待研究。

造律台文化发现有陶窑遗存。平粮台遗址发现陶窑 3 座。1 号窑位于 1 号房北部城内东部偏南，仅存底部。2 号窑位于城西南角，仅存火膛和火道的一部分。3 号窑位于城东北角探方 T36 内，窑室烧成蓝灰色，窑内出土鼎、罐、甗、豆、器盖等残片。从残存遗迹看，窑内火道为叉裆式。王油坊遗址上层发现石灰窑 3 座，南北直线排列，皆为直壁平底圆形坑，底与周壁呈红色或青灰色，窑内残存有未烧透的石灰石、草木灰块等。山台寺遗址发现残陶窑 1 座，残存火塘和窑室，窑室内部有三条火道，与平粮台的形制类似。①

造律台文化制陶方法以轮制为主，器形规整，多数陶器的器表和内壁留有清晰的轮制痕迹，陶器制作水平高超。有些器物是用泥条盘筑法制成的，制作成形后普遍经过轮修，如器盖、双耳罐、豆柄、缸等内壁留有盘筑时留下的瓦棱状凹槽。小件器物或器物附件一般采用捏塑法制成，器表多留有手指窝，如鼎足、器耳、流等。形制复杂的器物，如三足器、圈足器、高领器、带耳器、带流器等是分部位成形，后组装成器。鼎足、圈足、器耳、流等分别制成，鬶的袋足为模制而成，后接于器身，然后抹平接缝，抹痕清晰。甗的甑部和鬲部一般为分制而成，然后套接，并将套接处抹平，有的用附加堆纹加固。

随着制作工艺的进步，制陶工具的种类也在增多。发现的制陶工具有陶拍、陶模等。陶拍在王油坊、鹿台岗、乳香台、清凉山、平粮台、牛牧岗等遗址均有发现。王油坊遗址发现瓶形器和陶垫各一件，均可视为陶拍。鹿台岗遗址发现有 3 件陶拍。扁圆形 2 件，一件上部有矮圆柱形捉手，拍面印有直行平行刻槽，中部刻有一道垂直刻槽。另一件拍面印有纵横垂直的刻槽。蘑菇形 1 件，捉手部分为圆柱体，平底，素面。乳香台遗址出土 2 件陶拍。一件呈倒置蘑菇状，拍面残。另一件为三角

① 中国社会科学院考古研究所、美国哈佛大学皮保德博物馆：《豫东考古报告——“中国商丘地区早商文明探索”野外勘察与发掘》，科学出版社 2017 年版，第 114 页。

形，正面刻印有麦穗纹。清凉山遗址发现陶拍、陶垫各1件，实为陶拍的两种不同形制。牛牧岗遗址出土2件陶拍，形状均为近圆形，拍面有刻纹。捉手残。拍印面一件为树枝纹，一件为方格纹。总体而言，可以分为素面和刻有纹饰两种形制，应具有不同的用途。素面的陶拍，一般整体呈蘑菇形，拍面较平或微鼓，见于王油坊、鹿台岗、乳香台、清凉山等遗址。刻有纹饰的陶拍，一般为圆形或近圆形，拍面用尖状器刻画直线纹饰，直线的不同布局构成了不同的图案，见于王油坊、鹿台岗、牛牧岗、清凉山等遗址。素面陶拍一般认为是作为拍打陶器使用的。刻纹陶拍的使用方式和方法不甚清楚，在陶器上尚未发现与陶拍上纹饰相近的图案，作为压印纹饰使用的可能性不大。形制多为圆形，个体较小，且捉手较矮，比较适合握在手中，可能是用于打磨陶器的。另外在平粮台、段岗等遗址发现有陶质模具，平粮台遗址出土陶模整体似圆锥形，高约3厘米。段岗遗址出土模具类似大口尊状，平口内折，微弧壁，尖底，外口径11.5厘米，内口径6.9厘米，高19.3厘米。两者可能是制陶工具，具体用法和用途尚难推测。

造律台文化陶器多经过装饰，纹饰常见篮纹、绳纹和方格纹，还有少量弦纹、连珠纹、指甲纹、刻画纹、附加堆纹、曲尺形纹、布纹、乳钉纹、镂空等，素面和磨光陶也占有较大比例。篮纹、绳纹、方格纹等多用于鼎、罐、瓮、甗、缸等大型器物上。磨光和素面多用于大型器物的口沿或小型器物上。弦纹多与其他纹饰配套使用，在绳纹、篮纹或素面上加饰几道弦纹。其他纹饰数量极少，一般饰于特殊部位。

造律台文化生活类陶器器类繁多、器形多样，包括圈足、三足、平底、圜底、凹底、尖底等，其中圈足、三足、平底器比例较大。代表器形有鼎、罐、甗、豆、子母口罐、器盖等。尉迟寺遗址还出土了“七足镂孔器”，其命名与用途尚难定论，但其带有浓厚的宗教色彩是毫无争议的，这说明尉迟寺的居民生活中存在宗教信仰。

综上所述，史前时期，陶器制作业较为发达，是十分重要的生业方式。大河村文化阶段，陶器制作多为手制，开始使用慢轮修整，晚期大部分器物经过了慢轮修整。制陶时使用陶搓或陶拍等工具，也已使用密封性较好的陶窑烧制器物，陶器上流行装饰纹饰或彩绘。武庄遗址居民的制陶业在制法、陶色、陶质和装饰等方面与大河村文化居民相似，他们还烧制黑色陶器。大汶口文化居民的制陶技术进一步提升，烧制有难度较高的白陶和黑陶。陶器制作分布在各个居址之中，每处居址多是一个房间用于制作陶器。造律台文化居民学会了烧制蛋壳黑陶，制法以轮制为主，制陶工具种类也有增加。

第六节　建筑业

建筑业是人类重要的生业方式之一，也是人类文明发展过程中十分重要的一个方面。史前时期，建筑业得到了长足的发展，人们的居住条件和建筑技术逐渐得到提高。史前时期，豫东地区的建筑特点多体现在与自然环境联系较为紧密这一方面，充分体现了人们使用环境、改造环境的能力。

一　大河村文化连间房的建造

豫东地区的大河村文化的居住地点主要位于岗地之上。考古发掘的多数遗址位于高台之上，如鹿台岗、椅圈马、吴岗、周龙岗、牛牧岗等遗址虽遭后期破坏现今仍高于周围地面。椅圈马遗址仰韶时代遗存位于台地之上，地层堆积表明台地生土表面低于现今地面不足 3 米。因黄河泛滥，遗址附近原始地面之上多覆盖黄沙。由此推测，仰韶时代该遗址处确为台地。台地的居住方式和地面式房基的产生主要有两个原因：一是建筑技术的进步。二是环境因素的影响。环境信息表明当时气候温暖、降雨量较大①，大量的雨水迫使当地居民择高而居和地面式建筑。显然，

① 郑州大学文博学院、开封市文物工作队：《豫东杞县发掘报告》，科学出版社 2000 年版，第 19—22 页。

环境的影响是形成这种现象的主要原因。椅圈马遗址三期房基 F2，房内地面经过严格处理，烧结程度高，出土时表面仍然光滑，因为干燥裂成数块，这样的居住面应该可以达到防潮的目的。[①]

该地区大河村文化居民的建筑技术与中心地区的建筑技术一致，且房基均为地面式具有一定的地方特点。由考古资料知，地面式房基的出现时间晚于半地穴式房基，前者的建筑难度也高于后者。椅圈马遗址第二期发现的房基均为地面式，与之大致同时的半坡时期的房基均为半地穴式，即使在半坡[②]、泉护村[③]和姜寨[④]所发现的大型房基也均为半地穴式建筑。房基内地面均经火烧硬化，因火候不同硬结度也有所区别，这应与当地的潮湿的气候环境有关。

椅圈马遗址第三期建筑技术得到提升，出现两间套连的地面式房基。地面式连间房最早出现于高庙文化，仰韶晚期广泛应用[⑤]，大河村文化三期也出现多处连间房，保存最好的有四间连间房[⑥]。椅圈马遗址的建筑技术显然是受到中心区域的影响，建筑方法基本相似，墙体宽 20—30 厘米，既有基槽又建有木骨泥墙。立柱直径均小于墙体，宽度 10—20 厘米，一般在墙体拐角和门道两侧必有立柱，立柱之间均有几十厘米的距离，每间房基的立柱为 10 个左右。房基门道均呈东西向，基本接近于 90°或 270°，形状较规整，基本呈长方形，多数房基作为居住使用，在有些房基内发现有灶（图 4 – 13）。

---

① 郑州大学考古系等：《河南尉氏椅圈马遗址发掘简报》，《华夏考古》1997 年第 3 期。

② 中国科学院考古研究所、陕西省西安半坡博物馆：《西安半坡——原始氏族公社聚落遗址》，文物出版社 1963 年版。

③ 黄河水库考古队华县队：《陕西华县柳子镇考古发掘简报》，《考古》1959 年第 2 期；北京大学考古学系著、中国社会科学院考古研究所编：《华县泉护村》，科学出版社 2003 年版。

④ 半坡博物馆、陕西考古所、临潼博物馆：《姜寨——新石器时代遗址发掘报告》，文物出版社 1988 年版。

⑤ 湖南省文物考古研究所：《湖南洪江市高庙新石器时代遗址》，《考古》2006 年第 7 期。

⑥ 郑州市文物考古研究所：《郑州大河村》，科学出版社 2001 年版，第 163 页。

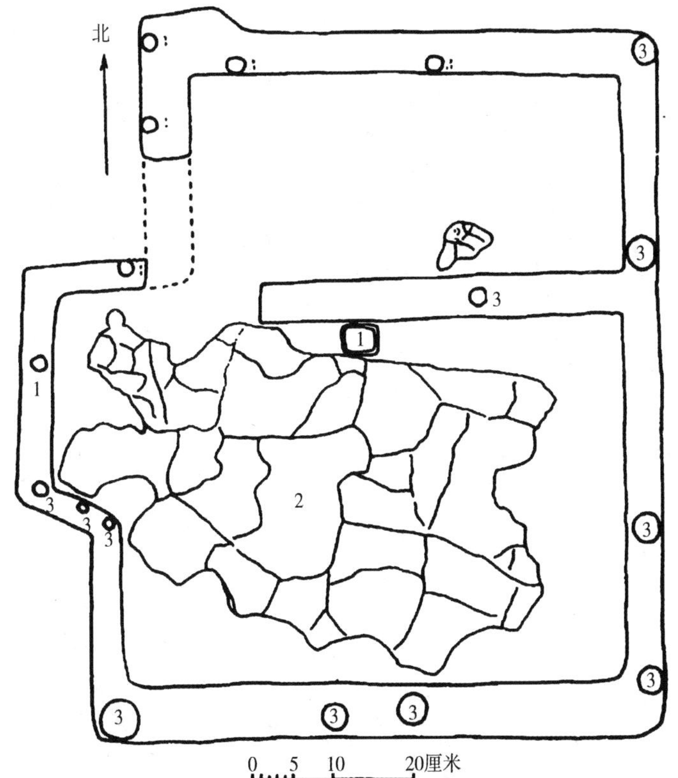

图 4－13　椅圈马三期房基

1. 灶　2. 红烧地面　3. 柱洞

（采自《河南尉氏椅圈马遗址发掘简报》）

二　大汶口文化排房的发端

大汶口文化时期的排房建筑呈现出较大的先进性。尉迟寺遗址最具代表性，该遗址发现了大汶口文化晚期的围沟聚落，具有防御、取水和排水的功能，是当时仅次于城址较为先进的设施。围沟内清理出统一规划的 14 排排房建筑，还有 2 处残房基，共 73 个房间。房屋多为连间排房，除残房基外，排房少则 2 个房间，多则 13 间（图 4－14）。

房址一般选择地势较高的缓坡上，均是先挖出浅穴式地基再建房。为了多个房的地面保持水平，地基的深浅视地势的高低而定，坡上部穴

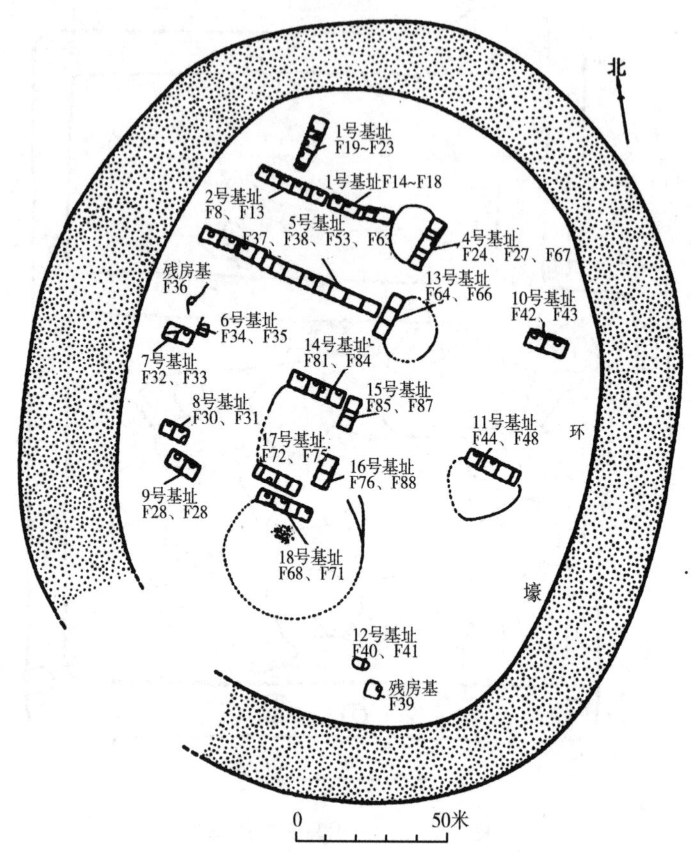

图4－14 尉迟寺遗址大汶口文化排房建筑

［引自《蒙城尉迟寺（第二部）》，图8］

稍深，坡下部穴浅。挖好地基后在周围再挖基槽，在基槽内栽立柱，然后用红烧土加草拌泥筑墙。墙内木桩间距不等，但普遍较稀，木桩之间可能捆绑上芦苇束等填充物，将两侧墙体抹好后经火烧烤。隔墙间立柱较密集，排列的较紧凑，并用绳索将其捆扎牢固。主墙与隔墙使用的木骨形状各异，有圆形、椭圆形、三角形、梯形等。每间房址主要有门、灶台和室内柱组成。房址都有独立的门，门宽多在60厘米左右，大间往往开两个门，位于排房两端的房间只开一个门，这可能是从实用性和保暖的角度考虑。门下缘内侧铺以长方形条状木质门槛，门槛外侧用泥抹成斜坡状护坡，略经烧烤，门的两侧镶嵌木柱为框。[①] 灶均位于房址的里侧，在室内柱与后墙间形成的方形空间中，抹砌出一高出居住面2—5厘米的红烧土台，即为灶址。[②]

建筑基居住面处理经过铺垫、砸实、抹泥和烧烤等四道工序，居住面的质量较高，防潮效果较好。房屋墙面使用了白灰涂抹，白灰抹墙具有美观、防潮等作用，一直被沿用至今。白灰的应用最早见于仰韶时期，可能是人们在建筑史上的一大新发现。有学者对尉迟寺白灰面进行了测试研究，结果表明其主要成分为碳酸钙。[③] 仇士华先生认为，天然石灰石的主要成分为碳酸钙，经过烧制后的生石灰成分为氧化钙，加水后变为氢氧化钙，涂抹墙后吸收空气再变为碳酸钙，从化学成分无法看出是天然石灰石还是经过人工烧制的。[④]

三　造律台文化版筑技术的应用

造律台文化居民掌握了先进的建筑技术、建筑形式和新型的建筑材料。建造了城址，掌握版筑法等先进的建造技术。建筑形式多为地面式，还有高台式房基，并流行连间房，土坯砌墙法，很有地方特点。新型建筑材料是掌握了石灰烧造和使用。

造律台文化发现城址1座，位于淮阳平粮台。城址平面形状规整，基本呈正方形，方向为6°，城墙外拐角略圆弧，内拐角近90°，四面墙的长度和宽度基本相当，最新的钻探发现城墙外有环壕。[⑤] 城址面积5万余平方米，城墙外有宽约25米的护城河，南城墙和北城墙各发现城门一座。南城门两侧见有用土坯垒砌的两个门卫房，为城内居民的管理、

---

① 中国社会科学院考古研究所：《蒙城尉迟寺》，科学出版社2001年版，第28页。

② 梁中合：《尉迟寺聚落与聚落群的初步观察》，《文物季刊》1996年第4期。

③ 李乃胜、何努、毛振伟、冯敏、王昌燧：《陶寺、尉迟寺白灰面的测试研究》，《分析测试学报》2005年第9期。

④ 仇士华：《人工烧制石灰始于何时?》，《考古与文物》1980年第3期。

⑤ 河南省文物考古研究院：《河南淮阳平粮台遗址考古发掘成果显著——发现早晚期陶排水管和龙山时期墓地》，《中国文物报》2016年1月15日。

城址的防御提供了便利，在同时期的其他城址中尚未见到。中间有可供人们出入的道路，路下面埋设有陶排水管道，铺设在路土和南门之下，是作为引流污水的，设计方式先进。毫无疑问，铺设管道引导水流远比露天水沟的方式先进，给城内居民的生活带来了方便，增强了城市的美观。目前材料表明，这种管道技术在同时期的城址中较少发现，无疑是较为先进的技术。此后，这种技术被统治者应用在大型城址中，如二里头①、偃师商城②等均发现了使用暗渠排水的设施。城内发现有 30 余处排房和高台建筑，经过规划设计，排列整齐。

2015—2019 年通过系统钻探表明城址有对称分布的四个城门（东城门可能遭晚期破坏），发现一条南北走向的龙山时期道路，两端分别对应南、北城门，已经具备了“中轴线”布局③。

平粮台城址建筑技术采用了版筑和堆筑相结合的建筑技术建造而成。城墙主体的夯土可分为六层，为一次夯筑而成。第六层位于墙体内侧底部，为小版筑夯土。第六层夯好后，在其外侧堆土，略呈斜坡状，然后夯实，逐层加高至超过小版筑墙的高度，再逐层倾斜堆筑出城墙的上部。上部夯土为堆筑棍夯而成，夯具多为束棍，夯窝为圜底圆形或椭圆形。墙内侧陡直，外侧呈坡状。城墙主体外侧又附加部分斜坡状夯土层，亦为先堆土再夯筑而成。

龙山时期出现大量城址，城墙的建造方法包括堆筑、夯筑和版筑。版筑技术是较为进步的夯筑城墙方法，最早见于仰韶时代晚期的郑州西山城址④，至商周时期被广泛应用。龙山时期居民广泛建筑城址，城址

---

① 中国社会科学院考古研究所二里头队：《河南偃师二里头二号宫殿遗址》，《考古》1983 年第 3 期。

② 杜金鹏、张良仁：《偃师商城发现早期帝王池苑》，《中国文物报》1999 年 6 月 9 日；中国社会科学院考古所河南二队：《1984 年春偃师尸乡沟商城宫殿遗址发掘简报》，《考古》1985 年第 4 期；中国社会科学院考古所河南二队：《河南偃师尸乡沟商城第五号宫殿基址发掘简报》，《考古》1988 年第 2 期。

③ 北京大学考古文博学院、河南省文物考古研究院：《中轴对称 布局方正 规划严整——河南淮阳平粮台龙山城址发掘取得重要收获》《中国文物报》2020 年 3 月 6 日第 008 版。

④ 国家文物局考古领队培训班：《郑州西山仰韶时代城址的发掘》，《文物》1999 年第 7 期。

数量达百余座，但应用版筑技术的城址较少。目前较为确定使用版筑技术的城址有平粮台[①]、古城寨[②]、郝家台[③]、戚城[④]、陶寺[⑤]、石峁[⑥]和藤花落[⑦]等城址。另外，景阳冈城址夯土内发现木板痕迹[⑧]和孟庄城址的北墙主体城墙内附加夯土有木板痕迹[⑨]，也可能是版筑法的迹象，其余数十座城址均未使用版筑技术。造律台文化的居民掌握了先进的夯筑技术，并将其推广，平粮台遗址高台房基的台基也是采用这种方法夯筑的[⑩]。

房基的建筑形式多数为地面式，并建筑少量高台式夯土基址房基。发现的房基可以分为半地穴式、地面式和高台式三种，地面式占绝大多数，半地穴式房基多属早期或中期阶段，晚期基本不见。平粮台遗址发现30余处房基，均为地面式建筑。清凉山遗址发现房基3座，2座属于

---

① 河南省文物考古研究所、周口地区文化局文物科：《河南淮阳平粮台龙山文化城址发掘简报》，《文物》1983年第3期。

② 蔡全法等：《龙山时代考古的重大收获——河南发现中原面积最大、保存最好的龙山时代晚期城址》，《中国文物报》2000年5月21日；马俊才：《新密古城寨龙山城筑城技术的初步研究》，《中原文物考古研究》，大象出版社2003年版；河南省文物考古研究所、新密市炎黄历史文化研究会：《河南新密市古城寨龙山文化城址发掘简报》，《华夏考古》2002年第2期。

③ 河南省文物研究、郾城县许慎纪念馆：《郾城郝家台遗址的发掘》，《华夏考古》1992年第3期；河南文物考古研究所：《郾城郝家台》，大象出版社2012年版。

④ 河南省文物考古研究所：《濮阳县戚城新石器时代和东周城址》，《中国考古学年鉴（2009）》，文物出版社2010年版，第266页。

⑤ 中国社会科学院考古研究所山西队等：《山西襄汾陶寺城址2002年发掘报告》，《考古学报》2005年第3期；中国社会科学院考古研究所、山西省临汾市文物局：《襄汾陶寺——1978—1985年发掘报告》，文物出版社2015年版。

⑥ 王炜林、孙周勇、邵晶等：《2012年神木石峁遗址考古工作主要收获》，《中国文物报》2012年12月21日。

⑦ 南京博物院等：《江苏连云港藤花落遗址考古发掘纪要》，《东南文化》2001年第1期；南京博物院、连云港市博物馆：《藤花落：连云港新石器时代遗址发掘报告》，科学出版社2014年版。

⑧ 山东省文物考古研究所，聊城地区文化局文物研究室：《山东阳谷县景阳岗龙山文化城址调查与试掘》，《考古》1997年第5期。

⑨ 河南省文物考古研究所：《辉县孟庄》，中州古籍出版社2003年版；河南省文物考古研究所：《河南辉县市孟庄镇龙山文化遗址发掘简报》，《考古》2000年第3期。

⑩ 河南省文物研究所、周口地区文化局文物科：《河南淮阳平粮台龙山文化城址试掘简报》，《文物》1983年第3期。

第一期，1座属于第二期。[①] 王油坊遗址发现房基20座，仅下层发现少量半地穴式单间房，中、上层均为地面式。[②] 鹿台岗房基半地穴式2座，均为第二段，地面式11座，分属第三段和第四段。[③] 安邱堌堆、莘冢集等遗址发现少量半地穴式房基。山台寺、胡道沟、栾台、富庄、牛牧岗、坞墙等遗址发现的房基多为地面式。居住面基本都经过硬化，有的经过烧烤或撒有石灰面以增加干燥性，还经常见到数层或十层以上硬化的居住面。地面式建筑较半地穴式房屋的建造难度大，但有着防潮、居住方便的优越性，其他地区该时期甚至更晚仍见有较多的半地穴式房基，这种现象应与造律台文化居民掌握了先进的建筑技术和自然环境潮湿的影响有关。

高台式房基是该时期较为少见的建筑形式，见于平粮台、王油坊和山台寺遗址。平粮台台基的夯筑方法与城墙相似，先用版筑法夯筑一段北墙，以此墙为边界在其南侧斜坡状堆土逐层夯筑至一定高度形成台基。山台寺遗址发现夯土台基两座，台基高度约1米，台基上分布有若干柱洞应是木骨泥墙。解剖台基显示，一号基址中段夯土分为浅白灰土、灰土夹炭、浅灰土、纯黄土、花黄土数层夯土，外侧还有草拌泥。山台寺遗址另外发现房址9座，仅1座为圆形，8座方形单间或连间房。建筑程序分为挖基槽奠基，立柱筑墙和修正地坪几个环节。其中，最有技术含量的是版筑法筑墙，在墙两侧立木板形成墙体槽，以立柱垫土夯砸成木骨夯土墙，墙内的立柱长短粗细不等，多是上下相接的，这也是使用木板版筑技术应用的结果。[④]

① 北京大学考古学系等：《河南夏邑清凉山遗址发掘报告》，《中国考古学研究（四）》，科学出版社2000年版，第452页。

② 中国社会科学院考古研究所河南二队、河南商丘地区文物管理委员会：《河南永城王油坊遗址发掘报告》，《考古学集刊》第5集，中国社会科学出版社1987年版。

③ 郑州大学文博学院、开封市文物工作队：《豫东杞县发掘报告》，科学出版社2000年版，第35页。

④ 中国社会科学院考古研究所、美国哈佛大学皮堡德博物馆：《豫东考古报告——“中国商丘地区早商文明探索”野外勘察与发掘》，科学出版社2017年版，第93—110页。

造律台文化流行连间房建筑，在尉迟寺、王油坊、栾台、山台寺、黑堌堆均发现有连间房，有的是数间排房建筑。连间房的建筑难度高于单间房，方便家庭式生活居住，其起始于仰韶时代晚期，龙山时期较为多见。造律台文化的连间房比例较大，这应与造律台文化居民生活的需要和掌握了先进的建筑技术密切相关。

墙体的建筑方式可以分为木骨泥墙、土坯垒筑、草拌泥垒筑和硬土直接堆筑等。木骨泥墙是较为多见的建筑方式，墙内立木柱，再用草拌泥堆筑。土坯垒筑是新发明的建筑形式，在王油坊、平粮台、山台寺和鹿台岗等遗址均有发现。建筑房屋前先把草拌泥制成大小不等的长方形土坯，再用土坯垒砌墙体，墙外多用草拌泥糊墙。草拌泥垒筑是用草拌泥直接垒筑成墙体，墙内不见木柱，但墙内侧多有立柱支撑房顶，称为“壁柱”，时至今日这种形式建筑方式还在沿用。

墙壁多经过再次加工，抹有草拌泥或石灰面，房外多有散水。房内居住面多经过火烧硬化，不少房基居住面还撒有白灰以增加干燥性。墙面上也有不少用白灰或草拌泥涂抹现象，提升了房子的美观程度。石灰是建造房屋的理想材料，具有干燥、硬度大、耐用、美观等特点，龙山时代运用较为广泛。

王油坊遗址还发现了烧造石灰的窑和填埋废石灰的灰坑。石灰窑3座，南北向略呈直线排列，皆为直壁平底圆坑，底与壁呈红色或青灰色。出土有大量的石灰块、未烧透的石灰石、烧土块和草木灰等。石灰坑1座，坑内填有白色粉状物，经中国社会科学院考古所化验室和实验室鉴定为烧制的石灰。① 室外流行铺斜坡散水，起到了保护墙体的作用。

鹿台岗和王油坊遗址均发现了一种建筑工具——抹子。该器物呈扁长方形，面平整、光滑，背部有一呈桥形把手，与现今抹墙使用的抹子

---

① 中国社会科学院考古研究所河南二队、河南商丘地区文物管理委员会：《河南永城王油坊遗址发掘报告》，《考古学集刊》第5集，中国社会科学出版社1987年版。

类似，应为打磨和加工房基墙壁使用的工具。

综上所述，该地区居民多择高而居，小型房基多为地面式，注重地面和墙面的修整。仰韶时期，椅圈马遗址和武庄遗址居民的房屋均为地面式建筑，居住面多用沙土及红烧土铺垫，防潮功能较好。大汶口文化时期，尉迟寺遗址居民的住房更为讲究，建造工序较为复杂，室内墙面使用了白灰涂抹。造律台文化时期，该地区居民学会了版筑技术，并将其运用到小型房屋和城址之上，学会了烧制和使用白灰。

第七节　埋葬习俗与祭祀

一　大河村文化居民的埋葬习俗与祭祀

大河村文化对儿童埋葬流行瓮棺葬，多在房基或居址附近。多人合葬、母子合葬等现象盛行。

（一）大河村文化守护亡灵与多人合葬

大河村文化居民重视对亡者特别是小孩的埋葬和祭祀，发现的多处遗迹现象均与纪念夭折的小孩有关。椅圈马遗址二期的 F3 可能是专门为夭折的小孩建造的。该房基为近方形地面式单间建筑，南北长 3. 15—3. 24 米，东西宽 2. 90—3. 00 米，东墙中部偏北部留有门道。室内西南部发现 10 个红烧土柱，直径 25—28 厘米，残高 10—12 厘米，中间 1 个，周围 9 个围成近圆形，直径约 1. 5 米，占据了房基三分之一的空间。每根土柱均由被夯成臼窝状薄层一层层叠夯而成，每层中间略厚，周边略薄，厚 1—1. 2 厘米。房间内西北、东北、东南三个墙体拐角处发现有 3 片经过灼的龟甲。土柱东侧放置 1 件双耳陶壶，内装有小孩头骨碎片。该房基保存较好，未发现灶等与居住有关的遗存（图 4 – 15）。从以上多个遗迹现象综合分析，该房基应是专门为纪念这位小孩而建造的。

小孩多为单人瓮棺葬，至少 1 人 1 个葬具，仅有 1 例是小孩与大

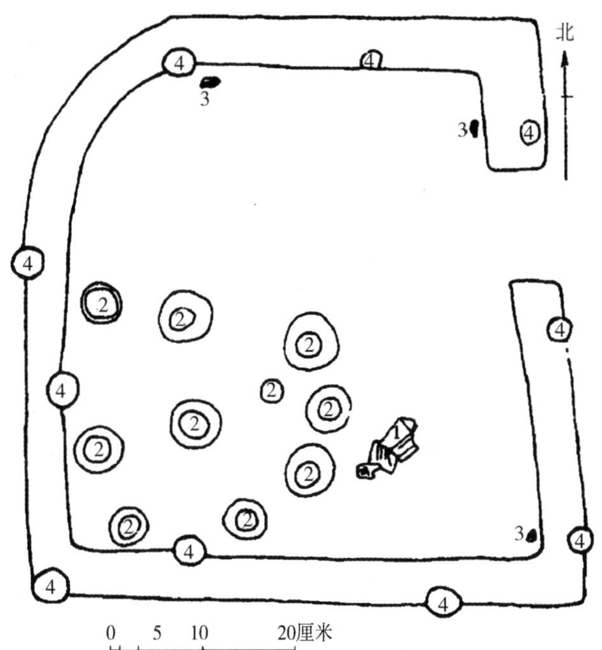

图4－15　椅圈马二期祭祀建筑基址

1. W14　2. 红烧土柱　3. 龟甲片　4. 柱洞

（采自《河南尉氏椅圈马遗址发掘简报》）

人合葬于土坑竖穴墓中。椅圈马三期房基F2垫土内发现1座小孩瓮棺葬，房基外侧东部或西南部还有10座小孩瓮棺葬。瓮棺葬多是1人用1件葬具，少数1人用2件葬具。大多是为1坑1人，少量2人或3人合葬。墓坑较浅，仅能容下葬具。以W9为例，平面椭圆形，最大径1.00米，最小径0.60米，2人合葬，1人葬具为釜形鼎，口朝上，内填有小孩头骨碎片。1人葬具为双耳壶，口朝下，壶内也有小孩头骨碎片。成人墓葬均为土坑竖穴式，且仅有1例有随葬品，墓扩均窄浅，仅能容身。

成人墓多为单人一次葬，仅有少量男性合葬现象。18座墓葬有两座合葬墓，双人合葬墓和三人合葬墓各一座。M8为三人合葬墓，二具成年人仰身直肢左右并排，一具二次葬儿童骨架放置在右侧成年人头骨右上方。经河南医科大学王又林研究员鉴定，合葬墓主人的性别均为男性。成人墓的葬式基本均为仰身直肢，头向多数朝东南或西南，说明当时有一定的埋葬习俗。不同的埋葬方式表示了人们对成人死者和儿童死者的不同认识，在一定程度上说明人们对小孩埋葬的重视。

考古发掘可知仰韶时代大型居址已经产生专属的墓地。椅圈马遗址规模较小，尚无专门的墓区，墓葬均位于居住区内，且距离房屋较近。椅圈马遗址共发现成人墓葬 18 座，其中 13 座墓葬分布在 T0710、T0711、T0811 三个 5 米见方的探方内，另外 5 座墓葬均位于 F3 的东部不远处。这种现象与其他仰韶遗址多有专门的墓葬区有所不同，应具有某种特殊的思想。

（二）石山子文化的叠葬

马庄遗址共发现墓葬 23 座[①]，只能简单窥探其埋葬形态。

墓地位于遗址第⑤B 和⑤C 层之间，墓葬上下两层的文化面貌相同。且未发现一处墓坑，应是未划分单独的墓地。从年龄结构看小至七八岁，大到 50 岁均埋葬于一个墓地。墓葬分为单人葬和多人叠葬，这与山东王因、江苏刘林等遗址同时期叠葬相似。多人叠葬似乎同是男性，与椅圈马遗址发现的男性合葬相似，应该是同一个社会发展阶段的反映。

墓葬方向 100°左右，即朝向东偏南。墓葬排列可能有一定规律，大概可以分为四排，每排分布数座墓葬。葬式均为仰身直肢，未发现一处墓穴和葬具。6 座墓葬随葬石钺，1 件石斧，除两座不能鉴定性别外，其余皆为男性。多座墓葬随葬牙饰，男女均有发现，应是人们生活习俗佩戴牙饰的反映（表 4－12）。

---

① 中国社会科学院考古研究所、美国哈佛大学皮保德博物馆：《豫东考古报告——“中国商丘地区早商文明探索”野外勘察与发掘》，科学出版社 2017 年版，第 47 页。

表 4－12　　马庄遗址墓葬统计表

M2	彩陶豆	牙饰		
M4	釜形鼎		石钺	30—35 岁男？
M6	彩陶豆		石钺	40—50 岁男
M7	三足钵	骨匕		
M8	彩陶豆、灰陶圈足豆			
M10	灰陶镂空豆			
M11	觚	牙饰		
M13			石钺	成年？
M14	觚、灰陶豆	牙饰		
M16		牙饰、蚌器	石钺	壮年男
M17	彩陶豆			
M18	钵、黑陶尊形器、红陶豆	蚌片		
M19	黑陶豆			
M20		牙饰		
M21	钵	蚌片		
M22	豆			
M23			石钺	男
M25	豆		石斧	

二　大汶口文化居民猪下颌和獐牙习俗

大汶口文化“尉迟寺类型”居民有着独特的埋葬习俗，墓葬分布相对集中，主要集中在遗址北部和东部。儿童墓无固定区域，穿插于成人墓葬之间。儿童多使用瓮棺葬，瓮棺葬的比例占近 90%，葬具从一件到多件数量不等。儿童尸骨多放在瓮棺之内，有保护死者的含义。成人墓葬均为竖穴土坑葬，多无任何葬具，也很少有随葬品，葬式主要是仰身直肢。成人墓和儿童墓葬埋葬有别，说明当时居民对儿童埋葬的重视。

山东大汶口文化常见拔出上侧门齿和枕骨变形习俗，在该地区较为少见，而随葬獐牙和猪下颌骨的现象较为普遍，说明猪下颌骨和獐牙在人们心目中有特殊的地位。

史前时期墓葬常见用猪随葬的现象，其含义多有争议，主要有“财富说”“辟邪说”“祭祀说”“祭品说”和“肉食说”五种观点。“财富说”由佟柱臣先生提出①，王吉怀先生进行了更全面的阐述②，刘莉先生也有类似的观点③，认为墓葬中随葬猪显示了个人所有的财产。“辟邪说”由王仁湘先生提出，认为在墓葬中随葬猪是为了辟邪和护卫亡者灵魂，是一种祭祀行为。④“祭祀说”由杨虎和刘国祥两位先生提出，就兴隆洼遗址发现人猪合葬的现象，其认为体现了对猎物灵魂的祭祀，具有图腾崇拜的意味⑤，这种现象不具有普遍意义。“祭品说”⑥和“肉食说”佟柱臣先生⑦已经早有提及，罗运兵先生对这个观点进行了全面的阐释，认为随葬猪（不包括猪牙）是为死者提供肉食的⑧。从目前材料来看，以上五种观点均有合理之处，但均很难涵盖整个史前时期的随葬猪骨习俗。随葬猪骨的现象延续时间长、覆盖范围广，不能仅用一种说法包含整个史前时期随葬猪骨现象，具体含义需要根据出土遗存及其文化背景做具体分析。

大汶口文化“尉迟寺类型”随葬猪多是为死者提供肉食的。尉迟寺遗址共发现近 300 座墓葬，随葬猪骨和猪牙的墓葬共 9 座。其中 M136 随葬猪獠牙和猪下颌骨，M116、M141、M188 均随葬猪下颌骨，M126 随葬有野猪獠牙、猪下颌骨、猪肢骨、猪趾骨、獐牙、麋鹿肩胛骨，

---

① 佟柱臣：《从考古资料试谈我国的私有制和阶级的起源》，《考古》1975 年第 4 期。

② 王吉怀：《试析史前遗存中的家畜埋葬》，《华夏考古》1996 年第 1 期。

③ 刘莉：《山东龙山文化墓葬形态研究——龙山时期社会分化、仪式活动及交换关系的考古学分析》，《文物季刊》1999 年第 2 期。

④ 王仁湘：《新石器时代葬猪的宗教意义》，《文物》1981 年第 2 期。

⑤ 杨虎、刘国祥：《兴隆洼文化居室葬俗及相关问题探讨》，《考古》1997 年第 1 期。

⑥ 李伊萍：《龙山文化研究——黄河下游文明进程的重要阶段》，科学出版社 2005 年版，第 115 页。

⑦ 佟柱臣：《从考古资料试谈我国的私有制和阶级的起源》，《考古》1975 年第 4 期。

⑧ 罗运兵：《也谈我国史前猪骨随葬的含义》，《华夏考古》2011 年第 4 期。

M69 随葬猪骨、鱼骨和其他兽骨，M67、M210 随葬猪下颌骨、猪肢骨和猪趾骨。以上几例随葬猪的现象应不符合“财富说”和“辟邪说”，比较符合“肉食说”的观点。研究表明，该遗址出土的大部分猪骨为家猪，且家猪提供的肉食占居民消费肉食的近二分之一。由此可见，此时饲养业十分发达，家猪数量较多，猪已经成为人们生活中十分普通的一员，墓内随葬猪不具有辟邪或祭祀意义。

尉迟寺遗址出土猪骨的墓葬墓穴多较宽，且大多随葬有数量较多的陶器，有的还出土有玉器，墓主人或其家庭应较其他人富有。也有些墓葬随葬猪骨的同时仅随葬很少的随葬品，有些儿童也随葬猪骨。M210 为窄穴墓，仅有一件觚形杯，M116 为一座儿童窄穴土坑墓，随葬品为豆、杯、器盖、残陶器各 1 件。M69 为一座儿童瓮棺葬，除随葬猪骨外随葬瓮、鱼骨和兽骨各 1 件。若将随葬猪作为财富的象征，随葬猪的数量应会有所差别。上述墓葬随葬的猪骨无论是猪下颌骨或是同时随葬猪肢骨和趾骨均象征一头猪，很多墓主人的财富并无差别。从发达的家猪饲养业角度而言，随葬猪也不具有象征财富的意义，应解释为墓主人提供肉食较为合理。墓主人的随葬品应是其家人或亲人为其放置的，主要是供墓主人在另一个世界所使用的，并不是向其他人炫耀财富的。上述墓葬随葬的猪骨均与随葬陶器放置在一起，M126 内还发现猪下颌骨放在豆内的现象更能支持“肉食说”。另外，一些墓葬中随葬野猪獠牙，但猪牙与陶器摆放在一起并无特殊含义，也具有为墓主人提供肉食（牙代表野猪）意义。少数墓葬内猪牙经过了特殊摆放，如段寨遗址大汶口墓葬在右臂、腰部、股间随葬猪牙，可能具有某种特殊意义。

獐牙也是大汶口文化墓葬经常随葬的物品，其含义可能也有多种。吴汝祚先生认为手握獐牙钩形器的是富有者或是有一定社会地位的人[①]，但有些随葬獐牙器的墓葬随葬品较少或无随葬品，墓主人的地位和财富

① 吴汝祚：《大汶口文化——东夷族的早期史略》，《东岳论丛》1983 年第 2 期。

很难定论。邵望平先生提出獐牙具有宗教和社会意义。[①] 有学者根据大汶口遗址的发掘资料，认为獐牙应是一种信物，用来辟邪或表示信仰的。[②] 刘慧和徐存凤两位先生提出獐牙是宗教信仰的灵物。[③]

尉迟寺遗址发现9例墓葬随葬獐牙的现象，分别为M67、M126、M136、M137、M141、M147、M153、M171、M192，研究发现并不具有上文所说的特殊意义，应是同猪骨类似，是为墓主人提供肉食的。

首先，尉迟寺遗址墓葬随葬獐牙不具有宗教意义。尉迟寺遗址墓葬中随葬的獐牙均未经过加工，遗址内出土的獐牙器均非墓葬出土，而其他遗址如大汶口、刘林、大墩子和西夏侯等遗址内墓葬随葬的獐牙多数经过加工，未经特殊加工的物品具有宗教意义的可能性不大。獐牙的摆放位置也与上述遗址有别，出土的獐牙均与其他随葬品摆放在一起，并无手握獐牙的现象。遗址中近300座墓葬，随葬獐牙的墓葬所占比例较小，作为宗教信物的可能性很小。鉴于以上三个方面，可以认定尉迟寺遗址内墓葬随葬獐牙现象不具有宗教或信仰意义。

其次，随葬獐牙的墓主人并非均为富有者。随葬獐牙的墓葬中有些属于宽穴墓，随葬品也较为丰富，但有些墓葬随葬品也较少，墓主人并非富有者。M192除随葬獐牙外，随葬背壶、豆、器盖各1件。M153为窄穴墓，除随葬獐牙外，仅随葬骨凿、镞各1件。随葬獐牙的墓葬中有不少还随葬有猪骨，两者通常摆放在一起，在功能上应较为相近。

所以说，墓葬中随葬獐牙的现象同样具有为墓主人提供肉食的意义。尉迟寺遗址出土了许多动物骨骼，但没有鉴定出獐的骨骼，出土的獐牙证明人们确实捕获了不少獐作为食物。獐是一种生性特别机警而善于躲藏的动物，人们很难捕获，随葬獐牙更能说明人们对獐和獐肉的重视。因獐的稀有，人们仅随葬獐牙以示代表。随葬獐牙的墓主人应与獐有着

---

① 邵望平：《新发现的大汶口文化》，《新中国的考古发现与研究》，文物出版社1984年版。

② 山东省文物考古研究所：《大汶口续集——大汶口遗址第二、三次发掘报告》，科学出版社1997年版。

③ 刘慧：《大汶口文化獐牙习俗考略》，《民俗研究》1998年第3期。

较多的联系，可能是善于捕獐或喜食獐肉的标志。

一般认为，东夷人的图腾是鸟。有的研究者认为陶鬶是鸟的变形体，是鸟图腾的一种表现。尉迟寺遗址也发现有类似于鸟形体的陶鬶，也有一件鸟形“神器”，极为罕见。这件器物上的飞鸟形象充分体现了鸟在人们心目中的地位，可能是鸟图腾的一种表现。整体呈瓶状，在器物的顶部和中部，形象的鸟造型和抽象的鸟头（或冠饰）造型构成了器物的主体。顶部为鸟体形象，鸟足部由上而下成为由细变粗的颈状，器物中部突起，并在突起部位形成一周凹槽，凹槽之下又有 4 个对称形镂孔，在凹槽之上的两侧饰有对称变形鸟头状或抽象的冠饰。发掘者认为该器物可能具有鸟图腾崇拜的意义，也可能具有权利或是与祭祀有关的器物。[1]

尉迟寺遗址发现 8 个类似“日、月、山”形的刻纹符号（图 4 – 16），该类符号在山东常见，莒县陵阳河[2]、莒县大朱家村[3]、莒县杭头[4]、诸城前寨[5]等遗址均有发现。其性质主要有“文字说”[6]“图案说”[7]“符号说”[8]“族徽说”[9]“历法说”[10]“天文说”[11]“生殖崇拜

---

① 王吉怀、陶威娜：《大汶口文化惊现罕见器物》，《中国文物报》2002 年 5 月 1 日。

② 山东省文物管理处、济南市博物馆：《大汶口——新石器时代墓葬发掘报告》，文物出版社 1974 年版。

③ 苏兆庆等：《莒县大朱家村大汶口文化墓葬复查清理简报》，《史前研究》1989 年辑刊；山东省文物考古研究所、莒县博物馆：《莒县大朱家村大汶口文化墓葬》，《考古学报》1991 年第 2 期。

④ 山东省文物考古研究所：《山东莒县杭头遗址》，《考古》1988 年第 12 期。

⑤ 任日新：《山东诸城前寨遗址调查》，《文物》1974 年第 1 期。

⑥ 持该观点的学者较多。最早者数于省吾先生，在《关于古文字研究的若干问题》（《文物》1973 年第 2 期）一文中认为此类刻符是文字。邵望平、唐兰、裘锡圭、李学勤、高明、张光裕、王树明等先后发表文章也持同样的观点。

⑦ 汪宁生：《从原始记事到文字发明》，《考古学报》1981 年第 1 期。

⑧ 杨国章：《原始文化与语言》，北京语言学院出版社 1992 年版；张文：《大汶口文化陶尊符号试解》，《考古与文物》1994 年第 3 期。

⑨ 杜金鹏：《说皇》，《文物》1994 年第 7 期。

⑩ 逄振镐：《东夷文化史》，中国社会科学出版社 1995 年版；刘斌：《大汶口文化陶尊的符号及与良渚文化的关系》，《青果集》，知识出版社 1993 年版。

⑪ 王震中：《试论“[illegible]”、“[illegible]”与“大火”星及火正》，《文物》1997 年第 6 期。

说"[1]"宗教说"[2]等观点。综合分析各位学者的观点，"自然崇拜说"的观点较为合理。此类符合均刻画在大口尊（或称大口瓮）的肩部，笔画工整，应非随意刻画。符号样式既有与其他遗址相同的符号，也有其他遗址未曾出现的符号。研究表明，尉迟寺遗址发现的此类器物均是在当地取土烧制的，并非交易获得。符号基本均与"日""月""山"等有关，带有崇拜自然的意味。大口尊的出土地点较为特殊，7件是儿童瓮棺葬的葬具，1件出自一座祭祀坑，多与墓葬和祭祀有关，应该是人们鬼魂思想的一种反映，可能与宗教有关。

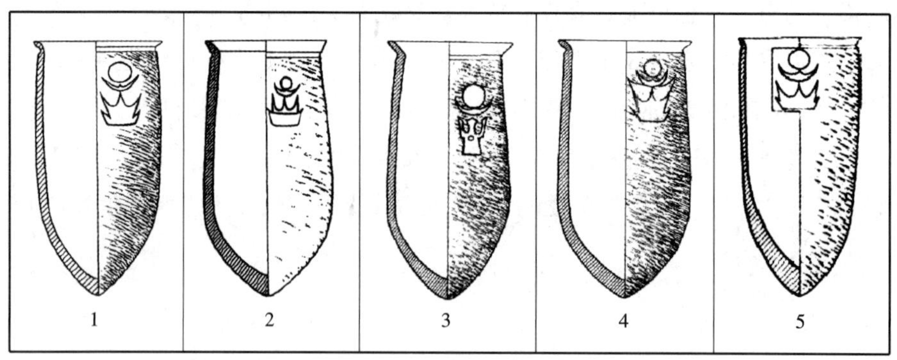

图4－16　尉迟寺遗址出土的大汶口文化陶符

1. M96：2　2. M215：1　3. M177：1　4. JS4：1　5. M289：1

三　造律台文化居民的专属墓地和自然崇拜

造律台文化发现的墓葬不多，仅见于平粮台、鹿台岗、尉迟寺3处遗址。已见有专属的墓区，成人普遍实行竖穴土坑墓埋葬，无葬具，很少有随葬品。

尉迟寺遗址成人墓葬15座，均无葬具，仅有1座有随葬品。儿童墓葬中土坑竖穴墓和瓮棺葬均有发现。尉迟寺遗址儿童墓9座，7座竖穴

---

① 郭雁冰：《大汶口文化陶符新解》，《中原文物》2000年第1期。

② 王吉怀：《再论大汶口文化陶符》，《东南文化》2000年第7期。

土坑墓，2座瓮棺葬。乱葬坑1座，埋有9个人头骨、部分肢骨、脊椎骨和肋骨。头骨保存较好，但均无下颌骨，其中几个尚能看到火烧痕迹，经鉴定幼儿头骨4件。鹿台岗遗址发现2座墓葬，均为土坑竖穴，无葬具和随葬品。

平粮台遗址新发现一批墓葬，成人墓排列整齐，埋葬于专门的墓地（图4－17）。这批墓葬年代一致，方向均为南北向、墓主人头皆朝南，葬式均为仰身直肢。另有6座青少年墓葬较为分散，均打破建筑基址室内外垫土或活动面。墓葬规模明显较小，仅能容身，不见葬具和随葬品，且皆为青少年，可能是当时青少年死亡后的埋葬方式。① 这种葬俗与仰韶时代将婴幼儿埋葬于房基附近或作为奠基的处理方式相似。发现的儿童墓葬多为瓮棺葬，共16座，2座为土坑墓，1座为灰坑葬，其余均为瓮棺葬。

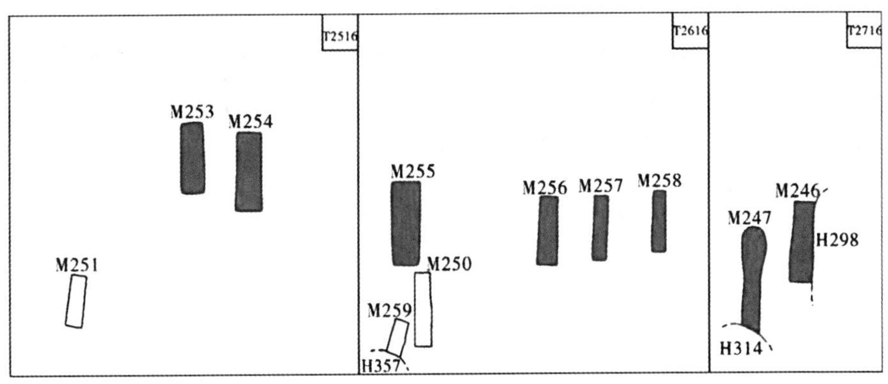

图4－17　平粮台遗址南部龙山文化墓葬分布图

造律台文化房基下用儿童奠基现象普遍，也有少部分是用成人奠基。王油坊遗址上、中、下层龙山时代文化的房基附近或房基内均发现用儿童奠基现象。F20地基之中有3具被去除额骨以上头盖骨的中年男性。

① 河南省文物考古研究院、北京大学考古文博学院：《河南淮阳平粮台遗址龙山时期墓葬发掘报告》，《华夏考古》2017年第3期。

山台寺遗址房基 F4、F2 外有用儿童奠基的现象。[①] 安邱堌堆遗址 F5 的门道夯土中有 1 具中年妇女骨架，应是建房时埋入的。平粮台遗址 F20 有 4 处用人奠基现象，其中室内东北角 3 处和室外西南角各 1 处。

造律台文化时期人们的祭祀活动多样，自然崇拜，占卜活动频繁。

鹿台岗遗址还发现了 4 处与自然崇拜有关的遗迹。I 号遗迹高出当时周围地面近 1 米，系一座内墙呈圆形、外墙为方形、外室包围内室（圆室）的特殊建筑。圆室内有一个呈东西—南北向的十字形“通道”，其西面、南面各设有门道。外墙略呈圆角方形，在西墙和南墙中部各有一处缺口。外室西墙缺口恰巧与内室西门及十字形通道的西端呈直线相通，三者宽度相同。外室南墙缺口又与内室南门及十字形通道南端在一直线上，三者宽度也相同。由于内室和外室的中心点亦相同，故知内、外室及十字形通道应属同一建筑。经解剖分析，该建筑程序如下：1. 夯筑台基。2. 在夯筑的台基之上挖一个方形的穴（即外穴）。3. 填充外穴，并夯筑，外穴上层用纯净黄土铺垫。4. 在方形外穴的中部挖圆形内穴，并在内穴坑壁涂抹 2 层纯净的褐土泥和黄土泥。5. 用黄褐色土夯筑内穴。6. 挖东西、南北向十字形“通道”槽，此槽挖破了内、外穴，通南门、西门。槽壁也用纯黄土泥涂抹。7. 用黄色、褐色花土夯筑十字形“通道”。8. 在内、外穴坑壁处向外建内、外墙。9. 修筑西门、南门地面。10. 立柱建顶。

Ⅱ号遗迹位于 I 号遗迹东北的 T25、T26 内，其北部和西南部分别被一后期房子和灰坑打破。该遗迹由十一个圆形土墩组成，其中部为一大圆墩，在其周围均匀分布着十个小圆墩，十个圆墩形成一个直径为 4. 40—4. 50 米的大圆圈。这些圆墩的建造方法为：先挖圆坑，再在坑壁上涂抹草拌泥，然后往坑内回填纯黄土，层层夯打至地面。遗迹内不见柱洞、墙基、烧土面等居住痕迹，只在东南部圆墩外侧约 1. 5 米的范围

---

① 中国社会科学院考古研究所、美国哈佛大学皮保德博物馆：《豫东考古报告——“中国商丘地区早商文明探索”野外勘察与发掘》，科学出版社 2017 年版，第 96 页。

内，发现有一层厚约 2 厘米的烧灰。在西南部圆墩外侧约 2 米处，发现一长方形房基 F16，此房南北长 2. 25 米，东西宽 2 米，四周有墙，墙之西南角有柱洞，北墙西端有一宽 0. 6 米的门道。Ⅱ号遗迹所有圆墩和 F16 都位于同一地层之下，时代相同，两者可能是同时使用的。

H75 也是一个重要的祭祀遗迹。坑口为规则圆形，直径达 10. 35 米，深 4. 10 米。结构呈漏斗状，上部坑壁斜直规整，用草拌泥涂抹加工。坑底部又有一直径为 1 米的小圆坑，深度至少在 2 米以上（因出水，未发掘至底）。坑内填土多为松散的灰黑土，夹杂草木灰及文化遗物。出土有陶器、兽骨、彩绘鹿角、陶埙等遗物。

Ⅲ号遗迹保留部分似残月形，东部被后期动物洞扰乱。该遗迹中部有 5 个小“隔梁”，“隔梁”延至坑底，坑底西部稍高，东部稍低。“隔梁”之间和边缘部分填充不同的土。

Ⅰ号遗迹位于 T6、T7 内，Ⅱ号遗迹位于Ⅰ号东北约 33 米的 T25、T26 内，Ⅲ号遗迹位于 T4 偏北部，H75 位于 T5 西北部 T23 东部，4 处遗迹相距不远，均位于遗址上学校的第三排教室附近。研究表明，这几处遗迹均与祭祀天、地、太阳有关。[①] 匡瑜和张国硕先生对此进行了详细研究，认为Ⅰ号遗迹是祭祀天、地的神庙遗存，Ⅱ号遗迹则是专门祭祀太阳神的祭坛遗存，而 H75 则是用掘坎挖坑形式专门祭祀土地神的地方。Ⅲ号遗迹保存较差，但其结构特殊，可能也与某种祭祀活动有关。还有研究者认为，这些遗迹是原始天文台的遗迹，与古代天文历法有关[②]，这一观点可备一说。

山台寺遗迹发现遗存祭祀坑，坑内有 9 具牛骨架和 1 个鹿上颌骨。从发掘情况看，多是一次性埋入的整牛。牛在当时尚属稀缺资源，9 头牛的使用应是与祭祀有关。

---

① 匡瑜、张国硕：《鹿台岗遗址自然崇拜遗迹的初步研究》，《华夏考古》1994 年第 3 期；刘春迎：《试析鹿台岗遗址Ⅰ、Ⅱ号遗迹的性质》，《江汉考古》1997 年第 2 期。

② 王先胜：《鹿台岗天文遗迹》，《中国国家天文》2010 年第 9 期。

卜骨、彩绘鹿角是祭祀的一种重要用具。鹿台岗遗址H75内6段彩绘鹿角，可能与祭祀有关。鹿角均有分叉，多施二片彩，少数一片彩。鹿台岗遗址出土了卜骨3件，均为肩胛骨制成。H75：9有多处火烧痕迹，下部经过切割加工成齐面，一面平坦之处有多道浅细刻划痕。H74：4一面有圆形黑褐色灼痕，灼痕分内外两层，其内部者颜色略深。T5⑥：40有黄褐色圆形或椭圆形灼痕。清凉山卜骨1件，牛肩胛骨制成，未去脊，切去臼角，带有半月牙形自然骨臼面。无钻无凿，正两面均有灼有兆。卜骨出自一座形状较为规整的圆形灰坑，应与祭祀有关。莘冢集遗址出土卜骨1件，牛肩胛骨制成，有灼有钻，一个臼角缺失，可能是有意切除。坞墙遗址发现卜骨1件，有椭圆形钻窝。在平粮台遗址采集到可能属于造律台文化刻符的陶纺轮，李学勤、张志华等先生认为可能与八卦中的离卦有关。①

综上所述，该地区史前时期的居民对人类灵魂均有一定认识。大河村文化居民和大汶口文化居民均重视小孩的埋葬，成人墓较为简单。大汶口文化居民有自然崇拜和祭祀等总宗教有关的活动。造律台文化用活人奠基现象较多，反映了社会变革和阶级对立的产生，存在生殖和自然崇拜，占卜或祭祀活动较为频繁。

① 张志华、梁长海、张体鸽：《河南平粮台龙山文化城址发现刻符陶纺轮》，《文物》2007年第3期；李学勤：《谈淮阳平粮台纺轮“易卦”符号》，《光明日报》2007年4月12日。

第五章

夏商时期社会进程

第一节　农业的发展

一　二里头文化仍以粟为主

该地区二里头文化居民从事农业生产。农业生产和加工工具主要有蚌镰、石镰、石刀、石铲、石杵、石臼等。石铲可能用于农田翻土、除草的工具。蚌镰均是采用大型蚌壳制成，刃部磨制精细。双面刃，刃的两侧加工不一致，一侧磨制较甚，一面略微磨制，近似单面刃。蚌镰、石镰和石刀等可能用于农作物的收割。石杵和石臼则可作为农产品的加工工具，均有长期使用的痕迹。杵的整体呈不规则柱状，制作不甚规整，柱体一侧近平，一侧圆鼓，下端有明显因使用形成的磨损痕。石臼外部粗糙，臼窝因长期使用较为光滑。

目前，该地区二里头文化尚未发现农作物遗存的实物，从其他地区的资料推测栽培的作物可能包括小麦、小米、高粱和大豆，水稻也有可能种植。同时期的二里头遗址Ⅵ区的灰坑内还浮选出大米①，二期地层中出土过炭化粟②，Ⅸ区 M14 的陶器装有水稻。1981 年，在二里头遗址采集到的一件二里头文化二期的陶尊，腹部刻画着一穗水稻，计有六个

---

① 中国社会科学院考古研究所：《中国考古学·夏商卷》，中国社会科学出版社 2003 年版，第 107 页。

② 仇士华、蔡联珍、冼自强、薄官成：《有关所谓“夏文化”的碳十四年代测定的初步报告》，《考古》1983 年第 10 期。

带芒的稻粒，两片叶子。1991年，在二里头遗址Ⅺ区出土的一件二里头文化三期的陶尊上，刻画着一个极似麦的图案，籽粒饱满紧凑，芒较长。[①] 洛阳市关林镇皂角树遗址出土二里头文化时期的农作物果实，包括水稻、小麦、大豆、高粱、小米等。[②] 位置略偏南的驻马店杨庄遗址发现了大量的水稻植硅体和炭化稻粒，说明当时的“农作物以水稻为主，并有相当大的规模”[③]。在夏县东下冯遗址发现大量炭化粟粒，如H417、H525底部均有炭化的粟粒。[④] 王城岗遗址发现了属于二里头文化的小麦、黍、大豆等植物遗存。[⑤] 登封南洼遗址浮选出了大量二里头文化时期种植的大豆粒和少量野生大豆粒。[⑥] 上述诸遗址与豫东地区二里头文化遗址所处的纬度较为接近，生态环境应较为相似。从理论上讲，豫东地区也应存在上述农作物生长的条件，所以该地区二里头文化居民种植上述农作物的可能性极大。

此外窖穴的发现，也为种植业发达提供了证据，最新发掘的周口淮阳时庄遗址大型窖藏城址也是佐证。段岗和朱岗遗址发现的灰坑中有的应是窖穴，可能用于盛放农产品。如段岗遗址H18呈圆形袋状，平底，可能是窖穴。H22底部近中心处有一凸出的圆形生土台，高出周围30厘米，可能是作为储物使用的。H28、H35、H36均呈直壁平底状，带有台阶上下较为方便，作为窖穴使用的可能性大。H28和H36的东部均有弧形生土台，可能是台阶。H35的南部有一大致呈梯形的两层生土台阶，

① 中国社会科学院考古研究所：《中国考古学·夏商卷》，中国社会科学出版社2003年版，第107页。

② 叶万松、周昆叔、方孝廉、赵春青、谢虎军：《皂角树遗址古环境与古文化初步研究》，《环境考古研究》第二辑，科学出版社2000年版；洛阳市文物工作队：《洛阳皂角树——1992—1993年洛阳皂角树二里头文化聚落遗址发掘报告》，科学出版社2002年版。

③ 北京大学考古学系、驻马店市文物保护管理所：《驻马店杨庄》，科学出版社1998年版，第204页。

④ 中国社会科学院考古研究所、中国历史博物馆、山西省考古研究所：《夏县东下冯》，文物出版社1988年版，第100、106、207页。

⑤ 赵志军、方燕明：《登封王城岗遗址浮选结果及分析》，《华夏考古》2007年第2期。

⑥ 吴文婉、靳桂云、王海玉、王传明：《黄河中下游几处遗址大豆属（*Glycine*）遗存的初步研究》，《中国农史》2013年第2期。

第1层高出底部约43厘米，宽83厘米，第二层高出第一层约2厘米，宽28厘米。壁、底及台阶均较规整，当系用于储物的窖穴。朱岗遗址的H9，直壁，平底，深2.5米，发掘者推测可能是窖穴。

爵是一种饮酒器具，类似的酒器在二里头遗址中出现。文献中有不少有关夏代酿酒的记载。《吕氏春秋》云："仪狄作酒。"《战国策·魏策二》曰："昔者，帝女令仪狄作酒而美，进之禹，禹饮而甘之，曰：'后世必有饮酒而之国者。'《说文·酒字条》曰：'古者仪狄作酒，杜康作秫酒。'"二里头遗址发现了多处与酒有关的遗存，表明夏代确实存在酿酒业。[①] 段岗遗址发现2件束腰平底陶爵，造型特点与二里头遗址发现的爵十分相似（图5-1）。它的发现应是饮酒现象存在的标志，也是粮食剩余的标志之一。

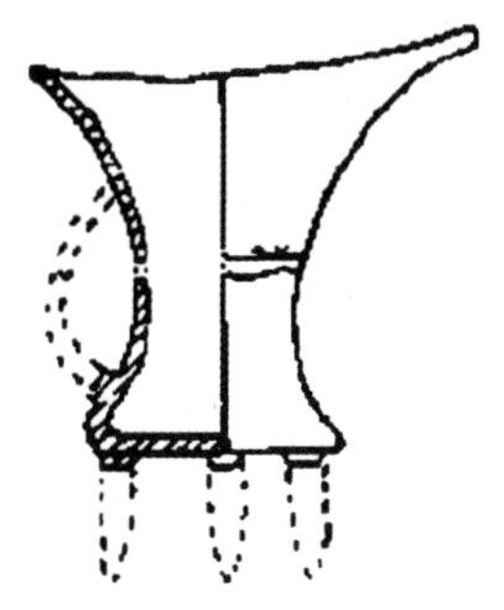

图5-1　段岗遗址出土的两件陶爵

上89ⅡH56：3、下89ⅡH14：12

二　岳石文化遗存的农业

岳石文化遗存发现了丰富的农业生产工具，说明其农业生产具有一定规模，酒器的发现进一步说明了农业已经达到一定的水平。

农业生产工具，发现有镰、刀、铲、锛等，材质有铜器、石器、蚌

---

① 中国社会科学院考古研究所：《中国考古学·夏商卷》，中国社会科学出版社2003年版，第122页。

器等（表5-1），见于鹿台岗、清凉山和栾台遗址。镰多为弧刃，尖端左向方便右手使用，是作为收割、除草的理想工具。铲多扁平，刃部宽而锋利，适合翻土、除草。锛多厚重，适合砍砸切割。刀多较为轻薄，直刃。这些生产工具多数带有穿孔，适合装柄使用。鹿台岗遗址出土的铜刀还装有木柄，是切割的理想工具。鹿台岗遗址发现有陶爵，一般认为是作为酒器使用的。饮酒现象的存在应与发达的农业产生粮食剩余有密切关系。

表5-1　　　　岳石文化农业工具统计表

鹿台岗	清凉山	栾台
石铲、石刀、石镰、铜刀	石锛、石刀、石铲、蚌镰、蚌刀	石刀、蚌刀

农业应较为发达，栽培的作物可能包括小麦、水稻、小米和大豆等。与之大致同时的二里头文化分布范围内发现了许多农作物遗存，如上述二里头[①]、皂角树[②]、杨庄[③]、东下冯[④]、王城岗遗[⑤]和南洼[⑥]等遗址均发现了农业遗存。属于岳石文化的连云港藤花落遗址发现了岳石文化的炭化稻米，它表明地处偏南纬度的苏北地区适合稻米的种植。方辉先生根据相关资料推测，岳石先民栽培、食用小麦和粟应是顺理成章的[⑦]，该

① 仇士华、蔡联珍、冼自强、薄官成：《有关所谓“夏文化”的碳十四年代测定的初步报告》，《考古》1983年第10期；中国社会科学院考古研究所：《中国考古学·夏商卷》，中国社会科学出版社2003年版，第107页。

② 叶万松、周昆叔、方孝廉、赵春青、谢虎军：《皂角树遗址古环境与古文化初步研究》，《环境考古研究》第二辑，科学出版社2000年版；洛阳市文物工作队：《洛阳皂角树——1992—1993年洛阳皂角树二里头文化聚落遗址发掘报告》，科学出版社2002年版。

③ 北京大学考古学系、驻马店市文物保护管理所：《驻马店杨庄》，科学出版社1998年版，第204页。

④ 中国社会科学院考古研究所、中国历史博物馆、山西省考古研究所：《夏县东下冯》，文物出版社1988年版，第100、106、207页。

⑤ 赵志军、方燕明：《登封王城岗遗址浮选结果及分析》，《华夏考古》2007年第2期。

⑥ 吴文婉、靳桂云、王海玉、王传明：《黄河中下游几处遗址大豆属（*Glycine*）遗存的初步研究》，《中国农史》2013年第2期。

⑦ 方辉：《齐鲁文化丛书——岳石文化》，山东文艺出版社2004年版，第23页。

推测是比较合理的。从理论上讲，豫东地区也应存在上述农作物生长的条件，所以岳石文化居民种植上述农作物的可能性极大。

三　下七垣文化遗存的农业

鹿台岗遗址发现了较为丰富的农业生产工具。生产工具主要有蚌镰、石铲、石刀、石镰、石斧等。镰的数量较多，刃部锋利，是主要用来收割和除草的工具。石铲中部带有竖行凹槽，凹槽走向铲的刃部垂直，可能为安装木柄而设，提高了翻土效率和使用的方便。鹿台岗遗址发现的三座灰坑内均发现了石器，主要有铲、镰、斧、刀等。整体而言，该地区下七垣文化居民对石器制作较为精细，铲、镰、刀等工具磨制精细，器形整体磨制得较为规整，表面十分平整，刃部磨制得较为锋利。石斧也经过了精细磨制，整体光滑，这与其他文化居民仅磨制刃部的情况不同。说明下七垣文化居民在重视石器实用性的同时也比较注重石器的美观。

下七垣文化遗址发现农作物实物资料的遗址较少，仅见于安阳鄣邓遗址。① 鄣邓遗址下七垣文化堆积中浮选出了粟、黍、小麦和大豆，按出土概率和绝对数量判断，以种植粟为主，黍作为辅助，小麦和大豆也有种植。参考史前时期、二里头文化和岳石文化的资料可知，农业种植可能包括小米、小麦、大豆和高粱等作物。

四　二里岗文化遗存的粮食窖藏

孟庄遗址发现窖穴 25 座，大多数是口小底大袋状坑。袋状窖穴的结构较为统一，穴口有一段直壁，以下向外扩大呈圆形覆斗状，这些窖穴应与粮食储藏有关。H25 的底部还有一个深 20 厘米，口径 170 厘米的圆形坑。这种窖穴在客省庄二期文化中也有发现②，估计在储藏时有特殊

---

① 河南省文物考古研究所：《安阳鄣邓》（附录二），大象出版社 2009 年版。

② 中国科学院考古研究所：《沣西发掘报告》图二九，文物出版社 1962 年版。

的用途。袋状坑的上部有一段直壁"颈部"应是窖穴的标志，这样窖穴在人们出入穴口时不易坍塌。考古资料表明，一些未经破坏的窖穴上部多有一段较直壁。如山西芮城东庄村仰韶时代文化窖穴 H211[①]，西安半坡仰韶时代文化窖穴 H191[②]，洛阳锉李龙山时代文化窖穴 H13[③] 等均是这种结构。

可以看出该遗址农业生产工具种类齐全、质地多样，窖穴数量较多，反映了农业生产在人们生业方式中具有较高的地位。陶器中见有斝、觚等酒器，这是农业发达农产品有一定剩余的标志。种植农作物的种类可能有小麦、稻、粟、黍和大豆等。偃师商城二里岗文化地层中发现了大量稻谷遗存。[④] 河南登封王城岗遗址发现了二里岗时期粟、黍、小麦、大豆和稻谷遗存，其中小麦的出土概率最高，稻谷的比重也较二里头文化时期增加。[⑤] 陈雪香先生详细分析了大辛庄遗址商代的植物遗存，结果表明粟类出土的数量和概率远多于小麦和稻等其他农作物，应是当时的主食，小麦尚属稀缺产品。[⑥]

该地区二里岗文化农业生产工有骨铲、蚌铲、石刀、蚌刀、石镰、蚌镰、角镰、角器（锄），还有一些石斧、石锛、铜刀也可能用于农业生产。孟庄遗址的一些窖穴内壁上留有两种不同的工具痕，一种刃宽约 10 厘米，像是平刃铲的痕迹。一种宽约 6 厘米，挖痕有弧度，可能为耜的痕迹。

鹿台岗遗址发现有石铲、石镞、石刀等，孟庄遗址发现的石器有钺、镰、刀、凿、锛、斧、镞、网坠、纺轮、饰品、磨石等。二里岗文化居

---

① 中国科学院考古研究所山西工作队：《山西芮城东庄村和西王村遗址的发掘》图八，《考古学报》1973 年第 1 期。

② 中国科学院考古研究所、陕西省西安半坡博物馆：《西安半坡——原始氏族公社聚落遗址》，文物出版社 1988 年版，第 45 页。

③ 洛阳博物馆：《洛阳锉李遗址试掘简报》图八，《考古》1978 年第 1 期。

④ 中国社会科学院考古研究所：《中国考古学 · 夏商卷》，中国社会科学出版社 2003 年版，第 372 页。

⑤ 赵志军等：《登封王城岗遗址浮选结果及分析》，《华夏考古》2007 年第 2 期。

⑥ 陈雪香：《海岱地区新石器时代晚期至青铜时代农业稳定性考察》，博士学位论文，山东大学，2007 年。

民对石器的制作较为精细，几乎所有石器的器身均经过精细磨制，刃部和穿孔的加工也较为细致。

五　殷墟文化小麦种植的延续

殷墟文化时期的农业已经较为发达，甲骨文中就有不少关于农作物的记载。殷墟出土的甲骨文中屡见“受黍年”“禾”和“告麦”以及稻谷和豆的记载。有学者根据这些频繁出现的卜辞，推测麦类作物已经成为商代人们种植较多的作物。这一时期不少遗址中出土有农作物遗存，登封南洼遗址浮选出了殷墟文化时期的大豆粒。① 登封王城岗遗址发现了属于殷墟文化时期的小麦、粟、黍和稻谷遗存。② 大辛庄遗址也发现了大量粟、稻、麦、豆等农作物遗存，农作物是该遗址居民的主要食物。粟类作物的出土数量较多和概率较大，但在数量和概率上均大于稻、麦和豆等作物。③

豫东地区殷墟文化中有不少石、骨、蚌器，其中农业生产工具占有较大比例，反映了农业生产在人们生业方式中具有较高的地位。农业生产工具有石镰、蚌刀、蚌镰等。蚌器中蚌镰的比例较大，有许多镰的刃部为锯齿状，镰是用于收割农作物最理想的工具。目前，该地区尚未发现殷墟文化农作物的实物资料。根据上述资料推测，豫东地区殷墟文化居民可能种植的农作物种类有麦、稻、粟、黍、豆等。

第二节　饲养业的发展

一　二里头文化时期猪牛狗羊四畜俱全

豫东地区二里头文化居民可能饲养猪、牛、狗和羊等动物。此类遗

---

① 吴文婉、靳桂云、王海玉、王传明：《黄河中下游几处遗址大豆属（*Glycine*）遗存的初步研究》，《中国农史》2013 年第 2 期。

② 赵志军等：《登封王城岗遗址浮选结果及分析》，《华夏考古》2007 年第 2 期。

③ 陈雪香：《海岱地区新石器时代晚期至青铜时代农业稳定性考察》，博士学位论文，山东大学，2007 年。

存遗迹中发现了不少的动物骨骼，但均未经过鉴定，具体种属不详，参考同时期其他遗址的材料推测，这些动物中可能有猪、牛、狗和羊等。

其他地区二里头文化遗址出土的动物骨骼，鉴定结果表明二里头文化居民饲养了猪、狗、羊、牛等家畜。二里头遗址出土了一些陶塑的牛、猪、羊、狗等动物形象和大量的动物骨骼，经过鉴定，二里头遗址居民饲养了猪、狗、黄牛、山羊和绵羊。① 赵春燕等先生还利用动物牙釉质中的锶同位素比值分析了二里头遗址出土动物的来源，认为猪是由当地居民饲养的，大多数羊和黄牛也是本地饲养的，仅有少数羊和黄牛是来源于外地供给。② 荥阳竖河遗址出土的动物骨骼经过鉴定，其中猪、黄牛和绵羊属于家养。③ 驻马店杨庄遗址发现了二里头文化时期的动物骨骼，其中猪确定为家猪。④ 洛阳皂角树遗址也出土了一定数量的动物骨骼，其中猪、黄牛和狗应为家养。⑤ 由以上材料推测，该地区二里头文化居民可能饲养有猪、狗、牛和羊等动物。

豫东地区尚未发现属于岳石文化的家畜和家禽的骨骼遗存，但参考同时期相邻地区的考古资料可知，应饲养有猪、狗、羊和鸡等动物。

泗水尹家城遗址出土有大量的动物骨骼，其中发现了岳石文化时期家养的猪、狗、牛的骨骼，还发现了龙山时期家养的羊和鸡的骨骼。⑥ 牟平照格庄遗址出土了家养的猪、狗的骨骼，其中牛和羊的骨骼较碎，

---

① 杨杰：《二里头遗址出土动物遗骸研究》，《中国早期青铜文化——二里头文化专题研究》，科学出版社 2008 年版，第 470—539 页。

② 赵春燕等：《二里头遗址出土动物来源初探——根据牙釉质的锶同位素比值分析》，《考古》2011 年第 7 期。

③ 河南省文物研究所：《河南荥阳竖河遗址发掘报告》，《考古学集刊》第 10 集，地质出版社 1996 年版。

④ 北京大学考古学系、驻马店市文物保护管理所：《驻马店杨庄》，科学出版社 1988 年版，第 194 页。

⑤ 洛阳市文物工作队：《洛阳皂角树——1992—1993 年洛阳皂角树二里头文化聚落遗址发掘报告》，科学出版社 2002 年版。

⑥ 山东大学历史系考古专业教研室：《泗水尹家城》，文物出版社 1990 年版，第 350 页。

推测为家养。[①] 由此推测岳石文化居民饲养有猪、狗、牛、羊和鸡等动物。

下七垣文化居民同时从事着饲养业，可能饲养猪、狗和羊等动物。属于下七垣文化的安阳鄣邓遗址出土了大量下七垣文化动物骨骼，研究表明当时人们饲养猪、牛、山羊、绵羊和狗等[②]，主要以猪、牛、羊等家畜为肉食消费对象，捕获的野生动物所占比例甚少[③]。与之大致同时的二里头文化和岳石文化同样存在发达的家畜饲养业。二里头遗址出土了大量的动物骨骼和一些陶塑的牛、猪、羊、狗等动物形象，经过鉴定，二里头遗址居民饲养有猪、狗、黄牛、山羊和绵羊。[④] 鹿台岗遗址发现的卜骨系用牛肩胛骨制成，应是居民饲养牛的证据之一。

由以上材料推测，豫东地区下七垣文化居民饲养有猪、狗、牛和羊等动物，但下七垣文化在这一地区的延续时间较短，饲养业的发达程度可能低于其他地区。

有关二里岗文化时期家养狗、猪、牛、羊等动物的资料较多，在黄河流域新石器时代这些动物已经全部进入了家养阶段。[⑤] 郑州商城[⑥]和小双桥[⑦]均出土了大量动物骨骼，其中猪、牛、羊、狗等动物骨骼数量占多数，这些动物应多数属于家养动物。藁城台西发现大量水牛的骨骼，可能属于驯养动物。[⑧] 孟庄发现不少卜骨，卜骨中有多数为猪、羊、牛等

---

① 中国社会科学院考古所山东队、烟台市文管会：《山东牟平照格庄遗址》，《考古学报》1986 年第 4 期。

② 河南省文物考古研究所：《安阳鄣邓》（附录三），大象出版社 2009 年版。

③ 候彦峰、李素婷、马萧林、孙蕾：《安阳鄣邓遗址动物资源的获取与利用》，《中原文物》2009 年第 5 期。

④ 杨杰：《二里头遗址出土动物遗骸研究》，《中国早期青铜文化——二里头文化专题研究》，科学出版社 2008 年版，第 470—539 页。

⑤ 袁靖：《论中国新石器时代居民获取肉食资源的方式》，《考古学报》1999 年第 1 期。

⑥ 安志敏：《一九五二年秋季郑州二里冈发掘记》，《考古学报》第八册，1954 年；许顺湛：《灿烂的郑州商代文化》，河南人民出版社 1957 年版；杨育彬：《郑州商城初探》，河南人民出版社 1985 年版；河南省文物考古研究所：《郑州商城——1953—1985 年考古发掘报告》，文物出版社 2003 年版。

⑦ 河南省文物考古研究所：《郑州小双桥：1990—2000 年考古发掘报告》，科学出版社 2012 年版。

⑧ 河北省文物研究所：《藁城台西商代遗址》，文物出版社 1985 年版。

肩胛骨，这些动物应是饲养动物。

参照其他时期和同时期考古资料可以推测，二里岗文化居民可能饲养猪、狗、牛、羊和鸡等动物。

二　殷墟文化六畜俱全

殷墟时期饲养行业已经十分发达。殷墟遗址出土了大量家畜骨骼，在灰坑、文化层、制骨作坊、祭祀坑、墓葬中均有出土，种类有猪、牛、羊、狗、鸡和马等，可能还驯养一些大象[①]，妇好墓玉雕鸭、鹅的出现可能是作为家禽的标志。甲骨文中，殷人常用牲畜祭祖，多是猪、牛、羊，少则数十头、数百头，多者上千头，一定程度上说明了家畜饲养业的发达。殷墟郭家湾和孝民屯遗址的羊骨资料一定程度上反映了晚商时期养羊经济可能是以开发肉产品为主要目的的畜牧业方式，还可能出现了以供应城市居民羊肉为主要目的的专业化养羊经济。[②] 殷墟孝民屯遗址出土家猪的材料表明，殷墟文化一、二期时孝民屯居民主要食用自己饲养的猪，殷墟文化三、四期时食用的猪肉可能来自外部供应。[③] 铁三路制骨作坊遗址发现骨料达36吨，大部分为牛掌骨，如此大量的骨料来源需要发达的畜牧业。[④] 马的饲养问题仍是一个需要进一步探讨的问题，可能至殷墟晚期才得到解决[⑤]，大司空M303的墓主人（马危）可能与马的管理有关。这些材料均可说明殷墟文化时期饲养业是十分发达的。

豫东地区也发现了一批家畜骨骼。清凉山遗址F5的散水下发现一具

---

① 王宇信、杨宝成：《殷墟象坑和“殷人服象”的再探讨》，《甲骨探史录》，生活·读书·新知三联书店1982年版。

② 李志鹏：《晚商都城羊的消费利用与供应——殷墟出土羊骨的动物考古学研究》，《考古》2011年第6期。

③ 李志鹏：《殷墟孝民屯遗址出土家猪的死亡年龄与相关问题研究》，《江汉考古》2011年第4期。

④ 李志鹏、何毓灵、江雨德：《殷墟晚商制骨作坊与制骨手工业的研究回顾与再探讨》，《三代考古（四）》，科学出版社2011年版。

⑤ 袁靖：《略论中国古代家畜化进程》，《光明日报》2000年3月17日。

较完整的狗骨架，四肢呈捆绑状，可能是建房时举行奠基仪式所埋的，是家狗的可能性大。段岗和清凉山发现了不少卜骨，这些卜骨均为牛和羊的肩胛骨，牛、羊应是饲养动物。因此，推测殷墟时期居民饲养猪、牛、羊、狗、鸡和马等动物，可谓六畜齐全。

第三节　渔猎与采集业的发展

夏商时期渔猎采集业的比重有所下降，但仍是生活中的重要组成部分。

一　二里头文化居民的渔猎与采集业

渔猎业产品丰富，较为发达，采集业较为薄弱。段岗遗址附近的植物主要有蒿属、菊科、锦葵科、藜科等草本植物，还有一些蕨类、松属和五加科。草原植被景观，可供采集的食物不多。经过发掘的段岗、朱岗和牛角岗遗址的灰坑中均发现了数量不等的动物骨骼和牙齿，但未做种属鉴定。段岗遗址 1989 年发掘的几处遗迹出土有动物骨骼和牙齿，G1 中出土少量兽骨，H11、H28 发现有兽骨残块，H56 发现有动物牙齿。牛角岗遗址的 F1 的灶旁发现有兽骨残块。牛角岗遗址还发现了蚌镞，应是作为渔猎使用的工具。朱岗遗址的墓葬 M1 出土大量动物骨骼。在朱岗遗址还见有獐牙器，应是用狩猎获得的獐牙制成的。三处遗址也均发现了数量较多的蚌器或蚌壳，使用的原材料应是从附近水域渔猎获得的大型蚌类。因发掘面积有限，尚未发现与渔猎有关的工具。

二　岳石文化居民的渔猎与采集业

经过发掘的鹿台岗、清凉山和栾台等遗址中发现了螺壳、蚌壳或蚌器，这些螺和蚌是人们渔猎的对象。发现的骨器均是由动物骨骼制作而成的，应包含多种动物种属。清凉山遗址发现的角器是由鹿角磨制而成的，鹿是人们狩猎的对象之一。渔猎工具有网坠、镞等。网坠有陶质和骨质两种。形制亦可分为两种，一种为中部带穿孔，一种是外围带凹槽，穿孔和凹槽均是用作系绳只是使用的部位有所不同。同样形制的网坠，长款比例、穿孔大小差别较大，这些网坠应使用在不同的大小网上或网的不同位置上（图5－2）。说明存在大小不同的渔网以供捕获不同的对象时使用。使用在网坠上可以增加渔网的重量，为渔民提供方便。镞有石质、骨质、铜质等多种材质，它的制造和使用应与战争有关，但也可能用于狩猎。

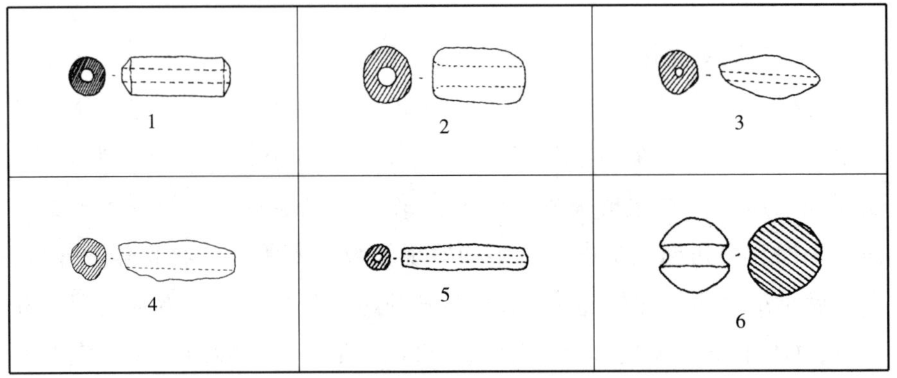

图5－2　清凉山遗址出土的岳石文化网坠

1. 骨网坠（T1⑥：40）　2. 陶网坠（T6③：14）　3. 陶网坠（T1⑥：69）　4. 陶网坠（H33：1）5. 陶网坠（H20：1）　6. 陶网坠（H43：3）

采集和渔猎是岳石文化居民的生业方式之一。孢粉分析表明，鹿台岗遗址附近的植物主要有草本植物，还有一些蕨类、松属和五加科植物。当地属于草原植被景观，偶见乔木植物，可供采集的食物不多。渔猎业较为发达，产品丰富。

三　下七垣文化居民的渔猎与采集业

鹿台岗遗址下七垣文化遗迹中出土许多骨器、蚌器、卜骨和獐牙器，制作这些器物的原料来自渔猎所得。渔猎工具仅见骨镞，磨制精细，较为锋利。

鹿台岗遗址下七垣文化时期剖面孢粉分析表明，草本植物花粉量占本剖面的65.1%，大量出现菊科和蒿属花粉，其次是藜科、莎草科、禾本科、葎草属以及少量的锦葵科，麻黄属及香卜属。蕨类孢子含量占总数的26.4%，种类较丰富，主要有中国蕨科、凤尾蕨科、里白科、水龙骨科及石松科，还发现少量水蕨科和单缝孢。木本植物主要有松属、杉木科、木樨科、桦属、栎属及个别云杉属、栗属及五加科。本剖面不仅孢粉数量多，种类也丰富，构成松—菊—蒿—藜—莎草—中国蕨组合，说明此时期气候转暖、植被茂盛，以针叶树为主的森林—草原植被景观，林下蕨类繁生，反映出当时气候温凉潮湿。① 温凉潮湿的自然环境为渔猎与采集业提供了不错的条件。

四　二里岗文化居民的渔猎与采集业

二里岗文化时期渔猎业仍是人们重要的生业方式之一。多处商代前期遗址的发掘资料表明，当时黄河流域的气候比现在要温暖湿润，具有较多的南北气候过渡带的特点，类似现在的淮河地区。从洹北商城②、藁城台西③、济南大辛庄④、郑州商城⑤和小双桥⑥等遗址均出土了几十

---

① 郑州大学文博学院、开封市文物工作队：《豫东杞县发掘报告》，科学出版社2000年版，第113—114页。

② 袁靖、唐际根：《河南安阳市洹北花园庄遗址出土动物骨骼研究报告》，《考古》2000年第11期。

③ 河北省文物研究所：《藁城台西商代遗址》，文物出版社1985年版。

④ 山东省文物管理处：《济南大辛庄商代遗址试掘简报》，《考古》1959年第4期；山东大学东方考古研究中心、山东省文物考古研究所、济南市考古研究所：《山东济南大辛庄商代居址与墓葬》，《考古》2004年第7期。

⑤ 安志敏：《一九五二年秋季郑州二里冈发掘记》，《考古学报》第八册，1954年；许顺湛：《灿烂的郑州商代文化》，河南人民出版社1957年版；杨育彬：《郑州商城初探》，河南人民出版社1985年版；河南省文物考古研究所：《郑州商城——1953—1985年考古发掘报告》，文物出版社2003年版。

⑥ 河南省文物考古研究所：《郑州小双桥：1990—2000年考古发掘报告》，科学出版社2012年版。

种野生动物骨骼，应多是商代居民通过渔猎获得的。自然环境的温暖湿润、野生动物的丰富多样，为二里岗文化时期居民渔猎提供了良好的资源。

孟庄和鹿台岗遗址均发现了数量较多的渔猎工具。孟庄遗址发现渔猎工具有镞和网坠。镞的数量较多，除以往常见的石镞、骨镞和角镞外，还见有代表先进生产力的铜镞，这些镞较为锋利，挺与锋的分界多较明显，适合装柄使用。这些镞的使用可能与战争有关，但狩猎使用的武器多是可以回收利用，这些镞也可能在狩猎时使用。网坠可以分为陶质和石质两种，代表了两种用途的网坠。陶质网坠均是表面带有凹槽，可以系绳，而不带穿孔。石质网坠均是表面无凹槽，而带有穿孔。两种网坠大小不一，可以使用在渔网的不同位置，也可以使用在不同的渔网上。孟庄遗址中出土许多鹿角、螺壳，还发现一处鱼骨和鳞片，都是通过渔猎活动的。蚌器、骨器、角器、牙器原料的来源也是通过渔猎活动的。栾台遗址灰坑内多出土大量蚌壳和螺壳，也是渔猎业的直接反映。

豫东地区有关采集的遗存很少发现，参考台西遗址的材料，这里的居民也可能采集一些植物果实和药材。河北藁城台西遗址发现了李、枣、桃、草木樨、郁李仁和大麻等多种植物果核，这些植物应是人们通过采集获得的。因此，渔猎与采集业是豫东地区二里岗文化时期的主要生业方式之一。

五　殷墟文化居民的渔猎与采集业

渔猎和采集业仍是殷墟文化时期的生业方式之一。殷墟遗址发现了大量的野生动物骨骼，如鹿、麋鹿、狐、虎、象、犀牛、豹、猴、熊、獐、獾、龟、鱼、鹰、丹顶鹤等，经过鉴定的种属达四十余个，结合甲骨文有关田猎的记载，这些动物大部分是商人在都城附近渔猎获得的。①

清凉山遗址发现了数量较多的渔猎工具，主要有镞和网坠。网坠的

---

① 朱彦民：《关于商代中原地区野生动物诸问题的考察》，《殷都学刊》2005 年第 3 期。

数量较多，达 131 件，远多于其他生产工具。质地均为陶质，按形制可以分为两型，代表了两种用途的网坠。A 型网坠呈圆球形，个体较小，表面带有对称的两个凹槽以方便系绳，而不带穿孔。B 型网坠均呈圆柱体状，中部有一管穿圆孔，可以穿绳固定。此类型网坠造型不甚规整，可以分为圆柱形、梭形、不规则形，但内部穿孔均较规则。网坠的大小也不统一，可以使用在渔网的不同位置，也可以使用在不同的渔网上。镞主要为骨镞，这些镞较为锋利，挺与锋的分界多较明显，适合装柄使用，这些镞可能在狩猎时使用。

渔猎对象有螺、蚌、鸟、獐和一些大型动物。遗址中多有蚌器出现，清凉山遗址的灰坑中出土有许多螺壳、蚌壳等，螺、蚌可能是渔业的主要对象。骨器多是用大型动物的骨骼磨制而成的，也有用鸟骨磨制的，说明大型动物和鸟是人们猎食的主要对象。段岗遗址 90 年发掘Ⅰ区 H17 内还发现有獐牙器，獐也是人们的狩猎对象。段岗遗址还发现有卜甲，系龟背甲。除渔猎之外，人们还可能从事一些采集获活动，清凉山遗址的 H29 中还出土有果壳，应是人们采集而获得的。由此可见，渔猎是殷墟文化居民重要的生业方式之一。

综上所述，该地区夏商时期居民仍然从事渔猎和采集业。渔猎技术有所改进，渔猎获得的野生动物种类较史前时期有所减少。遗址周围可供人们采集的植物果实有所变化，可能已能采集到李、枣、桃等更为美味的果实。

第四节　饮食业

一　二里头文化鼎罐之家

饮食的炊器主要有鬲、甗、橄榄形罐、甑等。鬲是主要的炊器，均为夹细砂，多为灰色，少数因长期烧制而略显褐色。鬲为分裆，袋足肥硕，受热面积大，加热速度较快。鬲的个体均较小，口径多为 15 厘米左右，整体高约 20 厘米。房基 F1 内出土的陶鬲个体更小，高 11.2 厘米，口径 10.8 厘米，可能是作为食器使用的。鬲的容积和容量有限，适合单人使用。橄榄形罐也是一种炊器，器表涂抹有被烧成红褐色的草拌泥，这种现象在段岗遗址二里头文化中口深腹罐上较为常见。橄榄形罐皆为夹细砂，小平底，耐热性不强，涂抹草拌泥避免了罐底部与火的直接接触，减小了罐被烧裂的概率。橄榄形罐的个体略大，口径多在 15 厘米以上，高多在 25 厘米以上，形体瘦长，容积较大，适合多人使用。橄榄形罐的数量与鬲相当，但它的受热性和耐用程度较差，还可能被作为盛储器使用。甑应是与鬲配套使用的，因不会直接与火接触损坏的概率较小，故数量也较少。甗的数量较少，仅见有夹粗砂甗，防水性低于夹细砂鬲，但耐热程度较高，适合加热数量较多、加热时间较长的食物。

食物的种类主要包括农业种植获得的农作物，渔猎和饲养获得的蚌类、猪、牛和羊等肉食。

二　二里岗文化鬲甗为炊

饮食的炊器主要有鬲、甗、甑、鼎等，食器有簋、豆、碗、钵、盘、斝、觚等，盛储器有罐、尊、盆、瓮、缸等。鬲、甗、鼎是主要的炊器，均为夹砂，均为灰色。鬲为分裆，实足跟较高。陶鬲整体与下七垣文化陶鬲相比，袋足略瘦，个体较大，陶胎略厚。鬲的口径多为 18 厘米左右，器身高多在 20 厘米以上。鬲的容积和容量依然有限，适合单人使用。甗的个体较大，上部与鬲相似，口径较大，多字母口，适合加盖蒸煮食物。甗的数量较少，不见厚重的夹粗砂甗。腰处无箅，箅为单独制作，方便使用。鼎的数量较少，个体较小，足也多细小，已不是主要炊具。甑应是与鬲配套使用的，因不会直接与火接触损坏的概率较小，数量也较少。

食物的种类主要包括农业种植获得的农作物，渔猎和饲养获得的牛、猪、羊、蚌类、鹿、鱼、獐、龟等肉食。陶器中见有斝、觚等器物，应是温酒和饮酒的用具。商代盛行饮酒，酒具的发现说明饮酒现象也是存在的。

殷墟文化饮食的炊器主要有鬲、甗等，食器有簋、豆、钵、斝、觚等，盛储器有罐、尊、盆、瓮等。鬲、甗是主要的炊器，均为夹砂，多为红褐色。在整体与二里岗文化陶鬲相比，袋足更矮，陶胎略厚。鬲的个体大小差别较大，口径大小不一。鬲的容积和容量依然有限，适合单人或单个家庭使用。甗的个体较大，上部与鬲相似，口径为24—26厘米，上腹为盆形，多泥质，下部三个袋足均为夹砂，比较适合蒸煮食物。腰处无箅，箅为单独制作，方便使用。鬲为分裆，实足跟较矮，晚期实足跟几乎消失，这应与地灶的产生有关。荥阳关帝庙遗址许多晚商时期房基内均发现了地灶，这类灶均是在地面掏挖而成，基本都有操作坑，有的还是双联灶或三联灶，灶口大小与陶鬲的大小相当。①

食物的种类主要包括农业种植获得的农作物，渔猎和饲养获得的猪、牛、羊、蚌类、螺、獐、龟等肉食。

第五节　陶器制作业的发展

夏商时期青铜器成为上层社会追求的目标，陶器制作逐渐淡化，在远离都城的豫东地区有类似的表现。

一　二里头文化时期的陶器制作

1. 二里头文化的陶器制作

陶器质地以夹砂为主，占60%以上，相当大一部分属于自然夹砂。因当地的土质富含砂粒，相当一部分陶器在制作时省去了向陶土中掺杂砂粒的环节。非自然夹砂陶胎中掺合料均是大小不均的砂粒，是人们为了使用的需要而有意加入的。夹砂陶土主要用来制作炊器和大型盛储器。

---

① 河南省文物考古研究所：《河南荥阳市关帝庙遗址商代晚期遗存发掘简报》，《考古》2008年第7期。

鼎、鬲、箍状堆纹缸、甗等均为夹砂，且多为夹细砂，见有少量泥质鼎足。罐几乎全部为夹细砂，也有少量夹粗砂（如夹粗砂罐）和泥质。泥质多用于小型盛储器。豆、圈足盘、爵、器盖、甑、盂均泥质，簋、瓮、盆多泥质，兼有少量夹砂，大口尊泥质和夹砂并存。

陶色中灰色占绝大多数，还有少量褐、红、黑等色，所占比例不足10%。褐色见于少量的器盖、鼎足、簋、橄榄形罐、圆腹罐、深腹罐、鬲、支架等器物，颜色多不均匀。黑色并不纯正，多属黑灰色，见于少量泥质的豆、器盖、罍、簋、圈足盘、盆等器物。红色陶极少，朱岗遗址发现少量红色陶盆。该地区二里头文化未发现陶窑遗存，陶器的自然夹砂是该地区的地方特征，说明陶土取自当地，陶器应为本地烧造。其他地区已经发现了二里头文化时期的陶窑，如二里头①、东下冯②、洛达庙③、南洼④和皂角树⑤等遗址均有发现。根据同时期遗址发现的陶窑遗存可以推测，该地区二里头文化也应存在烧制陶器的陶窑，有待今后考古工作的发现。

纹饰具有美观和加固器物的作用，大多数器物装饰有纹饰。器表纹饰以绳纹为主，饰绳纹的陶器占总数的70%以上。绳纹的种类多样，可以分为麻状、深乱、条状、直行等，还有少量的箍状堆纹加绳纹、戳印或花边口沿加绳纹、旋断绳纹和细绳纹等。其他纹饰还有浅方格纹、坑窝纹（深乱方格纹）、箍状堆纹，偶见连珠纹、篮纹、楔形点纹、麦穗纹。鸡冠耳和花边口沿也较为常见，素面、磨光者所占比例很小。麻纰

① 中国社会科学院考古研究所：《偃师二里头——1959—1978年考古发掘报告》，中国大百科全书出版社1999年版，第260—262页。河南省文物研究所：《郑州洛达庙遗址发掘报告》，《华夏考古》1989年第4期。

② 中国社会科学院考古研究所、中国历史博物馆、山西省考古研究所：《夏县东下冯》，文物出版社1988年版，第62—66页。

③ 河南省文物研究所：《郑州洛达庙遗址发掘报告》，《华夏考古》1989年第4期。

④ 韩国河、张继华、朱君孝、张国硕等：《登封南洼2004—2006二里头文化聚落发掘简报》，《中原文物》2011年第6期。

⑤ 洛阳市文物工作队：《洛阳皂角树——1992—1993年洛阳皂角树二里头文化聚落遗址发掘报告》，科学出版社2002年版，第21页。

状绳纹和印痕深且不规整的坑窝状方格纹是具有本地特征的纹饰，罕见或未见于其他同类文化遗存中。素面和磨光主要为豆、杯、器盖等小型器物之上。略微大的器物之上均有纹饰，如罐、鼎、鬲、盆、尊、缸等器物上均是周身饰纹饰，形体较大的缸和大口尊上还饰数周箍状堆纹，以加固器物。

制法以轮制为主，绝大多数器物较为规整，陶胎薄厚均匀，应是轮制而成的。少数大型器物为手制或略经慢轮修整。段岗遗址发现的大口尊、盆、器鋬、鼎足皆是手制而成，一些器盖也是手制的。朱岗遗址还发现了制陶工具——陶拍。陶拍均呈倒置的蘑菇状，柱状握手，形制不甚规整，拍面圆鼓或略鼓，均为素面（图 5－3）。

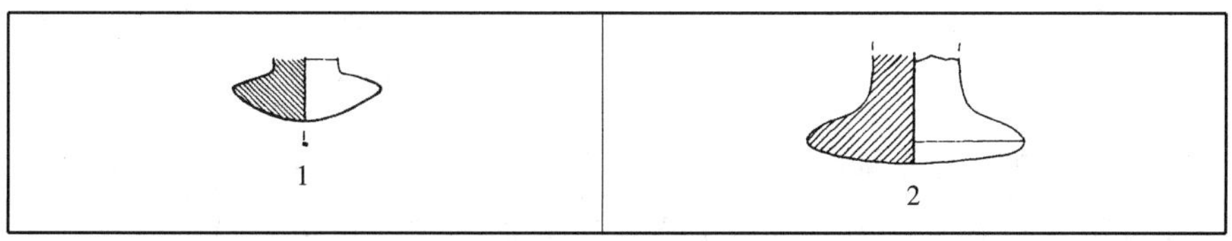

图 5－3　朱岗遗址出土的二里头文化陶拍

1. H3：5　2. H3：15

器形较多，主要有夹砂中口罐、大口长腹罐、圆腹罐、捏沿罐、盆、豆、大口尊、小口瓮、平口瓮、箍状堆纹缸、刻槽盆、器盖、鼎、盂、甑、甗、盘、罍、杯、环、纺轮、铃、拍，少量的鬲、橄榄形罐、爵、夹粗砂罐、支架等。作为炊器的夹砂中口罐数量最多，约占全部陶器的 70%。

2. 岳石文化的陶器制作

陶质主要为夹砂和泥质，泥质陶占总数的一半以上。夹砂陶几乎皆为夹粗砂，很少见到属于自然夹砂的夹细砂陶。泥质陶多见有盆、尊形器、器盖、豆等和少量罐，夹砂陶主要为夹粗砂罐、甗等，并有少量鬲、罐为夹细砂。泥质陶的数量较多，说明岳石文化居民制作陶器时有意将陶土进行了淘洗，制作出的陶器胎质细腻，表面光滑。夹粗砂陶是人们在制作陶器时有意掺入砂粒，制作出土的陶器适合用作炊器。

陶色以褐色为主，也有一定数量的灰陶和少量黑陶。褐色陶多是夹砂，颜色多样，同一器物上的陶色也深浅不一，与烧制时受热不均有关。灰色陶数量较少，多为泥质。少量黑陶或黑皮陶，均为泥质。尚未发现烧制陶器的陶窑。岳石文化遗址中很少发现陶窑遗存，仅在城子崖①、照各庄、彭家庄②有少量陶窑发现，豫东地区是否存在陶窑尚难推断。

制法以轮制为主、手制为辅。半数以上的陶器都是轮制而成，表面有清晰的磨痕，如尊形器、豆、器盖等基本都是轮制。手制器物多是大型器物、器形很小的器物和陶器配件，如鼎足、器耳、小杯、埙、网坠等小型器物。甗的结构复杂，也多是手制而成的，部分口沿经过轮制修整。制陶工具有陶拍。整体呈长方形，一面十分平整，一面有把手。

器物表面流行不饰纹饰，一般为素面或磨光。夹粗砂陶皆素面，泥质陶以磨光和素面为主，少量饰绳纹、附加堆纹、花边口沿、篮纹、方格纹、彩绘等。饰纹饰的陶器多不是岳石文化的典型器物，是与周临考古学文化交流的结果。说明当地居民不注重对陶器装饰，主要讲究器物的实用性。

3. 下七垣文化的陶器制作

陶质可分为夹细砂、泥质和夹粗砂三种。夹细砂者陶胎中有细小砂粒，胎质细密，基本属于自然夹砂，系取当地富含砂粒的陶土直接制作的陶器。泥质陶的陶胎十分纯净，胎质紧密，陶土经过了精细的淘洗。夹粗砂陶的陶胎粗糙，制作时在陶土中有意掺入了砂粒等物质。其中，夹细砂陶所占比例最大，其次是泥质陶，仅有少数陶器是夹粗砂陶。前

---

① 傅斯年等：《城子崖——山东历城县龙山镇之黑陶文化遗址》，“中研院”历史语言研究所1934年版。

② 孙波、郝导华、韩辉、张子晓：《山东彭家庄遗址发现岳石文化墓葬和制陶作坊区》，《中国文物报》2009年4月1日。

两者所占比例分别为60%、40%左右，夹粗砂陶仅占2%左右。夹细砂陶的器形以橄榄形罐、鬲、夹砂中口罐为主。泥质陶以豆、钵、盆、瓮、大口罐、泥质绳纹罐、大口尊、大覆钵形器盖。夹粗砂陶主要为一部分素面罐和甗。此可以看出，下七垣文化居民通常将未做处理的陶土制作炊器，经过淘洗的陶土制作盛储器。说明制作陶器时对陶土的处理十分讲究，目的性较强。

陶色以灰色为主，少量褐色，极少数为白色。灰色陶颜色较深，多表现为深灰色，少数为灰色或黑灰色。陶色均匀，一般为薄胎，胎质细密，火候较高。褐色陶的颜色多样，多为红褐和黑褐，陶色不均匀，普遍有晕色，火候较低。灰色陶需要较高的火候和较好的还原气氛，应是在陶窑中烧制而成的。陶窑广泛存在于豫北、冀南的下七垣文化中，在下七垣①、李大召②和潞王坟③等遗址均有发现。陶窑一般由窑门、火道、窑箅和窑室等组成，李大召遗址陶窑还残存有窑室顶部，封闭性较好。下七垣遗址两座陶窑的西北，有一不规则形的大坑，坑内除少数罐碎片外，多是鬲的碎片，这些鬲片有不少呈口歪、腹扁、足斜、烧裂的现象。窑内残存的陶片也以鬲为主，可知这两座陶窑是以烧制鬲为主的。以上材料说明，下七垣文化居民已经掌握了成熟的烧窑技术。豫东地区的下七垣文化是漳河流域下七垣文化居民南下形成的，人口的迁移应会携带先进的生产技术。该地区也应会有陶窑的存在，在今后的考古发掘中应会有所发现。

纹饰多数饰绳纹，磨光或素面者也占较大比例，少量饰线纹、篮纹、方格纹、箍状堆纹。绳纹中以细绳纹为主，还有许多杂乱生绳纹、模糊浅绳纹，少数条状绳纹。细绳纹排列有序，粗细匀称，印痕较深，纹理

---

① 河北省文物管理处：《磁县下七垣遗址发掘报告》，《考古学报》1979年第2期。

② 郑州大学历史学院考古系：《新乡李大召——仰韶文化至汉代遗址发掘报告》，科学出版社2006年版，第200页。

③ 河南省文化局文物工作队：《河南新乡潞王坟商代遗址发掘报告》，《考古学报》1960年第1期。

清晰，占40%左右。拍印杂乱绳纹和模糊浅绳纹的数量仅次于细绳纹而达25%左右。磨光素面占20%左右。方格纹、篮纹、条状绳纹和线纹仅有少量。细绳纹和线纹多施于橄榄形罐和鬲两种器物之上，磨光、素面和条状绳纹、杂乱绳纹等，多见于盆、瓮、罐等泥质陶，说明在纹饰装饰方面有一定的针对性。

制法以轮制为主，少数为手制。大部分陶器制作规整，陶胎厚薄均匀，不少器物表面有旋痕。少数陶器为手制，陶胎厚薄不均。手制陶器主要为素面罐、夹粗砂罐、缸、覆钵形器盖、平口瓮、鬲足、纺轮、铃和小杯等。素面罐中夹粗砂者也可称为夹粗砂罐，器表有手抹痕迹。缸、平口瓮和覆钵形器盖的个体较大，泥条盘筑而成。鬲足、小杯、纺轮、铃等都是捏制而成，纺轮还经过了磨制。

器形主要有鬲、橄榄形罐、瓮、豆、泥质绳纹罐、束颈盆、大覆钵形器盖、大口尊、鸡冠耳盆、甑、箍状堆纹缸、夹砂中口罐、刻槽盆、平底盆、花边口沿罐、子口钵、夹粗砂罐、夹粗砂甗、尊形器、细泥鼓腹盆、大口罐等。鬲和橄榄形罐是主要的炊器，二者所占比例约30%。大部分陶器为平底器，三足器也占有较大比例。

二　二里岗文化时期的陶器制作

陶器质地可以分为夹砂和泥质两种，夹砂陶占绝大多数，仅有少量泥质陶。夹砂陶中有相当一部分为自然夹砂，真正的人工夹砂陶器仅占50%左右。泥质陶质地细腻，经过了精心淘洗。夹砂多用于鬲、甗、罐等器物，瓮、大口尊等器多为自然夹砂，豆、盆、簋等均为细泥质，同样在制作陶器时对陶土的使用有一定的针对性。

陶色中灰色占绝对多数，仅见有极少数黑、褐、红等色陶器。灰色以浅灰色为主，少量为深灰色，颜色均匀。红陶以红褐色多见，砖红色少见，颜色不均匀，往往都有斑点。黑色陶以表黑胎红陶片多见。灰色陶占绝对多数的现象说明二里岗文化居民已经完全掌握了灰色陶的烧制技术，利用密封式的陶窑是主要的烧制手段。陶窑在郑州商城[①]、偃师商城[②]和垣曲商城[③]等遗址有大量发现。柘城孟庄遗址发现陶窑一座，是密封效果极好的“馒头状”窑。窑址北部和上部被年代较晚的商文化堆积破坏，但形制保存完整，可以复原。窑址由窑室、窑箅、火膛和操作坑组成。操作坑位于南端，形制规整，用于烧火和堆放燃料，底部尚有人类活动踩踏留下的路土痕迹，可见该窑使用的时间较长。火膛连接窑室和操作坑，火膛内填满灰土及坍塌下来的青灰色硬面，底部残存有灰烬和木炭块。窑箅位于火膛之上，连接窑室和火膛，残存 5 个圆孔。窑室为圆形，中部外弧，推测上部应有用树枝、芦苇和泥土封顶（图 5 -4）。

制法有手制、模制和轮制，以轮制为主，手制和模制为辅。三足器的三足都由模制而成的，口沿或附耳、鼎足是另外做成接上去的。圈底器以及形制粗大的器皿，都采用泥条盘筑而成的。制陶工具发现陶压锤（可称为陶拍）5 件，均为椭圆形，表面光滑平整，中部略微隆起，背面有一个宽鋬。压锤主要用途是加工陶器，起到加固陶器和塑造陶器造型的作用。使用时手握背后的宽鋬，用光滑而略微鼓起的表面对陶器进行拍打。

陶器表面的纹饰主要有绳纹、弦纹、附加堆纹、凹沟纹、印纹和划纹等六种，还有无纹饰的素面和磨光陶器。纹饰中以绳纹为主，约占 80% 以上。绳纹纹理深而印痕清晰，多是粗细适中的中绳纹，细绳纹少

---

① 郑州市文物工作队第一队：《郑州发现的商代制陶遗迹》，《文物参考资料》1955 年第 9 期；游清汉：《郑州市铭功路南侧发现商代制陶工场、房基等遗址》，《文物参考资料》1956 年第 1 期；河南省文物研究所：《郑州北二七路新发现三座商墓》，《文物》1983 年第 3 期；河南省文物研究所：《郑州市商代制陶遗址发掘简报》，《华夏考古》1991 年第 4 期；河南省文物研究所：《郑州黄委会青年公寓考古发掘报告》，《郑州商城考古新发现与研究》，中州古籍出版社 1993 年版。

② 中国社会科学院考古研究所河南第二工作队：《河南偃师商城东北隅发掘简报》，《考古》1998 年第 6 期。

③ 中国历史博物馆考古部、山西省考古研究所：《1988—1989 年山西垣曲古城南关商代城址发掘简报》，《文物》1997 年第 10 期；中国历史博物馆考古部、山西省考古研究所：《1991—1992 年山西垣曲商城发掘简报》，《文物》1997 年第 12 期。

图5－4　孟庄遗址二里岗文化陶窑复原图

见，特别粗的绳纹更为罕见。弦纹多为凹弦纹，凸弦少见，多施于簋、豆、壶和罐等器物之上。附加堆纹多饰于大口尊肩上或盆口沿的下部，缸形坩埚腹壁上也有一圈或数圈，呈宽带状。凹沟纹或称瓦纹，多见于器物的口沿上。印纹式样繁多，计有云雷纹、圆圈、方格、篮纹和席纹等。划纹式样有条纹、梨纹、云雷纹和波浪纹等。还有十字形镂孔，饰于豆座之上。有一片陶片上刻画有植物图案。

器形可分为三足器、圜底器、平底器、圈足器等，器类有鬲、甗、罐、鼎、盆、瓮、簋、豆、器盖、缸、钵、大口尊、斝、觚、杯、纺轮和冶炼的坩埚等，种类齐全，器形多样。器类与郑州商城遗址出土的器类较为接近，复杂多样的器类和器形说明了其社会生活的复杂化。

孟庄遗址还发现十片釉陶，或可以称为原始瓷器。孟庄遗址的原始瓷器陶质细腻，夹白色和灰色细砂粒，胎呈青灰色，器表涂有淡黄绿色釉，可辨器形为尊，与郑州商城出土同类器物十分相似。原始瓷器的产生是中国生产技术的又一大进步，在商代属先进技术。发现原始瓷器的遗址并不多见，在郑州商城、偃师商城、垣曲商城、济南大辛庄、藁城台西、陕西耀县北村①、湖北黄陂盘龙城②等遗址的墓葬中有所发现。这些随葬有原始瓷器的墓内，又多伴随有珍贵的青铜礼器，青铜兵器和玉器等遗物，墓主多属奴隶主或贵族，原始瓷器在商代是十分珍贵的。孟庄遗址原始瓷器的发现，说明这里的居民掌握了最先进的陶瓷烧造技术。

三　殷墟文化时期的陶器制作

陶器质地均以泥质为主，且随着时间的推移泥质陶所占比例在不断增加。泥质陶中自然夹砂占相当大的比例，砂粒细小不易与泥质陶区分，少量的泥质陶为细泥质。夹砂陶多为夹粗砂，多用于红褐陶之上。细泥质陶和夹砂陶均是对陶土做了进一步的处理，经过处理的陶土使用很有针对性，用于制作特定的器物。鬲均为夹砂，罐多为夹砂，甗的上部为泥质，下部为夹砂，可见夹砂多用在与火接触的器物之上。盆、豆、簋等均为泥质，少数黑陶的陶质为细泥质。可以看出，器物陶质与器物的用途有直接关系，体现了人们在制作陶器时的针对性。

陶色以灰陶为主，红褐陶的数量也较多，且比例在不断上升。红褐陶多为鬲、甗等炊器，其他盛储器多为灰色。红褐陶均为夹粗砂，陶质普遍较差，烧制火候略低。红褐陶的烧成环境为氧化气氛，新石器时代早期无陶窑或陶窑密封效果不好的情况下多产生类似的陶器。而殷墟文化时期陶器烧造已经发展7000余年，陶窑技术已经相当发达，陶窑在邢台贾村③、荥阳关帝庙④和殷墟遗址⑤有不少发现，陶器的生产存在明显

① 北京大学考古系商周组、陕西省考古研究所：《陕西耀县北村遗址1984年发掘报告》，《考古学研究（二）》，北京大学出版社1994年版。

② 湖北省文物考古研究所：《盘龙城——1963—1994年考古发掘报告》，文物出版社2001年版。

③ 河北省文化局文物工作队：《1958年邢台地区古遗址古墓葬的发现与清理》，《文物》1999年第9期。

④ 河南省文物考古研究所：《河南荥阳市关帝庙遗址商代晚期遗存发掘简报》，《考古》2008年第7期。

⑤ 中国社会科学院考古研究所安阳工作队：《1973年小屯南地发掘报告》，《考古学集刊》第9集，科学出版社1995年版。

分工。可见这种颜色和质地陶器的出现并非技术问题，应与殷墟文化居民使用陶器的习惯有关。这种夹粗砂陶器受热较快，可能正符合该时期居民的生活需要。

纹饰以绳纹为主，其他种类的纹饰较少，主要为弦纹、附加堆纹，素面和磨光的比例也较大。绳纹一般较为凌乱，呈交错分布，随着时间的推移中绳纹和粗绳纹在不断增多。弦纹和附加堆纹多与绳纹搭配使用，起到美观和加固的作用。相当一部分弦纹饰在素面陶器之上，多位于器物近口沿或近圈足的底部，起到美观的作用。

制法以轮制为主，少数大型厚重的器物和小型器物是手制而成的。器物的种类较少器类主要有鬲、甗、罐、大口尊、盆、小口瓮、豆、簋、纺轮、网坠等。主要为饮食用具，少量纺织和渔猎用具。

综上所述，该地区夏商时期的居民多注重陶器的实用性，装饰较为简单。轮制技术得到广泛应用，除大型器物和器物附件手制外，大多数器物均为轮制而成。二里头文化和下七垣文化居民制作的陶器以灰色为主，仅有少量褐、红和黑等色，多是在还原气氛下烧制而成。岳石文化居民烧制的陶器以褐色为主，也有一定数量的灰陶和少量黑陶，器物表面多不装饰。二里岗文化居民烧制的灰色陶器颜色均匀，陶窑密封性更好，制陶技术更为先进，还学会了先进的釉陶（原始瓷器）烧制技术。殷墟文化居民的陶器生产存在明确分工，更注重陶器的实用性，多忽视陶器的美观。

四　岳石文化和二里岗文化铜器制作

（一）岳石文化居民的铜器制作

岳石文化居民已经掌握先进的青铜器铸造技术。张学海先生对岳石文化出土的铜器进行了统计，在尹家城、城子崖、照各庄、滕花落、姑子坪、郝家庄等遗址均有发现，总数达20余件。多为小型器物，少量为青铜容器残片。同时指出，近些年出土的几件大型青铜容器可能属于岳石文化。[①] 豫东地区岳石文化居民同样从事着先进的铜器制作业。铜器发现的数量不多，见有刀和镞，在清凉山和鹿台岗两处遗址（图 5－5）。鹿台岗遗址发现铸造铜刀 1 件，材质为锡青铜。铜刀锈蚀严重，仅在中部保存部分极薄铜质。正、背面皆有木头腐朽留下的痕迹，推测应装有木柄。金相显微镜下观察，样品已锈蚀殆尽。偏光下观察锈蚀产物主要由绿色孔雀石和红色赤铜矿组成。由于原金属的不同组织被锈蚀的程度不同，可看到树枝状分布的组织痕迹，说明此铜刀系铸造而成。扫描电镜下观察，这种锈蚀程度不同的组织呈深浅不同的颜色。能谱分析显示不同区域在成分上存在较大差异。样品的平均成分显示此铜刀为锡青铜，还含有铁、磷、硅等杂质元素。能谱分析的结果显示含铜量约 60%，锡约 30%，其他铁、磷、硅、铋、铅等含量约占 10%。铅的加入有助于铜溶液的流动。有学者认为，铅青铜是晚期青铜时代的标志，也是岳石文化铜器制作的特点[②]，说明鹿台岗遗址的铜器铸造是比较先进的。清凉山遗址发现了几件铜器，可辨器形仅有铜镞。镞身为三角形，横断面为菱形，两面有棱，无翼，前锋和侧锋锋利，圆锥形铤，身与铤分界明显。

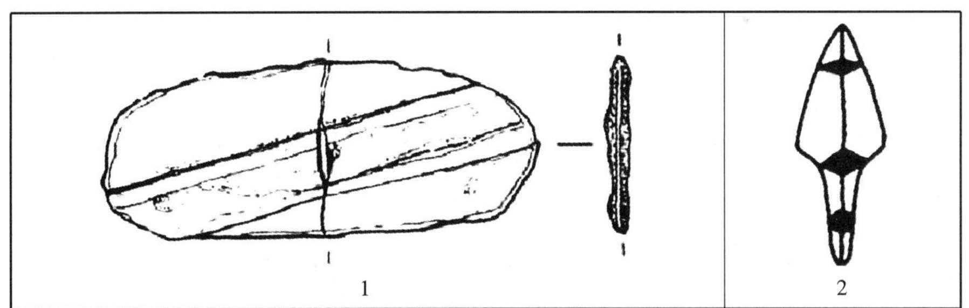

图 5－5　鹿台岗遗址岳石文化遗存铜器

1. 刀（T28⑦：1）　2. 镞（T1⑥：47）　（出土遗址：1 鹿台岗，2 清凉山）

① 张学海：《20 世纪山东先秦考古基本收获述评》，《张学海考古论文集》，学苑出版社 1999 年版，第 18 页；徐基：《夏时期岳石文化的铜器补遗——东夷式青铜重器之推考》，《中原文物》2007 年第 5 期。

② 山东大学历史系考古教研室：《泗水尹家城》，文物出版社 1990 年版，第 358 页。

该器也为锡青铜，具体各成分比例不详。从造型上看，器形规整，应该模制而成。

（二）二里岗文化的铜器制作

二里岗文化时期，青铜器广泛存在于商文化的分布区域内，豫东地区的二里岗文化也有发现。孟庄和鹿台岗两处遗址均发现了一定数量的青铜器及相关冶铸遗存（图5－6）。鹿台岗遗址出土铜锥1件，锈蚀严重。从金相和成分的分析可知，铜锥系铅锡青铜铸造而成。铅的含量不高，与二里岗时期其他遗址出土的高铅青铜有明显差异。扫描电镜X－射线能谱分析，锡的含量平均为27.8%，从金相观察到的（α+δ）的共析组织的形态和数量估计铜锥的原含锡量应在15%—17%，其原因与锈蚀的发生有关。铜锥样品心部的金属基体上，（α+δ）共析组织几乎全部遭到腐蚀，腐蚀造成铜流失，使锡相对富集，故分析数值高于未腐蚀前青铜的含锡量。铜锥所含铁、磷、硅等杂质明显低于该遗址出土的岳石文化的铜刀（T28⑦：1）。一方面由于铜锥的锈蚀程度低于铜刀，故外界环境的污染物向铜锈中渗入的较少；另一方面也可能二里岗上层时期的铜锥较岳石文化铜刀所用的冶金原料要纯净些，显示了一定的进步性。孟庄遗址发现了青铜铸造作坊、冶铸工具和青铜器等主要遗存。冶铸作坊基本呈长方形，房内堆满灰土，夹杂大量铸范和陶片。作坊东南不远处的灰坑（H30）内出土了很多铸铜草泥土范和坩埚残片，出土时外壁往往有一层细质草拌泥，个别坩埚残片上有铜渣。坩埚均为碎片，未能复原。坩埚残片有两种器形，一种为缸，一种似“将军盔”，这种器形在郑州商城遗址中多有发现。[①] 该灰坑内还出土有铜斝和铜爵等容器的内模（即内范）。铜斝内模1件，用草拌泥制成，呈圆柱状，上端粗下端细，底部有三个乳足。铜爵内模3件，用草拌泥制成，呈长条椭圆柱状。还发现不少铜镞、铜刀等小形铜器外，还发现有铜爵足，另外

---

① 河南省文化局文物工作队第一队：《郑州商代遗址的发掘》，《考古学报》1957年第1期。

还有。铜镞形制基本相同，均呈双翼倒刺式，镞脊透出本，双后锋长不过关。青铜小工具2件，形制相同。器身呈方柱状，头部扁宽，两面各有一道斜凹槽，平刃。铤也呈方柱形，末端为圆锥形。

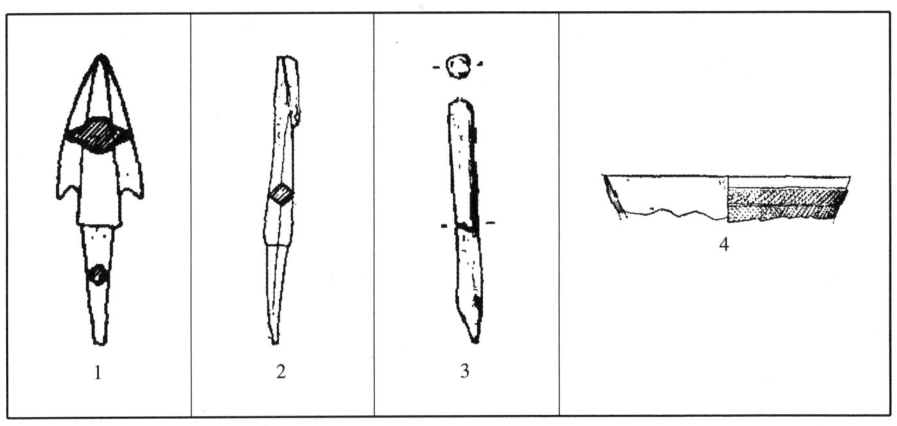

图5-6 二里岗文化青铜器及制铜相关遗物

1. 铜镞（H20：5） 2. 制铜工具（T2②：5） 3. 铜锥（T5④：1） 4. 坩埚（T1：1）（出土遗址：3 鹿台岗，余为孟庄）

以上现象说明该遗址的居民能够冶铸青铜器，而且能够冶铸难度较大的青铜容器，这项技术绝不是商代一般居民所能掌握的。一般认为，商代的青铜器从材料来源到冶炼铸造以及分配使用等程序均为官府控制，一般居民是无法接触到的。青铜原料来源较为复杂，除少量来源于豫北、晋南的矿山外，大部分来源于江西、湖北①、云南②等。铜料来源地大部分在商文化范围之外，可能只有商王室通过交易、战争、纳贡等多种手段才能获得。冶炼铸造是商王室严格控制的行业，目前仅在郑州商城、

① 华觉明、卢本珊：《长江中下游铜矿带的早期开发和中国青铜文明》，《自然科学史研究》1996年第1期。

② 金正耀：《晚商中原青铜的矿料来源》，《第三届国际中国科学史讨论会论文集》，科学出版社1990年版；李晓岑：《从铅同位素比值试析商周时期青铜器的矿料来源》，《考古与文物》2002年第2期。

偃师商城、东下冯商城、盘龙城、小双桥遗址发现有商代前期的青铜器冶铸遗存，而这些城址均是商王活动的重要场所。商代前期作为礼器和权力象征的青铜容器，应是只有王室、贵族等上层统治阶级才能使用，普通民众是无法铸造和使用这些贵重物品的。

由以上材料可以看出，豫东地区岳石文化和二里岗文化居民已经掌握了先进的青铜器冶铸技术。岳石文化居民学会了在锡青铜中加入铅等元素，掌握了当时最先进的制铜技术。二里岗文化居民制作的青铜器丰富多样，不仅能制造小型青铜工具用于日常生活中，还能制造大型容器。

第六节　建筑业

建筑业技术有了进一步发展，主要表现在小型房基的建造方面。房基建造考究，地面硬化度较高，墙壁也多经过处理。

（一）二里头文化半地穴式房屋

未发现大型城址和房基，发现了 3 处小型房基，分别见于牛角岗和段岗遗址。建筑方式可以分为半地穴式和地面式。地面式建筑居住面硬化程度较高，墙体无存，居住面上有木柱支顶。半地穴式房基未见居住面硬化，房内普遍设有灶台。

牛角岗房基 1 座，编号 F1，为一处半地穴式房基。平面呈长方形，东西长约 2.2 米、南北宽 1.4 米、穴深 1.7 米。穴壁近直，其上部曾被 H17 打破，南壁因晚期取土而遭破坏。在东北和西北角各有一似壁龛状的小洞。房基内填土上部为斜坡状草拌泥，其下为灰土层，土质较松。房基居住面略洼，靠近南壁的中部有一个红烧土的马蹄形灶，其周围发现数件完整的夹砂中口罐及圆腹罐、陶支架等炊器和兽骨残骸，在房基东南角发现数块红烧土（图 5－7）。

段岗遗址发现房基 2 座。89 Ⅱ F1 近椭圆形，长径约 3.82 米，短径约 2.15 米。系在黄色生土上挖建的半地穴式房基，周壁下部微向外斜，

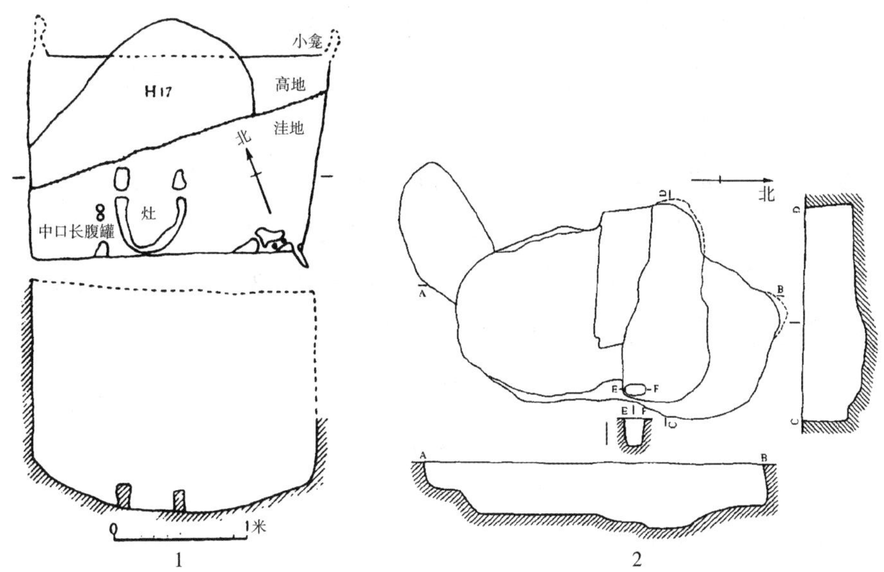

图5－7　二里头文化房基

1. 牛角岗F1　2. 段岗89ⅡF1

略呈袋状，深0.47—0.75米，壁面较光滑、规整。房基内填土为层层相叠的浅黄色土和灰褐色土，共分四层。在近底部的灰褐色上中，含有较多的红烧土颗粒和灰烬，出土绳纹陶片。门道朝向西南，略呈弧边长方形，内斜直壁状。在靠近东壁中部有长方形的柱洞，长0.22米、宽0.13米，竖直筒状，深0.31米，下部填碎木炭，经压实。90ⅡF1残存居住面呈不规则形，仅留部分居住面、烧灶及一柱洞，墙已不存，坚硬的烧土面厚约0.01米，平整光滑，长约2.5米，属地面建筑。其下北部为生土，南部为90ⅡH35破坏。居住面以上有厚0.3—0.7米的堆积土，呈灰褐色，应为房基内填土，内含夹砂中口罐等残陶片残存。居住面的东北部有圆形烧灶，直径约0.5米，灶门朝南，灶壁系黄泥直接堆筑于居住面上而成，残高0.07—0.08米。灶西北约0.25米处有一圆形柱洞，周壁经火烧烤，有可能为房基的中心柱洞。

豫东地区时间较早的仰韶时代和龙山时代不见半地穴式房基，却常见于二里头文化时期。这种现象的产生并非房屋建筑技术不高的表现，应是人们适应环境的表现。段岗遗址二里头文化的孢粉主要是蒿属、菊科、锦葵科、藜科、禾本科、石竹科、葎草属、石松科、水龙骨科及中国蕨科、少量的松属（见于剖面底部）和五加科，构成蒿-菊-藜-禾木-水龙骨-石松孢粉组合。由此可见此时气候变冷，蕨类孢子和木本花粉大大减少，反映气候干旱温凉，代表草原植被景观，偶见乔木植物。土壤全岩化学分析和微量元素分析，样品的 Al_2O_3/SiO_2、Tfe 和 K_2O 明显高于仰韶时代文化和龙山时代文化阶段，Na_2O 与龙山时代文化阶段相近，反映淋溶作用较弱，水热条件相对较差，这一阶段气候环境偏温凉。人们建造半地穴式房基恰好可以适应干旱较冷的自然环境。

（二）岳石文化居民的建筑业

豫东地区岳石文化建筑业方面的资料较少，仅发现少量房基。房基见于清凉山遗址，只残存有两处红烧土面和一个小坑，但破坏严重难以窥其全貌。红烧土①为椭圆形，为黑红色硬面，表面较为光滑。红烧土②的一部分被压在 T1 东壁下，剩下的部分略呈半圆形，表面亦为不均匀的黑红褐色。小坑呈规则的直筒形，内填灰土，可能为灶坑。没有发现墙体，应属地面式建筑。

鹿台岗遗址发现 1 件陶拍，整体呈长方形，一面十分平整，一面有把手。一种器物可能有多种用途，其形制类似现今使用的加工墙面的抹子，可能用来加工房基墙壁。参考山东地区岳石文化资料可以推断，岳石文化居民应具有较为发达的建筑技术。

（三）下七垣文化居民的建筑业

鹿台岗遗址发掘房基 1 座，保存状况较差，仅保存一端墙基和部分居住面。房基为地面式建筑，平面形状可能为圆形。居住面经过仔细处理，地面较平整和坚硬，局部还有红烧痕迹。墙基为泥土堆成，宽 14 厘米。房基内出土有完整小鬲和其他陶器碎片，说明房基内应设有灶台。可以看出，下七垣文化居民对房基的建造较为考究，技术也并不落后于同时期的二里头文化和岳石文化。

（四）商代大型基址建筑

建筑技术发达，建筑样式多样。居住遗存有房子 9 座，可以分为三类。第一类为大型夯土台基房屋，共 2 座。建造方法是先在地面上夯筑一个台基，台基逐层夯筑，夯打坚硬。夯土台除西边缘外，东、南、北三边缘均为斜坡，当散水使用。夯土台平面呈长方形，台底略大，夯土台上建造房屋。一处夯土台基面积约 69. 68 平方米，台上有一处坐北朝南的三间排房基址（图 5 - 8）。中间的房间较大，两侧房基分别以中间房基的东、西墙搭建。建筑方法是在夯土台上挖掘基槽，用黑色草拌泥在基槽内剁成墙壁，墙的内、外壁面经过修整。墙内壁面抹一层厚约 1 厘米的草拌泥，表面用火烧烤呈红色和红褐色，然后再抹一层黄色泥浆。另一处夯土台基残存面积约 250 平方米，根据形状估计原有面积为 336 平方米。此处夯土台基内建有用人牲奠基的现象，此台基上应建有更高规格的房屋。第二类是无台基房屋，共四座。建筑方法是直接在平地上用黑色草拌泥逐层垛成墙体，墙角拐角近 90°，房屋内居住面经过火烧

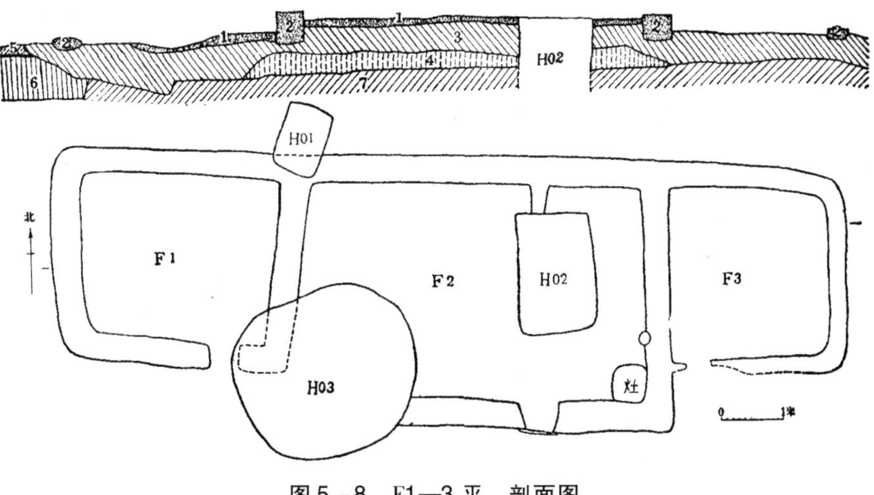

图 5 - 8　F1—3 平、剖面图

1. 草拌泥居住面　2. 草拌泥墙基　3. 夯土房基　4. 黑褐色垫土　5. 下层居住面　6. 窖穴　7. 生土

呈红色。第三类房屋呈圆形，墙体有立柱，仅1座。房屋建于生土之上，东南边缘保存较好墙体部位残存两个柱洞。柱洞内发现少量白色木灰，直径仅4厘米。如此之细的木柱仅能起到辅助作用，这应与墙体本身的坚实程度较大有关，是建筑技术较高的表现。除此之外，作坊基址也可代表一类房屋形式。作坊平面呈长方形，四边发现20个圆形柱洞，分布不甚均匀。柱洞直径13—18厘米，洞内残留少许白色木灰。房内周边残存有路土，应是生活踩踏面。在第二地点还发现九个柱洞，洞内残留有白色木灰。柱洞直径13—16厘米，有一处直径约20厘米，应是房屋中部的支柱。由此可见，房屋内使用木柱支撑仍是比较流行的建筑方式。

（五）殷墟文化仍然使用半地穴式房屋

殷墟文化建筑业主要是小型房屋的建造，清凉山和牛牧岗遗址均发现了房基。清凉山遗址发现房基6处，建筑方式可以分为地面式和半地穴式。地面式房基的墙体材料多样，建筑形式也不相同。如F2墙体用黄胶泥土夹杂砂浆石夯筑而成，F3墙体用黑色沼泽泥土夯筑而成。F5的墙体基本不见，在残存的居住面上发现4个柱洞，估计其墙体的建筑方式与前两者不同。F5房基的周围还设有散水。半地穴式房基保存情况较差，仅存地穴部分，建筑形式较为一致。地穴的墙壁较为平整，普遍抹有一层草拌泥。居住面均经过处理，有的仅铺一层黄土，有的还经过火烧。

牛牧岗遗址发现房基1座。F5平面略呈圆角长方形，墙基宽30厘米，东南部被后期破坏，情况不明。门道位于东墙中部，宽度不详，方向约90°。墙基南部有二柱洞（D1、D2），西段偏南有一柱洞（D3），推测墙体系“木骨泥墙”。房内居住面为纯净的黄土，北部平整，南半部不平。居住面北部有一圆坑，系一残罐取腹部以下埋入土中制成，坑内有烧灰，推测其为烧灶或储存火种之用。灶坑周围有一片不规则的烧土面，应为灶址范围（图5-9）。

夏商时期，该地区居民的建筑技术有所改进，主要建造小型房屋。建筑形式多样，地面式房屋和半地穴式房屋并存，多建造考究，居住面硬化程度较高，墙壁使用较少的立柱或不用立柱。

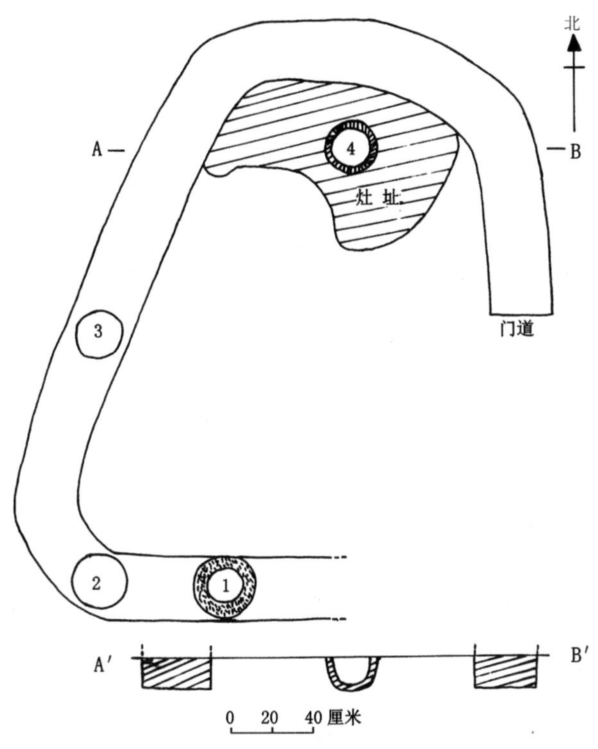

图 5－9 房基 F5 平、剖面图
1、2、3. 柱洞 4. 灶

第七节 埋葬习俗与祭祀

夏商时期，社会文明进一步提高，思想意识更为丰富。思想意识主要反映在墓葬、祭祀遗存等方面。

一 二里头文化占卜的普及

墓葬仅发现一座，疑为乱葬坑。坑壁斜直，底部较平，出土有两个人头骨和部分肢骨和大量的兽骨，皆身首异处，散乱地分布于不同深度的填土中。填土中包含有夹砂中口罐、盆、圆腹罐、簋、大口尊等陶器残片，另有完整的陶簋、陶铃、陶纺轮各 1 件，应是随葬品。据该村群众介绍，以往在此取土时附近也有人、动物骨骼出土，可能还存在同类墓葬。该处随葬坑虽保存不甚完整，但从出土的人骨、器物和动物骨骼判断，埋葬这些人骨具有一定含义，说明人们对死后世界有一定的认识。

还出土有与祭祀有关的遗存。段岗遗址发现卜骨 1 件，系用羊肩胛骨制成，先施圆形钻窝，再施灼痕。卜骨在其他地区二里头文化遗址也较为常见，偃师二里头[①]、登封王城岗[②]、郑州上街[③]、郑州洛达庙[④]、新密新砦[⑤]、洛阳东干沟[⑥]、渑池郑窑[⑦]、渑池鹿寺[⑧]、巩义稍柴、淅川下王岗[⑨]、偃师灰嘴[⑩]、荥阳西史村[⑪]、荥阳竖河[⑫]、临汝煤山[⑬]、夏县东下冯[⑭]、襄汾大柴[⑮]、垣曲古城南关[⑯]等遗址均有发现，二里头所见的卜

① 中国科学院考古研究所洛阳发掘队：《1959 年河南偃师二里头试掘简报》，《考古》1961 年第 2 期；中国科学院考古研究所洛阳发掘队：《河南偃师二里头遗址发掘简报》，《考古》1965 年第 5 期；《考古》1974 年第 4 期；中国社会科学院考古研究所：《偃师二里头——1959—1978 年考古发掘报告》，中国大百科全书出版社 1999 年版，第 68、69、121、238、239、332 页。

② 河南省文物研究所：《登封王城岗与阳城》，文物出版社 1992 年版，第 125、143、149 页。

③ 河南省文化局文物工作队：《河南郑州上街商代遗址发掘报告》，《考古》1966 年第 1 期。

④ 陈嘉祥：《郑州洛达庙商代遗址试掘简报》，《文物参考资料》1957 年第 10 期；河南省文物研究所：《郑州洛达庙遗址发掘报告》，《华夏考古》1989 年第 4 期。

⑤ 中国社会科学院考古研究所河南二队：《河南密县新砦遗址的试掘》，《考古》1981 年第 5 期。

⑥ 中国科学院考古研究所洛阳工作队：《1958 年洛阳东干沟遗址发掘简报》，《考古》1959 年第 10 期。

⑦ 张居中、王良启：《渑池县郑窑遗址发掘报告》，《华夏考古》1987 年第 2 期。

⑧ 河南省文化局文物工作队：《河南渑池鹿寺商代遗址试掘简报》，《考古》1964 年第 9 期。

⑨ 河南省文物研究所等：《淅川下王岗》，文物出版社 1989 年版，第 285、306 页。

⑩ 河南省文化局文物工作队：《河南偃师灰嘴遗址发掘简报》，《文物》1959 年第 12 期。

⑪ 郑州市博物馆：《河南荥阳西史村遗址试掘报告》，《文物资料丛刊（5）》，1981 年，第 84—97、102 页。

⑫ 河南省文物研究所：《河南荥阳竖河遗址发掘报告》，《考古学集刊（第 10 集）》，地质出版社 1996 年版。

⑬ 洛阳博物馆：《河南临汝煤山遗址调查与试掘》，《考古》1975 年第 5 期。

⑭ 东下冯考古队：《山西夏县东下冯遗址东区、中区发掘简报》，《考古》1980 年第 2 期；中国社会科学院考古研究所、中国历史博物馆、山西省考古研究所：《夏县东下冯》，文物出版社 1988 年版，第 28、49、99、146、147 页。

⑮ 高天麟、李健民：《山西襄汾县大柴遗址发掘简报》，《考古》1987 年第 7 期。

⑯ 中国历史博物馆考古部、山西省考古研究所：《1988—1989 年山西垣曲古城南关商代遗址发掘简报》，《文物》1997 年第 10 期。

骨仅施灼而无钻和凿痕迹[①]。

二　岳石文化居民的占卜

岳石文化居民举行一些占卜活动，埋葬习俗尚难详知。

占卜是岳石文化居民重要的活动，是鬼神思想的反映。岳石文化卜骨在城子崖[②]、泗水尹家城[③]、牟平照各庄[④]、烟台芝水[⑤]等遗址有所发现，史家遗址还发现了可能是岳石文化最早的甲骨文和祭祀遗存[⑥]，说明岳石文化居民对占卜的重视。在清凉山和李岗均发现了用于占卜的卜骨（图5－10）。清凉山卜骨3件，均用牛肩胛骨制成，多去脊，保持不完整。标本H33：2，有钻有灼，背有兆纹，多为圆钻，有的地方是两面

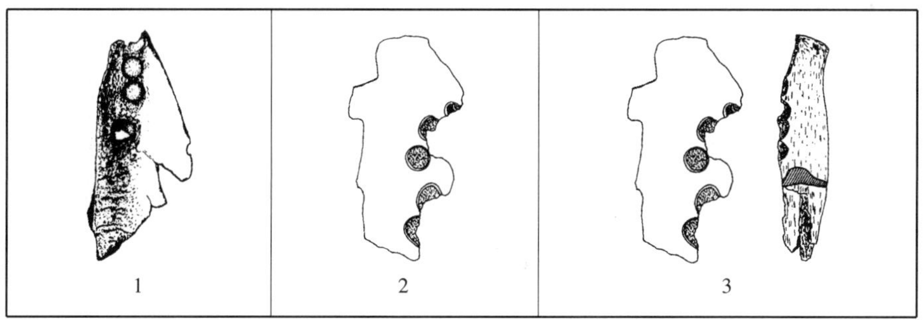

图5－10　岳石文化卜骨

1. 卜骨（TGl⑤：19）　2. 卜骨（H33：2）　3. 卜骨（T5⑧：32）（出土遗址：1李岗，余为清凉山）

---

① 中国社会科学院考古研究所：《中国考古学·夏商卷》，中国社会科学出版社2003年版，第128页。

② 中央研究院历史语言研究所：《城子崖——山东历城县龙山镇之黑陶文化遗址》，1934年。

③ 山东大学历史系考古专业教研室：《泗水尹家城》，文物出版社1990年版，第197页。

④ 中国社会科学院考古所山东队、烟台市文管会：《山东牟平照各庄遗址》，《考古学报》1986年第4期。

⑤ 北京大学考古系、烟台市博物馆：《胶东考古》，文物出版社2000年版，第122页。

⑥ 张光明、徐龙国、张连利、许志光：《山东桓台县史家遗址岳石文化木构架祭祀器物坑的发掘》，《考古》1997年第11期；张光明、夏林峰：《山东桓台县史家遗址发掘收获相关问题的探讨》，《管子学刊》1999年第4期。

钻，钻直径1厘米左右。标本T5⑧：32，施圆钻，钻孔排列密集，直径1.6厘米。李岗遗址卜骨由猪肩胛骨制成，有钻有灼。以上材料可以看出，卜骨均先钻后灼，钻孔排列紧密，有的为两面钻，卜骨应经过了多次反复使用，与城子崖遗址发现的卜骨较为类似。以上材料表明，占卜在岳石文化居民的思想中占有重要的地位。

该地区尚未发现岳石文化墓葬，埋葬习俗尚难详知。其他地区也很少发现岳石文化的墓葬，仅见于砣矶岛大口[①]和彭家庄[②]两处遗址共发现了11座墓葬。大口遗址的墓葬还受到了一些学者的质疑[③]，位于内陆地区的彭家庄遗址仅发现1座，由此可以推测岳石文化居民可能不注重对逝者的埋葬，有待今后考古材料的补充。

三　下七垣文化居民的占卜之术

未发现墓葬，目前下七垣文化墓葬发现较少，仅在鹤壁刘庄[④]、安阳鄣邓[⑤]、磁县南城[⑥]和辉县孟庄[⑦]遗址有所发现。刘庄遗址下七垣文化墓葬有严格的布局和规划，说明下七垣文化居民对死者的埋葬十分重视。豫东地区下七垣文化延续时间较短，又分布在岳石文化的范围内，墓葬数量不会太多，有待今后的考古发掘发现。

商人重视祭祀和占卜，下七垣文化居民同样如此。下七垣文化的卜

---

① 中国社会科学院考古研究所：《山东省长岛砣矶岛大口遗址》，《考古》1985年第12期。

② 孙波、郝导华、韩辉、张子晓：《山东彭家庄遗址发现岳石文化墓葬和制陶作坊区》，《中国文物报》2009年4月1日。

③ 孙波、郝导华、韩辉、张子晓：《山东彭家庄遗址发现岳石文化墓葬和制陶作坊区》，《中国文物报》2009年4月1日。

④ 赵新平、韩朝会、靳松安、王青：《河南鹤壁市刘庄遗址下七垣文化墓地发掘简报》，《华夏考古》2007年第3期；河南省文物局：《鹤壁刘庄——下七垣文化墓地发掘报告》，科学出版社2012年版。

⑤ 河南文物考古研究所：《安阳鄣邓》，大象出版社2012年版。

⑥ 河北省文物研究所：《河北磁县南城遗址发掘获重要发现》，《中国文物报》（哲学社科版）2009年2月25日。

⑦ 河南省文物考古研究所：《辉县孟庄》，中州古籍出版社2003年版，第190页。

骨数量较多，在河北任丘哑叭庄①、内邱南三岐②、邢台葛家庄③、邯郸涧沟④、邯郸峰峰矿区北羊台⑤、磁县下七垣⑥、磁县下潘汪⑦、永年何庄⑧、河南淇县宋窑⑨、辉县琉璃阁⑩等遗址均有发现。鹿台岗遗址出土的下七垣文化卜骨是人们重视祭祀和占卜的直接证据。卜骨均出自灰坑的填土中，该遗址共发掘3座灰坑，坑内均有卜骨出土，足显卜骨在人们生活中的分量。卜骨均是由牛肩胛骨制成，占卜之前经过了简单修整，均有钻有灼，钻窝为1—2厘米（图5－11）。

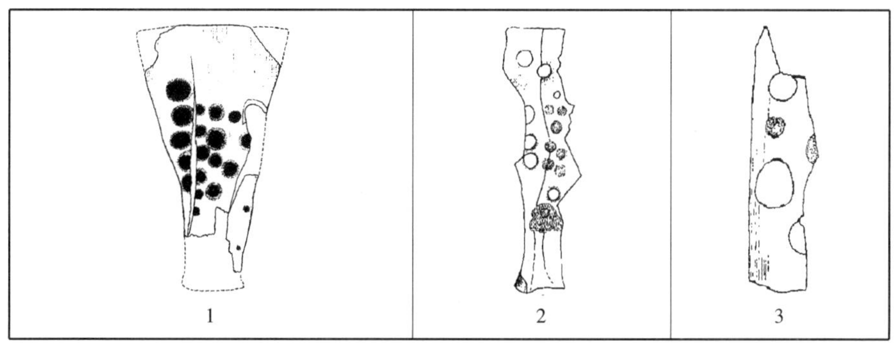

图5－11 鹿台岗遗址出土下七垣文化卜骨

1. 卜骨（H9：33） 2. 卜骨（H39：83） 3. 卜骨（H35：33）

---

① 河北省文物研究所等：《河北省任丘市哑叭庄遗址发掘报告》，《文物春秋》1992年增刊。

② 唐云明：《河北境内几处商代文化遗存记略》，《考古学集刊（第2集）》，中国社会科学出版社1982年版，第44—46页。

③ 郭瑞海等：《邢台葛家庄先商文化遗存分析》，《三代文明研究（一）》，科学出版社1999年版，第33页。

④ 北京大学、河北省文化局邯郸考古发掘队：《1957年邯郸发掘简报》，《考古》1959年第10期。

⑤ 河北省文物研究所等：《河北邯郸市峰峰矿区北羊台遗址发掘简报》，《考古》2001年第2期。

⑥ 河北省文物管理处：《磁县下七垣遗址发掘报告》，《考古学报》1979年第2期。

⑦ 河北省文物管理处：《磁县下潘汪遗址发掘报告》，《考古学报》1975年第1期。

⑧ 邯郸地区文物保管所、永年县文物保管所：《河北省永年县何庄遗址发掘报告》，《华夏考古》1992年第4期。

⑨ 北京大学考古系商周组：《河南淇县宋窑遗址发掘报告》，《考古学集刊（第10集）》，地质出版社1996年版，第89、160页。

⑩ 中国科学院考古研究所：《辉县发掘报告》，科学出版社1956年版。

四　二里岗文化居民人祭使用和文字传播

墓葬仅在孟庄遗址有所发现，分为有正式墓穴、无正式墓穴和奠基埋葬三种，显示了人们对鬼神有一定认识，还显示了当时社会关系的复杂性。有正式墓穴的墓葬两座，均为土坑竖穴墓。土坑竖穴墓葬均为土坑竖穴墓，葬式为仰身直肢，未见腰坑现象。M5 未见葬具，仅撒有少量红朱砂，填土中可以见到黏合陶器碎片，估计是有意将随葬品打碎填入土中的。M6 的葬具为木棺，但无随葬品。撒朱砂和使用木棺均是对死者尸体和灵魂的一种保护措施，显示了人们对鬼灵有了更深入的认识。无正式墓穴的墓葬分别埋葬于窖穴和文化层中。在 H16、H33 和 H8 中均发现埋葬人骨现象，其中 H16 和 H33 中骨架完整，H8 中仅有人头骨。H16 中人骨双手交叉放于盆骨之上，手腕上残留有两道绳捆痕迹，推测是被活埋的。在 T2、T3 内的商文化层中发现多处人骨架，有成人也有小孩，有的尸首完整，有的身首各异。奠基埋葬发现在夯土基址中，在第一地点和古河道之间的夯土基址中均见有埋葬人骨的现象。人骨埋葬于基址南缘中部，俯身直肢，双手卷曲向上，掌心骨被压于胸骨之下。胳膊和手腕骨上均残留有两三道捆绑绳痕，下肢骨也有模糊的捆绑痕迹，应是奠基的人牲。这些乱葬、活埋和奠基现象是当时社会阶级斗争的反映，也是上层阶级通过对下层死者灵魂的践踏来达到震慑下层的目的，以此作为统治的手段。

孟庄遗址发现卜骨卜甲共十九片，种类齐全，其中牛肩胛骨七片，兽类长骨二片，鹿、猪、羊的肩胛骨各一片，背甲一片，腹甲六片。鹿肩胛骨未经整治即使用。猪和羊的肩胛骨只切除脊根，但未完全切平。牛肩胛骨于骨臼下切开一段，把两边及脊根全部削平，有一例去臼角，并将骨臼、脊根及两边全部切平。兽类长骨是将骨骼劈为两半后略加研磨即使用。卜甲整治比较粗糙，仅用刀削去边沿部分即使用。这几乎囊括了郑州商城遗址所能见到的卜骨卜甲的所有种类，两者的整治方法和钻灼方式也十分相似。如牛肩胛骨均经过修正，而鹿、猪、羊等的肩胛骨基本不整治或略做整治。卜骨卜甲大部分为先钻后灼，少数为直接灼。卜甲的钻痕均见于卜甲较为粗糙的里面。卜骨钻痕多见于有脊根的一面，两面都有钻的现象较为少见。钻痕疏密不等，排列无规律。钻孔底面形状有尖圆、平圆和钝圆等。绝大多数钻孔是用钻钻成的，少数钻孔是用刀类工具挖成的。少数有灼无钻的卜骨卜甲较少，见于羊和猪骨之上，也见于个别牛骨和龟甲上。灼多为圆形，少数灼痕不圆。灼透孔的情况少见。坞墙遗址第三层发现卜骨，为牛肩胛骨，有灼有凿。

卜甲大部分为先钻后灼，少数为直接灼，这是在二里岗上层时期常见的占卜现象。[①] 商人崇信鬼神，尤其是商代后期占卜活动非常频繁，但商代前期占卜活动还是相对较少的，卜骨卜甲在其他遗址中也较为少见。发现卜骨的大型遗址有郑州商城、偃师商城[②]、垣曲商城[③]、王城岗[④]、大师姑[⑤]，数量均较少，而夏县东下冯还未曾发现。卜甲的数量更少，目前除郑州商城和藁城台西[⑥]外其他遗址中很少发现商代前期卜甲，在登封王城岗发现少量龟甲，但未见占卜痕迹。在孟庄遗址能够发现这类遗存无疑具有特殊的意义。

语言是人类表达情感的最重要的方式，文字是语言的记录符号。文字也是人类思想的反映，文字的产生是人类思想活动丰富的直接表现。我国文字的起源问题是学界长期以来关注的热门问题。关于文字的起源

---

① 河南省文化局文物工作队：《郑州二里冈》，科学出版社 1959 年版，第 37—38 页；安志敏：《一九五二年秋郑州二里冈发掘记》，《考古学报》第八册，1954 年。

② 中国社会科学院考古研究所洛阳汉魏故城工作队：《偃师商城的初步钻探和发掘》，《考古》1984 年第 6 期。中国社会科学院考古研究所河南第二工作队：《偃师商城第Ⅱ号建筑群遗址发掘简报》，《考古》1995 年第 11 期。中国社会科学院考古研究所河南第二工作队：《河南偃师商城Ⅳ区 1996 年发掘简报》，《考古》1999 年第 2 期。

③ 中国历史博物馆、山西省考古研究所、垣曲县博物馆：《垣曲商城 1985—1986 年度勘察报告》，科学出版社 1996 年版，第 204、241 页。

④ 北京大学考古文博学院、河南文物考古所：《登封王城岗考古发现与研究》，大象出版社 2008 年版，第 318 页。

⑤ 郑州市考古研究所：《郑州大师姑——2002—2003》，科学出版社 2004 年版，第 317、333 页。

⑥ 河北省文物研究所：《藁城台西商代遗址》，文物出版社 1985 年版。

时间还有争议。研究表明，汉字体系形成于龙山时代[①]，如襄汾陶寺[②]、高邮龙虬庄[③]、良渚[④]、吴县澄湖古井堆遗址[⑤]均发现了文字。到了商代，文字已经趋近成熟，郑州商城遗址出土了成句的甲骨文[⑥]，但毫无疑问在商代前期文字是十分少见的。目前出土文字的商代前期遗址仅有郑州商城遗址，而郑州小双桥[⑦]和藁城台西[⑧]等遗址出土的刻符是否属于文字还有待研究。郑州商城出土四片刻字甲骨，字形与安阳殷墟出土甲骨刻辞相近，这说明在商代前期确有文字存在。孟庄遗址共发现两个陶文，一个为“五”字，一个可能为“配”字，这一重要发现在商代前期是较为罕见的。即使在文字发达的商代后期，文字也并非为普通居民日常使用。目前为止，在殷墟和大辛庄[⑨]之外很少发现商代后期的甲骨文，桓台史家和唐山遗址有少量发现[⑩]。大辛庄遗址是商王经营东方的一个重要基地[⑪]，它与商王的活动密切相连，所以可以说在商代文字的使用应仅限于商王的活动中。孟庄遗址发现的两个文字中“五”字不能确认是否属于真正的文字，它有可能是一种顺序符号，它位于陶纺轮之上，可

---

① 王晖：《中国文字起源时代研究》，《陕西师范大学学报》（哲学社会科学版）2011 年第 3 期。

② 罗琨、何驽、李健民论文之外，还可见高炜《陶寺出土文字二三事》，《中国社会科学院古代文明研究中心通讯》2002 年总第 3 期；刘一曼《对中国文字起源的几点看法》，中国社会科学院考古研究所、中国社会科学院古代文明研究中心编《古代文明研究》，文物出版社 2005 年版。

③ 虬庄遗址考古队：《龙虬庄——江淮东部新石器时代遗址发掘报告》，科学出版社 1999 年版。

④ 张春凤：《关于良渚符号的定性》，《中国文字研究》2015 年第 2 期。

⑤ 王树明：《谈陵阳河与大朱村出土的陶尊“文字”》，《山东史前文化论集》，齐鲁书社 1985 年版。

⑥ 河南省文化局文物工作队：《郑州二里冈》，科学出版社 1959 年版，第 37 页；杨育彬：《华夏文明的丰碑》，《纪念王懿荣发现甲骨文一百周年论文集》，齐鲁书社 2000 年版，第 242 页。

⑦ 马保春、袁广阔、宋国定：《郑州小双桥商代遗址陶符研究》，《文物》2012 年第 1 期。

⑧ 季云：《藁城台西商代遗址发现的陶器文字》，《文物》1974 年第 8 期。

⑨ 方辉：《大辛庄甲骨文的几个问题》，《文史哲》2003 年第 4 期。

⑩ 张光明、夏林峰：《山东桓台县史家遗址发掘收获相关问题的探讨》，《管子学刊》1999 年第 4 期。

⑪ 徐基：《豫东与鲁西商文化遗存的启示》，《中国历史文物》2010 年第 4 期。

能是与纺织生产有关的序号。第二个字见于残破的陶罐之上，通体像执壶之形，类似金文中的“配”字，作执壶奠享之状（图5－12），是否可以隶定为“配”字有待探讨，但从其字形看应确为文字。陶文的使用和书写是人们思想活动丰富的直接表现，说明孟庄遗址二里岗文化居民有着丰富的思想活动。孟庄遗址能够发现商代前期的文字，说明其性质确非一般，很可能与商王的活动相关。

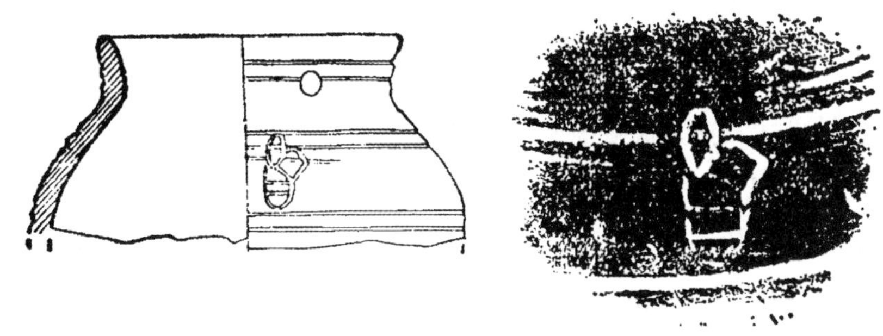

图5－12　孟庄遗址出土二里岗文化陶罐刻文

1. 陶罐　2. 刻文拓片

五　殷墟文化占卜普及化

殷墟文化时期商人对占卜活动十分重视，殷墟遗址发现的大量祭祀坑和甲骨文材料最能说明这一问题。豫东地区的居民对占卜活动也十分重视，在清凉山和段岗遗址发现了不少卜骨和卜甲，对于研究占卜活动和鬼神思想有重要意义。卜甲的数量较少，均为龟甲，有钻有灼，背面有兆。卜骨的数量较多，多为牛肩胛骨制成，少数为羊肩胛骨。肩胛骨均切去脊部并经过磨制，多切去臼角。均同时施钻、凿和灼，钻孔排列无规律，背面多有兆。段岗遗址发现有卜甲，系龟腹甲，钻凿兼施，每组凿孔由一圆孔和一梭形孔组成（图5－13）。整体而言，卜骨和卜甲的制作考究，说明人们对占卜的重视。卜骨、卜甲多经过多次使用，说明占卜活动可能也有专门的人员负责，可能有一定的制度作为指导。

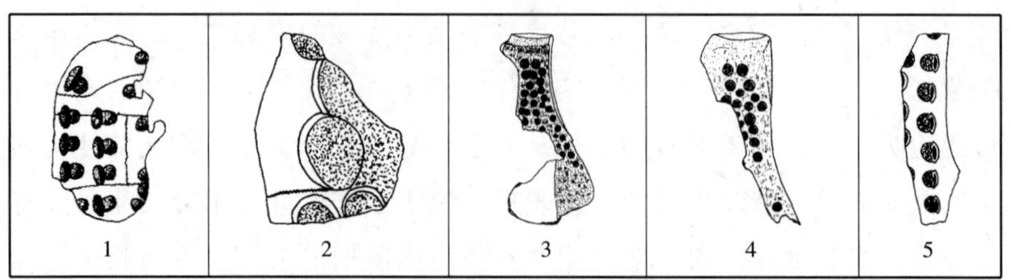

图5－13　殷墟文化卜骨和卜甲

1. 卜甲（90ⅠT18②：35）　2. 卜甲（F5：7）　3—5. 卜骨（H52：2、H16：3、T5④：18）（出土遗址1为段岗，余为清凉山）

综上所述，该地区夏商时期居民的思想意识更为先进，占卜活动普遍，对音乐都有一定的认识。卜骨多是重复使用多次，可能有了一定的占卜制度。相比而言，商族人更重视占卜和祭祀活动。二里岗文化居民已经开始使用文字，表达方式更为丰富。

第六章

结　语

从上分析可知，豫东地区史前夏商时期先后分布着10种考古学文化遗存，分别为裴李岗文化、大河村文化、石山子文化、大汶口文化、造律台文化、二里头文化、岳石文化、下七垣文化、二里岗文化和殷墟文化，这些考古学文化有一定的分布区域，文化特征、文化分期与年代、性质与族属也有所差异，各文化之间的交流具有阶段性特点，不同文化的居民有着不同的生业方式。

第一节　考古学文化进程

史前夏商时期，豫东地区分布着10种考古学文化遗存，可分为5个时期、7个文化发展阶段。居民的生产生活也随着时间的推移有所差异和变化。

一　裴李岗文化阶段

裴李岗文化阶段，豫东地区西部已有人类活动，东部人类活动较少。裴李岗文化时期居民的活动范围主要局限于豫东地区西部，大致位于尉氏、扶沟、西华、商水一带，以东的郸城、鹿邑、淮阳、太康等地偶尔发现有裴李岗文化特征的陶片。发现的裴李岗文化遗存，地方特征相对较少，但为数不多的遗存却分属于两个地方类型。位置靠南的项城后高老家、西华泥土店、商水扶苏、商水河湾等遗址出土遗物中均有夹蚌陶存在，应属于贾湖类型。位置靠北的扶沟前闸遗址出土有四圆柱足石磨盘，附近的尉氏马家庄、兴隆岗、雁周、扶沟宋马岗（宋子岗）、杞县孟岗等遗址可能同属于裴李岗类型。这些裴李岗文化遗存位于裴李岗文化的边缘，材料较少，尚难分期，时代应与豫中地区裴李岗文化持续的年代相当。在商丘、开封的大部分区域内不见裴李岗文化遗存，同期属于山东东夷文化序列的后李—北辛文化遗存也不见于豫东地区。

二 仰韶时代文化阶段

到了仰韶时代文化阶段，豫东地区人类活动开始增多。仰韶时代文化遗存广泛分布于豫东地区的大部分范围内，归入大河村文化序列，应是大河村文化东扩的结果。该地区东南部的鹿邑以及安徽西北部一带，分布着以武庄遗址为代表的石山子文化。

该地区大河村文化房基有一定的地方特点，均为地面式，未见庙底沟时期典型仰韶文化常见的半地穴式房基，且房基内活动面普遍经过硬化。个别器物在大河村文化其他遗址中较少见到，如矮扁足鼎、刻槽盆等，大部分陶器基本均可在大河村文化其他遗址中找到。整体分为三期，时代相当于典型仰韶文化的枣园、半坡和庙底沟期。文化面貌与郑州一带的大河村文化有一定区别，但这种区别不足以将其划为单独的文化或地方类型。

武庄遗址整体与石山子文化十分相似，文化因素上受到了仰韶时代文化的影响。一期炊器中多见陶鼎，很少见陶釜，鼎与釜的形制同安徽境内石山子文化流行的鼎与釜有所区别。该遗址出土的具有大河村文化因素的陶器如红顶圜底钵、小口双耳壶、假圈足或矮圈足碗、彩陶钵等，叠唇碗、宽沿斜弧腹盆、箍口盆、直口灰陶壶等也很少在侯家寨遗址见到，也可以看作此类遗存的地方特色。武庄遗址新石器时代遗存分为四段，起始年代与仰韶时代文化大致相当，发展期间未经中断，一直延续至庙底沟期的晚段。

三 大汶口文化阶段

大汶口文化中、晚期即相当于仰韶时代晚期，山东大汶口文化西进到豫东地区，并逐渐占据这一区域。豫东地区东部、南部分布有密集的属于大汶口文化的大汶口文化，最西到尉氏椅圈马遗址，大河村文化基本上退出了该地区。

该阶段文化特征明显，称为大汶口文化“尉迟寺类型”。该类型遗存是海岱地区大汶口文化西扩的结果，发展期间受到了仰韶时代文化的强烈影响。地方特征主要表现在三个方面，分别是不同的埋葬习俗、独特的建筑风格和异样的陶器组合。“尉迟寺类型”可分为三期四段，年代相当于整个大汶口文化的四、五、六期。

大汶口文化经过一段时间的发展之后，中原地区的庙底沟二期文化强势地影响了这一地区中、西部。

该地区段寨中期类遗存是庙底沟二期文化影响的结果，它占据了原属于大汶口文化的分布区域。通过观察这些遗存的陶器看出，主要的地方特征是受山东大汶口文化的影响较大。无斝、灶、钵等庙底沟二期文化常见的器物，发现有其他庙底沟二期遗存中不见或少见的鬶、盉、甗、甑等器物，这些器物均是大汶口文化常见的器物，应是受大汶口文化因素影响的结果。东部仍然分布着大汶口文化，两者在一定的时间段内并存。

四 龙山文化阶段

继大汶口文化之后，豫东地区又被属于中原文化序列的龙山时代所占据，同时受到典型龙山文化的强烈影响。龙山时代中、晚期这里形成了独立的考古学文化，称为“造律台文化”。

该文化除具有鲜明地方特征的器物外，融合多方文化因素也是其特色。最显著的特征是同时吸收了东、西方同期的龙山时代多种其他文化因素。造律台文化分为早、中、晚三期五段。

造律台文化结束以后，该地区兴起的是岳石文化和二里头文化，而二者的文化面貌和起始年代与造律台文化有很大差距，两者均不是其文化发展的直接去向。该地区的岳石文化与造律台文化面貌差异较大，它是对造律台文化的取代并非继承。岳石文化的起始年代较晚，是分布在山东地区的岳石文化西进的结果。该地区的二里头文化的起始年代同样较晚，是郑、洛地区二里头文化东进的结果，并非直接来源于本地的造律台文化。

分析发现，造律台文化之后豫东地区处于短暂的文化中断阶段。豫东地区属于黄河泛滥多发区，历史上多次黄河泛滥。其中在龙山晚期就暴发过一次毁灭性较大的洪水，当地的龙山居民遭受了毁灭性的打击，许多城址就废止于此时期。俞伟超先生曾指出："根据2000年来的史学记录，则明确说尧、舜之时是'鸿水滔天'，4000年前后我国曾发生一次延续了若干年的特大洪水灾难，应该是历史事实。"袁广阔先生认为，龙山文化晚期至二里头文化时期除豫西嵩山地区地势较高以外，豫东、冀南及整个山东半岛地区龙山文化突然中断。与此同时，辉县孟庄龙山城址发现洪水冲毁城墙的现象，鲁西地区成组的龙山城址也随之消失。[①] 李兰等先生通过对滕花落遗址进行了全面的分析，认为是因雨水过多导致当地居民外迁，城址废弃，城址废弃以后仍然处于多雨水的季节。[②] 高建国先生认为，黄河流域龙山晚期城址有三分之一是毁于洪水。[③]

据考古学资料显示，豫东地区的造律台文化居民可能经历了大规模的向外迁徙，可能迁往了江淮地区和中原地区。造律台文化的南下问题有不少学者进行了研究，取得了可喜的成果。[④] 江淮地区考古学文化错

---

① 袁广阔：《从古文献与考古资料看夏文化的起始年代》，《河南大学学报》（社会科学版）2000年第1期。

② 李兰、朱诚、姜逢清泛、赵泉鸿、林留根：《连云港藤花落遗址消亡成因研究》，《科学通报》2008年第1期。

③ 高建国：《黄河流域几十座城池消失之谜》，《城市与减灾》2002年第3期。

④ 谷建祥、申宪：《王油坊类型龙山文化去向初探——江苏境内王油坊类型龙山文化遗存分析》，《南京大学历史系考古专业成立三十周年纪念文集》，天津人民出版社2002年版；徐峰：《王油坊类型龙山文化南徙路线重建——兼论江淮地区的"廊道"性》，《中原文物》2012年第2期。

综复杂，据张敏先生总结可细分为三个文化区域：江淮平原、宁镇丘陵、太湖平原。三个区域与造律台文化同时或稍晚的考古学文化分别是龙虬庄文化、北阴阳营文化、良渚文化①，三种考古学文化的多处遗址中均发现了与造律台文化遗存相似的文化因素。江淮平原发现造律台文化因素的主要遗址有蚌埠禹会②、兴化南荡③和高邮周邶墩④、龙虬庄⑤等。宁镇丘陵地区发现造律台文化因素的遗址有江宁点将台⑥、高淳朝墩头⑦、江浦县牛头岗⑧、南京北阴阳营⑨、太岗寺⑩、句容城头山⑪等遗址。太湖平原发现造律台文化的遗址有江阴花山⑫、广富林⑬等遗址。谷建祥先生指出江苏滕花落遗址可能也有此类遗存的发现⑭，但未见详细报道⑮。

---

① 张敏：《20世纪江苏考古工作的回顾与21世纪的展望》，《东南文化》2005年第3期。

② 王吉怀、赵兰会：《禹会村遗址的发掘收获及学术意义》，《东南文化》2008年第1期。

③ 南京博物院考古研究所、扬州博物馆、兴化博物馆：《江苏兴化戴家舍南荡遗址》，《文物》1995年第4期。

④ 南京博物院考古研究所、扬州博物馆、高邮文管会：《江苏高邮周邶墩遗址发掘报告》，《考古学报》1997年第4期。

⑤ 龙虬庄遗址考古队：《龙虬庄——江淮东部新石器时代遗址发掘报告》，科学出版社1999年版。

⑥ 南京博物院：《江宁汤山点将台遗址》，《东南文化》1987年第3期。

⑦ 谷建祥、申宪：《王油坊类型龙山文化去向初探——江苏境内王油坊类型龙山文化遗存分析》，《南京大学历史系考古专业成立三十周年纪念文集》，天津人民出版社2002年版，注释9。

⑧ 谷建祥、申宪：《王油坊类型龙山文化去向初探——江苏境内王油坊类型龙山文化遗存分析》，《南京大学历史系考古专业成立三十周年纪念文集》，天津人民出版社2002年版。南京市博物馆于1991年、1992年和2000年先后3次对该遗址进行了发掘。

⑨ 南京博物院：《北阴阳营——新石器时代及商周遗址发掘报告》，文物出版社1993年版。

⑩ 江苏省文物工作队太岗寺工作组：《南京西善桥太岗寺遗址的发掘》，《考古》1962年第3期。

⑪ 镇江市博物馆：《江苏句容城头山遗址试掘简报》，《考古》1985年第5期。

⑫ 江苏花山遗址联合考古队：《江阴花山夏商文化遗址》，《东南文化》2001年第9期。

⑬ 广富林考古队：《广富林遗存的发现与思考》，《中国文物报》2000年9月13日。

⑭ 谷建祥、申宪：《王油坊类型龙山文化去向初探——江苏境内王油坊类型龙山文化遗存分析》，《南京大学历史系考古专业成立三十周年纪念文集》，天津人民出版社2002年版。

⑮ 南京博物院、连云港市文物管理委员会、连云港市博物馆：《江苏连云港藤花落遗址考古发掘纪要》，《东南文化》2001年第1期；周润垦、李洪波、张浩林、高海燕：《2003—2004年连云港藤花落遗址发掘收获》，《东南文化》2005年第3期；涤烦子：《连云港藤花落遗址考古新发现》，《江苏地方志》2004年第3期；林留根：《江苏连云港藤花落遗址》，《2000中国重要者古发现》，文物出版社2001年版，第1—7页。

徐峰先生将王油坊类型龙山文化的南徙路线分为东、西两条。西线去往宁镇地区，即禹会－牛头岗－江宁点将台和高淳朝墩头；东线前赴环太湖流域，即禹会－南荡，至江阴花山，再东去松江广福林[①]，这一认识比较符合史实。

五　二里头文化阶段

在二里头文化阶段，豫东地区分布着属于二里头文化、下七垣文化和岳石文化等三种考古学文化遗存。

二里头文化的整体特征与郑州、洛阳地区的二里头文化相近，应是夏文化的一部分，但也有其自身的特点，划分为一个地方类型。豫东地区二里头文化分为前后连续发展的四期，其起始年代较晚，约相当于二里头遗址第二期晚段。在二里头文化遗址的东方分布着诸多岳石文化遗址。该地区的岳石文化与山东地区的岳石文化十分相近，属于东夷文化的一部分，但也有自身的特点，归入“安邱堌堆类型”。岳石文化占据了豫东地区的大部分范围，分为三期，相当于山东岳石文化的二期、三期、四期。其起始年代较晚，应与二里头文化东扩的年代大体相当。该地区下七垣文化是豫北、冀南下七垣文化南下形成的，应是先商族群创造和使用的文化。但因地域和时间的差别，它有一些地方特征，将其划分为一个地方类型。该地区的下七垣文化发现不多，全部位于岳石文化的分布范围之内，与岳石文化在一定的时间内共存。豫东地区下七垣文化分两期，约相当于豫北、冀南地区下七垣文化的三期、四期。

近年来，学界对二里头文化是否全部属于夏文化和能否涵盖全部的夏文化有所争议，但二里头文化主体是夏文化的观点已为越来越多的学者所接受。考古学上的夏文化是指夏王朝时期夏族或以夏族为主体创造的考古学文化。分析发现，二里头文化的分布范围与夏族的活动区域相

---

① 徐峰：《王油坊类型龙山文化南徙路线重建——兼论江淮地区的“廊道”性》，《中原文物》2012年第2期。

合，年代与夏王朝纪年相近，文化特征与社会发展阶段与夏代一致。[①] 文献记载，夏王朝在其东方设立了多个方国，如葛、韦、顾、昆吾等。豫东地区的二里头文化很有可能与夏王朝的某个方国有关。

六 二里岗文化阶段

在二里岗文化阶段，豫东地区分布着二里岗文化和岳石文化。

此阶段，二里头文化和下七垣文化均消失不见，而岳石文化仍然存在。其延续时间可至二里岗文化三期。二里岗文化起始时间较晚，约相当于二里岗文化四期，主要分布于该区域的西部。此类遗存与郑州地区二里岗文化十分相似，但也有自己的特点，总体应归入二里岗文化二里岗类型。这类遗存的族属应是商族，柘城孟庄遗址应是为战争设立的军事重镇。

七 殷墟文化阶段

进入殷墟文化阶段，主要分布于豫东地区的广大区域。殷墟文化与安阳地区的殷墟文化接近，亦有一些地方特征，将其归入商文化“安邱类型”。文化遗存分为三期，约相当于安阳殷墟文化的二、三、四期。据文献记载，这一地区在晚商时期有杞候和宋伯，此类遗存应与这两方国有关。

第二节 考古学文化发展的阶段性

中原地区文化、海岱地区文化在豫东地区交错分布，它们有着不同的族属，文化之间存在复杂的关系，文化发展可分初始期、形成期、发展期、对峙期和稳定期五个发展阶段，这种现象的形成与当时的历史背景是密不可分的。

---

① 张国硕：《望京楼夏代城址与昆吾之居》，《苏州大学学报》2012 年第 1 期。

一 初始期

裴李岗文化阶段，裴李岗文化与山东地区的后李－北辛文化没有直接相邻，相互影响也较小，主要表现为裴李岗文化对后李－北辛文化的影响，这一现象的形成可能与裴李岗文化族群的东迁有关。此时，豫东地区是两者交流的主要通道。

二 形成期

形成期即仰韶时代文化阶段。进入仰韶时代文化阶段，豫东地区分布着大河村文化和石山子文化，遗址分布范围较广，数量增多，文化遗存较为丰富。两种文化在该区域内相邻并独立发展，文化之间的交流开始增加，两者关系主要表现为大河村文化对武庄遗址有较多影响。武庄遗址出土的大河村文化陶器主要有红顶圜底钵、小口双耳壶、假圈足、矮圈足碗、叠唇碗、宽沿斜弧腹盆、箍口盆、直口灰陶壶、雷钵和一些彩陶纹样等，多是大河村文化因素。

三 发展期

文化发展期包括大汶口文化阶段和造律台文化阶段。该时期，豫东地区的考古学文化得到了全面发展，文化之间的关系呈此消彼长、此长彼消的交错之势。

大汶口文化阶段大汶口文化完全占据了豫东地区，在发展的同时受到了中原地区仰韶时代文化的强烈影响。大汶口文化“尉迟寺类型”的埋葬习俗、排房建筑和一些生活器物也在一定程度上受到了大河村文化的影响。埋葬习俗少见拔牙或枕骨变形习俗，儿童流行瓮棺葬，连续多间的排房建筑技术也是受其影响活动的。陶器见有大汶口文化少见或不见的钵和折腹盆等，彩陶壶上的菱形纹和“人”字形纹，也是受大河村文化影响的结果。庙底沟二期文化阶段，来自中原地区的考古学文化开始有所强势，但大汶口文化并未完全退出豫东地区，两者的文化交流主要表现为大汶口文化对段寨中期类遗存有着较强的影响。段寨中期类遗存出土的鬶、甗、甑、盉等是受大汶口文化影响的结果。

造律台文化阶段，中原文化系统的造律台文化具有强势地位，完全占据了整个豫东地区，发展期间受到了多方因素的影响。陶器中有不少山东龙山文化的因素，器形中长颈壶、素面甗、鬶、高足杯、背壶、直壁平底盆、三足皿、四足皿、桥形耳器盖、覆盆式器盖、“鬼脸”鼎足等同类器相似，有些器物在形制上稍加改变，黑色陶器的出现也是受其影响。

四　对峙期

对峙期即二里头文化阶段，主要是指在二里头文化与岳石文化和下七垣文化在豫东地区的对峙关系，对峙的同时文化之间也有一些文化因素的交流和影响。

该阶段二里头文化和岳石文化居主要地位，两种文化大致是以惠济河为界东西对峙。二里头文化仅见于豫东地区西部，绝大多数遗址位于惠济河西岸。岳石文化占据豫东地区大部分范围，绝大多数遗址位于惠济河东岸。两者这种对峙关系一直维持到二里头文化结束。在二里头文化遗址中发现有不少具有岳石文化因素的器物，有些器物与典型岳石文化的器物没有异样，如夹粗砂素面罐、素面束颈盆、浅盘豆、碗形豆等。同样，在岳石文化遗址中也有二里头文化因素的出现，如花边口沿罐、中口深腹罐、绳纹罐、鸡冠耳、盆、爵、大口尊、圈足盘等。到了二里头文化晚期，原分布于豫北、冀南的下七垣文化南下至岳石文化的分布区域。下七垣文化与二里头文化的关系，主要是对峙关系，但也有相互交流的现象。在各自的文化遗址中，都有对方器物或因素出现。如在下七垣文化遗址中有鸡冠耳、缸、大缸、大口尊、花边口沿罐、圆腹罐等出现。下七垣文化与岳石文化的关系，主要是共存关系，在共存的同时有不少交流现象。在岳石文化遗址中有不少下七垣文化因素出现，主要有橄榄形罐、鬲、甗、束颈瓮、深腹盆、甑等。在下七垣文化遗址中发现有夹砂素面罐、尊形器、浅盘豆、碗形豆、小口瓮、卷沿束颈盆等属于岳石文化的器物。

五　稳定期

稳定期包括二里岗文化阶段和殷墟文化阶段，是该地区考古学文化遗址广泛分布，考古学文化得到了全面发展。二里岗文化文化四期以后二里岗文化开始进入该地区，同时岳石文化继续在该地区东部存留，两者之间存在文化交流现象。在岳石文化遗址中出土了一些属于二里岗文化的陶鬲，同时在二里岗遗址中发现少量的具有岳石文化特征的器盖。殷墟文化时期殷墟文化已全面分布于豫东地区，文化发展达到了稳定阶段。

第三节　社会进程的演进

史前夏商时期，该地区先后生活着多个不同的人类族群，他们有着不同的生业方式。总体而言，人们受居住环境不同程度的制约，适应和改造环境的能力越来越强。生业方式种类在增加、技术在创新，人们的生活在不断地改善、社会价值取向也在发生着改变。

一　史前时期

史前时期，该地区的地形地貌和气候环境与现今有所不同。地形整体为平原地貌，平原之上分布着许多河沟、湖泊和沼泽，其间又有无数高高耸立的土丘。气候环境由仰韶时期温暖湿润，向龙山时期的干凉转变。生业方式也在随着环境的变化和人类生产力的提高发生着改变。手工业是人类生活中最基础的生业方式，随着时间的推移，手工业的各个方面均在发生着变化。

农业起源于新石器时代早期，到裴李岗和大河村文化时期已经得到了一定程度的发展。该地区大河村文化和大汶口文化时期居民在种植粟、黍的同时，可能还种植水稻和大豆，造律台文化时期应开始种植小麦，也可能种植白菜等蔬菜。农业工具较为丰富多样，一般均使用铲、镰和刀等工具。武庄类居民已经使用了靴形器和鹿角锄，造律台文化居民将鹿角锄进一步发扬光大。大汶口文化和造律台文化还发现有磨盘、磨棒和杵等粮食加工工具，反映了农业的进步。

渔猎和采集业是史前时期居民重要的生业方式。大河村文化和大汶口文化阶段，气候温暖湿润，遗址周围生长和生活的植物、动物十分丰富，人们的渔猎和采集业十分发达。龙山文化时期，气候环境向干凉转变，遗址周围可能人们渔猎和采集的动植物较少，渔猎和采集业在生业方式中的比重有所下降，但依然在人们生活中占有重要地位。渔猎技术和手段也在不断提高。

该地区大河村文化居民已经开始饲养猪、狗等家畜。家猪饲养在不断进步，大汶口文化时期猪骨在所有动物骨骼的比例近50%，说明了人们食用家猪肉的频率是比较高的。遗址中还能见到，用猪、狗祭祀和随葬的现象，说明猪和狗在人们心目中的重要性越来越高。造律台文化时期家猪形态和野猪形态的差距进一步拉大，猪下颌第三臼齿的长度进一步减小，猪骨中未成年个体年龄段的比重有所增加，反映了家猪饲养业的进一步发展。

史前时期，该地居民的饮食器具和饮食内容在一定程度上发生着变化。饮食器具均已鼎为主，大汶口文化和造律台文化居民还使用甗和甑等多功能的炊器，并配有箅子、勺子等器具。炊器和食器的大小也随社会的进步发生着改变，适合单个家庭使用的小型炊器越来越普遍。饮食内容随着农业、渔猎与采集业、饲养业等在生业方式中所占的比例的变化，而发生着改变。造律台文化时期，由于农业的发达，粮食有所剩余，出现了饮酒现象。

二　夏商时期

豫东地区居民的生业方式，在夏商时期与史前时期相比有不少变化。

该地区地形地貌变化不大，气候环境向冷凉转变，手工业分工进一步细化，在生业方式中的比重有所下降，农业、饲养业等方面进一步发展。

农业在夏商时期进一步发达，普遍发现有酒器，应是农业发达，而粮食有所剩余的反映。种植作物以粟、小麦和黍等为主，部分地区种植水稻和大豆。农业生产工具在所有工具中所占的比例较大，仍以镰、铲和刀等为主，孟庄遗址的商代居民还将手铲的后部装柄，使用更加方便。

该时期，农业较为发达，气候环境向干凉转变，渔猎与采集业在生业方式中所占的比例较史前时期有所下降。遗址内普遍发现有兽骨、蚌壳等渔猎产品，兽骨数量和种类较史前时期有所减少。

家畜饲养业较为发达，饲养的动物以猪、狗等为主，牛、羊和鸡也成为家养动物，殷墟时期马也已经成为家养动物，已达到了六畜俱全。饲养的动物除供自己食用外，还可能供给如二里头遗址等中心聚落的居民食用。

饮食器具在各族人之间差距较大，夏族人流行使用罐类炊具，东夷人使用甗、鼎等炊具，商人多使用鬲做炊器，每种炊器都有一定的优势和劣势，炊器的选择与他们的生活和饮食习惯有关。饮食器具饮食内容主要是农业、渔猎业、饲养业等方面获得产品，也可能通过少量交易获得。

第四节　文化发展背后的人文因素

豫东地区史前夏商时期考古学文化的发展和生业方式的演进，是该地区社会发展进程的直接反映。该地区考古学文化关系的演进有着浓郁的历史背景，是不同的人类族群相互关系的真实写照。

一　史前时期

我国古代生活着多个民族集团，蒙文通先生将我国中原及其邻近地区的古代部族和文化划分为河洛民族、海岱民族和江汉民族。[①] 徐旭生先生持相似的观点将其称为华夏集团、东夷集团和苗蛮集团。[②] 肖兵先生在提出我国古代四大集群说，即东夷集群、西夏集群、南苗集群和狄人集群。[③] 田继周先生则主张，将我们最早的民族分为华夏、东夷、南蛮、北狄和西戎五大不同的民族集团。[④] 以上结论均有一定的合理性，田继周先生的观点较为全面，本书采用这一观点。每个民族集团之下又可分若干个不同民族和族群。考古学文化是活动于一定地域的人类共同体创造的，每种考古学文化都属于一定的人类族群。考古学文化的族属是进行考古文化研究的难点，时代越早考古学文化族属越难确定。史前时期的考古学文化十分繁多，文献记载或传说中的人类族群更是烦冗复杂，文献之间还多有出入，两者之间很难相互对应的，我们仅能做一些大致推测。

曾有不少学者怀疑古代文献记载的真实性，疑古派和信古派掀起了“古史辨”运动，有学者否定中国有关尧舜禹以及夏、商、周三代的全部历史记载。诚然，历史记载有其局限性，有神话传说的加工、后人篡改、附会及转抄错误的存在，但我们相信历史记载的主体肯定是有一定依据的，是基本可靠的。殷墟甲骨文中的记载证明了司马迁所说的商王世系基本正确，现在已经基本没有人怀疑商王朝的存在。所以我们有理由相信司马迁所记载的夏及其以前历史人物故事的主体也是有其根据的，治学严谨的司马迁不会将毫无根据的神话传说写入史记的。只是在运用文献时需要对其考证和综合分析，不能不加辨析地采用所有的文献记载。我们相信文献所记中的黄帝是真实存在的，其有关事迹大体上是可信的。

史前时期豫东地区存在多类考古遗存，这些遗存有一定的分布区域和地方特征，其文化性质与族属也应有所区别。

---

① 蒙文通：《古史甄微》，商务印书馆 1933 年版。

② 徐旭生：《中国古史的传说时代》（增订本），文物出版社 1985 年版。

③ 肖兵：《对〈楚辞〉学研究的思考》，《求索》1986 年第 1 期。

④ 田继周：《先秦民族史》，四川民族出版社 1988 年版，第 100、136 页。

（一）裴李岗文化族属

关于裴李岗文化的族属，尚处于探索阶段，很难将其与文献记载的具体部族相对应。综合各家观点，主要有华夏、东夷和苗蛮三种观点，分别以李绍连①、田昌五②、骆志弘③等先生为代表。相对而言，持第一种观点的学者较多。蒙文通先生将我国中原及其邻近地区的古代部族和文化划分为河洛民族、海岱民族和江汉民族。④徐旭生先生持相似的观点将其称为华夏集团、东夷集团和苗蛮集团。⑤肖兵先生在提出我国古代四大集群说，即东夷集群、西夏集群、南苗集群和狄人集群。⑥田继周先生则主张，将我们最早的民族分为华夏、东夷、南蛮、北狄和西戎五大不同的民族集团。⑦以上结论均有一定的合理性，田继周先生的观点较为全面，本书采用这一观点。裴李岗文化主要分布于黄河中游的河南境内，中心区域为豫中地区，在豫西南、豫西、豫北也有发现，这一区域应非东夷或苗蛮部族的活动范围。裴李岗文化与后起仰韶文化有着密切关系，后者的许多因素来源于前者。⑧从裴李岗文化的面貌、分布地域等方面判断，其族属应为华夏部族的一支，属于东夷或苗蛮的可能性不大。

（二）大河村文化的族属

前文已经论及豫东地区大河村文化可以归入“大河村文化”，其族属也应为黄帝族群的一支。有关黄帝族群的考古学文化，学界有几种不同的观点。有的学者认为庙底沟二期文化是黄帝部族的文化⑨；有的学

① 李绍连：《试论华夏三部族在中国文明史中的作用》，《中州学刊》1990 年第 3 期。

② 田昌五：《古代社会断代新论》，人民出版社 1982 年版，第 53 页。

③ 骆志弘：《裴李岗文化的族属初探》，《学海》2001 年第 3 期。

④ 蒙文通：《古史甄微》，商务印书馆 1933 年版。

⑤ 徐旭生：《中国古史的传说时代》（增订本），文物出版社 1985 年版。

⑥ 肖兵：《对〈楚辞〉学研究的思考》，《求索》1986 年第 1 期。

⑦ 田继周：《先秦民族史》，四川民族出版社 1988 年版，第 100、136 页。

⑧ 安志敏：《裴李岗、磁山和仰韶——试论中原新石器文化的渊源及发展》，《考古》1979 年第 4 期。

⑨ 金宇飞：《炎黄传说的考古学证明》，《复旦学报》（社会科学版）2003 年第 3 期。

者认为黄帝出自泰山地区的大汶口文化，是少昊族的后代[①]；有的学者认为黄帝创造了红山文化[②]；有的学者认为“黄帝文化”可能位于陕北地区[③]，石峁城址可能是黄帝之城[④]。大多学者认为仰韶时代文化的族属是黄帝部族，许顺湛[⑤]、马世之[⑥]、黄怀信[⑦]、严文明[⑧]、李学勤等先生都持这种观点。许顺湛先生认为“大河村类型文化”是“黄帝族团”在其中、晚期创造的。马世之先生认为濮阳西水坡[⑨]出土龙、虎图案的M45的主人可能是黄帝部族的首领。黄怀信先生认为仰韶文化是炎黄部族的文化，进一步指出半坡类型是炎帝族文化、庙底沟类型是黄帝族的文化。

由此可见，学界对哪种考古学文化属于黄族群争议颇大，很难确指。黄帝并不是一个人的专称，而是若干代人世袭的名号，是一个族的代表，甚至是由若干个族组成的族群的代表，应把其作为一个时代的族群理解。以某种分布范围较小的考古学文化作为其全部族群的文化是不合适的，应把某一时代的考古学文化与其相对应较为合适。黄帝与炎帝关系密切，论证黄帝族属文化的同时也需要对炎帝族属文化进行论证。综合分析各方面的资料，本书认为中原地区仰韶文化的族属是炎、黄族群，早期较多的可能属于炎帝族群，中、晚期文化的族属主要是黄帝族群。

首先，仰韶文化分布地域与炎、黄族群活动地域相吻合。炎、黄的活动地域有多处，东至山东，南至湖南，西至陕西，北至河北都有其活

---

① 仲大军：《黄帝与少昊的关系》，《社会科学论坛》2010年第9期。

② 荀洁：《红山文化与黄帝事记》，《赤峰学院学报》（汉文哲学社会科学版）2010年第11期。

③ 张宏彦：《陕北的史前文化与“黄帝文化”的考古学观察》，光明网，2010年8月29日。

④ 沈长云：《石峁古城是黄帝部族居邑》，国学网，2013年3月26日。

⑤ 许顺湛：《中原远古文化》，河南人民出版社1983年版。

⑥ 马世之：《龙与黄帝部族的图腾崇拜——兼析濮阳西水坡仰韶文化遗址出土的中华第一龙》，《中州学刊》1988年第1期。

⑦ 黄怀信：《仰韶文化与原始华夏族·炎黄部族》，《考古与文物》1997年第4期。

⑧ 严文明：《炎黄传说与炎黄文化》，《协商论坛》2006年第3期。

⑨ 濮阳西水坡遗址考古队：《1988年河南濮阳西水坡遗址发掘简报》，《考古》1989年第12期。

动的记载，但综合分析其活动范围是以中原地区为中心的，其主要区域位于黄河中下游即山西、陕西、河南等地。① 由此可见，炎、黄族群主要活动于中原地区的。仰韶时代文化主要分布于河南、山西、陕西等地，这与炎、黄族群的活动范围相吻合。

其次，仰韶文化的年代与炎帝、黄帝时代大致相当。一般认为，龙山中、晚期文化约相当于尧、舜时代②，目前来看这一观点较为符合历史事实。在此基础上可以推测，炎帝、黄帝时代约相当于仰韶时代。王震中先生也做过这方面的论述，他认为仰韶文化的时代与炎黄时代大体相当。③ 文献记载中炎帝与黄帝的活动地域大致相当，黄帝代炎帝而得天下，黄帝在时间上可能略晚于炎帝，但炎帝时代已有黄帝部族，黄帝时代炎帝部族并没有完全消失。鉴于此，将炎帝的时代定在仰韶文化早期、黄帝的时代定在仰韶文化的中、晚期较为合适。

最后，仰韶文化的发展状况与炎帝、黄帝的有关记载相吻合。文献中有黄帝筑城、鲧筑城、禹筑城的记载。鲧、禹主要活动于尧舜时期，相当于考古学上的龙山文化时期。据考古资料可知，龙山文化时期已经广泛筑城，目前发现的龙山文化城址也达数十处。所以文献中有关二者筑城的记载应该准确。文献中也有多处黄帝筑城的记载。《史记·封禅书》记载："黄帝为五城十二楼。"《汉书·郊祀志》中也有类似的记载。宋高承的《事物纪原》引《轩辕本纪》和《黄帝内传》中均有黄帝筑城的记载。郑州西山城址的发现，为黄帝筑城的记载提供了强有力的证据。西山城址是我国中原地区年代最早、筑城技术最先进的仰韶文化晚期城

---

① 许顺湛：《中原远古文化》，河南人民出版社 1983 年版，第 176—181 页；许顺湛：《中国历史上有个五帝时代》，《许顺湛考古论集》，中州古籍出版社 2001 年版，第 201 页。

② 李民：《尧舜时代与陶寺遗址》，《史前研究》1985 年第 4 期；许顺湛：《黄帝时代是中国文明的源头》，《中州学刊》1992 年第 1 期；王克林：《陶寺文化与唐尧、虞舜》，《文物世界》2001 年第 1、2 期；张国硕：《陶寺文化性质与族属探索》，《考古》2010 年第 6 期。

③ 王震中：《从仰韶文化与大溪文化的交流看黄帝与嫘祖的传说》，《江汉考古》1995 年第 1 期。

址，其选址和建造具有鲜明的防御功能，将之与黄帝筑城联系很有道理[①]。目前还未发现仰韶文化早、中期的城址，这也与记载中没有有关炎帝筑城的记载相符合。

通过上述分析，可以看出与仰韶文化的族属最大的可能是炎、黄部族，早期主要属于炎帝部族，中、晚期主要属于黄帝部族。大河村文化是仰韶时代中、晚期的考古学文化，分布地域又为黄帝部族主要活动的中原地区，它的族属是黄帝族群的可能性很大。豫东地区大河村文化仅分布于该地区的西部和北部，是大河村文化的一部分，所以可以说豫东地区大河村文化的族属也属于黄帝族群，至少是黄帝部族的一支。王震中先生进一步指出，大河村类型文化的族属是祝融部落[②]，该观点有一定的说服力。同时指出，“祝融”历任黄帝、颛顼、高辛各时期的火正，是整个中原部落的一部分。许顺湛先生认为祝融为颛顼后裔，属于黄帝族属系统，是华夏集团的重要成员。[③]

（三）石山子文化族属

武庄遗存与石山子文化面貌较为相近，武庄遗址又与石山子、小山口、吉台寺等遗址相邻，整体特征接近于淮河中游的考古学文化遗存。

石山子文化族属可能是夷族的一支。“夷”是对古代民族的称谓，有泛称和专称之分。泛称的“夷”是指以黄河中游为核心的中原地区以外的区域和民族，这一概念是相对“中国”而言的。“中国”一词始见于周初，西周初年的“何尊”铭文中有“中或（国）”的记载，具体指周王朝疆域的中心，或认为就是指洛邑。夷又指中国的外围区域和民族，如《孟子·梁惠王上》中记载：“往中国而抚四夷。”《后汉书·东夷传》中记载“中国失礼，求之四夷”。这种泛称的夷（四夷）的概念，是对北狄、东夷、南蛮和西戎等四边地区的总称，而在较为具体的称谓

---

① 许顺湛：《郑州西山发现黄帝时代古城》，《中原文物》1996 年第 1 期。

② 王震中：《大河村类型文化与祝融部落》，《中原文物》1986 年第 2 期。

③ 许顺湛：《五帝时代研究》，中州古籍出版社 2005 年版，第 133 页。

上则往往使用“蛮”“夷”“戎”“狄”。《国语·楚语上》：“蛮、夷、戎、狄，其不实也久矣，中国所不能用也。”《礼记·曲礼下》：“其在东夷、北狄、西戎、南蛮……”《礼记·王制》：“东方曰夷，南方曰蛮，西方曰戎，北方曰狄。”专称的“夷”是指古代东方居民，故称东夷。夏代之前，似乎尚未出现“夷”的名称，夏称“九夷”，商曰“夷”或“夷方”，人周以后始名之为“东夷”。[①]“东夷”包括的范围较大，淮河流域居民也被称作“夷”人。一般认为，生活在我国东部的黄淮、江淮一带的少数民族称作淮夷。[②] 郭沫若在《卜辞通纂·考释》中说：“旧多释尸为人，余谓当是尸字，假为夷。”“则尸方当即东夷也。征夷方所至之地，有在淮河流域者，则殷代之尸方乃合山东之岛夷与淮夷而言。”许多学者在研究中所论东夷也有广义与狭义之分，广义的东夷包括了山东、东北和淮水流域的居民。[③] 石山子文化主要分布于淮河中游，按其地域属于淮夷的活动范围。但由于“夷”人概念形成年代较晚，能否将石山子文化居民称为“夷人”还有待今后研究工作的证实。

（四）尉迟寺类型大汶口文化族属

有关大汶口文化的族属问题，不少学者已经进行了研究，取得了很大的成就。一般认为，该地区的尉迟寺类遗存可能是太昊族的文化。[④]

研究表明，海岱地区的大汶口文化应属于少昊族群。少昊不是一个明确可指的具体人物，而应是若干部族的族群的总称。文献记载中少昊族的活动区域主要有二，一是以曲阜为中心的鲁中南地区，鲁北中部区域也是重要的分布。少昊的时代应早于颛顼、尧、舜等族而与黄帝、炎帝相若。一般认为，尧舜时代应与龙山时代大致相当，由此推知大汶口文化的

① 栾丰实：《论夷与东夷》，《中原文物》2002 年第 1 期。

② 邵望平：《〈禹贡〉九州的考古学研究》，《考古》1989 年第 4 期。

③ 王迅：《东夷文化与淮夷文化研究》，北京大学出版社 1994 年版，第 85 页。

④ 徐旭生：《中国古史的传说时代》，文物出版社 1985 年版，第 49 页；杜金鹏：《大汶口文化颍水类型为太皞文化考》，《史学月刊》1993 年第 2 期；栾丰实：《太昊和少昊传说的考古学研究》，《中国史研究》2000 年第 2 期。

存在时间与少昊的时代相当，故认为泰山南北两侧地区的大汶口文化（至少是晚期）是少昊族群所创造的文化是比较合理的。从时间和空间两个方面分析这一地区的大汶口文化只能和少昊系部族相对应。同样，根据太昊族群的活动地域与时代推测，豫东地区尉迟寺类遗存应属太昊族群。

首先，文献记载太昊活动区域为豫东地区。太昊之名在文献中有多种用字，太又作大，昊字又作皞、皓、浩、颢等。一般认为，太昊不应指某一具体人物的名称，应是具有密切关系的若干部族的族群的总称，其时代早于颛顼、尧、舜等族而与共工、少昊等大致相当，其活动地域应在东方。栾丰实先生综合分析文献记载，认为太昊活动地域可以归纳为两个地点即豫东和西南地区。① 其次，该地区尉迟寺类遗存应是鲁东、苏北地区大汶口文化居民西迁的结果，与文献记载中太昊族的发展时段较为一致。学界普遍认为太昊和少昊的关系密切，关于两者的关系主要有太昊早于少昊②、两者同时③和少昊早于太昊④三种观点。栾丰实先生的论证严谨，结论可靠，太昊族群和少昊族群具有并列发展关系。杜金鹏先生指出太皞原本与少皞一样，其中心活动地区是在以峄山为中心的地方，后来太皞迁都于陈，来到了河南的淮阳一带。⑤ 徐旭生先生也认为太昊之墟在河南淮阳境内。⑥ 曹桂岑先生进一步指出："考古发现的平粮台古城，应为太昊伏羲氏的都城，或者是太昊的后代所建。"⑦ 该城址尚未经过大规模系统的发掘，目前仅发

---

① 栾丰实：《太昊和少昊传说的考古学研究》，《中国史研究》2000 年第 2 期。

② 傅斯年：《夷夏东西说》，《庆祝蔡元培先生六十五岁论文集（下）》，1935 年，第 1120、1121 页；唐兰：《从大汶口文化的陶器文字看我国最早文化的年代》，《大汶口文化讨论文集》，齐鲁书社 1981 年版，第 81—83 页；王树明：《谈陵阳河与大朱家村出土的陶尊"文字"》，《山东史前文化论文集》，齐鲁书社 1986 年版，第 265 页。

③ 刘敦愿：《古史传说与典型龙山文化》，《山东大学学报》1963 年第 2 期；栾丰实：《太昊和少昊传说的考古学研究》，《中国史研究》2000 年第 2 期。

④ 徐中舒：《先秦史论稿》，巴蜀书社 1992 年版，第 19 页。

⑤ 杜金鹏：《大汶口文化颍水类型为太皞文化考》，《史学月刊》1993 年第 2 期。

⑥ 徐旭生：《中国古史的传说时代》，文物出版社 1985 年版，第 49 页。

⑦ 曹桂岑：《淮阳的考古发现与研究》，《中原文物》1989 年第 1 期。

现了属于龙山时代的城址，以后的考古发掘中可能会发现属于大汶口文化阶段的城址。最后，大汶口文化的延续时间与太昊族的传说时间大致相当。一般认为，龙山时代约相当于尧舜时期，其时代显然晚于少昊和太昊。再往前推，大汶口文化与传说时期的太昊氏文化相当，豫鲁苏皖北相邻地区尉迟寺类遗存的主要属于大汶口文化晚期阶段，这与传说时期的太昊氏文化年代相当。故本书认为豫东地区的尉迟寺类遗存的族属就是文献中记载的太昊族群。

（五）造律台文化族属

有关造律台文化的族属，早年不少学者主张其为先商文化①，李伯谦先生认为应是有虞氏②。近年来，随着下七垣文化研究的深入，将下七垣文化视为先商文化的学者越来越多。造律台文化的分布地域、文化面貌和遗存年代等方面，与先商文化有一定差距，其族属是有虞氏的可能性较大。

有虞氏的活动范围很大，其最初的活动地点应是河南与山东的相邻地区，后经过多次迁徙至晋西南地区。有虞氏的首领为虞舜，有关虞舜早年的活动地有多种说法，文献记载有历山、河滨、雷泽、负夏、服泽、妫汭、蒲坂等地，但这些地名位于今天的何地学界有较大的争议。综合分析可以看出，这些地名多位于晋西南和河南濮阳一带，所以说有虞氏的活动地域是今豫东北濮阳一带以及晋西南地区。濮阳仍属龙山文化分布的范围，在地域上豫东地区与有虞氏的活动地域相符。造律台文化分布于多种文化的交接地带，包含多种文化因素。这与徐旭生先生认为的有虞氏是华夏集团最东的部落之一，与东夷居地相连，其文化是一种混

① 吴秉楠、高平：《对姚官庄与青堌堆两类遗存的分析》，《考古》1978 年第 6 期；许顺湛：《夏文化的再探索》，《河南文博通讯》1979 年第 3 期；李仰松：《从河南龙山文化的几个类型谈夏文化的若干问题》，《中国考古学会第一次年会论文集》，文物出版社 1979 年版，第 32—49 页；孙飞：《论南亳与西亳》，《文物》1980 年第 8 期；安金槐：《近年来河南夏商文化考古的新收获》，《文物》1983 年第 3 期；杨亚长：《试论商族的起源与先商文化》，《北方文物》1988 年第 2 期；郑伯昂：《先商文化及其渊源与发展新探》，《商丘师专学报》（哲学科学版）1985 年第 2 期。

② 李伯谦：《论造律台类型》，《文物》1983 年第 4 期。

台文化的观点相符。[①] 在时间上，造律台文化的延续时间也与有虞氏相符合，所以说造律台文化应是有虞氏的文化。但有虞氏的活动范围很大，河南东部地区只是有虞氏活动的地区之一，该族群经过数次迁徙，最终迁移至襄汾陶寺一带，并取得了对陶寺地带的控制权。但造律台文化一直延续，这说明有虞氏的分支一直活动于河南东部地区。

平粮台古城应是有虞氏的一个活动中心。曾有学者指出平粮台城址是太昊或虞舜的都城。曹桂岑先生认为该城是太昊的都城宛丘，如果不是太昊的都城也应是太昊的后代所建。[②] 丘菊贤、杨东展等先生认为该城为太昊时期营建，炎帝时营修，尧舜时期营护维修。[③] 田昌五先生认为该城不属于太昊之城，应属于帝舜有虞氏的旁支陈[④]，马世之先生赞同田昌五先生的观点，认为将该城定为太昊伏羲氏、炎帝神农氏、帝舜所都均显证据不足。[⑤] 秦文生先生从社会发展阶段、地域、年代以及舜的后代封于陈等方面论证认为该城是舜都。[⑥] 综合分析上述观点，田昌五先生的观点应较为准确，除田昌五先生列出的论据外还有其他证据这一观点的补充。

首先，平粮台城址的年代与太昊、炎帝等族的活动时间不符。太昊和炎帝族群对应考古学文化前文已经论及，应分别是大汶口文化和仰韶时代早期文化。平粮台遗址没有发现仰韶时代文化，仅发现了少量大汶口文化晚期遗存，较多的是造律台文化。有关平粮台城址的年代发掘者没有给出明确的判断，简报中列出了四条依据。[⑦] 第一，平粮台三期文化堆积层直接叠压着夯土城墙。相当于平粮台三期文化的南门卫房

---

① 徐旭生：《中国古史的传说时代》，文物出版社 1985 年版，第 88 页。

② 曹桂岑：《河南淮阳平粮台龙山古城考》，《华夏文明》，北京大学出版社 1987 年版。

③ 丘菊贤、杨东展：《中华都城要览》，河南大学出版社 1989 年版，第 10 页。

④ 田昌五：《对中国文明起源的探索》，《殷都学刊》1986 年第 4 期。

⑤ 马世之：《淮阳平粮台古城的族属问题》，《中州学刊》1990 年第 2 期。

⑥ 秦文生：《舜都于淮阳平粮台龙山文化古城考》，《中原文物》1991 年第 12 期。

⑦ 河南省文物研究所等：《河南淮阳平粮台龙山文化城址试掘简报》，《文物》1983 年第 3 期。

（F13、F14）坐落在南城墙夯土墙缺口之内，依夯土墙壁用土坯垒砌而成。从平粮台三期文化层叠压着城墙夯土层的关系看，古城的修建年代不晚于平粮台三期文化。第二，探沟 T29 的第十文化层即平粮台一期文化，是大汶口晚期的文化遗存，证明平粮台古城是建筑在大汶口文化晚期遗址之上的。叠压在城墙灰沟 H6l 叠压在古城夯土城墙之下，故古城墙的建筑年代不能早于平粮台二期文化的灰沟 H61。第三，在探沟 T29 夯土墙内出土的陶片，多数属大汶口文化晚期（即平粮台一期文化），说明西城墙在建城取土时，破坏了大汶口文化晚期的遗存。在东城墙的夯土层内（探沟 T43 和 T30）出土属于龙山文化（平粮台二期文化）的陶片，说明平粮台古城东城墙在建造时，也破坏了龙山文化遗存。第四，对古城内东南部的灰坑 H15 出土木炭所作碳十四年代测定，结果是距今 3960 ± 140 年，树轮校正距今 4355 ± 175 年。平粮台古城的建造年代当早于灰坑 H15 的年代，即在距今 4355 ± 175 年以前。从以上四条证据无法准确判断城址的年代。但简报中将城墙归入平粮台二期，同时认为属于平粮台三期的门卫房是城址的设施之一。结合城内出土的房基、墓葬、灰坑、祭祀坑多属三期或四期，尤其以三期较多。从作为城址必要设施的陶水管道被平粮台四期文化打破的现象可以看出，城址在平粮台四期文化时已经废弃。综上所述，平粮台城址的建造和使用年代应是平粮台二期至平粮台三期。

从以上分析可以看出，平粮台遗址在属于太昊族的大汶口文化时期即平粮台一期时并没有营建，将其认为是太昊或炎帝之都不太合适。一般认为，帝舜活动于龙山时代中、晚期，与平粮台古城的使用时间相符。其次，前文已经论及帝舜有虞氏的中心活动地域应在濮阳一带，后又迁徙至晋西南地区。有虞氏应是十分庞大的族群，淮阳一带应是其中一支有虞氏的活动地域。

豫东地区复杂的文化关系是华夏民族集团和东夷民族集团复杂关系的真实反映，这些文化现象有着复杂的人文因素。大河村文化的族属是黄帝族群，豫东地区大河村文化居民也应是黄帝族群的一部分。石山子文化的族属是夷族的一支，武庄遗址的主人应是夷族人。两种考古学文化的关系，在一定程度上是黄帝族群与夷族关系的反映。黄帝族群的活动范围很大，东至山东，南至湖南，西至陕西，北至河北都有其活动的记载，文献中有“天下有不顺者，黄帝从而征之”的记载，足以说明黄帝族群实力的强大。夷族是活动于东方的人类族群的总称，同样拥有较强的实力。两大族群之间有着复杂的斗争关系，这也就促进了中原地区和海岱地区考古学文化关系的发展，大河村文化与石山子文化的关系在一定程度上反映了黄帝族群与东夷族的复杂关系。

在仰韶时代晚期，大汶口文化发展较为强势，有着明显的向西发展过程，占据了原属仰韶时代文化的部分区域，豫东地区的大部区域处于大汶口文化的控制之下。大汶口文化不仅分布到豫东地区，还直接影响到豫中广大地区，甚至在豫西洛阳、灵宝，豫北濮阳、新乡，向南一直到淮河以南至湖北西北部地区都发现有大汶口文化的遗存。豫东地区大汶口文化形成的原因值得深思。有研究表明，大汶口文化早期范围较小，中期开始由东向南、向西发展，晚期范围扩展到了苏北、皖北、豫东地区①，这应是大汶口文化族群向西迁徙发展形成的②。大汶口文化的族属属于少昊族，“尉迟寺类型”大汶口文化族属应属于太昊族，太昊族是少昊族西迁的分支。文献记载少昊族主要活动于山东一带，拥有强大的实力，大汶口文化的西进是这一历史的真实反映。

造律台文化属于中原文化系统，它的形成是中原地区考古学文化强大的反映。造律台文化的族属是有虞氏，该阶段正是中原地区文化强盛的时期。有关这一类型文化的族属，李伯谦先生认为应是有虞氏。③ 根据文献材料，有虞氏的活动范围很大，涉及今河南、山东以及晋南地区。不排除豫东龙山文化为有虞氏某一分支文化遗存的可能性。一般认为，

---

① 栾丰实：《大汶口文化的发现与研究》，《海岱地区考古研究》，山东大学出版社1997年版。

② 张国硕：《先秦人口流动民族迁徙与民族认同研究》，大象出版社2011年版，第48—51页。

③ 李伯谦：《论造律台类型》，《文物》1983年第4期。

龙山时代中、晚期文化约相当于尧舜时代。[①] 尧舜时代属于部落联盟社会，联盟首领拥有最高的地位和很大的权力，此时中原民族集团处于统治地位，东夷及周围各民族集团处于从属地位。

二　夏商时期

夏商时期，人文因素影响文化关系的现象更加显著，其中夏商王朝统治者与东夷族的关系是主要因素。

二里头文化早期没有扩展到豫东地区，这应是夏王朝成立初期实力较弱的表现。二里头一期遗存最东端的遗址是荥阳竖河遗址[②]，其势力范围应该就在荥阳附近。文献记载，在夏王朝初期，与多方进行了艰苦的斗争，先后发生了夏启与益的权利之争、与有扈的战争、“太康失国”和“后羿代夏”等事件。夏王朝的实力被削弱，势力范围也无法扩展。斗争中的益和后羿都是东夷人，在这两次斗争中夏王朝都不占优势。这可能是二里头文化早期不见于豫东地区的原因。

从考古材料看出，二里头文化在二期之时有明显向四方扩展的现象[③]，但豫东西部地区是二里头文化向东扩展的最东端。夏王朝经过“后羿代夏”和“少康复国”之后的少康时期，约相当于二里头文化二期，实力有所增强，开始向四周大举扩张。夏王朝向北占据了晋南地区，向南占据了豫南地区，向西分布到达陕西关中东部，向东扩展到了豫东地区。

二里头文化之所以没有继续东扩，而停滞于惠济河流域，应该是夏王朝与东方的关系缓和的结果。少康的复国很大程度上受到了部分东夷族的支持，此时东西的关系较为修好。文献记载少康之父后相被浇所灭，

---

① 李民：《尧舜时代与陶寺遗址》，《史前研究》1985 年第 4 期；许顺湛：《黄帝时代是中国文明的源头》，《中州学刊》1992 年第 1 期；王克林：《陶寺文化与唐尧、虞舜》，《文物世界》2001 年第 1、2 期；张国硕：《陶寺文化性质与族属探索》，《考古》2010 年第 6 期。

② 河南文物研究所：《河南荥阳竖河遗址发掘报告》，《考古学集刊》第 10 集，地质出版社 1996 年版。

③ 张国硕：《先秦人口流动民族迁徙与民族认同研究》，大象出版社 2011 年版。

其母后缗方娠，逃出自窦，归于有仍，生少康焉，为仍牧正。后来“浇使椒求之，逃奔有虞，为之庖正，以除其害。虞思于是妻之以二姚，而邑诸纶，有田一成，有众一旅。能布其德，而兆其谋，以收夏众，抚其官职……遂灭过、戈，复禹之绩，祀夏配天，不失旧物”。少康之母后缗是有仍族之女，《史记·吴太伯世家》贾逵曰：“有仍，国名，后缗之家”，逃到有仍之后生下少康，少康被任命为牧正。《史记·吴太伯世家》王肃曰：“牧正，牧官长也。”少康奔有虞之后，《史记·吴太伯世家》贾逵曰：“有虞，帝舜之后。”杜预曰：“梁国虞县。”有虞思夏德，于是妻之以二女，而邑之于纶，《史记·吴太伯世家》贾逵曰：“纶，虞邑。”有田一成，有众一旅。《史记·吴太伯世家》贾逵曰：“方十里为成。五百人为旅。”之后“有夏之臣靡，自有鬲收二国之烬以灭浞，而立少康。少康灭浇于过，后杼灭豷于戈，有穷遂亡”。

可以看出，有仍、有虞、有鬲都对夏王朝的复兴给予了很大的帮助，一般认为有仍、有虞、有鬲都是东夷人。少康之后至夏桀之前，夷人多宾服于夏，甚至受其爵命，夏、夷关系处于较为稳定时期。《后汉书·东夷列传》曰：“自少康以后，世服王化，遂宾于王门，献其乐舞。”古本《竹书纪年》记载：“少康即位，方夷来宾。”《左传·昭公四年》曰：“夏桀为有仍之会，有缗叛之。”夏桀能够组织有仍之会，说明有仍、有缗与夏王朝的关系比较亲密。由此，才形成了二里头文化与岳石文化相互对峙的局面。

在二里头文化晚期，即夏王朝晚期，下七垣文化南下进驻到了岳石文化的分布区域，所以产生了两种文化在一段时间内共存的现象。下七垣文化和岳石文化的共存现象说明，下七垣文化的南下应该是在和平的环境下进行的，这应该是先商族与东夷族关系亲密的表现，且这也可能是文献记载的“景亳之会”的反映。

文献记载，夏桀之时，夏王朝与东夷关系恶化，东夷人多投奔商汤。《左传·昭公四年》曰：“夏桀为有仍之会，有缗叛之。”今本《竹书纪年》亦云：“桀十一年，会诸侯于仍，有缗氏逃归，遂灭有缗。”（按：“有仍”“有缗”皆在今山东省金乡县境）。《韩非子·十过》又载：“昔者桀为有仍之会，而有缗叛之。”《韩非子·难四》云：“桀索缗山之女……而天下离。”《国语·晋语一》记载：“夏桀伐有施。”从这些记载可知，位于东方的有施、有缗氏发动了叛乱，夏桀对其进行了征伐。①

先商族与东夷的关系最为亲近，《史记·殷本纪》云伊尹为“有莘氏媵臣”，《集解》引《列女传》曰：“汤妃有莘氏之女。”《左传》僖公二十八年记载：“晋侯登有莘之墟。”杜预注：“有莘，古国名。”商汤之妻是有莘氏之女，辅助商汤的伊尹也是有莘氏，有莘氏属东夷族。《史记·殷本纪·正义》引《括地志》云：“古莘国在汴州陈留县东五里，故莘城是也。《陈留风俗传》云陈留外黄县有莘昌亭，本宋地，莘氏邑也。”即认为有莘氏就在今豫东。而《左传·桓公十六年》杜预注：“莘，卫地。阳平县西北有莘亭。”《元和郡县图志》卷十六魏州莘县条云：“莘亭在县北十三里。”今曹县境内尚有“莘冢集”之地名。有莘氏居地当与同样在东方活动的商人毗邻或相距不远，有莘氏当属东夷分支之一②。

据《史记·夏本纪》记载，夏桀“乃召汤而囚之夏台”。正如《尚书·汤誓》商汤所云：“有夏多罪，天命殛之……夏氏有罪……不敢不正。”所以商汤举行了景亳之会，与包括东夷族在内的许多族群结成了联盟。《左传·昭公四年》载：“夏启有钧台之享，商汤有景亳之命，周武有孟津之誓。”《尚书大传》也提到汤有“景亳之命”。今本《竹书纪年》明言“商会诸侯于景亳”。《史记·殷本纪》曰：“帝桀之时，自孔甲以来而诸侯多畔夏，桀不务德而武伤百姓，百姓弗堪。乃召汤而囚之夏台，已而释之。汤修德，诸侯皆归汤。”

田昌五和方辉先生认为，豫东地区下七垣文化可能是“景亳之会”

① 张国硕：《论夏末早商的商夷联盟》，《郑州大学报》2002 年第 2 期。
② 张国硕：《论夏末早商的商夷联盟》，《郑州大学报》2002 年第 2 期。

的考古学文化遗存①，我们也做过相应的分析②。我们认为豫东地区下七垣文化发现较少，且其面貌与漳河型十分相似，有学者认为文献记载的“景亳之会”地点可能位于豫东附近。③

商王朝建立之后，商与东夷的联盟关系被一直保持。商汤时期的第二次会盟是“泰卷之会”。张国硕先生撰文认为，商汤十分注重东夷地区的稳定，在灭掉夏王朝之后返回亳都之前，曾到“泰卷”（今山东省定陶县境）与诸侯会面，并发布文诰。④

商王朝在稳定局势之后向四方进行了大举的扩展，但向东方的扩展却处于停滞期。⑤到了仲丁时期，商夷关系恶化。《后汉书·东夷列传》云：“至于仲丁，蓝夷作寇，或畔或服。”《竹书纪年》曰：“仲丁即位，征于蓝夷。”蓝夷是古代东夷族的一支，其地望，丁山先生认为即“春秋时的滥邑”，位于汉代东海郡昌虑县境，在今山东滕州市东南。⑥仲丁时期应相当于二里岗文化四期。仲丁时期的扩展，在考古学文化上表现为二里岗文化的东扩。在豫东地区，发现有二里岗文化四期文化遗存，但没有更早的遗存。但此时商文化的分布还不够普遍，且范围较小，该地区仍有岳石文化分布。

该地区殷墟文化起始年代较晚，年代约相当于安阳殷墟文化第二期，这应该与此时商王朝势力的强大有关。商文化进一步向东扩展，侵入了东夷文化的腹地，不仅鲁西地区有较多的商文化遗存被发现，而且向东直至潍河流域和胶莱平原，皆有商文化或以商文化为主要内涵的遗址被发现。⑦

① 田昌武、方辉：《“景亳之会”的考古学观察》，《中国文物报》1997 年 11 月 9 日。

② 郑州大学历史学院考古系：《牛牧岗遗址周边区域考古调查报告》，载《民权牛牧岗与豫东考古》，科学出版社 2013 年版。

③ 田昌武、方辉：《“景亳之会”的考古学观察》，《中国文物报》1997 年 11 月 9 日。

④ 张国硕：《商汤“还亳”考辨》，《殷都学刊》1997 年第 3 期。

⑤ 张国硕：《从商文化的东渐看商族起源“东方说”的不合理性》，《中原文物》1997 年第 4 期。

⑥ 丁山：《商周史料考证》，中华书局 1988 年版。

⑦ 张国硕：《从商文化的东渐看商族起源“东方说”的不合理性》，《中原文物》1997 年第 4 期。

殷墟文化二期约相当于武丁、祖庚、祖甲时期，商王朝十分强大。文献中多有武丁征伐四方的记载。《后汉书·班彪列传》曰："武丁恐骇，谋于忠贤，修德而正事，内举傅说，授以国政，外伐鬼方。"商王朝征伐西北的土方、鬼方和羌方，又对南方的虎方、荆楚进行征伐。殷墟甲骨不辞中也有不少关于征"尸方""夷方"的记载，一般认为位于山东境内和淮河流域。商王朝经过广泛的征讨，使居住于豫东及山东地区的东夷族终于被征服，并普遍接受了殷墟文化。而有许多东夷族人不愿受商王朝的统治，而迁徙他方，从岳石文化因素的发现情况分析，有不少东夷人迁往江淮地带。①

二里岗文化族属应是商族，其形成原因可能与商王朝与东方的战争有关。

首先，孟庄遗址出土的遗迹和遗物并非一般平民使用，应与商王的某些活动有关。该遗址发掘面积仅约400平方米，发现的遗迹和遗物十分丰富，其中夯土基址、冶铸作坊、武器、卜骨卜甲、陶文和釉陶等规格较高。孟庄遗址发现夯土基址3座，钻探出的1座基址残存面积250平方米，根据形状估计原有面积为336平方米，这种大型夯土基址不见于普通遗址。郑州商城、偃师商城、焦作府城②、黄陂盘龙城③、小双桥遗址④、望京楼⑤和老牛坡⑥等遗址，这些发现大型夯土基址的城址性质均非同一般，基本都是商王朝重要的军事防御要地⑦，孟庄遗址也应具有同样的性质。

孟庄遗址夯土基址的夯土中发现人骨架1具，俯身直肢，双手卷曲

---

① 张国硕：《史前夏商时期民族迁徙和人口流动及民族认同研究》，大象出版社2011年版。

② 袁广阔、秦小丽：《河南焦作府城遗址发掘报告》，《考古学报》2000年第4期。

③ 湖北省文物考古研究所：《盘龙城》，文物出版社2001年版。

④ 河南省文物考古研究所、郑州大学文博学院考古系、南开大学历史系博物馆学专业：《1995年郑州小双桥遗址的发掘》，《华夏考古》1996年第3期。

⑤ 张松林、吴倩：《新郑望京楼发现二里头文化和二里岗文化城址》，《中国文物报》2011年1月28日。

⑥ 刘士莪：《老牛坡》，陕西人民出版社2002年版。

⑦ 张国硕：《殷商国家军事防御体系研究》，《郑州大学学报》2005年第6期。

向上，掌心骨被压在胸骨下，胳膊和手腕以及下肢骨上残留有捆绑绳痕。除此之外，在孟庄遗址废窖穴和文化层中多次出现人骨架，有不少可以看出是被捆绑活埋的。这种在建房时用活人奠基的较为残酷的祭祀活动在商代前期并不多见，商代后期用活人祭祀的现象较多，这应是当时阶级社会权利不平等的直接反映。

孟庄遗址的发掘中发现有生产青铜容器的作坊，房内堆满灰土，夹杂大量铸范和陶片。除发现作为作坊的房基外，在其东南不远处的灰坑内发现了很多铸铜草泥土范和坩埚残片，个别坩埚残片上有铜渣。商代的青铜器从材料来源到冶炼铸造以及分配使用等程序均为官府控制，一般居民是无法接触到的。铜料来源地大部分在商文化范围之外，可能只有商王室通过交易、战争、纳贡等多种手段才能获得。冶炼铸造是商王室严格控制的行业，商代前期的作为礼器和权力象征的青铜容器，应是只有王室、贵族等上层统治阶级才能使用，普通民众是无法使用和接触这些贵重物品的。

一般认为，商人崇信鬼神，尤其是商代后期占卜活动非常频繁，但商代前期占卜活动还是相对较少的，卜骨卜甲在其他遗址中也较为少见。孟庄遗址发现卜骨卜甲共十九片，种类齐全，几乎囊括了郑州商城遗址所能见到的卜骨卜甲的所有种类。两者的整治方法和钻灼方式也十分相似。①

孟庄遗址共发现两个陶文，一个为“五”字，一个可能为“配”字，这一重要发现在商代前期是较为罕见的。目前出土文字商代前期遗址仅有郑州商城遗址②，而郑州小双桥③和藁城台西④等遗址出土的刻符

① 河南省文化局文物工作队、中国科学院考古研究所：《郑州二里冈》，科学出版社 1959 年版。

② 河南省文化局文物工作队、中国科学院考古研究所：《郑州二里冈》，科学出版社 1959 年版；杨育彬：《华夏文明的丰碑》，《纪念王懿荣发现甲骨文一百周年论文集》，齐鲁书社 2000 年版，第 242 页。

③ 马保春、袁广阔、宋国定：《郑州小双桥商代遗址陶符研究》，《文物》2012 年第 1 期。

④ 季云：《藁城台西商代遗址发现的陶器文字》，《文物》1974 年第 8 期。

是否属于文字还有待研究。桓台史家遗址出土甲骨文属于岳石文化晚期。[①] 孟庄遗址发现的两个文字中“五”字不能确认是否属于真正的文字，它有可能是一种顺序符号。第二个字通体像执壶之形，是否可以隶定为“配”字有待探讨，但从其字形看应确为文字。孟庄遗址作为除郑州商城之外发现文字的遗址，意义是非同寻常的，由此也可以证明它的性质并非一般性商人居址。

孟庄遗址还发现十片釉陶，或可以称为原始瓷器，与郑州商城出土同类器物十分相似。原始瓷器的产生是中国生产技术的又一大进步，在商代属先进技术。随葬有原始瓷器的墓内，又多伴随有珍贵的青铜礼器，青铜兵器和玉器等遗物，墓主多属奴隶主或贵族。所以可以说，原始瓷器在商代应为贵族专用。

其次，通过地层关系和器物形制可以看出，孟庄遗址商文化遗存均为二里岗文化四期。如鬲多为宽方唇，口沿处呈倒钩状，唇面内凹，颈部内收，腹下部外撇，形体较瘦高，足根较细长且外撇，饰粗绳纹。少量非宽方唇的陶鬲造型不甚规整，但袋足的高度与宽方唇鬲相当，应也属二里岗文化四期。盆多为浅腹圜底，大口尊腹部瘦长，口径大于肩径，这些特征均是郑州二里岗文化四期的典型特征。不仅如此，整个豫东地区商文化的起始年代均为二里岗文化四期，没有发现年代更早商文化遗存。在鹿台岗、牛牧岗、周龙岗等遗址均发现有商文化遗存，器物特征与郑州白家庄商文化遗存的年代十分接近，相当于二里岗文化四期。

另外，考古工作者在发掘孟庄遗址时没有发现晚于二里岗文化四期的商文化遗存。诚然该遗址曾遭到严重的破坏，晚于二里岗文化四期的商文化遗存有遭到后期破坏的可能。但有些区域保存较好，发现了唐代、东汉、东周的地层，还发现了几处春秋和东汉时期灰坑直接打破商代地层的现象，却没有见到任何晚于二里岗文化四期的商文化遗存。故推测

---

① 张光明、夏林峰：《山东桓台县史家遗址发掘收获相关问题的探讨》，《管子学刊》1999年第4期。

孟庄遗址应不存在晚于二里岗文化四期的商文化遗存。另外还存在较为奇怪的现象，豫东地区其他遗址普遍发现有殷墟文化遗存，而孟庄遗址不见。由此可以看出，孟庄遗址商文化遗存的年代仅限于二里岗文化四期。

以上可以说明在二里岗文化四期以后，或者说在整个殷墟时期该遗址已经废弃。短期大规模的人类活动只会在特殊时期或特殊目的下才会产生，这也可以说明孟庄遗址性质的特殊性，在没有其他自然环境灾害侵袭的情况下是不正常的。这可能意味着孟庄遗址商文化遗存的出现和消失与仲丁伐蓝夷有关。

通过考古材料和文献记载可以看出，商代早期商人与东夷的关系十分融洽，两者曾经形成联盟。据文献记载，商族与东夷族的关系非常密切。《史记·殷本纪》云伊尹为“有莘氏媵臣”。《集解》引《列女传》云：“汤妃有莘氏之女。”有莘氏应是东夷族的分支之一。另外参与联盟的还有有施、有仍、有缗、薛、卞等，他们均是东夷族。考古材料也可以证明夏末商初存在联盟。豫东地区下七垣文化的形成可能与商夷联盟有关，商人是借助联盟的时机南下至豫东地区，为进一步地灭夏战争做准备。郑州“南关外期”遗存的发现也为商夷联盟提供了佐证。“南关外期”遗存文化面貌特殊，目前尚不能归入其他文化之中。“南关外期”遗存的文化因素复杂，可能包含多种文化因素，带有某种军事色彩，是商夷联盟在考古学文化面貌上的反映①，这一观点应最接近历史事实。

商王朝建立以后商夷联盟关系依然延续，在考古学文化表现为商文化东扩的停滞和岳石文化持续存在。商文化在其早期开始向北、西、南三方大举扩张，而东方却基本处于扩张停滞阶段。直至二里岗文化四期之时，商文化才开始向东方扩张，最先占据了豫东地区的西部，最远扩张今天的济南一带。济南大辛庄的考古发掘表明，在商代前期后段是作

① 张国硕：《论夏末早商的商夷联盟》，《郑州大学学报》2002 年第 2 期。

为商代开拓东方的重要军事基地使用的①。此时的商文化扩张，应是商夷关系开始恶化的表现。

据文献记载在商代前期的重大军事事件中有仲丁伐“蓝夷”和河亶甲征“班方”，学界一般认为，仲丁和河亶甲时期应属于二里岗文化四期。《后汉书·东夷传》云：“至于仲丁，蓝夷作寇，或畔或服。”《竹书纪年》曰：“仲丁即位，征于蓝夷。”“河亶甲整即位……征蓝夷，再征班方。”“蓝夷”和“班方”均是古代东夷族的一支，其地望，丁山先生认为“蓝夷”即“春秋时的滥邑”，位于汉代东海郡昌虑县境，在今山东滕州市东南②，“班方”之居地在山东省东南部。小双桥遗址中具有战利品性质的岳石文化方形石器也是商王在二里岗文化四期伐东夷的一个佐证。③

由前文分析可知，孟庄遗址起始和使用年代为二里岗二期，正是商夷关系开始恶化、商王开始东征的时间。由于东夷族的强大和两者中心区的距离较远，商王东征是一个严峻而漫长的军事行动。在当时交通不太便利的情况下，在孟庄一带建立一个临时的军事要地是十分必要的，商王朝也确有建立军事重镇的传统，曾建立了多座军事重镇，北方有夏县东下冯、垣曲商城、沁阳商城④、焦作府城；南方有黄陂盘龙城；西方有西安老牛坡⑤。孟庄遗址位于商王朝的东方，恰好位于商王朝征伐东夷的途中，距离郑州商城约150千米，作为东征的军事重镇或商王的驻跸之地十分合适。这一军事重镇虽位于商文化的最边缘，但遗址东部与岳石文化有河流相隔是十分安全的。根据目前的考古材料，商代桥梁技术不甚发达，偃师商城发现的桥梁也尚不明确⑥，新发掘的望京楼城

① 周书灿：《济南大辛庄商代遗址的性质问题》，《中原文物》2011年第1期。

② 丁山：《商周史料考证》，中华书局1988年版。

③ 张国硕：《商王伐东夷之考古学佐证》，《中国文物报》1998年2月4日。

④ 郑杰祥：《郑州商城与偃师商城的性质与夏商分界》，《中原文物》1999年第1期，注释28。

⑤ 张国硕：《殷商国家军事防御体系研究》，《郑州大学学报》2005年第6期。

⑥ 中国社会科学院考古研究所河南第二工作队：《1983年秋季河南偃师商城发掘简报》，《考古》1984年第10期。

址城门外的护城河亦是留有生土块以供出入①，可见在商代的建桥技术不够发达。所以商王在孟庄遗址建立军事重镇是比较安全的，在孟庄遗址建立军事重镇也是非常合适的。

通过以上分析可以看出，在仲丁时期，蓝夷作乱，商王仲丁选择对其进行征伐。商王朝的势力很快扩展到了豫东地区，为方便采取进一步的军事行动，商王在孟庄遗址建立了军事重镇。修建了大型夯土建筑，并在此铸造一定数量的青铜容器和进行了一些占卜和祭祀活动，战争进行一段时间之后商王朝获得了一定的胜利，并在大辛庄一带建立了又一军事重地。进入殷墟时期以后，商王朝对东夷采取了进一步的军事行动，但由于此时都城位置的变更，孟庄遗址因不在从都城出发前往东夷的路线之上而失去了军事作用遭到了完全废弃。孟庄遗址的形成和废止均与商王的活动有关，是商王东征时期一个重要的驻跸地，可能是商代前期位于东方的一处为军事需要设立的临时性都邑——隞。②

豫东地区在殷墟文化时期存在杞候和宋伯，这一地区的殷墟文化应与杞候和宋伯等国有关。

古代文献中见有多处关于商汤封杞国的记载。《大戴礼记·少间》云："……（汤）乃迁姒姓于杞。"《世本》中有"殷汤封夏后于杞"的记载。《史记》《汉书》均有类似的记载。殷墟甲骨卜辞中也屡有杞和杞候的记载，证明商代后期杞国确实存在。《殷虚书契后篇（上卷）》中有卜辞记曰："己卯卜，行贞，王其田，亡灾？在杞。"《殷虚书契后篇（下卷）》中有"丁酉卜，𣪊贞，杞候……"《合集》24473记曰："己卯卜，行贞，王其田亡灾，在杞。""庚辰卜，行贞，王其步自杞于……亡灾。"但商王室曾数次废掉杞国封号。《史记》中记载："杞在商时，或封或绝。"西周初年，武王再次封禹后东楼公于杞。《史记·陈杞世家》

① 顾万发、王羿、孙凯、焦建涛、吴倩：《河南新郑望京楼二里岗文化城址东一城门发掘简报》，《文物》2012年第9期。

② 赵俊杰：《仲丁迁隞地望新探》，《南方文物》2020年第2期。

曰："杞东楼公者，夏后禹之后苗裔也。殷时或封或绝。周武王克殷封，求禹之后，得东楼公，封之于杞，以奉夏后氏祀。"一般认为，商周时期的杞国在今河南开封杞县一带。裴骃在《史记集解》中引宋忠曰："杞，今陈留雍丘县也。"王国维先生在《观堂集林·别集·殷虚卜辞中所见地名考》中也认为杞在河南开封府杞县①，现今学界多数学者均认同这一观点②。

如果上述观点成立的话，豫东地区的殷墟文化在分布地域和延续时间上与杞国可以对应，应是杞国居民遗留的文化遗存。另外，商代晚期在商丘一带可能存在宋伯，商丘附近的殷墟文化还可能与宋伯有关。一般认为，宋国始建于西周初年，而甲骨卜辞中也有关于宋伯的记载。如（《合集》21229）记："癸酉卜，升，惟麃即鼓令取宋［伯］歪，二旬癸卯……"又如（《合集》20075）记："己卯卜，王贞：鼓其取宋伯歪，鼓祸？由朕史，宋伯歪从鼓，二月"。李民先生认为周王朝分封的同姓或异姓封国（封地）大都是原来殷商时期的封国、方国或殷商之重地，卫、燕、管、蔡、霍、曹、应皆如此。③ 李雪山指出宋也可能是其中的一例，卜辞宋伯的封地应即西周初年的封国宋④，此观点有一定说服力，这一带的殷墟文化可能与殷墟甲骨文中的宋国有关。

---

① 王国维：《殷虚卜辞中所见地名考》，《观堂集林·别集》，中华书局1959年版。

② 李雪山：《商代分封制度研究》，中国社会科学出版社2004年版，第116页；李雪山：《卜辞所见商代晚期封国分布考》，《殷商文明论集》，中国社会科学出版社2008年版；孟世凯：《杞国寻踪》，《文史知识》2009年第5期。

③ 李民：《追溯商代邢都地望》，《三代文明研究》，科学出版社1999年版。

④ 李雪山：《商代分封制度研究》，中国社会科学出版社2004年版，第145页。

附　　表

附表一　　豫东地区史前夏商时期考古学文化一览表

	文化性质	分布区域	分期与年代
裴李岗文化阶段	裴李岗文化	该地区西部，贾鲁河、涡河西岸	
仰韶时代文化阶段	大河村文化	该地区中、西部	三期
	石山子文化	鹿邑、皖北	两期、四段
大汶口文化阶段	大汶口文化	该地区大部分范围	三期、四段
龙山文化阶段	庙底沟二期文化?	该地区西部	一段
	造律台文化	该地区所有区域	三期、五段
二里头文化阶段	二里头文化	该地区西部，惠济河流域西岸	四期
	岳石文化	该地区中部、东部，惠济河流域东岸	三期
	下七垣文化	该地区西部，惠济河流域东岸	二期
二里岗文化阶段	二里岗文化	该地区西部，惠济河流域西岸	一期
殷墟文化阶段	殷墟文化	该地区全部区域	三期

附表二 **豫东地区史前夏商时期主要遗址一览表**

序号	名称	位置	时代	做过的考古工作	出处
1	段岗	杞县县城西南	龙山、二里头、殷墟、春秋	1989 年和 1990 年发掘	《豫东杞县发掘报告》
2	牛角岗	杞县县城西南	二里头、殷墟、春秋	1990 年发掘	《华夏考古》1994. 2
3	鹿台岗	杞县裴村店鹿台岗村	龙山、下七垣、岳石、二里岗、春秋	1989 年和 1990 年发掘	《豫东杞县发掘报告》，《考古》1994. 8
4	朱岗	杞县东朱岗村	二里头、殷墟、东周、	1989 年发掘	《华夏考古》1992. 1
5	竹林	杞县南竹林村北	仰韶、龙山、商代	1962 年调查、1982 年试掘、1990 年发掘	《开封日报》2004 年 9 月 25 日
6	西伯牛岗	杞县东北西伯牛岗村	二里头	1989 年调查	《豫东杞县发掘报告》
7	孟岗	杞县孟岗村	裴李岗	调查	《中国考古学·新石器时代卷》
8	要庄	尉氏要在村	二里头	1989 年调查	《豫东杞县发掘报告》
9	西王村	尉氏西王村	二里头	1989 年调查	《豫东杞县发掘报告》
10	椅圈马	尉氏县大营乡椅圈马村东南	仰韶、大汶口	1992 年发掘	《华夏考古》1997. 3
11	潘庙	商丘县潘庙村	龙山、岳石、东周、汉代	1994 年发掘	《考古》1997. 4，《豫东考古报告》
12	坞墙	商丘县坞墙集	二里头、殷墟	1976 年调查、1977 年发掘	《考古》1981. 5、1983. 2
13	造律台	永城酂城乡酂城集南	龙山、殷墟	1936 年发掘	《中国考古学报》第二册，《考古》1981. 5，《华夏考古》2005. 2

续表

序号	名称	位置	时代	做过的考古工作	出处
14	黑堌堆	商丘市刘庄乡	商代、汉代	1936 年发掘	《中国考古学报》第二册，《考古》1981.5，《华夏考古》2005.2
15	马庄	虞城沙集乡马庄村	仰韶、龙山、殷墟、汉代	1994 年发掘	《华夏考古》2005.2，《考古》1997.4，《豫东考古报告》
16	清凉山	夏邑沙集乡马庄村南	庙底沟二期、龙山、岳石、商代	1977 年调查，1988 年发掘	《考古》1997.11，《中国考古学研究（四）》
17	三里堌堆	夏邑县城西南	龙山、岳石、商代、春秋、汉代	1989 年发掘	《中国考古学年鉴》1990 年
18	牛牧岗	民权双塔乡牛牧岗村北	仰韶、龙山、下七垣、二里岗、殷墟、春秋、战国、西汉、唐宋	1976 年和 2002 年调查，2007 年发掘	《考古》1981.5，《华夏考古》2002.2，《考古》2012.2，《民权牛牧岗与豫东考古》
19	李岗	民权尹店乡李岗村东南	龙山、岳石、二里岗、殷墟	1976 年、2002 年和 2008 年调查，2002 年试掘	《考古》1981.5，《华夏考古》2002.2
20	周龙岗	睢县廖堤乡周龙岗村北	下七垣、二里岗、殷墟	1978 年发掘 2002 年和 2008 年调查	《考古》1981.5，《华夏考古》2002.2
21	孟庄	柘城县城西	岳石、二里岗、东周、汉代、唐	1976 年、1985 年调查，1977 年发掘	《考古》1981.5，《考古学报》1982.1，宋豫秦先生 1985 年调查资料
22	山台寺	柘城县申桥乡山台寺村北	龙山、岳石、殷墟	1985 年调查、1994 年发掘	《考古》1997.4，宋豫秦先生 1985 年调查资料，《豫东考古报告》
23	平台寺	商丘县平台乡平台集北	龙山、岳石、汉代	2002 年调查	《华夏考古》2005.2

续表

序号	名称	位置	时代	做过的考古工作	出处
24	半塔	商丘县宋集乡半塔村	仰韶、龙山、殷墟	2002 年调查	《华夏考古》2005.2
25	明阳寺	永城市王集乡陈庄北	大汶口、龙山、岳石、晚商、汉代	2002 年调查	《华夏考古》2005.2
26	杜集	虞城杜集镇杜集村东南	仰韶、龙山、殷墟、周代	1976 年和 2002 年调查	《考古》1981.5，《华夏考古》2005.2
27	营廓寺	虞城县营廓乡集内	仰韶、大汶口、龙山、晚商	1976 年和 2002 年调查	《考古》1981.5，《华夏考古》2005.2
28	魏堌堆	虞城县店集乡魏堌堆村北	龙山、晚商文	2002 年调查	《华夏考古》2005.2
29	东山子（小山子）	民权县人和乡东山子村西北	岳石、二里岗、殷墟、东周	1976 年和 2008 年调查	《考古》1981.5，郑州大学 2008 年调查资料
30	吴岗	民权尹店吴岗村南	下七垣、岳石、二里岗、殷墟	1976 年、2002 年、2008 年调查	《考古》1981.5，《华夏考古》2005.2，郑州大学 2008 年调查资料
31	史堌堆	柘城县老王集乡史堌堆村	龙山、下七垣、殷墟	2002 年调查	《华夏考古》2005.2
32	老君堂	柘城县远襄乡老君堂村	殷墟	2002 年调查	《华夏考古》2005.2
33	力士岗	柘城县岗王乡力士岗村东南	龙山、岳石、殷墟	1976 年和 1985 年调查	《考古》1981.5，宋豫秦先生 1985 年调查资料
34	旧北门	柘城县城关镇旧北门村	岳石、殷墟	1985 年调查	《考古》1981.5，宋豫秦先生 1985 年调查资料
35	王马寺	柘城县王马寺村	岳石	1985 年调查	宋豫秦先生 1985 年调查资料

续表

序号	名称	位置	时代	做过的考古工作	出处
36	大毛	柘城县铁关乡大毛村北	岳石	1985 年调查	宋豫秦先生 1985 年调查资料
37	蔡楼	夏邑胡桥乡蔡楼村东南	龙山、殷墟	2002 年调查	《华夏考古》2005. 2
38	马头	夏邑县马头乡马头集南街	大汶口、龙山、岳石、二里岗、殷墟	2002 年调查	《华夏考古》2005. 2
39	梨岗	睢县平岗乡犁岗村北	龙山、殷墟、周代	1976 年和 2002 年调查	《考古》1981. 5，《华夏考古》2005. 2
40	襄台	睢县城关镇北旧城湖内	龙山、二里岗、殷墟	2002 年调查	《华夏考古》2005. 2
41	乔寨	睢县周堂岗乡乔寨村南	龙山、殷墟、周代	1976 年和 2002 年调查	《考古》1981. 5，《华夏考古》2005. 2
42	王庄	睢县王庄村	龙山、殷墟、周代	1976 年调查	《考古》1981. 5，《华夏考古》2005. 2
43	栾台	鹿邑县城东南王皮溜乡普大庄村西北	龙山、岳石、下七垣、二里岗、殷墟、周代	1978 年调查，1987 年发掘	《华夏考古》1989. 1，《考古学集刊》第四集
44	武庄	鹿邑县南 10 公里的武庄村北	新石器时代	1990 年发掘	《考古》2002. 3
45	前闸	扶沟县前闸村	裴李岗	调查	《河南周口迄今发现的裴李岗、仰韶文化初探》
46	烟草公司仓库	周口市烟草公司院内	仰韶、大汶口	1984 年发掘	《中原文物》1986. 1
47	段寨	郸城县西南 8 公里段寨村西北	大汶口、龙山	1974 年和 1979 年发掘	《中原文物》1981. 3

续表

序号	名称	位置	时代	做过的考古工作	出处
48	平粮台	淮阳县城东南4公里大朱庄	大汶口、龙山	1979年和1980年发掘	《文物》1983.3，《华夏考古》2017.3，《中国文物报》2020.3.6
49	乳香台	沈丘县城关镇南1公里的徐营村	龙山、二里头	1987年发掘	《华夏考古》1990.4
50	莘冢集	曹县城10公里莘冢集村东南	仰韶、龙山	1979年试掘	《考古》1980.5
51	安邱堌堆	菏泽市东南12千米	龙山、岳石、二里岗、殷墟	1969年、1976年两次试掘和1984发掘	《文物》1987.11
52	尉迟寺	蒙城县许町镇毕集村东	大汶口、龙山	1989—2003年发掘	《蒙城尉迟寺——皖北新石器时代聚落遗址的发掘与研究》《蒙城尉迟寺（第二部）》
53	富庄	亳州市十八里付庄	大汶口、龙山	安徽省文物考古研究所发掘	《纪念城子崖遗址发掘60周年国际学术讨论会文集》第167页
54	花家寺	萧县花家寺村	龙山	1960年至1961年试掘	《考古》1966.2

参考文献

一　典籍（含今人译注）

（春秋）左丘明：《国语》，上海古籍出版社 1978 年版。

《十三经注疏》，中华书局 1980 年版。

（汉）司马迁：《史记》，中华书局 1982 年版。

王国维：《水经注校》，上海人民出版社 1984 年版。

（清）郝懿行：《山海经笺疏》，巴蜀书社 1985 年版。

（北魏）郦道元注，（清）杨守敬、熊会贞疏：《水经注疏》，江苏古籍出版社 1989 年版。

杨伯峻：《春秋左传注》，中华书局 1990 年版。

（汉）关玄注，（唐）孔颖达疏：《礼记正义》，北京大学出版社 2000 年版。

（清）王先谦：《韩非子集解》，中华书局 2003 年版。

（清）孙星衍：《尚书今古文注疏》，中华书局 2004 年版。

方诗铭、王修龄：《古本竹书纪年辑证》，上海古籍出版社 2005 年版。

（宋）范晔：《后汉书》，中华书局 2011 年版。

二　考古调查与发掘报告

李景聃：《豫东商丘永城调查及造律台黑孤堆曹桥三处小发掘》，《考古学报》第二册，商务印书馆 1947 年版。

王湘：《安徽寿县史前遗址调查报告》，《考古学报》第二册，商务印书馆 1947 年版。
贾兰坡：《苏北新安县新沂河的古遗址》，《文物参考资料》1953 年第 1 期。
南京博物院：《江苏新沂县花厅村发现新石器时代遗址》，《文物参考资料》1953 年第 5、6 期合刊。
殷涤非：《安徽地区四年来发现的考古材料》，《文物参考资料》1954 年第 4 期。
李鉴昭：《江苏铜山发现古遗址》，《文物参考资料》1954 年第 6 期。
胡悦谦：《安徽灵璧县蒋庙村新石器时代遗址调查报告》，《考古通讯》1955 年第 5 期。
南京博物院新沂工作组：《新沂花厅村新石器时代遗址概况》，《文物参考资料》1956 年第 7 期。
安徽省博物馆：《安徽新石器时代遗址的调查》，《考古学报》1957 年第 1 期。
张愷慈：《江苏省铜山县台上村发砚古遗址》，《文物参考资料》1957 年第 8 期。
王德庆：《邳县发现龙山文化遗址》，《文物参考资料》1958 年第 8 期。
江苏省文物管理委员会：《徐州高皇庙遗址清理报告》，《考古学报》1958 年第 4 期。
蒋缵初：《江苏新沂县三里墩遗址试掘记》，《考古通讯》1958 年第 1 期。
南京博物院：《江苏新沂县三里墩古文化遗址第二次发掘简介》，《考古通讯》1960 年第 7 期。
南京博物院：《1959 年冬徐州地区考古调查》，《考古》1960 年第 3 期。
中国社会科学院考古所山东发掘队：《山东梁山青堌堆遗址发掘简报》，《考古》1962 年第 1 期。
江苏省文物工作队：《江苏邳县刘林新石器时代遗址第一次发掘》，《考古学报》1962 年第 1 期。
南京博物院：《江苏邳海地区考古调查》，《考古》1964 年第 1 期。
南京博物院：《江苏邳县四户镇大墩子遗址探掘报告》，《考古学报》1964 年第 2 期。
南京博物院：《江苏邳县刘林新石器时代遗址第二次发掘》，《考古学报》1965 年第 2 期。
安徽省博物馆：《安徽肖县花家寺新石器时代遗址》，《考古》1966 年第 2 期。
南京博物院：《江苏铜山丘湾古遗址的发掘》，《考古》1973 年第 2 期。
南京博物院：《邳县大墩子遗址第三次发掘简况》，《文博通讯》，1976 年第 8 期。
商丘地区文物管理委员会、中国社会科学院考古研究所洛阳工作队：《1977 年河南永城王油坊遗址发掘概况》，《考古》1978 年第 1 期。
菏泽地区文物工作队：《山东曹县莘冢集遗址试掘简报》，《考古》1980 年第 5 期。
南京博物院：《江苏邳县大墩子遗址第二次发掘》，《考古学集刊》第 1 集，中国社会科学出版社 1981 年版。
郸城县文化馆：《河南郸城段砦出土大汶口文化遗物》，《考古》1981 年第 2 期。
曹桂岑：《郸城段寨遗址试掘》，《中原文物》1981 年第 3 期。
中国社会科学院考古研究所河南二队、商丘地区文物管理委员会：《1977 年豫东考古纪要》，《考古》1981 年第 5 期。
中国社会科学院考古研究所河南一队、商丘地区文物管理委员会：《河南柘城孟庄商代遗址》，《考古学报》1982 年第 1 期。
中国社会科学院考古研究所河南二队、商丘地区文物管理委员会：《河南商丘坞墙遗址试掘简报》，《考古》1983 年第 2 期。
河南省文物研究所、周口地区文化局文物科：《河南淮阳平粮台龙山文化城址试掘简报》，《文物》1983 年第 3 期。

中国社会科学院考古所河南二队、河南省周口地区文物管理委员会：《河南周口地区考古调查简报》，《考古学集刊》第4集，中国社会科学出版社1984年版。

周口地区文化局文物科：《周口市大汶口文化墓葬清理简报》，《中原文物》1986年第1期。

中国社会科学院考古研究所河南二队、河南商丘地区文物管理委员会：《河南永城王油坊遗址发掘报告》，《考古学集刊》第5集，中国社会科学出版社1987年版。

北京大学考古系商周组、山东省菏泽地区文展馆、山东省菏泽市文化馆：《菏泽安邱堌堆遗址发掘简报》，《文物》1987年第11期。

曹桂岑：《河南淮阳平粮台龙山文化古城考》，《华夏文明（第一集）》，北京大学出版社1987年版。

南京博物院花厅考古队：《江苏新沂花厅遗址一九八七年发掘纪要》，《东南文化》1988年第2期。

河南省文物研究所：《河南鹿邑栾台遗址发掘简报》，《华夏考古》1989年第1期。

淮阳县博物馆：《河南淮阳县出土一批晚商文物》，《文物》1989年第3期。

南京博物院花厅考古队：《江苏新沂花厅遗址1989年发掘纪要》，《东南文化》1990年第1、2期合刊。

南京博物院：《1987年江苏新沂花厅遗址的发掘》，《文物》1990年第2期。

蒋迎春：《鹿台岗段岗遗址发掘喜获硕果》，《中国文物报》1991年1月13日。

张志清：《夏邑县三里堌堆新石器时代至汉代遗址》，《中国考古学年鉴（1990）》，文物出版社1991年版。

张国硕：《杞县鹿台岗新石器时代至东周遗址》，《中国考古学年鉴（1991）》，文物出版社1992年版。

李锋：《尉氏县椅圈马新石器时代至东周遗址》，《中国考古学年鉴（1993）》，文物出版社1993年版。

郑州大学考古专业、开封市博物馆、杞县文物保管所：《河南杞县朱岗遗址试掘报告》，《华夏考古》1992年第1期。

张敬国：《宿县芦城子新石器时代遗址》，《中国考古学年鉴（1991）》，文物出版社1992年版。

中国社会科学院考古研究所安徽工作队：《安徽蒙城尉迟寺遗址发掘简报》，《考古》1994年第1期。

郑州大学历史系考古专业、开封市博物馆考古部、杞县文物保管所：《河南杞县牛角岗遗址试掘报告》，《华夏考古》1994年第2期。

郑州大学考古专业、开封市文物工作队、杞县文物管理所：《河南杞县鹿台岗遗址发掘简报》，《考古》1994年第8期。

郑州大学考古系、开封市文物工作队、尉氏县文物保管所：《河南尉氏县椅圈马遗址发掘简报》，《华夏考古》1997年第3期。

张长寿、张光直：《河南商丘地区殷商文明调查发掘初步报告》，《考古》1997年第4期。

北京大学考古学系、商丘地区文管会：《河南夏邑县清凉山遗址1988年发掘简报》，《考古》1997年第11期。

中国社会科学院考古研究所、美国哈佛大学皮保德博物馆中美联合考古队：《河南商丘县东周城址勘查报告》，《考古》1998年第12期。

北京大学考古学系、商丘地区文管会：《河南夏邑清凉山遗址发掘报告》，《中国考古学研究（四）》，科学出版社2000年版。

中国社会科学院考古研究所：《蒙城尉迟寺——皖北新石器时代聚落遗址的发掘与研究》，科学出版社2001年版。

河南省文物考古研究所：《河南鹿邑县武庄遗址的发掘》，《考古》2002年第3期。

南京博物院：《花厅——新石器时代墓地发掘报告》，文物出版社2003年版。

郑州大学历史与考古系、新乡市文化局、长垣县文物管理所：《河南长垣宜丘遗址发掘简报》，《中原文物》2005 年第 2 期。

郑州大学历史学院考古系：《豫东商丘地区考古调查简报》，《华夏考古》2005 年第 2 期。

中国社会科学院考古研究所、安徽省蒙城文化局：《蒙城尉迟寺（第二部）》，科学出版社 2007 年版。

中国社会科学院考古研究所、美国哈佛大学皮保德博物馆中美联合考古队：《山台寺龙山文化研究》，《考古》2010 年第 10 期。

郑州大学历史学院考古系：《河南民权县牛牧岗遗址发掘简报》，《考古》2012 年第 2 期。

三　著作

王国维：《观堂集林》卷十、卷十二，中华书局 1959 年版。

邹衡：《夏商周考古学论文集》，文物出版社 1980 年版。

李民：《殷商社会生活史》，河南人民出版社 1993 年版。

宋镇豪：《夏商社会生活史》，中国社会科学出版社 1994 年版。

王国维：《古史新证》，清华大学出版社 1994 年版。

王迅：《东夷文化与淮夷文化》，北京大学出版社 1994 年版。

栾丰实：《东夷考古》，山东大学出版社 1996 年版。

王立新：《早商文化研究》，高等教育出版社 1998 年版。

李民、张国硕：《夏商周三族源流探索》，河南人民出版社 1998 年版。

丘刚、李合群、刘春迎：《开封考古发现与研究》，中州古籍出版社 1998 年版。

郑州大学文博学院、开封市文物工作队：《豫东杞县发掘报告》，科学出版社 2000 年版。

汤卓伟：《环境考古学》，科学出版社 2004 年版。

黄春长：《环境变迁》，科学出版社 2000 年版

张国硕：《夏商时代都城制度研究》，河南人民出版社 2001 年版。

栾丰实等：《考古学理论·方法·技术》，文物出版社 2002 年版。

中国社会科学院考古研究所：《中国考古学·夏商卷》，中国社会科学出版社 2003 年版。

庄华峰：《中国社会生活史》，合肥工业大学出版社 2003 年版。

李友谋：《裴李岗文化》，文物出版社 2003 年版。

徐杰令：《先秦社会生活史》，黑龙江人民出版社 2004 年版。

郑清森：《商丘的考古发现与初步研究》，中国广播电视出版社 2005 年版。

秦永军、李全立：《周口文物考古研究》，中州古籍出版社 2005 年版。

靳松安：《河洛与海岱地区考古学文化的交流与融合》，科学出版社 2006 年版。

张国硕：《郑州商都文化》，河南人民出版社 2008 年版。

侯仰军：《考古发现与夏商起源研究》，黑龙江人民出版社 2009 年版。

中国社会科学院考古研究所：《中国考古学·新石器时代卷》，中国社会科学出版社 2010 年版。

张国硕：《先秦人口流动民族迁徙与民族认同研究》，大象出版社 2011 年版。

韩国河：《“中原”历史与文化考论》，大象出版社 2012 年版。

张国硕、赵俊杰：《民权牛牧岗与豫东考古》，科学出版社 2013 年版。

中国社会科学院考古研究所、美国哈佛大学皮保德博物馆：《豫东考古报告——“中国商丘地区早商文明探索”野外勘察与发掘》，科学出版社 2017 年版。

袁广阔、秦小丽：《早商城市文明的形成与发展》，科学出版社 2017 年版。

四　研究论文

尹焕章：《从发现的文物中谈华东区古文化概况》，《文物参考资料》1954 年第 4 期。

徐中舒：《殷商史中的几个问题》，《四川大学学报》1979 年第 2 期。
安徽省文物工作队：《安徽文物考古工作新收获》，《文物考古工作三十年》，文物出版社 1979 年版。
李仰松：《从河南龙山文化的几个类型论夏文化的若干问题》，《中国考古学会第一次年会论文集》，文物出版社 1980 年版。
安徽博物馆：《试谈安徽新石器时代文化与长江中下游诸文化的关系》，《文物集刊》第一集，文物出版社 1980 年版。
武津彦：《略论河南境内发现的大汶口文化》，《考古》1981 年第 3 期。
严文明：《龙山文化与龙山时代》，《文物》1981 年第 6 期。
韩康信：《亳县富庄新石器时代墓葬人骨的观察》，《安徽省考古学会会刊》第 6 辑，安徽省考古学会，1982 年。
田世英：《黄河流域古湖钩沉》，《山西大学学报》1982 年第 2 期。
曾昭璇：《从历史地貌看黄河下游扇形平原形成的模式》，《人民黄河》1983 年第 3 期。
祁国琴：《动物考古学所要研究和解决的问题》，《人类学学报》1983 年第 3 期。
李伯谦：《论造律台类型》，《文物》1983 年第 4 期。
李民：《南亳、北亳与西亳的纠葛》，《夏商史探索》，河南人民出版社 1985 年版。
赵芝荃：《关于二里头文化的类型与分期问题》，《中国考古学研究（二）》，科学出版社 1986 年版。
邹衡：《论菏泽（曹州）地区的岳石文化》，《文物与考古论集》，文物出版社 1986 年版。
韩维龙、秦永军：《周口地区的裴李岗、仰韶和大汶口文化》，《论仰韶文化》，中原文物特刊，1986 年。
周本雄：《考古动物学》，《大百科全书 · 考古卷》，中国大百科全书出版社 1986 年版。
郅田夫、张启龙：《菏泽地区的堌堆遗存》，《考古》1987 年第 11 期。

宋豫秦：《论鲁西南地区的商文化》，《华夏考古》1988 年第 1 期。

刘书丹、李广坤、李玉信、金聚忠：《从河南东部平原第四纪沉积物特征探讨黄河的形成与演变》，《河南地质》1988 年第 2 期。

李伯谦：《论文化因素分析方法》，《中国文物报》1988 年 11 月 4 日。

宋豫秦：《试论豫东地区夏商时代的文化性质》，《郑州大学学报》1989 年第 1 期。

曹桂岑：《淮阳的考古发现与研究》，《中原文物》1989 年第 4 期。

严文明：《东夷文化探索》，《文物》1989 年第 9 期。

安徽省萧县博物馆：《萧县金寨村发现一批新石器时代玉器》，《文物》1989 年第 4 期。

高广仁：《谈谈对安徽淮北地区新石器时代遗址的初步认识》，《文物研究》第五辑，黄山书社 1989 年版。

严文明：《安徽新石器文化发展谱系的初步观察》，《文物研究》第五辑，黄山书社 1989 年版。

何长风：《关于安徽原始文化研究中的几个问题》，《文物研究》第五辑，黄山书社 1989 年版。

杨立新：《安徽淮河流域夏商时期古代文化》，《文物研究》第五辑，黄山书社 1989 年版。

曹桂岑：《淮阳平粮台城址社会性质探析》，《中原文物》1990 年第 2 期。

陈昌远：《平粮台古城遗址与陈国相关问题》，《河南大学学报》1990 年第 4 期。

张敬国：《安徽萧县先秦遗址考古调查》，《文物研究》第六辑，黄山书社 1990 年版。

宋豫秦：《现今南亳说与北亳说的考古学观察》，《中原文物》1991 年第 1 期。

段宏振、张翠莲：《豫东地区考古学文化初论》，《中原文物》1991 年第 2 期。

宋豫秦：《夷夏商三种考古学文化交汇地域浅谈》，《中原文物》1992年第1期。

赵志军：《植物考古学概述》，《农业考古》1992年第1期。

杜金鹏：《试论大汶口文化颍水类型》，《考古》1992年第2期。

张国硕：《岳石文化的类型划分》，《郑州大学学报》1992年第2期。

栾丰实：《龙山文化王油坊类型初论》，《考古》1992年第10期。

安徽省文物考古研究所：《安徽濉溪石山子新石器时代遗址》，《考古》1992年第3期。

杜金鹏：《大汶口文化颍水类型为太皞文化考》，《史学月刊》1993年第2期。

杨立新：《安徽淮河流域的原始文化》，《纪念城子崖遗址发掘60周年国际学术讨论会文集》，齐鲁书社1993年版。

张国硕：《试论华夏集团与东夷集团的文化交流及融合》，《中国史研究》1993年第3期。

王良田：《河南商丘地区农业考古概述》，《农业考古》1993年第3期。

张国硕：《豫东地区考古的历史与现状》，《中国文物报》1993年9月12日学术版。

刘春迎：《浅谈开封地区的早期考古学文化》，《中原文物》1993年第4期。

安徽省文物考古研究所：《安徽濉溪县先秦遗址调查》，《考古》1993年第7期。

中国社会科学院考古研究所安徽工作队：《安徽淮北地区新石器时代遗址调查》，《考古》1993年第11期。

中国社会科学院考古研究所安徽工作队：《安徽宿县小山口和古台寺遗址试掘简报》，《考古》1993年第12期。

吴加安等：《皖北地区新石器文化遗存及其性质》，《文物研究》第八辑，黄山书社1993年版。

邹逸麟：《黄淮海平原历史地理》，安徽教育出版社1993年版。

孙明：《先商文化与商丘的起源》，《中原文物》1994 年第 3 期。
郑清森：《商丘地区重要考古发现概述》，《黄淮学刊》1994 年第 3 期。
匡瑜、张国硕：《鹿台岗遗址自然崇拜遗迹的初步研究》，《华夏考古》1994 年第 3 期。
陈旭：《豫东岳石文化与郑州商文化的关系》，《中州学刊》1994 年第 4 期。
栾丰实：《试论岳石文化与郑州地区早期商文化的关系——兼论商族起源问题》，《华夏考古》1994 年第 4 期。
叶润清：《安徽省宿州市芦城子遗址发掘简报》，《文物研究》第九辑，黄山书社 1994 年版。
魏兴涛：《试论豫东西部地区龙山时代文化遗存》，《华夏考古》1995 年第 1 期。
宋豫秦：《论豫东夏邑清凉山遗址的岳石文化地层——与孙明同志共探讨》，《中原文物》1995 年第 1 期。
袁靖：《研究动物考古学的目标、理论和方法》，《中国历史博物馆馆刊》1995 年第 1 期。
郑清森：《试论豫东地区的龙山文化及其源流》，《中原文物》1995 年第 3 期。
郑清森：《豫东地区先商文化初探》，《商丘师范学院学报》1995 年第 3 期。
郑清森：《豫东地区先商文化初探》，《黄淮学刊》1995 年第 3 期。
郑清森：《试论豫东地区的龙山文化及其源流》，《中原文物》1995 年第 3 期。
张学海：《从考古发现谈鲁西南地区古史传说的几个问题》，《中原文物》1996 年第 1 期。
郑清森：《试论豫东龙山文化时期的社会经济基础》，《黄淮学刊》1996 年第 2 期。
王青：《试论华夏与东夷集团文化交流及融合的地理背景》，《中国史研究》1996 年第 2 期。
刘春迎：《河南杞县境内夏商夷三族之考古学文化》，《史学月刊》1996 年第 3 期。
中国社会科学院考古研究所安徽工作队：《皖北大汶口文化晚期聚落遗址群的初步观察》，《考古》1996 年第 9 期。
吴加安：《安徽北部的新石器文化遗存》，《考古》1996 年第 9 期。
段宏振：《清凉山龙山遗存的分期及相关问题》，《文物春秋》1997 年第 1 期。
田昌五、方辉：《“景亳之会”的考古学观察》，《殷都学刊》1997 年第 1 期。
冀和：《试论皖北地区新石器时代早期文化》，《中原文物》1997 年第 2 期。
田昌五、方辉：《“景亳之会”的考古学观察》，《中国文物报》1997 年 11 月 9 日。
张国硕：《商汤“还亳”考辨》，《殷都学刊》1997 年第 3 期。
张国硕：《从商文化的东渐看商族起源“东方说”的不合理性》，《中原文物》1997 年第 4 期。
荆志淳、高天麟：《河南商丘全新世地貌演变及其对史前和早期历史考古遗址的影响》，《考古》1997 年第 5 期。
张敏、韩明芳：《江淮东部地区古文化的初步认识》，《中国考古学会第九次年会论文集》，文物出版社 1997 年版。
栾丰实：《岳石文化的分期和类型》，《海岱地区考古研究》，山东大学出版社 1997 年版。
杜金鹏：《关于南亳说与北亳说的前途问题》，《中国商文化国际学术讨论会文集》，中国大百科全书出版社 1998 年版。
张翠莲：《论岳石文化的分期和地方类型》，《中原文物》1998 年第 1 期。
方辉：《岳石文化的分期与年代》，《考古》1998 年第 4 期。

郑清森:《豫东地区岳石文化初论》,《考古与文物》1998 年第 6 期。

朔知:《安徽新石器时代考古概述》,《华夏考古》1998 年第 3 期。

李全立:《太昊部落与豫东地区史前文化》,《中原文物》1999 年第 2 期。

魏兴涛:《试论下七垣文化鹿台岗类型》,《考古》1999 年第 5 期。

栾丰实:《太昊和少昊传说的考古学研究》,《中国史研究》2000 年第 2 期。

张翠莲:《试论豫东东部地区的岳石文化遗存》,《考古与文物》2001 年第 2 期。

肖燕、春夏:《皖北、豫东地区大汶口文化的分期与性质》,《华夏考古》2001 年第 3 期。

张志华:《试论周口地区大汶口文化及其相关问题》,《中原文物》2001 年第 5 期。

宋豫秦:《南亳地理之我见》,《中原文物》2001 年第 6 期。

张国硕:《论夏末早商的商夷联盟》,《郑州大学学报》2002 年第 2 期。

张启龙:《从鲁西南堌堆遗址看古泽薮地望》,《齐鲁文博:山东省首届文物科学报告月文集》,齐鲁书社 2002 年版。

孙波:《黄淮下游地区沙基堌堆遗址辨析》,《考古》2003 年第 6 期。

张文军、张志清、赵新平:《试析河南鹿邑县武庄遗址新石器时代文化遗存》,《考古》2003 年第 2 期。

郑清森:《试论尉氏椅圈马遗址第四期遗存的文化性质》,《华夏考古》2004 年第 2 期。

陈旭、张家强、朱光华:《豫东商丘考古调查与南亳问题》,《华夏考古》2005 年第 2 期。

秦永军、李全力:《河南周口迄今发现的裴李岗、仰韶文化初探》,《中国文物报》2005 年 5 月 7 日。

高天麟:《浅议豫东龙山文化与二里头文化的关系——兼谈豫东地区先商文化探索的前途问题》,《二里头遗址与二里头文化研究》,科学出版社 2006 年版。
李锋:《商汤南亳问题的再认识》,《中原文物》2006 年第 4 期。
吴倩:《先商文化与商丘》,《平顶山学院学报》2007 年第 1 期。
陈洪坡:《鲁豫皖古文化区的聚落分布与环境变迁》,《考古》2007 年第 2 期。
侯仰军:《考古学所见四千年前鲁西南地形地貌及自然环境》,《菏泽学院学报》2007 年第 12 期。
薛立芳:《试论“宋亳说”——兼论商汤南亳的有关问题》,《商丘师范学院学报》2009 年第 5 期。
张家强:《论豫东考古与南亳》,硕士学位论文,郑州大学,2003 年。
楚小龙:《二里头文化初步研究》,硕士学位论文,武汉大学,2004 年。
袁广阔:《二里头文化研究》,博士学位论文,郑州大学,2005 年。
段天璟:《二里头文化时期的文化格局》,博士学位论文,吉林大学,2005 年。
侯保华:《下七垣文化分期研究》,硕士学位论文,吉林大学,2006 年。
邹逸麟:《历史时期华北大平原湖沼变迁述略》,《椿庐史地论稿》,天津古籍出版社 2007 年版。
张文英:《试论东夷文化在中原地区的传播》,硕士学位论文,郑州大学,2009 年。
赵俊杰:《豫东地区夏商时代文化研究》,硕士学位论文,郑州大学,2010 年。
李昶:《论岳石文化的南渐》,硕士学位论文,郑州大学,2010 年。
李晶:《先商文化类型研究》,硕士学位论文,郑州大学,2010 年。
宋泽群:《商文化东渐研究》,硕士学位论文,郑州大学,2010 年。
夏勇:《论豫东、鲁西南地区王油坊类型的分期及相关问题》,硕士学位论文,南京师范大学,2010 年。
严文明:《关于聚落考古的方法问题》,《中原文物》2010 年第 2 期。
王琼:《“后羿代夏”的考古学观察》,硕士学位论文,郑州大学,

2011 年。

贾连敏：《河南商周考古六十年概述》，《华夏考古》2012 第 2 期。

王蒙：《王油坊文化研究》，硕士学位论文，吉林大学，2013 年。

赵俊杰：《柘城孟庄遗址性质分析》，《中原文物》2014 年第 2 期。

侯卫东：《商丘区域考古研究述评》，《华夏考古》2016 年第 4 期。

徐昭峰、马春梅：《豫东夏商考古与古史传说》，《中原文化研究》2017 年第 8 期。

贾文彪：《豫东先商文化研究》，硕士学位论文，河南大学，2018 年。

贾文彪：《试论豫东先商文化与其周邻文化的关系》，《天中学刊》2019 年第 2 期。

赵俊杰：《仲丁迁隞地望新探》，《南方文物》2020 年第 2 期。

后　　记

20 年的时间，弹指一挥间。

2003 年，对考古一无所知的我怀着一颗好奇的心，跨入郑州大学的大门，从此与考古学结下了一生的良缘。四年本科时光一闪而过，毕业时我已对考古学产生了浓厚的兴趣。2007 年，承蒙恩师张国硕先生不弃，我有幸拜入先生门下，攻读考古学专业夏商周方向研究生。2007 年开始，参与豫东牛牧岗遗址的整理工作，并撰写《豫东地区夏商时代文化研究》为题的硕士学位论文。2010 年，恩师又将我收为他的博士研究生。继续整理牛牧岗遗址发掘报告，并相继发表《河南民权县牛牧岗遗址发掘简报》《民权牛牧岗与豫东考古》。随后开始撰写博士论文《论豫鲁苏皖相邻地区史前夏商时期考古学文化与生业方式的演进》。2014 年底，博士毕业论文终于通过答辩。11 年大学生涯，众位老师的恩惠学生无法报答，唯有在学业上有所成就，以报师恩。2018 年底，以博士论文为基础申请河南省哲学社会科学后期资助项目成功获批。时隔多年，考古新成果不断涌现，为本书研究提供了新材料。令人欣慰的是，新成果并未冲击书中的观点，而是让其更加丰富和饱满。2021 年，后期资助项目顺利结项并获得“优秀”。诚然，本书受资料和本人研究水平的限制仍存在不少问题，很多学术问题研究尚不能定论。但是，为了能给博士学位论文画上圆满的句号，还是决定将其出版，以供学界同仁批评指正。

本书在撰写期间，胡洪琼教授提出了宝贵修改意见，并受到“河南省高等学校哲学社会科学基础研究重大项目”资助。

赵俊杰

2022 年 7 月于安阳师范学院新校区